Hug
Knauer
Lennartz
Speth
Waltermann

Büromanagement

Kaufmann/-frau für Büromanagement

3

Hug
Knauer
Lennartz
Speth
Waltermann

Büromanagement

Kaufmann/-frau für Büromanagement

3

Merkur
Verlag Rinteln

Wirtschaftswissenschaftliche Bücherei für Schule und Praxis
Begründet von Handelsschul-Direktor Dipl.-Hdl. Friedrich Hutkap †

Verfasser:

Hartmut Hug, Dipl.-Hdl.

Sabine Knauer

Martina Lennartz, Dipl.-Math. oec.

Dr. Hermann Speth, Dipl.-Hdl.

Aloys Waltermann, Dipl.-Kfm. Dipl.-Hdl.

* * * * *

2. Auflage 2016

Gesamtherstellung:
MERKUR VERLAG RINTELN Hutkap GmbH & Co. KG, 31735 Rinteln

E-Mail: info@merkur-verlag.de
lehrer-service@merkur-verlag.de
Internet: www.merkur-verlag.de

ISBN 978-3-8120-**0673-6**

Vorwort

Das **Lernbuch „Büromanagement 3"** ist der dritte Teil einer dreibändigen Buchreihe für den neuen Ausbildungsberuf **„Kaufmann/Kauffrau für Büromanagement"**. Das Lernbuch konzentriert sich auf die Lernfelder des dritten Ausbildungsjahres:

LF 9: Liquidität sichern und Finanzierung vorbereiten
LF 10: Wertschöpfungsprozesse erfolgsorientiert steuern
LF 11: Geschäftsprozesse darstellen und optimieren
LF 12: Veranstaltungen und Geschäftsreisen organisieren
LF 13: Ein Projekt planen und durchführen

Die Lernfelder 1 bis 4 (1. Ausbildungsjahr) werden durch das **Merkurbuch 0671,** die Lernfelder 5 bis 8 (2. Ausbildungsjahr) durch das **Merkurbuch 0672** abgedeckt.

Für die Arbeit mit dem Buch möchten wir auf Folgendes hinweisen:

- Im Vordergrund steht das Ziel, die Auszubildenden zu befähigen, auf der Grundlage fachlichen Wissens und Könnens Aufgaben und Probleme **zielorientiert, sachgerecht, methodengeleitet** und **selbstständig** zu lösen und das Ergebnis zu beurteilen.
- Das Buch eignet sich ideal als **Informationspool** für die Erarbeitung von Lernsituationen, zur systematischen Wiederholung und zur eigenverantwortlichen Nachbearbeitung.
- Durch das **integrierte Kompetenztraining** werden neben der Fachkompetenz auch die Selbst- und die Sozialkompetenzen eingeübt.
- Der Einsatz von Programmen zur **Textverarbeitung** und zur **Tabellenkalkulation** sowie der Erwerb von **Fremdsprachenkompetenz** ist integraler Bestandteil der Lernfelder. Im Buch wird diese Integration im Rahmen des Kompetenztrainings berücksichtigt, gekennzeichnet durch die folgenden Symbole:
- Zur **systematischen Erarbeitung der Grundlagen von WORD, EXCEL und Englisch** stehen weitere lernfeldorientierte Lernbücher bereit:

Erfolgreiches Büromanagement mit WORD 2010
Merkurbuch 0790

oder:

Erfolgreiches Büromanagement mit WORD 2013
Merkurbuch 0810

Erfolgreiches Büromanagement mit EXCEL 2010
Merkurbuch 0791

oder:

Erfolgreiches Büromanagement mit EXCEL 2013
Merkurbuch 0811

Business Class
Merkurbuch 0855

Jedes dieser Lernbücher umfasst die EDV- bzw. fremdsprachenbezogenen Kompetenzen **für alle drei Ausbildungsjahre.**

- Zentrales Ziel von Berufsschule ist es, die Entwicklung umfassender **Handlungskompetenz** zu fördern. Das vorliegende Lernbuch wird deshalb durch das **Arbeitsheft „Lernsituationen Büromanagement 3" (Merkurbuch 1673)** ergänzt. Lernbuch und Arbeitsheft sind aufeinander abgestimmt. Es ist daher ideal, wenn Lernbuch und Arbeitsheft gemeinsam im Unterricht eingesetzt werden.

- Durch die **Verzahnung der Unterrichtsmaterialien** werden der Erwerb themenübergreifender Kompetenzen und die Ausarbeitung der didaktischen Jahresplanung einerseits vereinfacht; durch die **relative Selbstständigkeit** der einzelnen Materialien wird andererseits der pädagogische und schulorganisatorische Freiraum gewährleistet, der für die erfolgreiche Umsetzung des neuen Rahmenlehrplans unseres Erachtens notwendig ist.

Wir wünschen Ihnen einen guten Lehr- und Lernerfolg!

Die Verfasser

Vorwort zur 2. Auflage

Für die zweite Auflage wurde das Buch komplett durchgesehen, gegebenenfalls redaktionell verbessert und aktualisiert (z. B. die Normenreihe DIN EN ISO 9001:2015). Der mittlerweile von der AkA herausgegebene Prüfungskatalog für die IHK-Abschlussprüfung hält für einige Themenbereiche Spezifizierungen bereit (z. B. zu den Anwendungen von Kalkulationsvereinfachungsverfahren). Die Neubearbeitung wurde dazu genutzt, diese Inhalte angemessen zu vertiefen.

Die Verfasser

Inhaltsverzeichnis

Lernfeld 9: Liquidität sichern und Finanzierung vorbereiten

Lernfeld 10: Wertschöpfungsprozesse erfolgsorientiert steuern

Lernfeld 11: Geschäftsprozesse darstellen und optimieren

Lernfeld 12: Veranstaltungen und Geschäftsreisen organisieren

Lernfeld 13: Ein Projekt planen und durchführen

Lernfeld 9

Liquidität sichern und Finanzierung vorbereiten

1 Liquidität sichern[1]

1.1 Sich über die Begriffe Finanzplanung und Liquidität informieren

(1) Begriff Finanzplanung

Ein Unternehmen ist **aus finanzieller Sicht** durch zwei **gegensätzliche Wertströme** gekennzeichnet:

- Zum einen werden Werkstoffe und Betriebsmittel beschafft sowie Mitarbeiter eingestellt, um im Rahmen der Produktion Erzeugnisse herstellen zu können. Die **Beschaffungsprozesse** verursachen **Auszahlungen.**
- Zum anderen werden die Erzeugnisse auf den Absatzmärkten verkauft. Durch den **Geschäftsprozess Absatzprozesse** werden **Einzahlungen** erzielt. Sie dienen dazu, die Auszahlungen zu finanzieren.

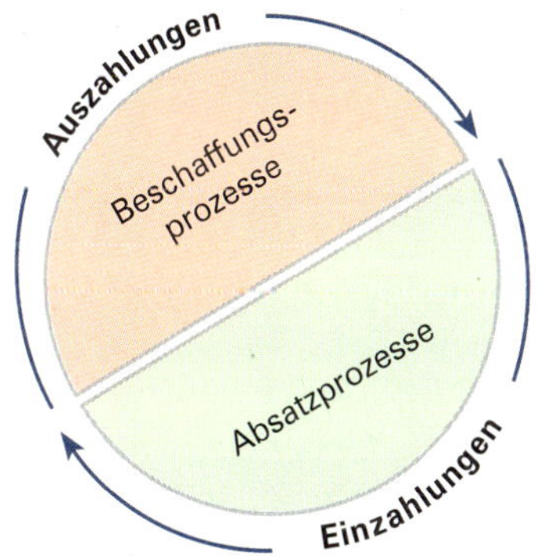

Damit Auszahlungen jederzeit geleistet werden können, müssen jeweils Einzahlungen in der entsprechenden Höhe bereitstehen. Dies sicherzustellen ist Aufgabe der Finanzplanung.

> Die **Finanzplanung** hat die Aufgabe, die Zahlungsströme aus den Beschaffungsprozessen und Absatzprozessen so aufeinander abzustimmen, dass das **finanzielle Gleichgewicht** des Unternehmens jederzeit gewährleistet ist.

(2) Begriff Liquidität

> **Liquidität** ist die Fähigkeit eines Unternehmens, jederzeit seine Zahlungsverpflichtungen fristgerecht erfüllen zu können.

Zu beachten ist:

- Eine **Unterliquidität** – die Auszahlungen sind durch die Einzahlungen nicht voll abgedeckt – ist unbedingt zu vermeiden, da dadurch der Bestand des Unternehmens gefährdet ist.
- Eine **Überliquidität** – die Einzahlungen sind weit höher als die Auszahlungen – ist zu vermeiden, da die nicht benötigten Mittel keinen Ertrag abwerfen und somit die Rentabilität des Unternehmens beeinträchtigen. Überschüssige Zahlungsmittel sollen daher zu Investitionen oder zur Schuldentilgung verwendet werden.

1 Die Ausführungen gehen teilweise zurück auf Walz, Hartmut; Graulich, Dieter: Investitions- und Finanzplanung, 8. Aufl., 2011, S. 165ff.

1.2 Liquide Mittel ordnen

(1) Liquide Mittel als vorhandene und sofort zu beschaffende Zahlungsmittel

Zahlungsmittel eines Unternehmens sind

- **Bargeld** in Form von Banknoten und Münzen
- **Buchgeld** in Form von Giroguthaben bei Kreditinstituten
- bereits eingeräumte, aber bisher **noch nicht beanspruchte Kredite.**

Beispiel:

Die Hausbank stellt der Kempter Logistik GmbH einen Kontokorrentkredit in Höhe von 3 Mio. EUR zur Verfügung. Das Unternehmen hat bisher nur 1 Mio. EUR in Anspruch genommen. Die freie Kreditlinie beträgt somit 2 Mio. EUR.

Die **Zahlungsmittel** werden durch **Einzahlungen erhöht,** z. B. aus dem Verkauf von Erzeugnissen, von nicht mehr benötigten Anlagegütern, von Wertpapieren, aus der Aufnahme neuer Kredite. **Auszahlungen vermindern** den **Bestand an Zahlungsmitteln,** z. B. durch Abbuchung von Strom, Gas, Versicherungen, aus dem Kauf von Anlagegütern und der Rückzahlung von Krediten.

- Die Positionen Bargeld, Buchgeld und freie Kredite bilden zusammen die **liquiden Zahlungsmittel** eines Unternehmens.
- Der Bestand an liquiden Zahlungsmitteln wird durch **Einzahlungen erhöht** und durch **Auszahlungen gemindert.**

(2) Liquide Mittel aus Forderungen und Verbindlichkeiten

Forderungen und Verbindlichkeiten führen zu einer Erhöhung, Minderung oder zu einem Tausch der liquiden Mittel, jedoch erst zu einem **späteren Zeitpunkt.** Sie sind bedeutsam für die **Liquiditätsplanung,** da hieraus ein Teil der zukünftigen Veränderungen der liquiden Mittel vorhersehbar wird. Man spricht daher auch von **Zahlungsforderungen** und **Zahlungsverbindlichkeiten.**

- **Zahlungsforderungen** entstehen insbesondere durch den Verkauf von Erzeugnissen, Handelswaren und Dienstleistungen.
- **Zahlungsverbindlichkeiten** entstehen insbesondere durch den Einkauf von Werkstoffen, Handelswaren und Betriebsmitteln.

Damit die Zahlungsforderungen und Zahlungsverbindlichkeiten in die Liquiditätsplanung einbezogen werden können, muss jeweils das Datum sowie der Betrag, der zu erwartenden Einzahlung bzw. Auszahlung festgehalten werden. Da in der Regel in einer DV-Buchführung für jeden Kunden und jeden Lieferer ein eigenes Konto geführt wird (**Debitorenkonto** bzw. **Kreditorenkonto**) kann der erwartete Zahlungseingang bzw. der vereinbarte Auszahlungstermin in einer sogenannten **Offenen-Posten-Liste** festgehalten werden.

Rolf Ludovic GmbH
Währung: EUR

OFFENE-POSTEN-LISTE 20..

vom 02.10.20..   Seite 44

Konto-Nr.	Name	Beleg-Nr.	Datum	Text	Zahlungsziel	Skonto 3 % bis	Betrag EUR	Fälligkeit	Saldo EUR	Zahlungserinnerung	1. Mahnung	...
24738	Dietz & Stärk OHG	422 730	07.08.	Rechnung	30 Tage	16.08.	44 120,00	06.09.				
		66 140	12.08.	Gutschrift			–1 323,60					
		66 141	15.08.	Gutschrift			42 796,40		0,00			
24756	Breiter GmbH	424 420	05.06.	Rechnung	30 Tage		1 420,00	04.07.				
		66 280	09.06.	Rücksendung			–180,00		1 240,00			
24780	Bernd Stoll e. Kfm.	424 610	25.09.	Rechnung	20 Tage	03.10.	4 900,00	14.10.	4 900,00			
			01.10.	Rechnung	20 Tage	07.10.	7 200,00	20.10.	7 200,00			

Zahlungserinnerung	8 Tage nach Fälligkeit
1. Mahnung	10 Tage nach Zahlungserinnerung
2. Mahnung	30 Tage nach Fälligkeit
...	

(3) Liquiditätsreserve

Hierunter versteht man Vermögensgegenstände, die im Notfall kurzfristig in Zahlungsmittel umgewandelt werden können.

Beispiele:

- Wertpapiere,
- Werkstoffe,
- Anlagegüter,
- Beteiligungen.

LS 1

1.3 Bestand an liquiden Mitteln festhalten (Liquiditätsstatus)

Um die zukünftige Liquidität festzustellen, sind folgende Positionen von Bedeutung:

Einzahlungen

- Bestand an liquiden Mitteln am Planungstag.
- Zu erwartende Einzahlungen aufgrund bereits bestehender Zahlungsansprüche (z. B. aus Forderungen).
- Voraussichtliche Einzahlungen ohne bestehende Zahlungsansprüche (z. B. erwartete Barumsätze).

Auszahlungen

- Auszahlungen aufgrund bereits bestehender Zahlungsverpflichtungen, z. B. Tilgung eines Bankkredits, einer Leasingrate oder die Überweisung einer Eingangsrechnung.
- Voraussichtliche Auszahlungen ohne bestehende Zahlungsansprüche, z. B. geplante Beschaffung von Rohstoffen, Anlagegütern oder den Kauf von Wertpapieren.

Im Betrieb können die Zahlungsströme erfasst werden z. B. aus dem Kassenbuch, der Offenen-Posten-Liste, den eingegangenen Abbuchungsverpflichtungen, dem Investitionsplan für Anlagegüter, dem Produktionsplan und den danach zu beschaffenden Werkstoffen, der Lohn- und Gehaltsliste.

Beispiel:

Die Löbner Werke GmbH stellen für den Zeitraum vom 01.04.20.. bis 05.04.20.. einen Liquiditätsplan auf. Dem Finanzmanagement liegen folgende Informationen vor:

– Kassenbestand am Abend des 31.03.	15 000,00 EUR
– Giroguthaben am Abend des 31.03.	190 000,00 EUR
– Erwartete Einzahlungen aus Umsatzerlösen vom 01.04. bis 05.04 jeweils	26 000,00 EUR
– Zahlung der Löhne und Gehälter am 01.04.	260 000,00 EUR
– Freier Kontokorrentkredit am 01.04.	50 000,00 EUR
– Fällige Eingangsrechnung für Rohstoffe am 03.04.	48 000,00 EUR
– Geplanter Kauf von Aktien am 04.04.	80 000,00 EUR
– Zahlung einer Rechnung 30 000,00 EUR vom 25.03., 3 % Skonto oder 30 Tage Ziel	

	01.04.	02.04.	03.04.	04.04.	05.04
Anfangsbestand an liquiden Mitteln	205 000,00 EUR	21 000,00 EUR	47 000,00 EUR	25 000,00 EUR	51 000,00 EUR
geplante Einzahlungen	26 000,00 EUR	26 000,00 EUR	26 000,00 EUR	26 000,00 EUR	26 000,00 EUR
geplante Auszahlungen	260 000,00 EUR		48 000,00 EUR	80 000,00 EUR	29 100,00 EUR[2]
geplanter Endbestand	–29 000,00 EUR	47 000,00 EUR	25 000,00 EUR	–29 000,00 EUR	47 900,00 EUR
geplante Ausgleichsmaßnahmen	50 000,00 EUR[1]			Aktien werden nicht gekauft	
korrigierter Bestand	21 000,00 EUR	47 000,00 EUR	25 000,00 EUR	51 000,00 EUR	47 900,00 EUR

1.4 Kennzahlen zur Liquidität berechnen und beurteilen

Die Kennzahlen zur Liquidität werden anhand der erstellten Bilanz ermittelt. Man geht davon aus, dass aus der Art und Höhe der aktuellen Bestände an Aktiva und Passiva auf den Anfall der künftigen Einzahlungen und Auszahlungen geschlossen werden kann. Für eine solche Liquiditätsanalyse gilt:

Aktiva: Je langfristiger ein Vermögensposten gebunden ist, umso später ergibt sich die entsprechende Einzahlung.

Passiva: Je langfristiger das Kapital zur Verfügung steht, umso später wird die Auszahlung fällig.

Danach ist die Liquidität dann ausreichend, wenn die Bindungsdauer des Vermögensgegenstandes mit dem Überlassungszeitraum des Kapitals übereinstimmt **(Goldene Bilanzregel)**.

Zu unterscheiden sind **zwei Liquiditätskennzahlen**:

- $$\text{Liquidität 1. Grades (Barliquidität)} = \frac{(\text{Barmittel} + \text{Bankguthaben}^{3}) \cdot 100}{\text{kurzfristiges Fremdkapital}}$$

  Bei der Liquidität 1. Grades, auch **Barliquidität** genannt, werden als Deckungsmittel nur die unmittelbar flüssigen Mittel (Bargeld, Bankguthaben) in die Berechnung einbezogen.

- Zur Liquidität 2. Grades gehören Vermögensposten, die derzeit noch keinen Geldcharakter haben, deren Umwandlung in Geldmittel jedoch unmittelbar bevorsteht. Da das Geld, wie etwa bei den Forderungen, noch eingezogen werden muss, spricht man auch von **einzugsbedingter Liquidität.**

  $$\begin{array}{l}\text{Liquidität 2. Grades}\\ \text{(einzugsbedingte Liquidität)}\end{array} = \frac{(\text{kurzfristige Forderungen} + \text{liquide Mittel}) \cdot 100}{\text{kurzfristiges Fremdkapital}}$$

1 Freie Kreditlinie beim Kontokorrentkredit.

2 Zahlungsbetrag nach Skontoabzug, da ausreichend liquide Mittel vorhanden sind.

3 Hierin eingerechnet sind auch die noch nicht beanspruchten Kredite.

Beispiel:

Aktiva Vereinfachte Bilanz der Metallwerke Neumann OHG zum 31. Dezember 20.. Passiva

I. Anlagevermögen	10 296 000,00	**I. Eigenkapital**	6 307 345,00
II. Umlaufvermögen		**II. Fremdkapital**	
1. Vorräte	3 850 000,00	1. langfr. Verbindlichkeiten	5 280 000,00
2. Forderungen	660 000,00	2. kurzfr. Verbindlichkeiten	3 430 130,00
3. Bank/Kasse	211 475,00		
	15 017 475,00		15 017 475,00

Aufgabe:

Berechnen Sie die Liquidität 1. und 2. Grades!

Lösung:

$$\text{Liquidität 1. Grades} = \frac{211\,475 \cdot 100}{3\,430\,130} = \underline{\underline{6{,}2\,\%}}$$

$$\text{Liquidität 2. Grades} = \frac{871\,475 \cdot 100}{3\,430\,130} = \underline{\underline{25{,}4\,\%}}$$

Auswertung:

- **Allgemein** ist für die Beurteilung von Kennzahlen der Liquidität aufgrund von Bilanzangaben Folgendes festzuhalten:
  - Zur Sicherung der Liquidität bedarf es der Beobachtung **zukünftiger** Zahlungseingänge und Zahlungsausgänge des Unternehmens, was ohne die Kenntnis der internen Vorgänge nicht möglich ist. Im Rahmen dieser Analyse liegen jedoch nur **Abschlusszahlen** der Vergangenheit vor. Von daher gesehen wird deutlich, mit welcher Vorsicht die Beurteilung der Liquidität eines Unternehmens mithilfe von Bilanzkennzahlen zu betrachten ist.
  - Die Bilanz kann nur die **Situation** am **Bilanzstichtag** wiedergeben. Liquidität ist aber eine sich täglich, ja sogar sich mehrmals täglich verändernde Größe, deren Aussagewert nur für diesen Augenblick der Feststellung von Bedeutung ist. Außerdem ist darauf hinzuweisen, dass eine Reihe von Faktoren, welche die Liquidität eines Unternehmens wesentlich beeinflussen, aus der Bilanz nicht hervorgehen.

    Beispiel:

    Die Bilanz gibt keine Auskunft über die Fälligkeitstermine der in ihr ausgewiesenen Posten. Auch der Kreditspielraum eines Unternehmens ist aus der Bilanz nicht unmittelbar ablesbar. Laufende Zahlungsverpflichtungen für Personalkosten, Miete, Steuern usw. gehen aus der Bilanz nicht hervor.

    Wenn im Rahmen einer Bilanzanalyse dennoch Liquiditätskennzahlen aufgestellt werden, muss mit allem Nachdruck auf ihren eingeschränkten Aussagewert hingewiesen werden.

- Zur Liquidität im vorliegenden **Beispiel** lassen sich folgende Aussagen treffen:

  Auch wenn man berücksichtigt, dass die ermittelte Barliquidität wegen der fehlenden Fälligkeitstermine für das kurzfristige Fremdkapital ungenau ist, kann das krasse Missverhältnis zwischen den liquiden Mitteln und den kurzfristigen Verbindlichkeiten nicht übersehen werden (**One-to-five-Rate**[1] nicht erreicht).

Die Summe von kurzfristigen Forderungen und liquiden Mitteln bezeichnet man auch als **monetäres Umlaufvermögen.** Für das monetäre Umlaufvermögen gilt nach der **One-to-one-Rate,**[2] dass es genauso hoch sein sollte wie die kurzfristigen Verbindlichkeiten. Auch die One-to-one-Rate wird nicht erreicht. Nach dem Liquiditätsgrad II ist das kurzfristige Fremdkapital nur zu 25 % mit monetärem Umlaufvermögen gedeckt.

Es gilt festzuhalten: Trotz aller angesprochenen Bedenken gegenüber Liquiditätskennzahlen liegt hier offensichtlich ein besonderes Problem der Metallwerke Neumann OHG.

Liquiditätsgrade auf der Grundlage von Bilanzzahlen haben wegen fehlender Informationen über die Fälligkeit nur einen eingeschränkten Aussagewert. !

Kompetenztraining

1
1. Erläutern Sie den Begriff Finanzplanung!
2. Stellen Sie dar, welche Folgen beim Verzicht auf eine Finanzplanung eintreten könnten!
3. Erläutern Sie, für wen die Einhaltung der betrieblichen Zahlungsfähigkeit von Bedeutung ist!
4. Nennen Sie die Positionen, die zu den liquiden Mitteln zählen!
5. Zeigen Sie die zentrale Eigenschaft liquider Mittel auf!
6. Erläutern Sie die Begriffe Liquiditätsreserve, Unterliquidität und Überliquidität!
7. Erläutern Sie, inwiefern die Erstellung eines Liquiditätsstatus für das Finanzmanagement von Bedeutung ist!
8. Erstellen Sie für die Lackfabrik Farbig GmbH einen Liquiditätsstatus für den Zeitraum 10. 11. 20.. bis 16. 11. 20.. auf. Der Finanzabteilung liegen folgende Angaben vor:
   - Kassenbestand am Abend des 09. 11. 10 000,00 EUR
   - Giroguthaben am Abend des 09. 11. 125 000,00 EUR
   - Erwartete Einzahlungen aus Umsatzerlösen:

10. 11.	35 000,00 EUR	13. 11.	40 000,00 EUR
12. 11.	18 000,00 EUR	16. 11.	57 000,00 EUR

   - Banküberweisung für einen Grundstückskauf am 10. 11. 95 000,00 EUR
   - Abbuchung von Zins und Tilgung für das Bankdarlehen am 11. 11. 40 000,00 EUR
   - Zahlung der Eingangsrechnung für einen Abfüllautomaten am 12. 11. 90 000,00 EUR
   - Geplanter Kauf eines Lkw am 14. 11. 85 000 EUR
   - Abbuchungsauftrag der Leasingrate für eine Mischmaschine am 15. 11. 31 000,00 EUR
   - Bezug von Werkstoffen am 06. 11.; Zahlungsziel bis 16. 11. mit 2 % Skonto, Ziel 30 Tage: 80 285,71 EUR

   Hinweis:
   - Ein Bankdarlehen in Höhe von 800 000,00 EUR ist mit 740 000.00 EUR in Anspruch genommen.
   - Bei einem Liquiditätsengpass wird auf das Darlehen in der Weise zurückgegriffen, dass die liquiden Mittel anschließend mindestens 10 000,00 EUR betragen.

1 Die **One-to-five-Rate** ist eine Norm für die Beurteilung der Barliquidität. Sie besagt, dass die kurzfristigen Verbindlichkeiten mindestens zu 20 % durch flüssige Mittel gedeckt sein sollten.

2 Die **One-to-one-Rate** ist eine Norm für die Beurteilung der einzugsbedingten Liquidität. Nach dieser Norm soll diese Liquiditätszahl mindestens den Wert 1 betragen.

2 1. Ein Industrieunternehmen legt für die beiden letzten Geschäftsjahre die folgenden bereinigten Abschlusszahlen vor:

Aktiva — Vereinfachte Bilanz Holzwerke Westfalen GmbH — Passiva

	Berichtsjahr	Vorjahr		Berichtsjahr	Vorjahr
I. Anlagevermögen	2146500,00	2070000,00	**I. Eigenkapital**	1218600,00	910350,00
II. Umlaufvermögen			**II. Fremdkapital**		
1. Vorräte	500400,00	344700,00	1. langfr. Verbindl.	1350000,00	1170000,00
2. Forderungen	366750,00	211500,00	2. kurzfr. Verbindl.	700200,00	767250,00
3. Bank, Kasse	255150,00	221400,00			
	3268800,00	2847600,00		3 268 800,00	2847600,00

Aufgaben:

1.1 Berechnen Sie die Liquidität 1. und 2. Grades!

1.2 Beurteilen Sie die Kennzahlen unter Berücksichtigung der Vorjahreszahlen!

2. Die Elastomer GmbH ist ein bedeutender Hersteller von dauerelastischen Werkstoffen. Das Unternehmen plant umfangreiche Investitionen für den Umweltschutz. Zur Vorbereitung der Finanzierung legt die Elastomer GmbH ihrer Hausbank folgende zusammengefasste Bilanz vor:

Aktiva — Zusammengefasste Bilanz der Elastomer GmbH (Mio. EUR) — Passiva

Sachanlagevermögen	111,5	Eigenkapital	68,9
Finanzanlagevermögen	9,2	Langfristige Bankkredite	77,1
Vorräte	38,1	Kurzfristige Bankkredite	17,2
Forderungen a. Lief. u. Leist.	45,6	Verbindlichkeiten a. Lief. u. Leist.	55,8
Sonstiges Umlaufvermögen	2,9		
Bank, Kasse	11,7		
	219,0		219,0

Aufgaben:

2.1 Ermitteln Sie die Liquiditätskennzahlen und beurteilen Sie das Ergebnis mithilfe der Branchenkennzahl aus der nachfolgenden Tabelle!

Branche	Liquiditätsgrade	
Chemische Industrie	Liquidität 1. Grades	19,2 %
	Liquidität 2. Grades	75,6 %

2.2 Überprüfen Sie anhand der Liquidität 1. und 2. Grades die Erfüllung der goldenen Bilanzregel und die Zahlungsbereitschaft der Elastomer GmbH!

2.3 Erläutern Sie die Bilanzkennzahl „Liquidität 2. Grades 120 %" und geben Sie an, was der Zahlenwert aussagt!

LS 2

1.5 Maßnahmen zur Sicherung der Liquidität beurteilen

Wenn ein Neukunde einen Auftrag erteilt und die Ware gegen Rechnung geliefert bzw. ein Lieferantenkredit eingeräumt werden soll, wird der Lieferer gegebenenfalls vor Vertragsabschluss eine **Bonitätsprüfung**[1] durchführen. Mithilfe der Bonitätsprüfung recherchiert der Lieferer die Wahrscheinlichkeit, ob der Neukunde seinen Zahlungsverpflichtungen nachkommt. Eine Bonitätsprüfung kann

- durch den **Lieferer selbst,**
- durch Einholen einer **Bankauskunft** oder
- durch eine **Selbstauskunft des Kunden**

vorgenommen werden.

(1) Bonitätsprüfung durch den Lieferer

Die Bonitätsprüfung umfasst zum einen die Prüfung der **Kreditfähigkeit** und zum anderen die Prüfung der **Kreditwürdigkeit.**

Kreditfähigkeit

Bevor geprüft wird, ob der Kreditnehmer wirtschaftlich in der Lage ist, den Rechnungsbetrag zu erbringen, muss gewährleistet sein, dass er berechtigt ist, Kreditverträge rechtswirksam abzuschließen.

Beispiel:

Wenn ein Mitarbeiter der Einkaufsabteilung des Baumarkts Baufix GmbH Erzeugnisse bestellt, muss überprüft werden, z. B. durch Vorlage einer Vollmacht, ob er dazu berechtigt ist, im Namen und für Rechnung der Baufix GmbH eine solche Verpflichtung eingehen zu dürfen.

Kreditwürdigkeit

Im Rahmen der Kreditwürdigkeitsprüfung wird die **wirtschaftliche Bonität** des Auftraggebers überprüft. Es wird recherchiert, ob der Auftraggeber wirtschaftlich in der Lage ist, seine Verpflichtungen ordnungsgemäß zu erfüllen. Die Prüfung der wirtschaftlichen (materiellen) Kreditwürdigkeit umfasst:

- Gegenwärtige und erwartete **Ertragslage des Unternehmens** (z. B. der Gewinne). Vorhandene **Vermögenswerte** und **Schulden** sowie Vermögensstruktur **(Vermögensaufbau)** und Kapitalstruktur **(Kapitalaufbau)** und deren **zukünftige Entwicklungen. Zahlungsfähigkeit (Liquidität)** und deren zukünftige Entwicklung.
- **Wirtschaftliche Risiken** des Unternehmens (z. B. dessen Konjunkturabhängigkeit,[2] Abnehmerstreuung, Export- und/oder Importabhängigkeit, Wettbewerbsintensität durch Konkurrenzunternehmen, Produktpolitik), **Produktions- und Fertigungsstandard, geplante Entwicklung neuer Produkte** und deren voraussichtliche Absatzchancen.
- **Haftungs- und Vertretungsverhältnisse, Rechtsform des Unternehmens, Nachfolgeregelungen** (z. B. beim Ausscheiden und Tod bisheriger Gesellschafter bei Personenunternehmen).

---

1 Bonität (wörtl.): Güte; im übertragenen Sinn Kreditwürdigkeit.

2 Vgl. hierzu Band 2, Lernfeld 5, Kapitel 2.6.

(2) Bankauskunft[1]

Voraussetzungen für die Erteilung einer Bankauskunft. Die Bank ist befugt, über juristische Personen[2] und im Handelsregister eingetragene Kaufleute[3] (Geschäftskunden) Bankauskünfte zu erteilen, sofern sich die Anfrage auf ihre **geschäftliche Tätigkeit** bezieht. Die Bank erteilt jedoch **keine Auskünfte,** wenn der Kunde hierzu die **Zustimmung verweigert.**

Eine Bankauskunft wird nur erteilt, wenn der **Anfragende ein berechtigtes Interesse** an der gewünschten Auskunft glaubhaft dargelegt hat und kein Grund zu der Annahme besteht, dass schutzwürdige Belange des Kunden der Auskunftserteilung entgegenstehen.

Inhalt einer Bankauskunft. Eine Bankauskunft enthält allgemein gehaltene Feststellungen und Bemerkungen über die **wirtschaftlichen Verhältnisse** des Kunden, seine **Kreditwürdigkeit** und **Zahlungsfähigkeit.** Betragsmäßige Angaben über **Kontostände** sowie Angaben über die **Höhe von Kreditinanspruchnahmen** werden **nicht gemacht.**

(3) Selbstauskunft eines Unternehmens

Prinzipiell richtet sich die Selbstauskunft eines Unternehmens an den angeforderten Informationen des anfragenden Unternehmens aus. In der Regel enthält die Selbstauskunft jedoch betriebsinterne Daten, die nicht aus dem Jahresabschluss ersichtlich sind, z.B. Umsatzentwicklung, Belegschaftsgliederung, Beschäftigungslage, Finanzplanung.

Grundsätzlich gilt: Ob und welche Informationen ein Unternehmen an das anfragende Unternehmen weitergibt, liegt in seinem Ermessen.

> Mit der Durchführung einer **Bonitätsprüfung,** dem Einholen einer **Bankauskunft** oder der Anforderung einer **Selbstauskunft** wird die **Gefahr** eines unvorhergesehenen **Zahlungsausfalls verringert.**

Kompetenztraining

3
1. Unterscheiden Sie die Begriffe Kreditfähigkeit und Kreditwürdigkeit!
2. Nennen Sie zwei Gesichtspunkte der Bonitätsprüfung bei Unternehmen und recherchieren Sie, welche Informationsgrundlagen Sie zur Prüfung heranziehen würden!
3. Nennen Sie die wichtigste Voraussetzung für die Erteilung einer Bankauskunft über ein Unternehmen!

LS 3

1.6 Für den Zahlungseingang durch Kunden sorgen

1.6.1 Rechte beim Zahlungsverzug durch Kunden sichern

1.6.1.1 Begriff Zahlungsverzug (Nicht-Rechtzeitig-Zahlung)

Nach dem „Gesetz zur Bekämpfung von Zahlungsverzug im Geschäftsverkehr" vom 29. Juli 2014 dürfen bei allen **Geschäften zwischen Unternehmen**[4] nur noch Zahlungs-

1 Vgl. hierzu Richard,Willi; Mühlmeyer, Jürgen: Betriebslehre der Banken und Sparkassen, Merkurbuch 0130, Rinteln 2015, S. 102f.
2 Vgl. hierzu die Ausführungen zur GmbH, S. 58ff.
3 Vgl. hierzu die Ausführungen zum Handelsregister, S. 44f.
4 Diese Regelung gilt **nicht** für Geschäfte mit Verbrauchern.

fristen von maximal 60 Tagen[1] vertraglich vereinbart werden [§ 271 a I BGB]. Die Zahlungsfrist beginnt zum Zeitpunkt

- des **Empfangs der Leistung** (z. B. der Waren) oder
- des **Rechnungszugangs** oder
- des in der Rechnung **genannten Zeitpunkts.**

Ein Schuldner gerät mit seiner geschuldeten Zahlung in Verzug,[2] wenn
- der **Gläubiger** seinen Teil des **Vertrags erfüllt** hat,
- der **Gläubiger** den fälligen Betrag **nicht oder nicht rechtzeitig** erhalten hat und
- der **Schuldner** den Zahlungsverzug **verschuldet**[3] hat.

Der Gläubiger muss **in der Regel** den Zahlungspflichtigen nicht mahnen, es sei denn, der Zahlungszeitpunkt ist nicht genau bestimmt und nicht berechenbar (siehe S. 26).

Beim Zahlungsverzug handelt es sich um eine nur **vorübergehende Leistungsstörung.** Die Nachholbarkeit ist grundsätzlich immer möglich.[4]

1.6.1.2 Eintritt des Zahlungsverzugs

(1) Zahlungszeitpunkt nach dem Kalender genau bestimmt oder berechenbar

Ist der **Zahlungszeitpunkt** nach dem Kalender **genau bestimmt** oder lässt sich der Zahlungszeitpunkt **kalendermäßig genau berechnen,** so tritt der Zahlungsverzug **unmittelbar nach Überschreiten** des Zahlungstermins ein.

Ein **Zahlungstermin** ist nur dann **genau bestimmt,** wenn er **vertraglich vereinbart** ist.

Eine Leistungszeit kann nicht durch eine einseitige Erklärung bestimmt werden. Durch den bloßen Aufdruck des Zahlungstermins durch den Verkäufer auf einer Rechnung kann somit der Zahlungstermin nicht festgelegt werden.[5]

Beispiele:

- Im Vertrag wird ein **kalendermäßig genau bestimmter Zahlungszeitpunkt** vereinbart:
  - *„Der Kaufpreis ist bis zum 15. Januar auf das vom Verkäufer genannte Konto zu überweisen."* Der Käufer kommt mit Ablauf des 15. Januars in Verzug.
  - *„Der Kaufpreis ist zahlbar im Mai 20.."* Der Käufer kommt mit Ablauf des 31. Mai 20.. in Verzug.
- Im Vertrag wird ein **kalendermäßig genau berechenbarer Zahlungszeitpunkt** vereinbart:
  - *„Der Kaufpreis ist innerhalb von 10 Kalendertagen nach Rechnungs**datum** zu leisten."* Ist die Rechnung auf den 17. Juni datiert, ist der Käufer mit Ablauf des 27. Juni in Zahlungsverzug.
  - *„Der Kaufpreis ist innerhalb von 8 Kalendertagen nach Mitteilung des Notars vom Vorliegen der Eintragungsvoraussetzungen auf das vom Verkäufer benannte Konto zu überweisen."* Erhält der Käufer die Mitteilung des Notars am 1. Juli, so befindet sich der Käufer mit Ablauf des 9. Juli in Zahlungsverzug.

1 Im Einzelfall können längere Zahlungsfristen vereinbart werden, sofern sie **ausdrücklich getroffen** werden und den **Gläubiger nicht grob benachteiligen.**

2 Der Zahlungsverzug ist ein Schuldnerverzug.

3 Ein Verschulden wird bei Zahlungsverzug immer unterstellt.

4 Der Käufer kann **nicht** auf eine **unverschuldete Mittellosigkeit verweisen**: „Geld hat man zu haben", gegebenenfalls durch Aufnahme eines Darlehens.

5 Ist der Kunde ein Verbraucher [§ 13 BGB], so muss auf jeden Fall einmal gemahnt werden [Urteil BGH vom 25. 10. 2007, III, ZR 91/07].

(2) Zahlungszeitpunkt nicht genau bestimmt und nicht berechenbar

Ist der Zahlungszeitpunkt weder genau bestimmt noch kalendermäßig berechenbar, dann kommt der Käufer in Zahlungsverzug, wenn er auf eine vom Verkäufer **nach der Fälligkeit erfolgte Mahnung** nicht zahlt.

Beispiele:

- *„zahlbar 14 Tage nach Rechnungs**erhalt**"*
- *„zahlbar sofort"*
- *„zahlbar ab 20. April 20.."*

Beachte:

- **Verzichtet der Verkäufer auf eine Mahnung oder verweigert der Käufer die Zahlung** ernsthaft und endgültig, so befindet sich der Käufer **spätestens 30 Tage nach Fälligkeit und Zugang einer Rechnung** in Zahlungsverzug [§ 286 III, S. 1 BGB].[1]
- Der **Verkäufer kann** somit **wählen,** ob er z. B.
  - nach Zugang einer Rechnung beim Käufer durch eine **rasche Mahnung nach Fälligkeit** schon **vor Ablauf von 30 Tagen** den Zahlungsverzug herbeiführen will oder ob er
  - durch **bloßes Zuwarten** den Verzug **erst nach 30 Tagen** eintreten lässt.
- Beim **Verbrauchsgüterkauf** gilt diese Regel nur, wenn in der **Rechnung besonders darauf hingewiesen** wurde. Fehlt dieser Hinweis, dann bedarf es einer **Mahnung,** damit Verzug eintritt.

Beispiel:

Die Elektroeinzelhandlung Heinz Strom e. K. erhält am 2. August 20.. von der Tele-AG München eine Rechnung über gelieferte Fernseher. Bei Nichtzahlung ist die Elektroeinzelhandlung Heinz Strom e. K. **ohne Mahnung am 2. September 20..** in Zahlungsverzug.

Erhält die Elektroeinzelhandlung Heinz Strom e. K., am 17. August eine **Mahnung** der Tele-AG München wegen Nichtzahlung, dann ist sie **ab dem 17. August** in Zahlungsverzug.

1.6.1.3 Rechtsfolgen (Rechte des Verkäufers)

(1) Überblick

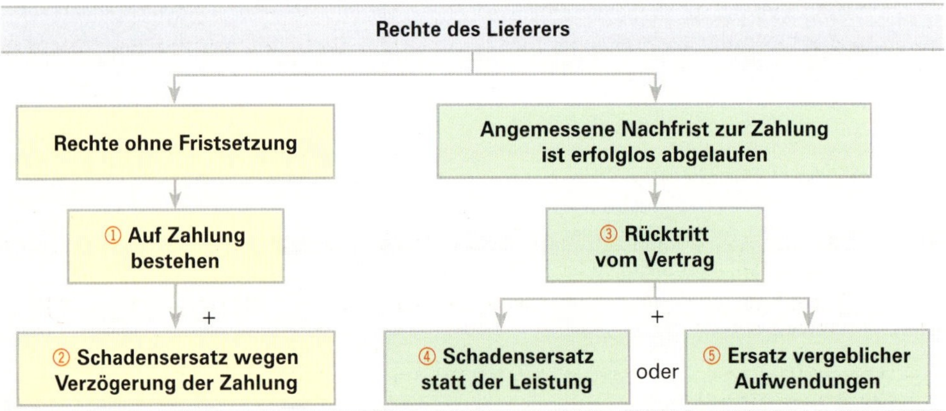

1 Die **30-Tage-Regelung** gilt nur für **Entgeltforderungen.**

(2) Rechte ohne Fristsetzung

① Auf Zahlung bestehen

Der Verkäufer besteht auf dem vereinbarten Kaufpreis. Zahlt der Käufer nach dem Zahlungstermin, stellt der Verkäufer keine weiteren Ansprüche.

② Schadensersatz wegen Verzögerung der Zahlung

Der Verkäufer ist berechtigt, vom Käufer einen angemessenen Ersatz **aller** durch den Zahlungsverzug bedingten Verzugsschäden zu verlangen. Der Verkäufer ist so zu stellen, wie er vermögensmäßig stehen würde, wenn der Käufer rechtzeitig gezahlt hätte [§ 249 I BGB].

Beispiele für Verzugsschäden:

- Gesetzliche Verzugszinsen (beim Verbrauchsgüterkauf 5 %, unter Kaufleuten 9 % über dem Basiszinssatz).[1]
- Kosten des Inkassobüros,[2] Anwalts- und Gerichtskosten, Porto.

(3) Rechte nach erfolgloser angemessener Fristsetzung zur Zahlung[3]

③ Rücktritt vom Kaufvertrag

Ist eine vom Verkäufer gesetzte angemessene Frist zur Zahlung erfolglos abgelaufen, kann der Verkäufer vom Vertrag zurücktreten [§ 323 I BGB]. Beim Rücktritt sind alle bereits erbrachten Leistungen zurückzuerstatten, beispielsweise die gelieferte Ware durch den Käufer oder eine erhaltene Zahlung durch den Verkäufer.

Ein Rücktritt ist **nicht möglich,** wenn der **Schaden unerheblich** ist [§ 323 V, S. 2 BGB].

④ Schadensersatz statt der Leistung

Dies kann der Verkäufer zusätzlich zum Rücktritt vom Vertrag verlangen. Voraussetzung ist, dass den Käufer ein Verschulden trifft. Der Anspruch auf Zahlung ist damit ausgeschlossen.

Beispiel:

Ein Käufer zahlt nicht. Der Verkäufer nimmt die Ware zurück und verkauft sie anderweitig, jedoch zu einem niedrigeren Preis. Den Preisunterschied, die Rücknahmekosten und gegebenenfalls weitere entstandene Verzugskosten (z. B. Verzugszinsen) hat der Käufer zu tragen.

⑤ Ersatz vergeblicher Aufwendungen

Anstelle des Schadensersatzes statt der Leistung kann der Verkäufer auch Ersatz vergeblicher Aufwendungen verlangen.

Kompetenztraining

4

1. Nennen Sie die Voraussetzungen, die geprüft werden müssen, wenn beurteilt werden soll, ob ein Zahlungsverzug vorliegt oder nicht!
2. Geben Sie Vertragsformulierungen an, die einer Mahnung bedürfen, damit der Zahlungsverzug eintritt!

---

1 Der **Basiszinssatz** wird von der Europäischen Zentralbank bestimmt. Beispiel: Basiszinssatz 5,5 %, Verzugszinssatz 9,5 %.

2 **Inkasso**: Einzug von Geldforderungen.

3 Beim Zahlungsverzug ist eine Fristsetzung nicht erforderlich, wenn z. B. der Käufer die Zahlung ernsthaft und endgültig verweigert oder ein Fixgeschäft vorliegt.

3. Nennen Sie die Bedingungen unter welchen eine Mahnung entbehrlich ist!
4. Erläutern Sie die 30-Tage-Regel!
5. Geben Sie für die folgenden Fälle an, wann das Entgelt spätestens zu zahlen ist, wenn Zahlungsverzug vermieden werden soll!

Nr.	Vereinbarte Zahlungsbedingung
5.1	Zahlbar innerhalb von 10 Tagen ab Rechnungsdatum unter Abzug von 3% Skonto, Ziel 30 Tage ab Rechnungsdatum (zweiseitiger Handelskauf)
5.2	Ziel 20 Tage ab Rechnungsdatum (zweiseitiger Handelskauf)
5.3	Sofort (zweiseitiger Handelskauf)
5.4	Sofort (einseitiger Handelskauf, kein Hinweis auf „30-Tage-Regel")
5.5	Keine Zahlungsbedingungen vereinbart (zweiseitiger Handelskauf)
5.6	Keine Zahlungsbedingungen vereinbart (einseitiger Handelskauf, mit Hinweis auf „30-Tage-Regel")
5.7	Keine Zahlungsbedingungen vereinbart (einseitiger Handelskauf, Hinweis auf „30-Tage-Regel" fehlt)

5 Klären Sie die folgenden Rechtsfälle:

1. Die Baumaschinenhandlung Feuchtbeiner e.Kfm. erhält am 2. Juni 20.. von ihrem Lieferer folgende Rechnung über 44000,00 EUR zuzüglich 19% USt. Als Zahlungsbedingungen wurden vereinbart: Zahlung innerhalb von 10 Tagen ab Rechnungsdatum mit 2% Skonto oder 30 Tage netto Kasse. Rechnungsdatum ist der 1. Juni 20..

   Aufgaben:

   Erläutern Sie, ob Feuchtbeiner in Zahlungsverzug ist, wenn er

   1.1 den Rechnungsbetrag abzüglich 2% Skonto am 12. Juni 20.. überweist,

   1.2 den Rechnungsbetrag ohne Skonto am 15. Juli 20.. bezahlt hat!

2. Privatmann Schneider kauft sich einen Pkw vom Autohaus Gruber OHG. Er leistet eine Anzahlung, der Rest von 25000,00 EUR ist fällig und bereits angemahnt zum 10. November. Der Restbetrag trifft beim Autohaus jedoch erst am 10. Januar ein. Das Autohaus hat in der Zwischenzeit bei seiner Bank einen Kontokorrentkredit zu 9 % Zins über dem Basiszinssatz in Anspruch genommen.

   Aufgaben:

   2.1 Klären Sie rechtlich, ob das Autohaus Gruber OHG die Erstattung der Zinsen verlangen kann!

   2.2 Erläutern Sie die Rechtslage, wenn beide Personen Kaufleute und dieser Kauf für beide ein Handelsgeschäft gewesen wäre!

3. Das Hotel „Goldener Adler" schickt am 20.05.20.. eine Rechnung über 3800,00 EUR zuzüglich 19% USt an das IT-Unternehmen ComInit GmbH wegen Durchführung einer Schulungstagung. Zugang der Rechnung ist am 22.05.20.. Als Zahlungsbedingung wurde vereinbart: „Zahlung sofort ohne Abzug".

   Aufgaben:

   3.1 Stellen Sie dar, ob sich die ComInit GmbH in Zahlungsverzug befindet, wenn beim Hotel am 10.06. noch keine Zahlung eingegangen ist!

   3.2 Die ComInit GmbH erhält am 12.06. eine Mahnung. Der „Goldene Adler" weist darauf hin, dass die Rechnung bis zum 20.06. gezahlt sein muss. Erläutern Sie, zu welchem Zeitpunkt die ComInit GmbH in Verzug ist!

1.6.2 Kaufmännisches Mahnverfahren einleiten und Zinsen berechnen

1.6.2.1 Kaufmännisches Mahnverfahren einleiten

Mit jedem Zielverkauf ist für den Verkäufer trotz aller Kreditsicherungsmaßnahmen ein Zahlungsrisiko verbunden. Der Verkäufer hat dem Käufer die Kaufsache bereits übergeben, ohne vom Käufer den Kaufpreis „Zug-um-Zug" zu erhalten. Um Zahlungsverzögerungen und Zahlungsausfällen vorzubeugen, ist die laufende Überwachung der Forderungen notwendig.

(1) Form und Stufen der Mahnung

Es gibt keine gesetzlich vorgeschriebene Form der kaufmännischen (außergerichtlichen) Mahnung. Die meisten Mahnungen erfolgen jedoch aus Gründen der Beweissicherheit in **schriftlicher Form.**

In der Praxis erfolgen die kaufmännischen Mahnungen im Allgemeinen in folgenden Stufen:

Zahlungserinnerung	Sie ist eine höfliche Erinnerung an die fällige Zahlung. Meistens mit einer **Rechnungskopie** oder einem **Kontoauszug**.
Erste Mahnung	In ihr wird ausdrücklich auf die Fälligkeit der Schuld (Zahlung) hingewiesen und eine **neue Zahlungsfrist** gesetzt. Wie bei der Zahlungserinnerung können die entsprechenden Zahlungsformulare beigelegt werden.
Zweite Mahnung	In dieser Mahnung wird dem Schuldner unter Hinweis auf die ihm entstehenden zusätzlichen Kosten **angedroht,** die überfällige Zahlung durch eine **Postnachnahme**[1] oder ein **Inkassoinstitut** einziehen zu lassen, falls die Zahlung nicht innerhalb der nächsten Tage eingeht.
Dritte Mahnung	Ist die Zahlung auch aufgrund der zweiten Mahnung noch nicht erfolgt, hat der Schuldner die Postnachnahme nicht eingelöst oder die Zahlung an das Inkassoinstitut verweigert, so erfolgt eine letzte **verschärfte Mahnung** mit letzter Fristsetzung. In dieser wird eine **Klage auf Zahlung** oder ein **gerichtlicher Mahnbescheid** angedroht.

(2) Beispiel für ein außergerichtliches Mahnverfahren

Die folgenden zwei Briefe zeigen beispielhaft auf, wie in der Praxis das außergerichtliche Mahnverfahren durchgeführt werden kann.

1 Bei der Zahlung mit Postnachnahme händigt die Deutsche Post AG Briefe und Paketsendungen erst aus, wenn der Empfänger den Nachnahmebetrag an den Zusteller bar bezahlt hat.

Zahlungserinnerung: Rechnungskopie

Möbelhaus WohnPLATZ GmbH

Möbelhaus WohnPLATZ GmbH
Hauptstraße 40
86199 Augsburg

Herr/Frau/Firma

Discount GmbH
Innere Uferstr. 15
86153 Augsburg

Lieferanschrift

Herr/Frau/Firma	Discount GmbH
Vorname	
Straße	Innere Uferstr. 15
Etage	
PLZ	86153
Ort	Augsburg
Telefon (privat)	
Telefon (Firma)	0821 53720
Tour	
Fah	
Fah	
Fahrstuhl	
KV-Nr.	
KV-Datum	10. 03. 20 . .
Bemerkung	
Liefertermin	Mitnahme
Auftragsnummer	164947

Achtung: Bei Zahlung immer Auftrags-Nummer angeben!

LIEFERSCHEIN UND RECHNUNG

Pos.	Anz.	Bezeichnung, Art, Modell, Ausführung, Größe	BW	Einzelpreis	Gesamtpreis
1	1	ES BEDIENTE SIE FRAU HEPP			473,28
		2000058 L/01/WA 1			
		BÜROSESSEL			
		PILOT-CHEF 176210600			
		GESTELL: SCHWARZ			
		BEZUG: LEDER SCHWARZ			
		MIT WIPPE			
		LAGERPLATZ: WA 1			
		19% UMSATZSTEUER			89,92
		Fälligkeit der Zahlung: 30. März 20 . .			
		Rechnungskopie			

Der vollständige und einwandfreie Empfang obiger Ware wird hiermit ausdrücklich bestätigt.

i.A. Lang
Unterschrift

Beanstandungen sind umseitig genau anzugeben!

Rechnungs-Betrag	563,20
Fälliger Restbetrag	563,20

QUITTUNG

Auftrags-Nummer | Rechnungs-Nummer | Datum

Betrag | Betrag in Worten | tausend | hundert | zehn | eins

Herr/Frau/Firma | Straße | PLZ | Ort

Geschäftsräume:
Hauptstraße 40
86199 Augsburg

Geschäftszeit:
10:00 Uhr – 20:00 Uhr
Geschäftsführer: Ulf Holzinger

RG Augsburg
HRB 720

Steuer-Nr.
85437101

Kontoverbindung:
Augusta-Bank-Raiffeisen-Volksbank
IBAN: DE27 7209 0000 0000 4268 71
BIC: GENODEF1AUB

Betrag dankend erhalten – Nur gültig mit Unterschrift

☐ **Scheck**
☐ **Bar**

Unterschrift des Inkassoberechtigten

Einzug durch Postnachnahme (3. Mahnung)

Möbelhaus WohnPLATZ GmbH
Hauptstraße 40
86199 Augsburg

Möbelhaus
WohnPLATZ GmbH

Möbelhaus Wohnplatz GmbH • Hauptstraße 40 • 86199 Augsburg

Discount GmbH
Innere Uferstr. 15
86153 Augsburg

Telefax
0821 5001-469

E-Mail
wohnplatz.augsburg@t-online.de

Ihr Zeichen, Ihre Nachricht von	Unser Zeichen, unsere Nachricht vom	Telefon 0821 5001-	Augsburg
	hu 30. Mai 20 . .	467 Frau Hug	16. Juni 20 . .

Kunden-Nr. 164947

Sehr geehrter Kunde,

Ihr Konto weist nachstehende Posten als fällig aus:

Rechn-Nr.	Re-Datum	fällig am	Mahnst.	Betrag
164947	10. 03. 20 . .	Rechnung 30. 03. 20 . .	3	563,20 EUR
		Gesamtbetrag der Mahnstufe	3	563,20 EUR
		Der fällige Saldo beträgt		563,20 EUR
		Der Gesamtsaldo beträgt		563,20 EUR

Zahlungseingänge sind berücksichtigt bis 12. 06. 20 . .

Obwohl Sie von uns bereits zweimal zur Zahlung des noch ausstehenden Betrags aufgefordert wurden, konnten wir bis jetzt keinen Zahlungseingang feststellen.

Wir bitten um Überprüfung und um Überweisung des noch ausstehenden Betrags

bis zum 24. Juni 20 . .

Sollte der fällige Betrag bis zu diesem Zeitpunkt nicht bei uns eingegangen sein, werden wir den Betrag durch Nachnahme einziehen lassen. Die Kosten hätten Sie zu tragen.

Mit freundlichem Gruß

MÖBELHAUS WOHNPLATZ GmbH
Buchhaltung

Eva Hug

Eva Hug

Geschäftsräume
Hauptstraße 40
68199 Augsburg

Geschäftszeit
09:00 Uhr – 15:00 Uhr

Geschäftsführer: Ulf Holzinger

RG Augsburg
HRA 720

Steuer-Nr.
85437101

Kontoverbindung:
Augusta-Bank-Raiffeisen-Volksbank
DE27 7209 0000 0000 4268 71
BIC: GENODEF1AUB

1.6.2.2 Zinsen berechnen

(1) Einführung in das Zinsrechnen

Beispiel:

Ein Kaufmann nimmt bei seiner Hausbank ein Darlehen in Höhe von 45 000,00 EUR auf. Laufzeit: ein Jahr. Die Bank berechnet ein Disagio von 1,5 % (675,00 EUR) und einen Zinssatz von 8 % (3 600,00 EUR).

Prozentrechnung →	**Grundwert**	**Prozentsatz**		**Prozentwert**
↓	↓	↓		↓
Bearbeitungsgebühr	45 000,00 EUR	1,5 %		675,00 EUR
Zinsen	45 000,00 EUR	8 %	1 Jahr	3 600,00 EUR
↑	↑	↑	↑	↑
Zinsrechnung →	**Kapital**	**Zinssatz (Zinsfuß)**	**Zeit**	**Zinsen**

- Bei der Berechnung von Zinsen muss der Faktor **Zeit** (Jahr, Monat, Tag) berücksichtigt werden. (Der Faktor Zeit fehlt in der Prozentrechnung.)[1]
- Zinsen sind der **Preis** für die **Nutzung eines Kapitals** für eine bestimmte Zeit (entspricht dem Prozentwert in der (Prozentrechnung).
- Das **Kapital** ist die zur **Nutzung überlassene Geldsumme.** Sie ist immer 100 % (entspricht dem Grundwert in der Prozentrechnung).
- Der **Zinssatz** sagt aus, wie viel Prozent Zinsen ein Kapital von 100,00 EUR in einem Jahr erbringt (z. B. für den Sparer) bzw. kostet (z. B. für den Kreditnehmer). Der Zinsfuß bezieht sich immer auf ein Jahr (entspricht dem Prozentsatz in der Prozentrechnung).

(2) Berechnung der Zinsen

Beispiel für die Berechnung der Tage im kaufmännischen Bereich:[2]

- 24. Juni–8. Nov. = 134 Tage
- 17. Jan.–28. Febr. = 41 Tage
- 28. Febr.–15. März = 17 Tage
- 1. Jan.–28. Febr. = 57 Tage

Vorgehensweise:

24. Juni–24. Okt. sind 4 x 30	=	120 Tage
24. Okt.–30. Okt.	=	6 Tage
30. Okt.– 8. Nov.	=	8 Tage
		134 Tage

17. Jan.–17. Febr. sind 1 x 30	=	30 Tage
17. Febr.–28. Febr.	=	11 Tage
		41 Tage

Beim Überschreiten des Monats Februar wird mit 30 Tagen gerechnet. Geht die Verzinsung bis zum 28. Februar, werden nur 28 Tage angesetzt (im Schaltjahr dementsprechend 29 Tage).

1 Zum Prozentrechnen siehe Band 1, Lernfeld 3, S. 257 ff.

2 Bei allen nachfolgenden Aufgaben gehen wir von der **Zinsberechnung für Kaufleute** aus, d. h., das Jahr wird mit 360 Tagen und jeder Monat mit 30 Tagen angesetzt.

Beispiel:

Ein Industriebetrieb kauft Rohstoffe im Wert von 2460,00 EUR. Er erhält ein Zahlungsziel bis zum 27. Januar. Die Zahlung erfolgt erst am 2. Mai.

Der Lieferer stellt dem Kunden Verzugszinsen in Rechnung. Der Zinssatz beträgt 6 %.

Aufgabe:

Berechnen Sie die Höhe der Verzugszinsen!

Lösung:

Für 100,00 EUR	in 360 Tagen	6,00 EUR Zinsen
Für 2460,00 EUR	in 95 Tagen	x EUR Zinsen

$$x = \frac{6 \cdot 2460 \cdot 95}{100 \cdot 360}$$

$$x = \underline{\underline{38{,}95\ \text{EUR}}}$$

durch Umstellung erhält man →

Berechnung der Tageszinsen mithilfe der Kaufmännischen Zinsformel:

$$\text{Tageszinsen} = \frac{\text{Kapital} \cdot \text{Zinssatz} \cdot \text{Tage}}{100 \cdot 360}$$

abgekürzt:

$$Z = \frac{K \cdot p \cdot t}{100 \cdot 360}$$

(3) Berechnung des Zinssatzes

Beispiel:

Für die verspätete Zahlung einer Liefererrechnung in Höhe von 6150,00 EUR wird ein Kaufmann vom Lieferer mit Verzugszinsen in Höhe von 51,25 EUR belastet. Der Zahlungstermin wurde um 60 Tage überschritten.

Aufgabe:

Berechnen Sie den zugrundegelegten Zinssatz!

Lösung:

Für 6150,00 EUR	in 60 Tagen	51,25 EUR Zinsen
Für 100,00 EUR	in 360 Tagen	x EUR Zinsen

$$x = \frac{51{,}25 \cdot 100 \cdot 360}{6150 \cdot 60}$$

→

Berechnung des Zinssatzes mithilfe der Kaufmännischen Zinsformel:

$$\text{Zinssatz} = \frac{\text{Zinsen} \cdot 100 \cdot 360}{\text{Kapital} \cdot \text{Tage}}$$

x = 5,00 EUR für 100,00 EUR Kapital im Jahr; d. h., der Zinssatz beträgt 5 %.

Ergebnis: Der zugrunde gelegte Zinssatz des Lieferers beträgt 5 %.

Anmerkung: Herleitung der Formel aus der allgemeinen Zinsformel:

$$Z = \frac{K \cdot p \cdot t}{100 \cdot 360}$$

oder: $Z \cdot 100 \cdot 360 = K \cdot p \cdot t$

oder: $\frac{Z \cdot 100 \cdot 360}{K \cdot t} = p$

oder: $p = \frac{Z \cdot 100 \cdot 360}{K \cdot t}$

(4) Berechnung der Zeit

Beispiel:

Ein Kaufmann hat einem Kunden am 15. Januar eine Rechnung in Höhe von 4500,00 EUR zu einem Zinssatz von 6,5 % gestundet. Der Rückzahlungsbetrag einschließlich Zinsen beträgt 4682,00 EUR.

Aufgaben:

1. Ermitteln Sie, wie viel Tage die Stundung gewährt wurde!
2. Nennen Sie den Zeitpunkt, zu dem der Rechnungsbetrag zurückgezahlt worden ist!

Lösung:

Für	100,00 EUR erhält man	6,50 EUR in	360	Tagen
Für	4 500,00 EUR erhält man	182,00 EUR in	x	Tagen

$$x = \frac{360 \cdot 100 \cdot 182}{4500 \cdot 6{,}5} \quad \xrightarrow[\text{erhält man}]{\text{durch Umstellung}}$$

$$x = \underline{\underline{224 \text{ Tage}}}$$

Berechnung der Tage mithilfe der Formel:

$$\text{Tage} = \frac{\text{Zinsen} \cdot 100 \cdot 360}{\text{Kapital} \cdot \text{Zinssatz}}$$

Ergebnis: 1. Der Rechnungsbetrag wurde 224 Tage gestundet.
2. Rückzahlungstermin: 15. Januar + 224 Tage = 29. August

Anmerkung: Herleitung der Formel aus der allgemeinen Zinsformel:

$$Z = \frac{K \cdot p \cdot t}{100 \cdot 360} \quad \text{oder:} \quad Z \cdot 100 \cdot 360 = K \cdot p \cdot t$$

$$\text{oder:} \quad \frac{Z \cdot 100 \cdot 360}{K \cdot p} = t$$

$$\text{oder:} \quad t = \frac{Z \cdot 100 \cdot 360}{K \cdot p}$$

Kompetenztraining

6 1. Erläutern Sie die Gründe, warum die Unternehmen auf eine pünktliche Bezahlung ihrer Ausgangsrechnungen angewiesen sind!

2. Beschreiben Sie die „Stufen" des kaufmännischen (außergerichtlichen) Mahnverfahrens!

3. Nennen Sie mögliche Vor- und Nachteile des Forderungseinzugs durch Postnachnahme und Inkassoinstitute aus der Sicht des Geldgläubigers!

4. Die Maschinenfabrik Meister & Co. KG in Sigmaringen lieferte am 24. Februar 20.. an die Rotthal Ex- und Importgesellschaft GmbH in Hamburg Werkzeugmaschinen im Wert von 940 000,00 EUR. Laut Lieferungs- und Zahlungsbedingungen sind die Maschinen 4 Wochen nach Rechnungseingang zu bezahlen. Erfüllungsort und Gerichtsstand ist Siegmaringen. Die Rechnung wurde am 24. Februar 20.. abgesandt und ging am 26. Februar 20.. bei der Rotthal Ex- und Importgesellschaft GmbH ein. Die Lieferung wurde ordnungsgemäß ausgeführt und ohne Beanstandungen von der Rotthal GmbH an- und abgenommen.

   Am 30. März 20.. hat die Rotthal Ex- und Importgesellschaft GmbH die Rechnung noch nicht beglichen. Die Mahnabteilung der Maschinenfabrik Meister & Co. KG schickte daher am 2. April 20.., am 10. April 20.. und am 20. April 20.. je eine Mahnung, die alle ergebnislos blieben.

   Aufgaben:

   4.1 Erläutern Sie, warum dreimal gemahnt wurde!

   4.2 Begründen Sie, ob eine Mahnung überhaupt notwendig ist, um die Rotthal GmbH in Verzug zu setzen!

   4.3 Formulieren Sie drei Mahnungen!

7 1. Berechnen Sie die Laufzeit eines Kredits:

1.1	vom	6. Febr.–28. Febr.	1.5	vom	13. Juli– 1. Mai
1.2	vom	17. April– 1. Aug.	1.6	vom	30. Jan.–29. Febr.
1.3	vom	28. Sept.–31. Dez.	1.7	vom	23. Nov.– 5. Juni
1.4	vom	19. Nov.–20. Dez.	1.8	vom	10. Dez.– 1. April

2. Die Franz Ott KG bittet einen Lieferer um Stundung des Rechnungsbetrags vom 15. Januar bis 8. April. Der Rechnungsbetrag beläuft sich auf 10580,00 EUR. Der Lieferer stimmt zu und berechnet für die Stundungszeit $5^1/_4$ % Zinsen.

   Berechnen Sie die Verzugszinsen!

3. Eine Liefererrechnung über 2150,00 EUR, fällig am 20. Juli, wurde durch ein Versehen der Buchhaltung nicht rechtzeitig gezahlt. Am 10. September erfolgt eine Mahnung des Lieferers. Der Lieferer fordert Verzugszinsen in Höhe von 5 Prozentpunkten über dem Basiszinssatz und Ersatz seiner Auslagen in Höhe von 10,80 EUR. Der Basiszinssatz beträgt 4,5 %.

   Ermitteln Sie, über welchen Betrag die Mahnung lautet!

4. Die Kalle & Knoll OHG lieferte am 15. Juni an das Einzelhandelsunternehmen Rausch e.K. und an den Privatmann Uwe Kolb Waren im Wert von je 1000,00 EUR. Die Waren gingen den Käufern am 18. Juni zu. Die Rechnungen lagen bei. Laut Zahlungsbedingungen, die dem Einzelhandelsunternehmen Rausch e.K. und Uwe Kolb vor Vertragsabschluss bekannt waren, sind die Warenlieferungen sofort nach Rechnungserhalt zu bezahlen. Weder das Einzelhandelsunternehmen Rausch e.K. noch Uwe Kolb bezahlten. Nunmehr ist der 20. Juli.

   4.1 Begründen Sie, ob das Einzelhandelsunternehmen Rausch e.K. und Uwe Kolb in Verzug sind!

   4.2 Die Kalle & Knoll OHG mahnt am 30. Juli ausdrücklich und berechnet sowohl dem Einzelhandelsunternehmen Rausch e.K. als auch Uwe Kolb Verzugszinsen in Höhe von 5 Prozentpunkten über dem Basiszinssatz von 4,3 % für 42 Tage.

   Berechnen Sie die Verzugszinsen!

5. Eine Rechnung über 6400,00 EUR, fällig am 26. Februar, wird von uns am 8. April einschließlich Verzugszinsen mit 6444,80 EUR durch Banküberweisung bezahlt.

   Ermitteln Sie, wie viel Prozent Verzugszinsen berechnet wurden!

6. Ein Hersteller gewährt einem Kunden 30 Tage Ziel für die Bezahlung der gelieferten Waren im Wert von 11250,00 EUR mit Rechnungsdatum vom 14. September. Der Kunde zahlt die Rechnung am 29. Dezember einschließlich 187,50 EUR Verzugszinsen.

   Ermitteln Sie, wie viel Prozent Verzugszinsen berechnet wurden!

7. Am 20. August wurde eine Rechnung über 1680,00 EUR einschließlich 6 % Verzugszinsen mit 1695,96 EUR beglichen.

   Ermitteln Sie den Zeitpunkt, zu welchem die Rechnung fällig war!

8. Berechnen Sie, an welchem Tag ein Kapital in Höhe von 8400,00 EUR ausgeliehen wurde, das am 20. November einschließlich 5 % Zinsen mit 8522,50 EUR zurückgezahlt worden ist!

9. Eine Kundin zahlt an die Bauer GmbH am 20. April eine Rechnung über 216,00 EUR zuzüglich 7 % Verzugszinsen mit 220,62 EUR bar.

   Ermitteln Sie den Tag, an welchem die Rechnung zur Zahlung fällig war!

1.6.3 Einen gerichtlichen Mahnbescheid erwirken

(1) Begriff gerichtliches Mahnverfahren

Wenn das kaufmännische Mahnverfahren keinen Erfolg hat, wenn der Schuldner also nicht zahlt, kann der Gläubiger zur Durchsetzung seiner Forderungen gerichtliche Maßnahmen ergreifen. Mit dem gerichtlichen Mahnverfahren, das vom Amtsgericht durchgeführt wird, hat der Gläubiger die Möglichkeit, seine Forderungen schnell und kostensparend einzutreiben. Mit diesem Verfahren können nur **Geldschulden** eingefordert werden.

(2) Abwicklung des gerichtlichen Mahnverfahrens

Zur Einleitung des gerichtlichen Mahnverfahrens ist es notwendig, dass der Gläubiger **(Antragsteller)** den Erlass eines **Mahnbescheids** beantragt, durch den der Schuldner **(Antragsgegner)** zur Zahlung aufgefordert wird.

Der Antrag auf Erlass eines Mahnbescheids ist auf einem **besonderen Vordruck**[1] oder im **Onlineverfahren** bei dem **Amtsgericht** zu stellen, bei dem der Antragsteller seinen allgemeinen Gerichtsstand, also seinen Geschäfts- oder Wohnsitz hat.[2] Der Mahnbescheid wird vom **Rechtspfleger erlassen** und dem Antragsgegner von **Amts wegen** zugestellt. Das Gericht **prüft nicht,** ob die Forderung zu Recht erhoben wird. Der Mahnbescheid enthält die Aufforderung an den Antragsgegner (Schuldner), innerhalb von **zwei Wochen nach Zustellung des Mahnbescheids zu zahlen** oder **Widerspruch einzulegen.**

Der Ablauf des gerichtlichen Mahnverfahrens kann der Übersicht auf S. 37 entnommen werden.[3]

(3) Auswirkungen auf die Kundenbeziehungen

Legt der Kunde gegen den Mahnbescheid keinen Widerspruch ein, wird der Mahnbescheid für vorläufig vollstreckbar erklärt. In einem solchen Fall führt dies häufig zum Abbruch der Geschäftsbeziehungen. Zudem kann dies dazu führen, dass der Gläubiger den Vorgang in der Schufa-Datenbank hinterlegt. Ein solch negativer Schufa-Eintrag kann beim Kunden zukünftig zu Schwierigkeiten bei der Bezahlung per Rechnung oder bei einer Kreditvergabe führen.

---

1 Unter der URL https://www.online-mahnantrag.de/omahn/Mahnantrag steht ein interaktives Antragsformular zur Verfügung.

2 Die Landesregierungen können auch bestimmen, dass ein **zentrales Amtsgericht** die Mahnbescheide bearbeitet. Dies ist mittlerweile die Praxis.

3 Aufgrund des Rahmenlehrplans wird auf das Vollstreckungsrecht nicht eingegangen.

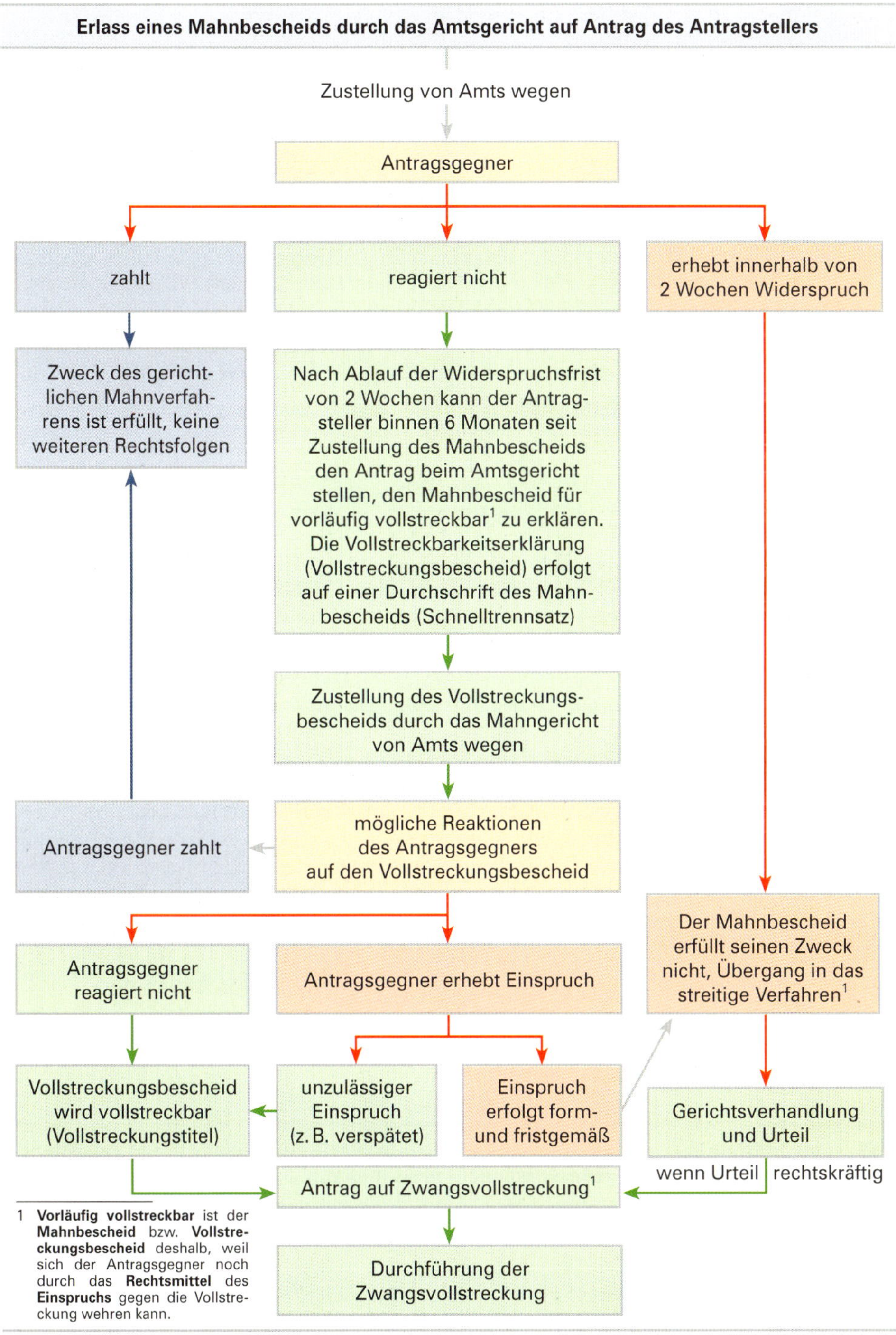

1 **Vorläufig vollstreckbar** ist der **Mahnbescheid** bzw. **Vollstreckungsbescheid** deshalb, weil sich der Antragsgegner noch durch das **Rechtsmittel** des **Einspruchs** gegen die Vollstreckung wehren kann.

1 Auf das streitige Verfahren (Klage auf Zahlung) sowie auf die Zwangsvollstreckung wird aufgrund des Rahmenlehrplans nicht eingegangen.

Kompetenztraining

8 1. Erläutern Sie, welchen Zweck das gerichtliche Mahnverfahren verfolgt!

2. Nennen Sie das Gericht, bei dem der Antrag auf Erlass eines Mahnbescheids gestellt werden muss!

3. Nennen Sie zwei Möglichkeiten, wie der Antragsgegner auf die Zustellung eines Mahnbescheids reagieren kann und beschreiben Sie die Rechtsfolgen, die sich daraus ergeben!

4. Nennen Sie die „Rechtsmittel", mit denen sich der Antragsgegner gegen einen Mahnbescheid und einen Vollstreckungsbescheid wehren kann! Ermitteln Sie die Fristen, die er dabei zu beachten hat!

5. Stellen Sie dar, warum beim gerichtlichen Mahnverfahren die Beteiligten „Antragsteller" und „Antragsgegner" genannt werden und nicht „Gläubiger" und „Schuldner"!

6. Erklären Sie, unter welchen Bedingungen ein Gläubiger nicht das gerichtliche Mahnverfahren in Anspruch nehmen wird, sondern den Schuldner sofort verklagen wird! Bilden Sie ein Beispiel!

7. Josef und Anna Waldner wohnen bis Ende Februar 20.. in Freudenstadt in einem kleinen Einfamilienhaus zur Miete. Sie sind die monatliche Miete (einschl. Nebenkosten) in Höhe von 1 200,00 EUR seit fünf Monaten schuldig geblieben. Auch die Mahnungen des Vermieters Martin Nolle, Kurpark 15, 72250 Freudenstadt, bringen keinen Erfolg. Stattdessen kündigen die Waldners und ziehen in eine billigere Wohnung. Neue Adresse: Tuttlinger Str. 39, 78628 Rottweil. Herr Nolle will daraufhin Antrag auf Erlass eines Mahnbescheids stellen.

   Aufgaben:

   7.1 Laden Sie von der Internetseite http://www.online-mahnantrag.de/omahn/Mahnantrag das interaktive Antragsformular für einen Mahnbescheid herunter (PDF-Datei) und füllen Sie es für Herrn Nolle aus (ohne Zinsen und andere Nebenforderungen, Antragsdatum: 2. März 20..)!

   Hinweis: Im Anhang zur PDF-Datei finden Sie eine Ausfüllhilfe!

   7.2 Angenommen, die Zustellung des Mahnbescheids erfolgt am 10. März 20.. Erläutern Sie, wann die Waldners spätestens bezahlen oder Widerspruch einlegen müssten, um einem streitigen Verfahren zu entgehen!

1.6.4 Verjährung prüfen und deren rechtlichen und wirtschaftlichen Folgen entgegenwirken

1.6.4.1 Gegenstand und Begriff der Verjährung

- Unter **Verjährung** versteht man den **Ablauf** der **Frist,** innerhalb der ein **Anspruch erfolgreich gerichtlich geltend gemacht werden kann.**
- Unter einem **Anspruch** versteht man das Recht, von einem anderen ein **Tun** oder ein **Unterlassen** zu verlangen.

Die Verjährung bedeutet jedoch nicht, dass der Anspruch nach vollendeter Verjährung erloschen ist. Dem Schuldner wird nach Ablauf der Verjährungsfrist gesetzlich lediglich das Recht eingeräumt, sich nach seinem freien Ermessen auf die vollendete Verjährung zu berufen und die Leistung zu verweigern. Er hat das Recht zur **„Einrede der Verjährung"**.[1] Erfüllt ein Schuldner also einen bereits verjährten Anspruch, kann er die Leistung nicht mehr erfolgreich zurückfordern.

Beispiel:

In Unkenntnis der bereits eingetretenen Verjährung des Zahlungsanspruchs seines Verkäufers zahlt der Käufer den Kaufpreis. Der Käufer kann die Zahlung nicht nach den Grundsätzen der ungerechtfertigten Bereicherung vom Verkäufer zurückfordern.

1.6.4.2 Verjährungsfristen

Für die Verjährung gilt grundsätzlich die Regelfrist von 3 Jahren. Daneben gibt es noch eine Reihe von Sonderregelungen.

Verjährungsfristen			
Regelmäßige	**Besondere (Beispiele)**		
3 Jahre [§ 195 BGB]	2 Jahre [§ 438 I, Nr. 3 BGB]	5 Jahre [§ 438 I, Nr. 2 BGB]	30 Jahre [§§ 197, 199 II, III BGB]
Geltung ■ wiederkehrende Leistungen (Miete, Pacht, Zinsen) ■ Rechtsgeschäfte zwischen Kaufleuten bzw. Privatleuten ■ Ansprüche aus unerlaubten Handlungen (z. B. Körperverletzung) ■ Forderungen aufgrund arglistig verschwiegener Mängel ■ ...	**Geltung** Sachmängelhaftung aus Kauf- und Werkverträgen	**Geltung** Sachmängelhaftung aus Kauf von Baumaterial und Bauwerken	**Geltung** ■ rechtskräftige Urteile ■ Forderungen aus Insolvenz ■ Vollstreckungsbescheide ■ Schadensersatzansprüche aus Verletzungen des Lebens oder des Körpers ■ ...
Fristbeginn mit Schluss des Jahres, in dem der Anspruch entstanden ist [§ 199 BGB]	**Fristbeginn** Ablieferung der Kaufsache bzw. Abnahme des Werkes [§ 634 a I, Nr. 1 BGB]	**Fristbeginn** Ablieferung der Kaufsache bzw. Übergabe des Bauwerkes [§ 634 a I, Nr. 2 BGB]	**Fristbeginn** mit dem Datum der Fälligkeit des Anspruchs bzw. Rechtskraft der Entscheidung [§ 200 BGB]

1 Der Richter muss die Verjährung von Amts wegen nicht berücksichtigen.

Beispiel für eine regelmäßige Verjährungsfrist:

Das Kaufhaus Velter GmbH verkauft an das Einzelhandelsgeschäft Josef Krieger e.K. mit Vertrag vom 15. Februar 2015 seinen zwei Jahre alten Kombiwagen.

Die Ansprüche sind am 15. Februar 2015 entstanden. Das Kaufhaus Velter GmbH und Josef Krieger e.K. haben jeweils Kenntnis von den den Anspruch begründenden Umständen und der Person des Schuldners erlangt. Die Verjährung beginnt daher gemäß § 199 I BGB am 31. Dezember 2015. Für das Rechtsgeschäft kommt die dreijährige regelmäßige Verjährungsfrist in Betracht. Die Ansprüche verjähren mit Ablauf des 31. Dezember 2018.

1.6.4.3 Hemmung der Verjährung

- Die **Hemmung** bewirkt, dass der Ablauf der Verjährung für eine **bestimmte Zeit aufgehalten** wird [§ 209 BGB]. Nach Beendigung der Hemmung läuft die **Verjährungsfrist weiter.**
- Der Zeitraum der Hemmung, während dessen die Verjährung gehemmt ist, wird **nicht in die Verjährungsfrist eingerechnet.**

Hemmungsgründe sind z. B.

- noch **nicht abgeschlossene Verhandlungen** zwischen Gläubiger und Schuldner,
- die **Erhebung einer Leistungsklage, Zustellung eines gerichtlichen Mahnbescheids** und
- das Vorliegen eines **Leistungsverweigerungsrechts des Schuldners.**

Beispiel:

1.6.4.4 Neubeginn der Verjährung

- Der **Neubeginn** der **Verjährung** bewirkt, dass die **bereits abgelaufene Verjährungsfrist** vom Zeitpunkt des Neubeginns der Verjährung an **nicht beachtet wird.**
- Die **Verjährungsfrist** beginnt **vom Zeitpunkt des Neubeginns** der Verjährung an in **voller Länge erneut** zu laufen.

Das Gesetz sieht zwei Fälle des **Neubeginns** der **Verjährung** vor [§ 212 BGB]:

- Bei einer Anerkenntnis des Anspruchs gegenüber dem Gläubiger durch den Schuldner (z. B. durch Abschlagszahlung, Zinszahlung, Sicherheitsleistung oder in anderer Weise [z. B. durch ausdrückliches Schuldanerkenntnis]) und
- wenn der Gläubiger eine gerichtliche oder behördliche Vollstreckungshandlung beantragt oder wenn sie vorgenommen wird.

Beispiel:

KOMPETENZTRAINING

9 1. 1.1 Erklären Sie den Begriff Verjährung!

1.2 Begründen Sie die Notwendigkeit (den Zweck) und den Gegenstand der Verjährung!

2. Erläutern Sie, warum die regelmäßige Verjährungsfrist erst mit Ablauf des Jahres, in dem eine Forderung fällig wurde, beginnt!

3. Die Biehler Baustoffhandel KG in Nagold lieferte einem Tapezier- und Polstergeschäft mit Rechnung vom 20. April 16 Nadelfilz, Rechnungsbetrag 12 300,00 EUR.

Aufgaben:

3.1 Nennen Sie das Verjährungsdatum!

3.2 Stellen Sie die Folgen dar, die die Verjährung für den Gläubiger hat!

3.3 Beschreiben Sie, welche Maßnahme die Biehler Baustoffhandel KG ergreifen muss, damit die Verjährung der Forderung erneut beginnt!

3.4 Erläutern Sie, welche Rechtswirkung die Hemmung auf die Verjährung einer Forderung hat!

4. Karl Lahm kaufte sich am 18. Juni 15 ein Fernsehgerät für 820,00 EUR bei der Elektro-Fisch KG, zahlbar am 1. Juli 15. Da Karl Lahm Ende 15 immer noch nicht bezahlt hatte, erhielt er von der Elektro-Fisch KG am 3. Januar 16 eine (kaufmännische) Mahnung. Daraufhin zahlte Lahm am 15. Januar 16 200,00 EUR an und bat um Stundung des Restbetrags bis 30. Juni 16. Die Elektro-Fisch KG gewährte Stundung bis 30. Mai 16 mit der Maßgabe, dass am 15. Februar 16 weitere 320,00 EUR abzuzahlen seien. Lahm überwies den geforderten Betrag tatsächlich am 15. Februar 16.

Aufgaben:

4.1 Stellen Sie dar, wann die Restforderung verjährt ist, falls weder Lahm noch die Elektro-Fisch KG etwas unternehmen!

4.2 Begründen Sie, ob sich an der Vollendung der Verjährung etwas ändert, wenn die Elektro-Fisch KG am 15. Juni 16 mahnt, weil Lahm nach Ablauf der Stundungsfrist nicht bezahlt!

4.3 Begründen Sie, ob sich der Verjährungszeitpunkt ändert, wenn die Elektro-Fisch KG die Geduld verliert und auf ihren Antrag hin am 15. Juni 16 eine gerichtliche Vollstreckungshandlung vorgenommen wird!

5. Das Schreibwarengeschäft Franz Fritzmaier e. Kfm. schuldet der Großhandlung Karl Klein OHG einen Rechnungsbetrag über 1465,20 EUR, fällig am 14. April 15. Die Rechnung ist dem Schreibwarengeschäft Franz Fritzmaier e. Kfm. am 6. April 15 zugegangen.

Aufgaben:

5.1 Notieren Sie, von welchem Tag an sich Fritzmaier im Zahlungsverzug befindet!

5.2 Stellen Sie dar, wann die Forderung der Großhandlung gegen Fritzmaier verjährt ist, wenn Fritzmaier am 5. Februar 16 eine Teilzahlung von 500,00 EUR einschließlich der bis dahin aufgelaufenen Zinsen leistet!

5.3 Erklären Sie, wie sich eine schriftliche Stundungsbitte des Schreibwarengeschäfts Franz Fritzmaier e. Kfm. auf die Verjährung auswirken würde!

2 Handelsrechtliche Grundlagen der Unternehmung beschreiben

2.1 Kaufmann

(1) Begriff Kaufmann

Kaufmann im Sinne des HGB ist, wer ein **Handelsgewerbe** betreibt [§ 1 I HGB].

Ein Handelsgewerbe ist jeder Gewerbebetrieb, wenn er nach Art oder Umfang einen in **kaufmännischer Weise eingerichteten Geschäftsbetrieb** erfordert. Merkmale eines kaufmännisch eingerichteten Geschäftsbetriebs sind z. B.

- doppelte Buchführung,
- Erreichen eines bestimmten Umsatzes,
- mehrere Beschäftigte,
- Produktvielfalt (Sach- und/oder Dienstleistungen),
- Gewinnziel und
- Zahl der Betriebsstätten.

(2) Formen des Kaufmanns

- **Istkaufmann**

Gewerbetreibende, deren Unternehmen nach Art oder Umfang eine **kaufmännische Einrichtung** erforderlich macht, sind **in jedem Fall Kaufmann,** gleichgültig, ob sie bereits im Handelsregister eingetragen sind oder nicht. Man spricht deswegen auch von **Istkaufmann** [§ 1 HGB].

Der Istkaufmann ist verpflichtet, sich mit seiner Firma und mit sonstigen wichtigen Merkmalen seines Handelsgewerbes (z.B. Niederlassungsort, Zweck des Unternehmens, Gesellschafter) in das Handelsregister eintragen zu lassen. Die Eintragung erklärt dann nur noch nach außen, dass es sich um ein kaufmännisches Unternehmen handelt. Die Eintragung wirkt nur noch **deklaratorisch,**[1] was besagt, dass die Rechtswirkung schon vor der Eintragung in das Handelsregister (siehe S. 44) eingetreten ist.

Kannkaufmann

- Ein **Kleinbetrieb** ist **kein Kaufmann** und unterliegt daher nicht den **Vorschriften des HGB.**
- Ein Kleingewerbetreibender **kann** sich aber in das **Handelsregister eintragen lassen.** Mit der Eintragung erlangt er die Kaufmannseigenschaft.
- Ein Kleingewerbetreibender ist daher **Kannkaufmann.**

Auch die Inhaber land- und forstwirtschaftlicher Betriebe und/oder ihrer Nebenbetriebe haben die Möglichkeit, sich ins Handelsregister eintragen zu lassen. Voraussetzung ist, dass diese Betriebe einen nach Art und Umfang in kaufmännischer Weise eingerichteten Geschäftsbetrieb erfordern [§§ 2, 3 II HGB].

Bei einem Kannkaufmann wirkt die Handelsregistereintragung **konstitutiv.**[2] Dies bedeutet, dass die Kaufmannseigenschaft erst mit der Handelsregistereintragung erworben wird.

Kaufmann kraft Rechtsform

Kaufmann kraft Rechtsform **(Formkaufmann)** sind die juristischen Personen[3] des Handelsrechts ohne Rücksicht auf die Art der betriebenen Geschäfte und der Betriebsgröße.

Wichtige Beispiele für einen Kaufmann kraft Rechtsform sind die **Gesellschaft mit beschränkter Haftung (GmbH)** sowie die **Aktiengesellschaft (AG),** die mit der Eintragung in das Handelsregister Kaufmann werden. Bei einem Formkaufmann wirkt die Handelsregistereintragung **konstitutiv,** d.h., die Rechtswirkung tritt erst mit der Eintragung in das Handelsregister ein.

Quelle: Bayer AG (Konzernzentrale in Leverkusen)

1 **Deklaratorisch** (lat.): erklärend, rechtserklärend. Deklaration (lat).: Erklärung, die etwas Grundlegendes enthält.

2 **Konstitutiv** (lat.): rechtsbegründend, rechtschaffend. Konstitution (lat.): Verfassung, Rechtsbestimmung.Juristische

3 **Juristische (rechtliche) Personen** sind „künstliche" Personen, denen der Staat die Eigenschaft von Personen kraft Gesetzes verliehen hat. Sie sind damit rechtsfähig, d.h. Träger von Rechten und Pflichten.

2.2 Handelsregister

(1) Begriff Handelsregister

Das **Handelsregister** ist ein amtliches, öffentliches, elektronisch geführtes Verzeichnis aller Kaufleute eines Amtsgerichtsbezirks. Für die Führung des Handelsregisters sind die Amtsgerichte zuständig [§ 8 HGB; § 376 I FamFG].

- Für die **Anmeldungen zur Eintragung** ist eine **öffentliche Beglaubigung**[1] (z. B. durch einen Notar) erforderlich.
- Die für die Anmeldung erforderlichen **Unterlagen** sind **elektronisch einzureichen.**

(2) Aufgabe und Bedeutung des Handelsregisters

Die Aufgabe des Handelsregisters besteht darin, der **Öffentlichkeit** die Rechtsverhältnisse der eingetragenen kaufmännischen Gewerbebetriebe offenzulegen. Das Handelsregister ist frei zugänglich, d. h., jeder Interessierte kann ohne Angabe von Gründen in das Register Einsicht nehmen. Das Handelsregister gibt z. B. Auskunft über

- die Firma,
- die Rechtsform,
- den Gegenstand des Unternehmens,
- den (oder die) Geschäftsinhaber,
- die Haftungsverhältnisse,
- den Ort des Geschäftssitzes,
- die inländische Geschäftsanschrift der Handelsniederlassung,
- die Vertretungsbefugnisse der Vertretungsorgane des Unternehmens und
- den Tag der Handelsregistereintragung.

Die Handelsregistereintragungen werden **elektronisch bekannt gemacht.** Auskünfte über die Eintragungen (z. B. Registerblätter, Gesellschafterlisten und Satzungen) können über das gemeinsame Justizportal aller Bundesländer (www.justiz.de) online eingesehen werden.[2] Zudem kann jeder auf elektronischem Wege (kostenpflichtig) Abschriften und Registerausdrucke erhalten.[3]

Das Handelsregister genießt **öffentlichen Glauben.** Zum Schutz des Vertrauens Dritter auf die bekannt gemachten Handelsregistereintragungen gilt die **Vermutung der Richtigkeit** der Handelsregistereintragungen.

(3) Abteilungen des Handelsregisters

Das Handelsregister besteht aus zwei Abteilungen:

Abteilung A	Abteilung B
Hier werden u. a. eingetragen: ■ Einzelkaufleute, ■ offene Handelsgesellschaft (OHG), ■ Kommanditgesellschaft (KG).	Hier werden u. a. eingetragen: ■ Gesellschaft mit beschränkter Haftung (GmbH), ■ Aktiengesellschaft (AG).

1 **Beglaubigung**: Vom Notar wird die **Echtheit der eigenhändigen Unterschrift** des Erklärenden beglaubigt.
Beurkundung: Hier werden die Willenserklärungen der Beteiligten von einem Notar in eine Urkunde aufgenommen. Der Notar beurkundet dabei die **Unterschrift** und den **Inhalt der Erklärung**.

2 Die Einsichtnahme „vor Ort" ist grundsätzlich bei jedem Amtsgericht über ein Terminal möglich.

3 Außerdem besteht ein Unternehmensregister, das als bündelndes Portal über die Informationen des Handelsregisters hinaus alle wirtschaftlich relevanten Daten über Unternehmen zugänglich macht (www.unternehmensregister.de).

(4) Löschung

Die Löschung der Eintragung erfolgt dadurch, dass die Eintragung rot unterstrichen wird. Auf diese Weise können alle früheren Eintragungen zurückverfolgt werden.

2.3 Firma

(1) Begriff Firma

Die **Firma** ist der im Handelsregister eingetragene Name, unter dem ein Kaufmann sein Handelsgewerbe betreibt und seine Unterschrift abgibt [§ 17 I HGB]. Der Kaufmann kann unter seiner Firma klagen und verklagt werden [§ 17 II HGB].

Das Recht an einer bestimmten Firma ist gesetzlich geschützt. Das Gesetz schützt den Inhaber einer Firma beispielsweise davor, dass ein anderer Kaufmann am selben Ort eine nicht deutlich abweichende Firma annimmt [§ 30 HGB].

(2) Firmenarten

Die einzutragenden Unternehmen können zwischen folgenden Firmenarten wählen:

Firmenart	Erläuterung	Beispiele
Personenfirmen	Die Firmenbezeichnungen enthalten einen oder mehrere Personennamen.	Stefan Osann e. Kfm.
Sachfirmen	Die Firmenbezeichnungen sind dem Zweck des Unternehmens entnommen.	Soester Büromöbel AG
Fantasiefirmen	Die Firmenbezeichnungen sind erdachte Namen.	CLEAN-TEC OHG
Gemischte Firmen	Die Firmenbezeichnungen enthalten sowohl einen oder mehrere Personennamen, einen dem Gegenstand (Zweck) des Unternehmens entnommenen Begriff und/oder einen Fantasienamen.	Weber Metallbau GmbH

(3) Rechtsformzusätze

Die Firma muss einen Zusatz enthalten, der die gewählte Rechtsform des Unternehmens erkennen lässt.

Beispiel:

Die Firma der **Einzelunternehmung** muss die Bezeichnung „eingetragener Kaufmann" bzw. „eingetragene Kauffrau" enthalten. Allgemein verständliche Abkürzungen dieser Bezeichnungen sind zulässig (z. B. e. K., e. Kfm., e. Kfr.) [§ 19 I, Nr. 1 HGB].

Kompetenztraining

10 1. Der Installateurmeister Ernst Kopf hat vor Jahren einen kleinen Reparaturbetrieb gegründet, der sich gut entwickelte. Heute beschäftigt er fünf Gesellen und zwei Angestellte. Sein Betrieb ist kaufmännisch voll durchorganisiert. Im Handelsregister ist Ernst Kopf nicht eingetragen.

Aufgaben:

1.1 Beurteilen Sie, ob Ernst Kopf Kaufmann ist!

1.2 Der Steuerberater Klug macht Ernst Kopf darauf aufmerksam, dass er seinen Gewerbebetrieb ins Handelsregister eintragen lassen muss.

Unterbreiten Sie einen Vorschlag, wie die Firma lauten könnte!

1.3 Ernst Kopf lässt sich am 15. Februar 20.. unter der Firma „Ernst Kopf e.K. – Installateurfachbetrieb" ins Handelsregister eintragen.

Erläutern Sie, welche rechtliche Wirkung die Handelsregistereintragung hat!

2. Die Wirkung von Handelsregistereintragungen kann deklaratorisch oder konstitutiv sein.

Aufgaben:

2.1 Erklären Sie, was jeweils hierunter zu verstehen ist!

2.2 Ermitteln Sie, bei welchem Kaufmann die Handelsregistereintragung deklaratorisch, bei welchen sie konstitutiv ist!

3. Lena Stehlin übernimmt für verschiedene Verlage Setzarbeiten. Sie hat zwei Teilzeitangestellte beschäftigt. Ihr Gewerbebetrieb erfordert keinen nach Art oder Umfang in kaufmännischer Weise eingerichteten Geschäftsbetrieb. Dennoch möchte sich Lena Stehlin ins Handelsregister eintragen lassen. Sie sollen Lena Stehlin im Rahmen der Handelsregistereintragung beraten.

Aufgaben:

3.1 Unterbreiten Sie drei Vorschläge für einen Firmennamen!

3.2 Erläutern Sie, was unter dem Begriff Firma zu verstehen ist!

3.3 Lena Stehlin möchte wie folgt firmieren:

Die Texterfassung e. Kfr.

Beurteilen Sie, ob diese Firma zulässig ist!

3.4 Auf Ihren Rat hin meldet Lena Stehlin beim Amtsgericht folgende Firma an:

Die Texterfassung
Inh. Lena Stehlin e. Kfr.

Die Eintragung erfolgt am 24. Mai 20..

Zeigen Sie auf, welche rechtliche Wirkung die Handelsregistereintragung für Lena Stehlin hat!

3.5 Begründen Sie, ob es sinnvoll wäre, in den ersten beiden, noch umsatzschwachen Geschäftsjahren auf eine Handelsregistereintragung zu verzichten!

LS 4

3 Informationen über Einzelunternehmung, Kommanditgesellschaft (KG) und Gesellschaft mit beschränkter Haftung (GmbH) erkunden

3.1 Einzelunternehmung

(1) Begriff Einzelunternehmer

Einzelunternehmer ist, wer es selbst „unternimmt", Geschäfte in **eigenem Namen** und auf **eigene Rechnung** mit **vollem Risiko** zu tätigen und hierzu sein **eigenes Geld- und Sachkapital** einsetzt.

Für die Gründung des Einzelunternehmens bestehen **keine gesetzlichen Formvorschriften.** Erfordert ein Unternehmen eine kaufmännische Einrichtung, ist eine Eintragung ins Handelsregister erforderlich.

(2) Firma

Die Firma der Einzelunternehmung richtet sich i. d. R. nach dem Vor- und Zunamen des Einzelunternehmers. Sie muss die Bezeichnung „eingetragener Kaufmann" bzw. „eingetragene Kauffrau" oder eine allgemein verständliche Abkürzung dieser Bezeichnung enthalten [§ 19 I, Nr. 1 HGB].

Beispiel:

Beauty Moments Emmy Reisacher e. Kfr.

(3) Merkmale der Einzelunternehmung

Personenzahl	Der Einzelunternehmer ist **alleiniger Inhaber** des Unternehmens.
Geschäftsführung	Die Geschäftsführung, d. h. die Leitung des Unternehmens, obliegt dem Einzelunternehmer allein. Er trifft alle Anordnungen in seinem Betrieb (im **Innenverhältnis**) allein, ohne andere anhören zu müssen.
Vertretung	Das Recht auf Vertretung des Unternehmens gegenüber Dritten (im **Außenverhältnis**) hat der Einzelunternehmer. Er schließt für das Unternehmen alle erforderlichen Rechtsgeschäfte mit Dritten ab (z. B. Kaufverträge, Mietverträge, Kreditverträge).
Haftungsverhältnisse[1]	Der Einzelunternehmer haftet für alle Verbindlichkeiten des Unternehmens mit seinem Geschäfts- und sonstigen Privatvermögen **unbeschränkt** und **unmittelbar** (direkt).
Eigenkapitalaufbringung	Das Eigenkapital stellt der Einzelunternehmer zur Verfügung. Über die **Höhe des aufzubringenden Eigenkapitals** gibt es **keine gesetzliche Vorschrift.**
Gewinn- und Verlustverteilung	Der Einzelunternehmer hat das Recht auf den gesamten **Gewinn.** Andererseits hat er den **Verlust** ebenfalls allein zu tragen.
Kreditwürdigkeit	Die Kreditwürdigkeit hängt vor allem von der **persönlichen Zuverlässigkeit,** Ehrlichkeit sowie den menschlichen und beruflichen **Erfahrungen, Kenntnissen, Fähigkeiten** sowie von der **Leistungsfähigkeit** und **-willigkeit** des Einzelunternehmers ab. Aufgrund der meistens beschränkten Finanzierung durch erzielte Gewinne und des relativ niedrigen, den Gläubigern haftenden Vermögens, ist die Kreditwürdigkeit nicht sehr hoch.

1 Die **Haftung** betrifft die Rechtsbeziehung des Unternehmens mit außenstehenden Dritten und damit das **Außenverhältnis.**

(4) Anmeldung des Unternehmens

Der Gründer **muss** sein neu zu gründendes Unternehmen vor allem bei folgenden öffentlichen Stellen anmelden:

■ Amtsgericht

Eine Anmeldung beim zuständigen **Amtsgericht** zur **Eintragung** in das **Handelsregister** ist erforderlich, sofern ein **Handelsgewerbe** vorliegt.

■ Gemeindebehörde

Der Gründer des Unternehmens muss sein zu gründendes Unternehmen bei der für den betreffenden Ort zuständigen Behörde, z. B. beim **Gewerbeamt** der Gemeinde [§ 14 GewO] anmelden.

Die Gewerbeanmeldung (Fachausdruck: Gewerbeanzeige) verfolgt den Zweck, dem Gewerbeamt jederzeit über Zahl und Art der ansässigen Gewerbebetriebe Kenntnis zu geben. Dadurch soll eine wirksame Überwachung der Gewerbebetriebe gewährleistet werden.

Mit der Gewerbeanzeige werden auch die sonstigen Meldeverpflichtungen erfüllt. Die nachfolgend genannten Stellen erhalten je eine Ausfertigung von der Gewerbeanzeige:

- das **Finanzamt,** um die Abführung der Steuern zu gewährleisten;
- die **Berufsgenossenschaft** als Träger der gesetzlich vorgeschriebenen Unfallversicherung;
- die **Industrie- und Handelskammer** bzw. die **Handwerkskammer** als berufsständische Vertretung;
- das **Gewerbeaufsichtsamt** als Aufsichtsbehörde für Anlagen, die einer besonderen Überwachung bedürfen (z. B. Dampfkesselanlagen, Aufzugsanlagen, Getränkeschankanlagen).

Die Gewerbeanzeige ist nicht immer ausreichend. Für bestimmte Gewerbezweige ist eine behördliche Genehmigung erforderlich (z. B. für Spielhallen, Makler, Bauträger, Gaststätten, Reisegewerbe).

■ Sozialversicherungsträger

Werden Arbeitnehmer beschäftigt, so ist eine Anmeldung bei den Sozialversicherungsträgern (gesetzliche Krankenkassen, gesetzliche Pflegekassen, Deutsche Rentenversicherung [gesetzliche Rentenversicherung], Bundesagentur für Arbeit [gesetzliche Arbeitsförderung] und z. B. Berufsgenossenschaften [gesetzliche Unfallversicherung]) erforderlich, um Versicherungsschutz zu erhalten.

(5) Auflösung des Unternehmens

Die Auflösung des Einzelunternehmens liegt allein im Entscheidungsbereich des Einzelunternehmens, es sei denn, das Unternehmen wird wegen Zahlungsunfähigkeit im Rahmen eines Insolvenzverfahrens[1] aufgelöst. Auch die Umwandlung in eine andere Rechtsform (z. B. in eine OHG) führt zur Beendigung (Auflösung) des Einzelunternehmens.

1 Insolvenz: Zahlungsunfähigkeit.

(6) Vor- und Nachteile der Einzelunternehmung

Für einen **Unternehmer** hat diese Unternehmensform Vor- und Nachteile:

Vorteile (Gründungsmotive)	Nachteile
■ Keine Abstimmung der Entscheidungen mit anderen (Ausnahme: Mitbestimmung der Arbeitnehmer). ■ Schnelle Entscheidungsmöglichkeit. ■ Rasche Anpassung an veränderte wirtschaftliche Verhältnisse (z. B. Aufnahme neuer Produkte). ■ Klarheit und Eindeutigkeit der Unternehmensführung. ■ Großes Eigeninteresse des Inhabers an der Arbeit, da ihm der Gewinn allein zusteht (Gewinn als Leistungsanreiz).	■ Bei falschen Entscheidungen trägt der Inhaber das Risiko allein. ■ Der Erfolg des Unternehmens hängt untrennbar an der Person des Inhabers, seinen fachlichen Fähigkeiten, seinem Charakter und seiner Gesundheit. ■ In der Regel geringe Eigenkapitalkraft und beschränkte Kreditbeschaffungsmöglichkeiten. ■ Großes Haftungsrisiko.

(7) Bedeutung der Einzelunternehmung

Die Einzelunternehmen nehmen eine wichtige Stellung in der Wirtschaft ein. Man findet sie in allen Wirtschaftsbereichen. In der Landwirtschaft, im Einzelhandel und im Handwerk stellen Einzelunternehmen die vorherrschende Unternehmensform dar. In der Industrie sind dagegen die Gesellschaftsunternehmen die wichtigsten Unternehmensformen.

KOMPETENZTRAINING

11 Jonas Augustin, Angestellter eines Softwareunternehmens, möchte sich als Softwareentwickler selbstständig machen und hierzu ein Einzelunternehmen innerhalb des Industrie- und Gewerbeparks in München gründen.

Aufgaben:

1. 1.1 Nennen Sie drei persönliche Voraussetzungen, die Jonas Augustin mitbringen sollte, um das Softwareunternehmen erfolgreich führen zu können!

   1.2 Geben Sie drei Gründe wieder, die Jonas Augustin zur Wahl dieser Rechtsform veranlasst haben könnten!

   1.3 Nennen Sie die Abteilung des Handelsregisters, in welche die Firma „Jonas Augustin e. Kfm., Softwareentwicklung" eingetragen wird!

2. Nennen und beurteilen Sie je drei Vor- und Nachteile des Einzelunternehmens

   2.1 aus der Sicht der Arbeitnehmer,

   2.2 aus der Sicht des Einzelunternehmers!

4 Hug, Knauer, Lennartz, Speth - ISBN 978-3-8120-0673-6

3.2 Kommanditgesellschaft (KG)

3.2.1 Begriff, Firma und Eigenkapitalaufbringung der KG

(1) Begriff

- Die **Kommanditgesellschaft (KG)** ist eine Gesellschaft mit mindestens zwei Personen, die ein **Handelsgewerbe** unter **gemeinschaftlicher Firma** betreibt, wobei mindestens ein Gesellschafter **unbeschränkt haftet (Komplementär)** und mindestens ein Gesellschafter **beschränkt haftet (Kommanditist).**[1]
- Die Kommanditgesellschaft ist eine **Personengesellschaft.**

Zur Gründung der KG sind **zwei Voraussetzungen** erforderlich:

- Abschluss eines Gesellschaftsvertrags.
- Eintragung der KG ins Handelsregister.

(2) Firma

Die Firma der KG muss die Bezeichnung „Kommanditgesellschaft“ oder eine allgemein verständliche Abkürzung dieser Bezeichnung (z. B. KG) enthalten [§ 19 I, Nr. 3 HGB].

Beispiele:

Müller und Moser sind Vollhafter (Komplementäre), Krause ist Teilhafter (Kommanditist). Mögliche Firmen sind z. B.: Müller & Moser KG; Müller Kommanditgesellschaft; Ratinger Import KG; Ratinger Import-Export KG.

(3) Eigenkapitalaufbringung

Komplementär und Kommanditist sind verpflichtet, die im Gesellschaftsvertrag übernommenen Kapitaleinlagen (Pflichteinlagen) bereitzustellen.

3.2.2 Geschäftsführung, Vertretung, Haftung und Gewinnverteilung

(1) Geschäftsführung

Die Geschäftsführung bezieht sich auf die Rechtsbeziehungen im **Innenverhältnis,** d. h. auf die Rechtsbeziehungen zwischen Komplementär und Kommanditist. Die gesetzlichen Regelungen können im **Gesellschaftsvertrag abgeändert** werden.

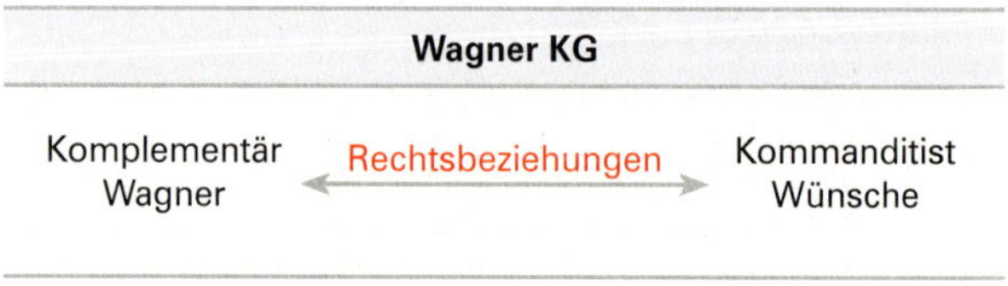

Die Geschäftsführungsbefugnisse der **Komplementäre** richten sich nach dem Gesellschaftsvertrag, bei **fehlender Vereinbarung nach dem HGB** [§§ 114–117 HGB].

- Bei **gewöhnlichen Geschäften** ist vom HGB das **Einzelgeschäftsführungsrecht** vorgesehen, d. h., jeder einzelne Komplementär ist zur Vornahme aller Handlungen berechtigt, die der gewöhnliche Betrieb

Beispiel:

Der Komplementär Albrecht befürwortet einen Aktienkauf zur Geldanlage. Dem Komplementär Berthold ist das Risiko zu hoch. Das Geschäft muss unterbleiben.

1 Die KG muss mindestens einen Komplementär aufweisen. Tritt der einzige (letzte) Komplementär aus der KG aus, so führt dies zur Auflösung der KG.

des Handelsgewerbes dieser Unternehmung mit sich bringt [§ 116 I HGB] (z. B. Arbeitsaufträge an Belegschaftsmitglieder erteilen, Rechnungen bezahlen, Bestellungen unterschreiben, Arbeitnehmer einstellen oder entlassen). Widerspricht ein Komplementär der Geschäftsführungsmaßnahme eines Mitkomplementärs, so muss diese unterbleiben.

- Bei **außergewöhnlichen Geschäften** besteht nach dem HGB **Gesamtgeschäftsführungsrecht,** d. h., es bedarf eines **Gesamtbeschlusses aller Komplementäre**.

Beispiele:

Grundstückskäufe bzw. -verkäufe, Aufnahme neuer Komplementäre, Änderung des Unternehmenszwecks, Aufnahme eines Großkredits, Kauf von Spezialmaschinen [§ 116 II HGB].

Verhandelt in Heilbronn, den 12. November 20..
Vor dem unterzeichnenden Notar Otto Janz in Heilbronn erschienen heute:
Franz Burr, Heilbronn, Hedwig Burr, Heilbronn, Katharina Kolb geb. Burr, Pforzheim

Genannte Personen gaben nachstehende Erklärung zur notarischen Niederschrift. Sie schließen nachstehenden

Gesellschaftsvertrag

§ 1 Grundlagen

1. Die Firma der Gesellschaft lautet: Sport-Burr KG.
2. Gegenstand des Unternehmens ist die Herstellung von Sportgeräten und alle damit im Zusammenhang stehenden Geschäfte.
3. Sitz der Gesellschaft ist Heilbronn.
4. Die Dauer der Gesellschaft ist unbestimmt. Die Gesellschaft beginnt als Kommanditgesellschaft erst mit der Eintragung im Handelsregister.

§ 2 Geschäftsjahr

Geschäftsjahr ist das Kalenderjahr.

§ 3 Gesellschafter, Einlagen

1. Unbeschränkt haftender Gesellschafter ist Franz Burr mit einem festen Kapitalanteil von 5 000 000,00 EUR.
2. Kommanditisten sind unter der aufschiebenden Bedingung der Eintragung der Gesellschaft im Handelsregister:

– Hedwig Burr mit einer Kommanditeinlage (gleichzeitig Hafteinlage) von	1 200 000,00 EUR
– Katharina Kolb geb. Burr mit einer Kommanditeinlage (gleichzeitig Hafteinlage) von	2 000 000,00 EUR
Das gesamte Eigenkapital beträgt somit:	8 200 000,00 EUR

Für das Stimmrecht und den Anspruch auf Gewinn sind nur die aufgeführten Festeinlagen maßgebend.

§ 4 Verwaltung der Gesellschaft

Die Geschäftsführung und Vertretung stehen dem Komplementär Franz Burr unter Ausschluss der übrigen Gesellschafter allein zu. Die Befugnis zur Geschäftsführung erstreckt sich auf alle Handlungen, die der gewöhnliche Betrieb des Handelsgewerbes der Gesellschaft mit sich bringt. Zu außergewöhnlichen Geschäftsführungsmaßnahmen bedarf der Komplementär Franz Burr der Zustimmung der Gesellschafterversammlung.

§ 5 Gesellschafterversammlungen

1. Gesellschafterversammlungen finden mindestens einmal jährlich nach Ende des Geschäftsjahres statt. Auf Verlangen eines Gesellschafters sind weitere Gesellschafterversammlungen einzuberufen. Zu den Gesellschafterversammlungen soll mit vierzehntägiger Frist geladen werden.
2. Die Gesellschafterversammlung beschließt über sämtliche Angelegenheiten der Gesellschaft, soweit sie nicht ausdrücklich der Geschäftsführung vorbehalten sind, insbesondere über Änderungen des Gesellschaftsvertrages, die Feststellung des Jahresabschlusses, die Gewinnverteilung, die Prüfung des Jahresabschlusses und die Entlastung des Geschäftsführers und über außerordentliche Angelegenheiten.
3. Änderungen des Gesellschaftsvertrages bedürfen der Einstimmigkeit. In allen anderen Angelegenheiten der Gesellschaft beschließt die Gesellschafterversammlung mit einfacher Mehrheit der vorhandenen Stimmen.

§ 6 Verteilung von Gewinn und Verlust

1. Der Komplementär erhält für seine Tätigkeit – unabhängig davon, ob ein Gewinn erzielt worden ist – eine Vergütung, deren Höhe von der Gesellschafterversammlung festgesetzt und dem Umfang der Tätigkeit entsprechend angepasst wird.
2. An dem danach verbleibenden Gewinn oder Verlust der Gesellschaft sind die Gesellschafter entsprechend ihrer Beteiligung am Gesellschaftsvermögen beteiligt.
3. Über die Entnahme der Gewinnanteile beschließt die Gesellschafterversammlung einstimmig.

§ 7 Kündigung der Gesellschaft

1. Der Komplementär kann die Gesellschaft mit einer Frist von 6 Monaten zum Jahresende kündigen. Für die Rechtzeitigkeit der Kündigung kommt es auf den Zugang der Kündigung an. Das Recht zur fristlosen Kündigung aus wichtigem Grunde bleibt hiervon unberührt. Der kündigende Gesellschafter scheidet aus der Gesellschaft aus. Die Gesellschaft wird von den übrigen Gesellschaftern fortgesetzt.
2. Kündigt der Komplementär, sind die Kommanditisten berechtigt, zum Kündigungsstichtag einen neuen Komplementär aufzunehmen oder zu bestimmen, dass einer von ihnen die Stellung des Komplementärs übernimmt. Ist am Kündigungsstichtag kein Komplementär vorhanden, ist die Gesellschaft aufgelöst.
3. Bei Tod eines Gesellschafters wird die Gesellschaft nicht aufgelöst, sondern mit den Erben fortgeführt.
4. Veräußerungen und Übertragungen von Gesellschaftsanteilen bedürfen eines vorherigen einstimmigen Beschlusses aller Gesellschafter.

§ 8 Gerichtsstand

Für Streitigkeiten aus diesem Vertrag ist das Gericht in Heilbronn örtlich zuständig.

Unterschriften:

Franz Burr	Hedwig Burr	Katharina Kolb
Komplementär	Kommanditisten	Kommanditisten

Otto Sanz
Notar

Beachte:

Die **Kommanditisten** sind von der **Führung der Geschäfte ausgeschlossen**. Die Kommanditisten haben nur ein Kontroll- und Widerspruchsrecht.

- **Kontrollrecht.** Die Kommanditisten haben kein ständiges Kontrollrecht. Sie können jedoch Abschriften des Jahresabschlusses (Jahresbilanz mit Gewinn- und Verlustrechnung) verlangen und deren Richtigkeit unter Einsicht in die Geschäftsbücher und sonstiger Geschäftspapiere überprüfen [§ 166 I, II HGB].
- **Widerspruchsrecht.** Die Kommanditisten können Handlungen der Komplementäre widersprechen, wenn diese über den gewöhnlichen Betrieb des Handelsgewerbes der KG hinausgehen (z. B. Grundstückskäufe und -verkäufe, Änderung des Betriebszwecks, Aufnahme eines neuen Gesellschafters).

(2) Vertretung

Die Vertretung bezieht sich auf die Rechtsbeziehungen im **Außenverhältnis,** d. h. auf die Rechtsbeziehungen zwischen KG und Dritten.

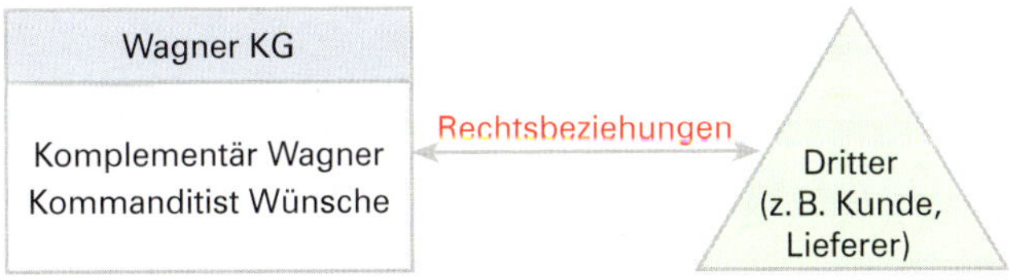

Ist im **Gesellschaftsvertrag nichts vereinbart** und im **Handelsregister nichts eingetragen,** besteht **Einzelvertretungsrecht,** d. h., jeder einzelne Komplementär hat das Recht, die KG (und damit die übrigen Komplementäre) gegenüber Dritten zu vertreten und zu verpflichten (z. B. durch Kaufverträge, Darlehensverträge, Mietverträge, Arbeitsverträge). Dieses **Einzelvertretungsrecht** gilt somit für **gewöhnliche und außergewöhnliche Rechtsgeschäfte.** Zum Schutz der Dritten (z. B. Gläubiger und Schuldner) kann das Einzelvertretungsrecht im **Umfang nicht durch den Gesellschaftsvertrag beschränkt** werden.

Beispiel:

Angenommen, die Arndt KG hat drei Komplementäre: Arndt, Brecht und Czerny. Im Gesellschaftsvertrag wurde Gesamtgeschäftsführung vereinbart, d. h., alle Geschäfte bedürfen eines Gesamtbeschlusses der Komplementäre. Brecht kauft, ohne die übrigen Komplementäre zu fragen und zu informieren, eine neue Maschine. Der Kaufvertrag ist rechtswirksam, weil Brecht das Einzelvertretungsrecht besitzt. Die übrigen Komplementäre müssen den Vertrag gegen sich gelten lassen: Die KG muss die Maschine abnehmen und bezahlen. Brecht hat jedoch gegen die Vereinbarungen über die Geschäftsführung verstoßen. Sollte durch seinen Vertragsabschluss der Gesellschaft ein Schaden entstehen, ist er gegenüber den übrigen Komplementären schadensersatzpflichtig.

Im **Gesellschaftsvertrag** kann **Gesamtvertretung** vereinbart werden. Dies bedeutet, dass ein Komplementär nur zusammen mit mindestens einem weiteren Komplementär Rechtsgeschäfte mit Dritten rechtswirksam für die KG abschließen kann. Die Gesamtvertretung ist Dritten gegenüber nur rechtswirksam, wenn sie im **Handelsregister eingetragen** oder dem **Dritten bekannt** ist (z. B. durch Rundschreiben).

Beachte:

Die **Kommanditisten** sind nach dem HGB grundsätzlich **nicht zur Vertretung der KG ermächtigt.**

(3) Haftung

Der **Komplementär** haftet

unbeschränkt	Er haftet mit seinem Geschäftsvermögen **und** mit seinem sonstigen Privatvermögen.
unmittelbar	Die Gläubiger (z. B. die Verkäufer) können die Forderungen nicht nur der KG gegenüber, sondern zugleich unmittelbar (direkt) gegenüber **jedem Komplementär** geltend machen. Dies bedeutet, dass jeder einzelne Komplementär durch die Gesellschaftsgläubiger verklagt werden kann.
gesamtschuldnerisch („solidarisch")	Jeder Komplementär haftet den Gläubigern als **Gesamtschuldner** persönlich (allein) für die gesamten Schulden der Gesellschaft [§ 128, S. 1 HGB], nicht jedoch für die privaten Schulden der übrigen Gesellschafter.

Eine vertragliche Vereinbarung zwischen den Gesellschaftern, durch die die Haftung beschränkt wird (z. B. auf den übernommenen Kapitalanteil), ist nur im Innenverhältnis gültig [§ 128, S. 2 HGB].

Beispiel:

Der Komplementär Haufe der Kleiner & Haufe KG hat mit Kleiner im Gesellschaftsvertrag vereinbart, dass er für Verbindlichkeiten nur in Höhe von 25 000,00 EUR haftet. Wird Herr Haufe von einem Gläubiger der KG mit 30 000,00 EUR haftbar gemacht, so kann er von Herrn Kleiner den Mehrbetrag von 5 000,00 EUR fordern.

Beachte:

Der **Kommanditist** haftet,

- soweit er seine vertraglich bestimmte und im Handelsregister **eingetragene Einlage geleistet** hat, mit seiner Einlage nur mittelbar **(Risikohaftung)**[1] [§ 171 I, S. 1, 2. HS. HGB].
- soweit er seine **Einlage** nach Eintragung **noch nicht geleistet** hat, den Gesellschaftsgläubigern **persönlich in Höhe der ausstehenden Einlage** [§ 171 I, S. 1, 1. HS. HGB].

(4) Gewinnverteilung[2]

Nach dem Gesetz erhalten die Komplementäre und Kommanditisten zunächst eine **4 %ige Verzinsung** der Kapitalanteile. Der eventuell verbleibende **Restgewinn ist in „angemessenem" Verhältnis** (z. B. nach Kapitalanteilen) zu verteilen. Wegen der Unbestimmtheit der gesetzlichen Regelung ist es erforderlich, im Gesellschaftsvertrag die Gewinnverteilung eindeutig zu regeln, um Unstimmigkeiten zu vermeiden.

1 Nach der Eintragung der Kapitaleinlage ins Handelsregister haftet der Kommanditist nicht mehr für die Verbindlichkeiten der Gesellschaft. Das einzige Risiko, das der Kommanditist eingeht, ist, dass er den Wert seiner Kapitaleinlage teilweise oder ganz verliert. Siehe auch S. 60.

2 Entsteht ein **Verlust**, wird dieser in einem „angemessenen Verhältnis" der Kapitalanteile verteilt, wobei die Verlustbeteiligung des Kommanditisten auf die Höhe seiner Kapitaleinlage beschränkt ist. Vgl. auch die Ausführungen auf S. 72.

Die Gewinnanteile der Kommanditisten werden ihren Kapitalanteilen nur so lange gutgeschrieben, bis diese voll geleistet sind [§ 167 II HGB]. Ist die Pflichteinlage der Kommanditisten erreicht, so haben sie Anspruch auf Auszahlung ihrer Gewinnanteile.

Beispiel:

An der Fricker KG ist Gerald Fricker mit 400 000,00 EUR als Komplementär und Else Vollmar als Kommanditistin mit 100 000,00 EUR beteiligt. Im abgelaufenen Geschäftsjahr wurde ein Gewinn in Höhe von 82 000,00 EUR erzielt. Der Komplementär Gerald Fricker entnahm am Ende des Geschäftsjahres für private Zwecke 7 000,00 EUR. Im Gesellschaftsvertrag ist vereinbart, dass das Kapital zunächst mit 4 % verzinst wird und der Restgewinn im Verhältnis der Kapitaleinlagen zu verteilen ist.

Aufgabe:

Stellen Sie die Gewinnverteilung in einer tabellarischen Übersicht (Gewinnverteilungstabelle) dar!

Lösung:

Gesellschafter	Anfangskapital	4 % Zinsen vom Kapital	Restgewinn 4 : 1	Gesamtgewinn	Privatentnahme	Endkapital	Auszuzahl. Gewinn
Fricker	400 000,00	16 000,00	49 600,00	65 600,00	7 000,00	458 600,00	
Vollmar	100 000,00	4 000,00	12 400,00	16 400,00		100 000,00	16 400,00
	500 000,00	20 000,00	62 000,00	82 000,00	7 000,00	558 600,00	

Beachte:

Der **Kommanditist** ist zur **Privatentnahme nicht berechtigt.**

3.2.3 Vor- und Nachteile der KG

Vorteile der Unternehmensform KG	Nachteile der Unternehmensform KG
■ Ausnutzung unterschiedlicher Kenntnisse und Fähigkeiten der Gesellschafter verbessert die Geschäftsführung. ■ Da das Eigenkapital und die Unternehmensführung in einer Hand sind, ist das Interesse der Gesellschafter an der Geschäftsführung groß. ■ Verteilung des Unternehmerrisikos.	■ Unbeschränkte, unmittelbare, gesamtschuldnerische Haftung der Komplementäre. ■ Persönliche Meinungsverschiedenheiten zwischen den Gesellschaftern können den Bestand des Unternehmens gefährden (siehe Kündigungsrecht!). ■ Dem Wachstum des Unternehmens sind häufig finanzielle Grenzen gesetzt, weil das Eigenkapital der Gesellschafter zur Finanzierung großer Investitionen nicht ausreicht. Fremdkapital kann nur in begrenztem Umfang aufgenommen werden.

3.2.4 Auflösung und Bedeutung der KG

(1) Auflösung der KG

Auflösungsgründe können z. B. sein:

- Ablauf der Zeit, für welche die KG eingegangen ist,
- Beschluss der Gesellschafter,
- Eröffnung des Insolvenzverfahrens über das Vermögen der KG.

Die KG muss mindestens einen Komplementär aufweisen. Tritt der einzige Komplementär aus der KG aus, so führt dies zur Auflösung der KG.

Beachte:

Beim Tod eines Kommanditisten wird die Gesellschaft, sofern keine abweichenden vertraglichen Regelungen getroffen worden sind, mit den Erben fortgesetzt [§ 177 HGB]. Die Erben des verstorbenen Kommanditisten sind zunächst Teilhafter der KG mit dem Recht, die geerbte Einlage zu kündigen.

(2) Bedeutung der KG

Die Rechtsform der Kommanditgesellschaft ermöglicht den **Kommanditisten,** sich an einem Unternehmen durch Kapitaleinlagen zu beteiligen und die Haftung (das Risiko ihres Verlusts) auf diese Einlagen zu beschränken, ohne zur Geschäftsführung und Vertretung verpflichtet (und berechtigt) zu sein.

Für **Komplementäre** bietet die Rechtsform der KG die Möglichkeit, das Gesellschaftskapital sowie die Kreditbasis durch Aufnahme von Kommanditisten zu erweitern, ohne in der Geschäftsführung und Vertretungsbefugnis beschränkt zu werden.

KOMPETENZTRAINING

12

1. Der bisherige Einzelunternehmer Fritz Irmler e. Kfm. möchte sich aus Altersgründen aus der Unternehmensführung zurückziehen. Zusammen mit seinen beiden Söhnen Lars und Hendrik gründet er eine KG. Kapitalmäßig möchte Fritz Irmler noch im Unternehmen verbleiben.

   Aufgaben:

   1.1 Erklären Sie, welche Gründe Fritz Irmler dazu bewogen haben könnten, eine KG zu gründen!

   1.2 Erklären Sie anhand der angeführten Personen, wie man die Gesellschafter bei dieser Rechtsform bezeichnet und beschreiben Sie kurz deren Aufgaben!

   1.3 Bilden Sie ein Beispiel dafür, wie die Firma der KG lauten könnte!

   1.4 Um die Liquidität der KG zu stärken, wollen die Söhne Lars und Hendrik ein Betriebsgrundstück verkaufen. Der Vater Fritz widerspricht dem Geschäft. Erläutern Sie die Rechtslage!

2. Kommanditgesellschaften sind oft „Familiengesellschaften“, d. h., die Gesellschafter sind miteinander verwandt. Begründen Sie diese Tatsache!

3. 3.1 Erläutern Sie, wie bei der KG nach dem HGB die Gewinne und Verluste verteilt werden!

   3.2 An der Heinz Kern KG ist Heinz Kern mit 350 000,00 EUR als Komplementär und Hans Leberer als Kommanditist mit 175 000,00 EUR beteiligt. Im abgelaufenen Geschäftsjahr wurde ein Gewinn in Höhe von 57 990,00 EUR erzielt. Der Komplementär Heinz Kern entnahm im Laufe des Geschäftsjahres für private Zwecke 5 500,00 EUR. Die Entnahme ist nach dem Gesellschaftsvertrag nicht zu verzinsen. Im Gesellschaftsvertrag ist vereinbart die Kapitalanteile mit 5 % zu verzinsen und den übersteigenden Betrag im Verhältnis der Kapitalanteile zu verteilen.

   Aufgabe:

   Erstellen Sie die Gewinnverteilungstabelle der KG!

13 Eva Schrade betreibt die sich seit mehreren Generationen in Familienbesitz befindliche Maschinenfabrik A. Schrade e. Kfr. Vor allem mit ihren Wärmepumpen hatte sie einen beachtlichen Geschäftserfolg.

Der ständige Zwang zu Neuerungen und der harte Preiskampf ließen Eva Schrade wenig Spielraum zur Finanzierung mit Eigenkapital. Deshalb musste sie verstärkt auf Fremdkapital ausweichen. Um weitere Investitionen vorrangig mit Eigenkapital durchführen zu können, entschließt sie sich dazu, eine Kommanditgesellschaft zu gründen. Von den von ihr angesprochenen Personen sind ihrer Ansicht nach der langjährige und erfolgreiche Vertreter Heinz Mann und dessen Frau Doris Waggis-Mann die geeignetsten Partner. Heinz Mann will als Komplementär, Doris Waggis-Mann als Kommanditistin in die Maschinenfabrik A. Schrade e. Kfr. eintreten.

Im Gesellschaftsvertrag vom 31. März 20.. wird unter anderem Folgendes vereinbart:

§ 1 Eva Schrade bringt ihr Unternehmen in die KG ein. Das Eigenkapital der Maschinenfabrik A. Schrade e. Kfr. beträgt 3 600 000,00 EUR. Heinz Mann leistet 800 000,00 EUR in bar und bringt ein unbebautes Grundstück im Wert von 1 000 000,00 EUR ein. Die Einzahlung auf das Geschäftsbankkonto und die Übereignung des Grundstücks auf die KG erfolgt zum 30. April 20..

§ 2 Doris Waggis-Mann übernimmt eine Kommanditeinlage in Höhe von 500 000,00 EUR. Am 30. April 20.. zahlt sie 300 000,00 EUR auf das Geschäftsbankkonto ein. Den Restbetrag will sie am 30. Mai überweisen.

§ 3 Jeder Gesellschafter erhält 5 % Guthabenzinsen. Der verbleibende Rest des Jahresgewinns wird im Verhältnis 4 (Schrade) : 3 (Mann) : 1 (Waggis-Mann) verteilt. Der Verlust wird im Verhältnis der Kapitalanteile der Gesellschafter verteilt.

§ 4 Die Gesellschaft beginnt am 30. April 20..

Die Eintragung der KG ins Handelsregister erfolgt am 14. Mai 20..

Aufgaben:

1. Ermitteln Sie, welche Rechtsform das ursprüngliche Unternehmen von Eva Schrade aufweist!
2. Nennen Sie fünf wesentliche Merkmale der von Eva Schrade bisher betriebenen Unternehmensform!
3. Erläutern Sie, welche Vorteile Eva Schrade durch die Gründung der KG hat!
4. Beschreiben Sie, welche Nachteile Eva Schrade durch die Gründung der KG auf sich nimmt!
5. Nennen Sie Gründe, die Doris Waggis-Mann und Heinz Mann bewogen haben können, als Gesellschafter in das Unternehmen von Eva Schrade einzutreten!
6. Nennen Sie zwei Beispiele, wie die Firma der neu gegründeten KG lauten kann!

7. Erklären Sie die Geschäftsführungs- und Vertretungsbefugnisse der Komplementäre Eva Schrade und Heinz Mann, wenn der Gesellschaftsvertrag hierzu keine Regelungen enthält.

8. Eva Schrade und Heinz Mann haben in Verhandlungen mit der Deutschen Bank AG die Zusage für einen Investitionskredit in Höhe von 250000,00 EUR erhalten. Kreditlaufzeit 8 Jahre, Festzinssatz 4,8 % p.a. Mit diesem Kredit und eigenen Mitteln der KG soll das Unternehmen eines Elektromotorenherstellers übernommen werden.

   Die Kommanditistin Doris Waggis-Mann widerspricht. Die Kreditkonditionen der Deutschen Bank AG seien ungünstig und die Eingliederung eines neuen Produktes in das Herstellungsprogramm der KG sei nicht sinnvoll. Sie habe ihrerseits aber ein sehr günstiges Kreditangebot der Kreissparkasse für die KG angenommen, das einen Vorzugszinssatz von 4,4 % gewähre.

   Beurteilen Sie die Handlungsweise der Kommanditistin

   8.1 im Hinblick auf den Kreditantrag;

   8.2 im Hinblick auf die Übernahme des Betriebs des Elektromotorenherstellers;

   8.3 im Hinblick auf den Kreditvertrag mit der Kreissparkasse!

3.3 Gesellschaft mit beschränkter Haftung (GmbH)

3.3.1 Begriff, Kapital und Firma der GmbH

(1) Begriff GmbH

- Die **Gesellschaft mit beschränkter Haftung** (GmbH) ist eine **Handelsgesellschaft** mit **eigener Rechtspersönlichkeit (juristische Person[1])**, deren Gesellschafter mit ihren Geschäftsanteilen an der Gesellschaft beteiligt sind, ohne persönlich zu haften.
- Die GmbH ist eine **Kapitalgesellschaft.**

Die **GmbH** hat **selbstständige Rechte und Pflichten**. Mithilfe ihrer Organe ist es möglich, Rechtsgeschäfte abzuschließen. Sie kann z.B. Eigentum an Grundstücken erwerben und vor Gericht klagen und verklagt werden. Die GmbH ist Gläubiger und Schuldner, nicht etwa die GmbH-Gesellschafter.

Die **GmbH-Gesellschafter** statten die GmbH lediglich mit **Eigenkapital** aus.

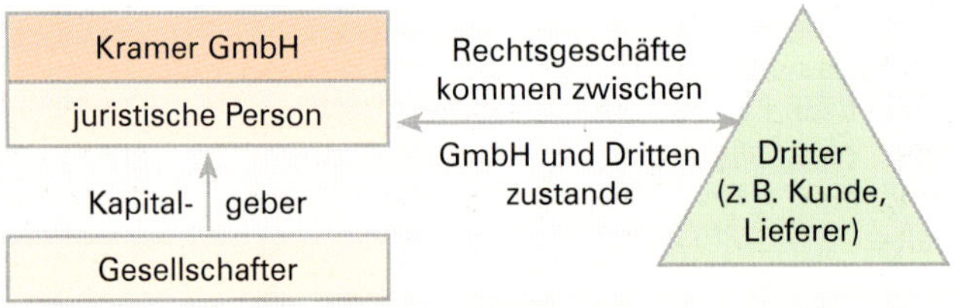

1 **Zur Erinnerung: Juristische (rechtliche) Personen** sind „künstliche" Personen, denen der Staat die Eigenschaft von Personen kraft Gesetzes verliehen hat. Sie sind damit rechtsfähig, d.h. Träger von Rechten und Pflichten.

Voraussetzungen zur Gründung einer GmbH sind:

- ein notariell beurkundeter Gesellschaftsvertrag (Satzung),
- eine Person oder mehrere Personen,
- das Stammkapital muss mindestens 25000,00 EUR betragen,
- Mindesteinzahlung auf das Stammkapital 12500,00 EUR bzw. $^{1}/_{4}$ aller Geschäftsanteile.

Sind die Voraussetzungen zur Gründung der GmbH erfüllt, kann die Anmeldung zur Eintragung in das Handelsregister erfolgen. Die GmbH als juristische Person mit Kaufmannseigenschaft entsteht erst durch die Eintragung der GmbH ins Handelsregister **(konstitutive Wirkung der Eintragung).**

Für unkomplizierte Standardgründungen steht den Gründern ein **Mustervertrag (Musterprotokoll)** und ein Muster für die Handelsregistereintragung als Anlage zum GmbHG zur Verfügung.

(2) Kapital

Der **Geschäftsanteil** ist die auf den einzelnen Gesellschafter entfallende Beteiligung am **Stammkapital** der GmbH.

Den Nennbetrag eines Geschäftsanteils bezeichnet man als **Stammeinlage.** Sie ist die Zahlungsverpflichtung des einzelnen Gesellschafters. Die Summe der Stammeinlage muss mit dem Stammkapital übereinstimmen.

Die GmbH ist eine rechtliche Konstruktion, durch die unternehmerisches Kapital in einer juristischen Person verselbstständigt und die Haftung auf das Gesellschaftsvermögen begrenzt wird. Dies eröffnet Eigenkapitalgebern (Gesellschaftern) die Möglichkeit, ihr Risiko auf das eingesetzte Kapital zu begrenzen sowie ihre persönliche Haftung zu vermeiden. Es kommt zu einer rechtlichen **Trennung von Unternehmens- und Privatvermögen.**

Beispiel:

Florian Habel, Konstantin Schopel und Lasse Landmann wollen eine GmbH gründen. In dem Gesellschaftsvertrag setzen sie das Stammkapital auf 25000,00 EUR fest. Florian Habel, der auch zum Geschäftsführer der GmbH bestimmt wird, übernimmt einen Geschäftsanteil mit einem Nennbetrag (Stammeinlage) in Höhe von 15000,00 EUR. Die beiden anderen Gesellschafter übernehmen jeweils einen Geschäftsanteil mit einem Nennbetrag (Stammeinlage) in Höhe von 5000,00 EUR.

(3) Firma

Die **Firma** der GmbH muss die Bezeichnung **„Gesellschaft mit beschränkter Haftung"** oder eine allgemein verständliche Abkürzung dieser Bezeichnung (z. B. GmbH) enthalten [§ 4 GmbHG].

Beispiel:

Albrecht Büller GmbH; Kramer GmbH; Weber Metallbau GmbH.

3.3.2 Geschäftsführung, Vertretung, Haftung und Gewinnverteilung

(1) Geschäftsführung und Vertretung

Die Geschäftsführung, die Kontrolle der Geschäftsführung sowie die Vertretung der GmbH unternehmen die dafür vorgesehenen **Organe der GmbH.**

Geschäftsführer	Gesellschafterversammlung	Aufsichtsrat
■ Er leitet die GmbH (Geschäftsführungsrecht). ■ Er muss bei der Geschäftsführung die Weisungen der Gesellschafter unmittelbar befolgen. ■ Geschäftsführer können auch die Gesellschafter sein. ■ Er vertritt die GmbH nach außen (Vertretungsbefugnis).	■ Hier nehmen die Gesellschafter ihre Rechte (z. B. Bestellung des Geschäftsführers, Feststellung des Jahresabschlusses, Gewinnverwendung) wahr. ■ Jeder Euro des Geschäftsanteils ist eine Stimme. ■ Beschlussfassungen mit der Mehrheit der abgegebenen Stimmen. ■ Satzungsänderungen benötigen eine $^3/_4$ Mehrheit der abgegebenen Stimmen.	■ Bei mehr als 500 Arbeitnehmern muss ein Aufsichtsrat gewählt werden. ■ Überwacht die Geschäftsführung. ■ Prüfung des Jahresabschlusses ■ Besteht aus Arbeitgebern und Arbeitnehmern.

Beachte:

Hat die GmbH mehrere Geschäftsführer, müssen bei wichtigen Entscheidungen jeweils alle Geschäftsführer zustimmen **(Gesamtgeschäftsführungsbefugnis, Gesamtvertretungsvollmacht).**

(2) Haftung

Die **Gesellschafter** der GmbH **haften nicht** für die Verbindlichkeiten der Gesellschaft. Als juristische Person haftet die GmbH selbst [§ 13 I, II GmbHG]. Das einzige Risiko, das der GmbH-Gesellschafter eingeht, ist, dass er den Wert seines Geschäftsanteils teilweise oder ganz verliert **(Risikohaftung).**

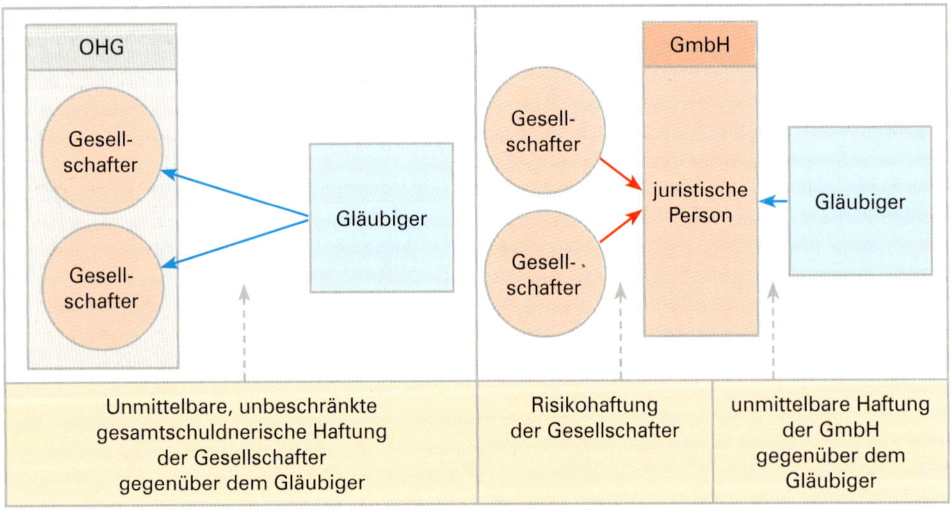

Beispiel einer GmbH-Satzung:[1]

§ 1 Sitz und Gegenstand der Gesellschaft

Die Gesellschaft hat ihren Sitz in Hamburg. Die Gesellschaft betreibt den Handel mit Trendsport-, Extremsport- und Funsportartikeln aller Art. Die Gesellschaft kann Filialen errichten und sich an anderen Firmen beteiligen.

§ 2 Name der Firma

Der Name der Firma lautet: Trend- und Funsport Center Hamburg GmbH

§ 3 Stammkapital

Das Stammkapital der Gesellschaft wird auf 60 000,00 EUR festgesetzt. Darauf übernehmen Sven Wagner Geschäftsanteil 1: Nennwert 30 000,00 EUR, Sonja Maunz Geschäftsanteil 2: Nennwert 20 000,00 EUR und Max Moser Geschäftsanteil 3: Nennwert 10 000,00 EUR.

§ 4 Geschäftsführung und Vertretung

Zu den ersten Geschäftsführern der Gesellschaft werden Sven Wagner und Sonja Maunz bestellt. Sie besitzen Einzelvertretungsmacht. Die arbeitsrechtlichen Bestimmungen sind in einem gesonderten Vertrag zu vereinbaren.

§ 5 Gesellschafterversammlung

Über wichtige Entscheidungen ist eine Gesellschafterversammlung abzuhalten und das Ergebnis zu protokollieren. Die Einberufung erfolgt zwei Wochen vor der Abhaltung der Versammlung unter Bekanntgabe der zu beschließenden Punkte.

§ 6 Beschlussfassung

Abgestimmt wird mit einfacher Mehrheit. Dabei gewährt jeder Euro eines Geschäftsanteils eine Stimme. Bei Stimmengleichheit gilt der Antrag als abgelehnt.

§ 7 Feststellung des Jahresabschlusses, Entlastung der Geschäftsführer

Die Gesellschafterversammlung hat auch über die Feststellung des Jahresabschlusses, die Gewinnverwendung und die Entlastung der Geschäftsführer zu beschließen.

§ 8 Übertragung von Geschäftsanteilen

Die Geschäftsanteile können nur mit Zustimmung der anderen Gesellschafter zum Ende eines Geschäftsjahres übertragen werden. Diese Übertragung muss der Gesellschaft mindestens vier Monate zuvor angezeigt werden.

§ 9 Einziehung von Geschäftsanteilen

Die Gesellschafter können auch die Einziehung von Geschäftsanteilen beschließen. Dies gilt besonders dann, wenn über das Vermögen eines Gesellschafters das Insolvenzverfahren eröffnet wurde. Der betroffene Gesellschafter hat dabei kein Stimmrecht.

§ 10 Auflösung der Gesellschaft

Wird die Gesellschaft durch Auflösung beendet, so ist aus den Reihen der Gesellschafter ein Liquidator zu bestellen. Dieser hat das Geschäftsvermögen zu veräußern, die Gläubiger zu befriedigen und den verbleibenden Überschuss entsprechend der Höhe der zuletzt von den Gesellschaftern gehaltenen Beteiligung zu verteilen.

Hamburg, den 15. September 20..

Den vorstehenden Vertrag beurkundet:

Sven Wagner, Sonja Maunz, Max Moser — *Dieter Gsell*

Unterschriften der Gesellschafter — Unterschrift des Notars

1 In Anlehnung an: Konz, Franz: 1000 Tipps und Tricks für Selbstständige und zur Existenzgründung, München 2002.

(3) Gewinnverteilung

Jeder Gesellschafter hat einen Anspruch auf den im Geschäftsjahr erwirtschafteten Gewinn. Die Verteilung des Gewinns erfolgt nach dem **Verhältnis der Geschäftsanteile.** Im Gesellschaftsvertrag kann eine andere Gewinnverteilung vereinbart sein.

Beispiel:

An der Sportfabrik „Sport & Mode GmbH" sind Nadin Kreuzer mit einem Geschäftsanteil von 320 000,00 EUR und Levi Stauber mit einem Geschäftsanteil von 410 000,00 EUR beteiligt. Der Gesamtgewinn beträgt 58 435,00 EUR. Nadin Kreuzer und Levi Stauber vereinbaren, dass 15 000,00 EUR in die Rücklagen eingestellt werden und der Restgewinn im Verhältnis der Gesamtanteile zu verteilen ist.

Aufgabe:

Stellen Sie die Gesamtverteilung in einer tabellarischen Übersicht dar!

Lösung:

Gesellschafter	Geschäftsanteile EUR	Einstellung in Rücklagen EUR	Gewinn-ausschüttung EUR	Endkapital EUR
Nadin Kreuzer Levi Stauber	320 000,00 410 000,00		19 040,00 24 395,00	320 000,00 410 000,00
	730 000,00	15 000,00	43 435,00	730 000,00

3.3.3 Auflösung und Bedeutung der GmbH

(1) Auflösung der GmbH

Die Auflösung der GmbH ist in den §§ 60 ff. GmbHG geregelt. Neben der **zwangsweisen Auflösung durch das Gericht** (im Rahmen eines Insolvenzverfahrens) wegen **Zahlungsunfähigkeit** oder **Überschuldung** kann die GmbH nach **Ablauf der im Gesellschaftsvertrag bestimmten Zeit,** durch **Beschluss der Gesellschafter** (grundsätzlich mit einer Mehrheit von drei Viertel der abgegebenen Stimmen) oder auch durch gerichtliches Urteil aufgelöst werden.

(2) Bedeutung der GmbH

Die Gesellschaft mit beschränkter Haftung ist vor allem bei Familienunternehmen und bei Unternehmen mittlerer Größe anzutreffen, weil für die

- Gründung ein sehr niedriges Anfangskapital (Eigenkapital) vorgeschrieben ist,
- die Haftung der Gesellschafter begrenzt ist,
- ein enges Verhältnis zwischen Gesellschaftern und Geschäftsführern besteht (die Gesellschafter häufig selbst Geschäftsführer sind) und
- die Gründung verhältnismäßig unkompliziert und kostengünstig ist.

3.3.4 Exkurs: Unternehmergesellschaft als Sonderform der GmbH

Höhe des Kapitals	Die **Unternehmergesellschaft** (UG, „Mini-GmbH")[1] kann mit **einem geringeren Stammkapital** als dem Mindeststammkapital von 25 000,00 EUR gegründet werden. Das Stammkapital kann somit zwischen 1 EUR und 24 999,00 EUR liegen. **Sacheinlagen sind ausgeschlossen.**
Firma	Die **Unternehmergesellschaft** muss in der Firma den Rechtsformzusatz **„Unternehmergesellschaft (haftungsbeschränkt)"** oder **„UG (haftungsbeschränkt)"** führen.
Anmeldung ins Handelsregister	Die Anmeldung einer Unternehmergesellschaft zur Handelsregistereintragung kann erst erfolgen, wenn das Stammkapital in voller Höhe eingezahlt ist.
Gewinnausschüttung	Die Unternehmergesellschaft darf ihre **Gewinne** – sofern sie welche erzielt – **zu höchstens** $^3/_4$ an die Gesellschafter **ausschütten.** Sie muss **ein Viertel** des um einen Verlustvortrag aus dem Vorjahr geminderten Jahresüberschusses **ansparen, bis sie das Mindestkapital** von 25 000,00 EUR erreicht hat. Der angesparte Betrag ist in eine gesetzliche Rücklage einzustellen.
Umwandlung in eine GmbH	Wenn das Mindestkapital von 25 000,00 EUR erreicht ist, kann die Unternehmergesellschaft in eine „gewöhnliche" GmbH umgewandelt werden.

Kompetenztraining

14 1. Die Heinz Kern KG betreibt eine Fabrik für Medizintechnik. Sie soll in eine GmbH umgewandelt werden. Gleichzeitig soll der bisherige Verkaufsleiter Alexander Dick als Gesellschafter in die neue GmbH aufgenommen werden.

Aufgaben:

1.1 Ermitteln Sie, wodurch sich die Personengesellschaft von der Kapitalgesellschaft unterscheidet!

1.2 Nennen Sie zwei Gründe, die für die Wahl der Gesellschaftsform GmbH sprechen!

1.3 Bilden Sie zwei Beispiele, wie die Firma der neuen GmbH lauten könnte!

1.4 Stellen Sie dar, wie die Haftungsverhältnisse bei der GmbH und der KG geregelt sind!

1.5 Erläutern Sie, wie sich die Vertretung der GmbH von der der KG unterscheidet!

2. Das Zementwerk Max Maier KG benötigt für die aus Konkurrenzgründen erforderlich gewordene Erweiterung zusätzliche Finanzierungsmittel. Die Beleihungsgrenzen der Hausbank würden eine etwa 40 %ige Finanzierung der Neuinvestitionen mit Fremdkapital gestatten. Da Komplementär Max Maier aber das für die Restfinanzierung notwendige Eigenkapital nicht besitzt und die Kommanditisten ihre Einlage nicht erhöhen wollen, sieht er sich gezwungen, in Zukunft mit weiteren Gesellschaftern zusammenzuarbeiten. Max Maier gründet deshalb mit Wolfgang Merger und Frieder Baum die Heidelberger Zementwerke GmbH, in die er selbst seinen bisherigen Betrieb einbringt, während sich Wolfgang Merger und Frieder Baum mit Geldeinlagen beteiligen.

---

1 Die Unternehmergesellschaft ist **keine eigene Rechtsform,** sondern lediglich eine besondere Variante der GmbH.

Aufgaben:

2.1 Nennen Sie Vorteile, die die GmbH gegenüber der KG hat!

2.2 Stellen Sie dar, welche Regelung des Geschäftsführungsrechts und der Vertretungsmacht Sie Max Maier vorschlagen!

3. Erich Emmrich und Hans Heine wollen ihr neu eröffnetes Autohaus in der Rechtsform einer GmbH führen.

   Aufgabe:

   Nennen Sie drei wirtschaftliche Entscheidungen, die außer der Branchen- und Rechtsformwahl noch zu treffen sind!

4. Beschreiben Sie zwei Vorteile einer GmbH gegenüber einer Einzelunternehmung!

5. Nennen Sie zwei Nachteile, die bei einer GmbH auftreten können!

15 An dem Baumarkt Bühner KG sind beteiligt Albrecht Bühner als Komplementär und Sigrid Bühner als Kommanditistin. Da auf dem Markt ein starker Wettbewerb herrscht, müssen erhebliche Investitionen vorgenommen werden. Albrecht Bühner entschließt sich daher, die KG in eine GmbH umzuwandeln und zwei neue Gesellschafter aufzunehmen. Es sind dies Ingo Bach und Franz Werder.

Aufgaben:

1. Nennen Sie die gesetzlichen Gesellschaftsrechte, die Albrecht Bühner hat und welche Sigrid Bühner hat, solange das Unternehmen als Kommanditgesellschaft betrieben wird!

2. Zeigen Sie Vorteile auf, die sich für die Gesellschafter insgesamt aus der Umwandlung in eine GmbH ergeben!

3. Sigrid Bühner, zuständig für Marketing und Vertrieb, kauft ohne Wissen von Albrecht Bühner Werkzeuge und Maschinen für die Abteilung „Werkstatt & Maschinen" im Wert von 56000,00 EUR ein. Albrecht Bühner verweigert die Zahlung mit der Begründung, der Kaufvertrag sei ohne sein Wissen abgeschlossen worden.

   Beurteilen Sie die Rechtslage!

   Auszug aus der Satzung der GmbH:

   § 6 Zu Geschäftsführern der GmbH werden bestellt:
   - Albrecht Bühner, zuständig für Beschaffung
   - Sigrid Bühner, zuständig für Marketing und Vertrieb

   Die Geschäftsführer besitzen Einzelvertretungsmacht.

   Ingo Bach und Franz Werder sind von der Geschäftsführung ausgeschlossen.

16 Franziska Hänle, 30 Jahre, möchte sich selbstständig machen und eine kleine Boutique eröffnen.

Aufgaben:

1. Beschreiben Sie zwei Chancen und zwei Risiken, die eine solche Selbstständigkeit mit sich bringt!

2. Nennen Sie je eine

   2.1 persönliche,

   2.2 sachliche,

   2.3 rechtliche

   Voraussetzung für ihre Tätigkeit als selbstständige Einzelhändlerin!

3. Begründen Sie, warum sie jetzt Kaufmann im Sinne des HGB ist und welche Kaufmannseigenschaft sie hat!
4. Franziska Hänle möchte ihre Boutique unter der Bezeichnung „Modeland im Allgäuland" beim Gewerbeamt anmelden.
   4.1 Erläutern Sie den Begriff „Firma"!
   4.2 Prüfen Sie, ob Franziska Hänle unter der von ihr gewählten Bezeichnung firmieren darf!
5. Nach erfolgreichem Start ihrer Boutique erkennt Franziska Hänle sehr bald, dass sie die anstehenden Tätigkeiten nicht allein bewältigen kann. Sie überlegt, ob sie eine Verkäuferin einstellen oder eine(n) Teilhaber(in) aufnehmen soll.
   5.1 Geben Sie zwei Gründe an, warum sich Franziska Hänle gegen eine Verkäuferin entscheiden könnte!
   5.2 Formulieren Sie einen Anzeigentext, mit dem Franziska Hänle eine Gesellschafterin sucht!
6. Nach Gesprächen ist Franziska Hänle der Ansicht, in der 26-jährigen Claudia Springer die richtige Partnerin gefunden zu haben.
   6.1 Stellen Sie dar, welche Unternehmungsform Franziska Hänle und Claudia Springer wählen könnten, wenn das Risiko begrenzt sein soll und beide Gesellschafterinnen gleichberechtigt sein sollen!
   6.2 Unterbreiten Sie zwei passende Vorschläge zur Firmenbezeichnung!

4 Finanzierung für geplante Investitionen vorschlagen

4.1 Investitionen

Investitionen sind die Verwendung von Finanzmitteln zur Beschaffung von **Sachvermögen, Finanzvermögen** oder **immateriellem**[1] **Vermögen.**

Beispiele:

- Kauf einer Stanzmaschine zur Produktion von Schlüsselanhängern (Investition in Sachvermögen).
- Beteiligung an anderen Unternehmen (Investition in Finanzvermögen).
- Kauf eines Patents (Investition in immaterielles Vermögen).

Investitionen haben **zwei Zielsetzungen:**

- **Erzielung eines Finanzmittelüberschusses**

Wer eine Investition tätigt, will nicht nur den eingesetzten Betrag zurückerhalten, sondern auch noch einen Überschuss erzielen, der über die eingesetzten Finanzmittel hinausgeht. Er möchte einen Nutzen aus der Investition ziehen.

- **Längerfristige Bindung der Auszahlungen**

Eine Investition bindet die Finanzmittel längerfristig im Investitionsobjekt. Das bedeutet: Güter, die sofort verbraucht werden (z. B. Werkstoffe, Energie, Löhne, Miete) stellen keine Investition dar, da die dafür eingesetzten Auszahlungen nicht längerfristig gebunden, sondern sofort verbraucht sind.

1 **Immateriell:** unstofflich, geistig.

Die **Feststellung eines Investitionsbedarfs** erfolgt in der Regel durch den zuständigen Abteilungsleiter bzw. die Unternehmensleitung. Gleichzeitig wird festgestellt, ob es sich um eine **notwendige** oder um eine **erwünschte Investition** handelt. Außerdem muss die **Zielsetzung der Investition** festgelegt werden.

Beispiel:

Eine voll abgeschriebene Spritzgussmaschine soll durch eine neue Anlage ersetzt werden (Ersatzinvestition). Gründe hierfür: altersbedingt steigende Reparaturkosten, Kosten für altersbedingte Produktionsausfälle, Kosten für altersbedingt höheren Werkstoffverbrauch, Kosten für altersbedingt steigende Bedienungsintensität, Preiseinbußen wegen altersbedingter Minderqualität.

Zur Koordinierung der einzelnen Investitionsvorhaben und Abstimmung mit den verfügbaren Finanzmitteln erstellt die Geschäftsführung in der Regel einen **Investitions- und Finanzierungsplan.** Er enthält in der Praxis zum einen eine Aufstellung über die **kurzfristig notwendigen Investitionen** und zum anderen eine Übersicht über die **langfristig wünschenswerten Investitionsvorhaben** und deren Finanzierung.

4.2 Budgetierung

(1) Begriff Budget

Eine wichtige Aufgabe der Geschäftsführung ist, über die Verwendung der finanziellen Mittel zu entscheiden. Dies kann auf zweifache Weise erfolgen:

- Die Geschäftsführung **gibt** jeder Organisationseinheit, z.B. der Abteilung Einkauf, jeweils **konkrete Handlungsanweisungen vor,** z.B. Kauf der Sortiermaschine XP 5 für Lagerarbeiten, und stellt die dafür notwendigen Finanzmittel bereit.
- Die Geschäftsführung **verzichtet** auf die **Vorgabe konkreter Handlungsanweisungen** und stellt den einzelnen Organisationseinheiten, z.B. der Abteilung Einkauf, jeweils eine **bestimmte Geldmenge (Budget[1]),** z.B. ein Volumen von 150000,00 EUR für den Monat Mai, zur Verfügung. Über die Verwendung der bereitgestellten Geldmittel kann dann die Organisationseinheit, z.B. die Abteilung Einkauf weitestgehend selbstständig entscheiden. Erwartet wird nur die Einhaltung des Budgets.

Im **ersten Fall** liegt eine **zentrale Steuerung,** im **zweiten Fall** eine **dezentrale Steuerung** der einzelnen Organisationseinheiten durch die Geschäftsführung vor.

Das **Budget** ist eine **vorgegebene Geldmenge,** die vom Verantwortlichen für das Budget eingehalten werden muss.

(2) Ziele der Budgetierung

Ziele der Budgetierung sind

- die zukünftige **Unternehmensentwicklung** zu **planen,**
- die einzelnen **Teilpläne** zu **koordinieren,**
- die **Mitarbeiter** zur Erfüllung der Planwerte (in der Regel gegen eine zusätzliche Entlohnung) zu **motivieren,**
- **Planabweichungen** durch laufende Soll-Ist-Vergleiche zu **kontrollieren,** um rechtzeitig Gegenmaßnahmen einleiten zu können.

1 Im Budget können auch die Höhe der Kosten, die zu erzielende Verkaufsmenge, der anzustrebende Marktanteil usw. vorgegeben werden.

4.3 Begriff Finanzierung, Zusammenhang zwischen Investition und Finanzierung und Überblick über die Formen der Finanzierung

Aufgabe des Budgets ist es, den einzelnen Organisationseinheiten für einen bestimmten Zeitraum, Geldmittel für ihre Arbeit bereitzustellen. Damit stellt sich die Frage, aus welchen Finanzierungsquellen das Budget seine Finanzmittel schöpft. Es ist daher jetzt Zeit, die Formen der Finanzierung kennenzulernen.

4.3.1 Begriff Finanzierung

Um Rohstoffe, einen Lkw, eine Maschine oder ein Grundstück kaufen zu können, muss im Unternehmen zunächst sichergestellt sein, dass die notwendigen Finanzmittel für die Ausgaben vorhanden sind. Finanzmittel können sein Bargeld, Bankguthaben oder auch die Zusage bzw. Bereitstellung eines Kredits durch eine Bank.

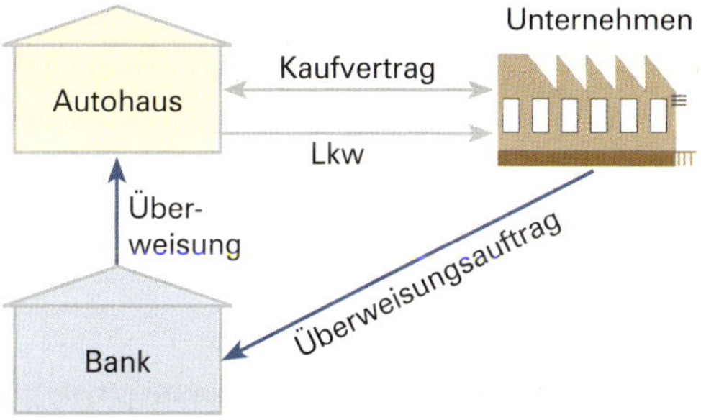

Finanzmittel sind in diesem Beispiel ein Bankguthaben und/oder ein Bankkredit.

- **Finanzierung** ist die Bereitstellung von Finanzmitteln zur Erfüllung betrieblicher Aufgaben.
- **Finanzmittel** sind Mittel, mit denen Ausgaben getätigt werden. Dazu zählen auch noch nicht in Anspruch genommene Kredite.

4.3.2 Zusammenhang zwischen Investition und Finanzierung

4.3.2.1 Statische Betrachtung innerhalb der Bilanz

Betrachtet man die Finanzierung und Investition vom Standpunkt der Bilanz, so steht das **Kapital** auf der **Passivseite** der Bilanz. Es gibt Auskunft darüber, welche Kapitalbeträge dem Betrieb zur Nutzung überlassen worden sind und in welcher rechtlichen Form (Eigenkapital, Fremdkapital) das geschehen ist. Aus der **Aktivseite** der Bilanz ist zu erkennen, welche **Verwendung die Mittel** (Anlagevermögen, Umlaufvermögen) gefunden haben.

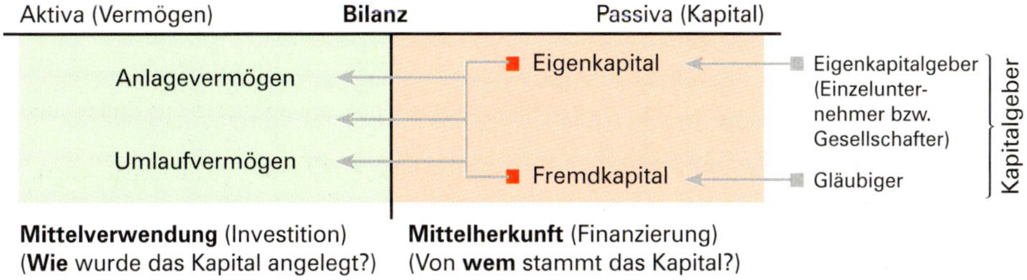

4.3.2.2 Dynamische Betrachtung

(1) Ablauf der Finanzierung von Investitionen

Mit jeder Investitionsentscheidung stellt sich zwangsläufig die Frage nach ihrer Finanzierung. Die Frage lautet: Wer stellt die benötigten Finanzmittel zur Verfügung?[1]

Der Ablauf der **Finanzierung von Investitionen** verläuft in der Regel in vier Schritten:

1. Schritt:	Ist die Investitionsentscheidung gefallen, sucht das Unternehmen nach einem Kapitalgeber (z. B. einer Bank).
2. Schritt:	Hat das Unternehmen einen möglichen Kapitalgeber gefunden, wird dieser die Investition prüfen (z. B. Rentabilität der Investition).
3. Schritt:	Stimmt der Kapitalgeber zu, kommt es zu Vertragsverhandlungen über die Finanzierungsbedingungen (z. B. Kapitalsumme, Zinsen, Laufzeit, Rückzahlung).
4. Schritt:	Kommt es zu einer Einigung über die Finanzierungsbedingungen, erfolgt die Auszahlung der Finanzmittel durch den Kapitalgeber.

Gelingt die Finanzierung des Investitionsvorhabens, wird die Investition durchgeführt, scheitert die Finanzierung, scheitert auch die Investition. Gehen wir davon aus, dass die Investition gelingt, dann stellt sich die Frage, welche **Auswirkung die Investition** auf den **Finanzfluss im Unternehmen** hat.

(2) Investition und Finanzierung im Unternehmenskreislauf

Durch die Kapitalbeschaffung ① über Eigenkapital oder Kredite erhält das Unternehmen die Finanzmittel für Investitionen ②. Die Investition (z. B. Kauf von Maschinen) ermöglicht es, Güter zu produzieren und zu verkaufen. Über die Umsatzerlöse ③ erhält das Unternehmen Finanzmittel ④. Diese verwendet es, um Zahlungen an die Kapitalgeber zu leisten (z. B. Zahlung von Zins und Tilgung an die Gläubiger bzw. Gewinnausschüttung an die Gesellschafter ⑤). Ist der Kapitalrückfluss[2] über die Umsatzerlöse höher als die Zahlungen an die Kapitalgeber, verbleibt dieser Teil im Unternehmen und kann wieder investiert werden (z. B. in den Ersatz der abgenutzten Maschinen oder in zusätzliche Investitionen). Dies führt zu einer Kapitalneubildung ⑥.

1 Investition und Finanzierung sind untrennbar miteinander verknüpft. Die Investition beginnt mit einer Auszahlung, der später Einzahlungen folgen. Die Finanzierung beginnt mit einer Einzahlung, der später Auszahlungen folgen.

2 Voraussetzung dafür, dass das investierte Kapital in Form von Einzahlungen wieder zurückfließt, ist, dass der Wertverlust der Investition in die Verkaufspreise einkalkuliert wurde und der Verkaufspreis am Markt durchgesetzt werden konnte.

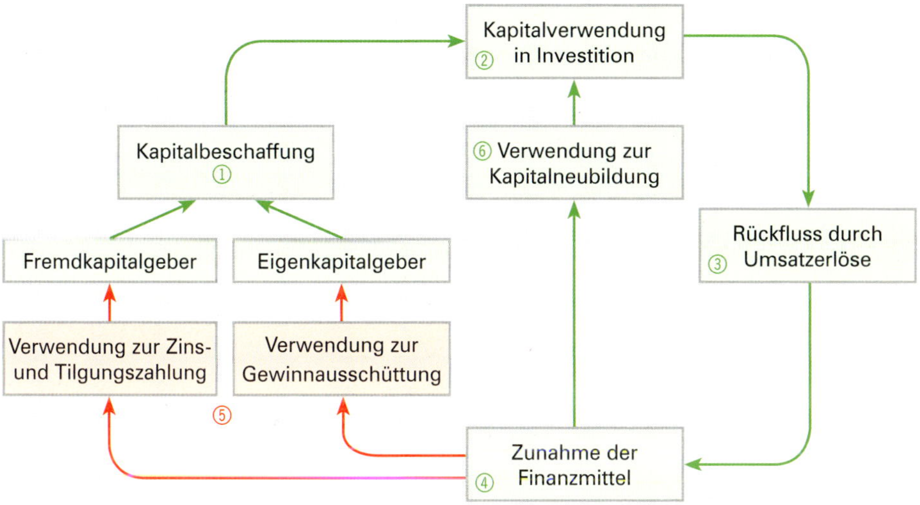

- Investitionen sind durch eine **längerfristige Bindung der Finanzmittel mit nachfolgender Kapitalfreisetzung** gekennzeichnet.
- Investitionen sind **ohne Finanzierung nicht durchführbar.**

LS 5

4.3.3 Überblick über die Formen der Finanzierung

Mit der Beschaffung der Finanzmittel sind für das Unternehmen immer zwei Fragen verbunden:

- Aus **welchen Quellen** stammen die Finanzmittel und **welche Bedingungen** sind damit verbunden?
- Welches Finanzmittel sollte in einer **bestimmten Situation** gewählt werden?

Manche Formen der Finanzierung führen zu einem Mitspracherecht der Geldgeber in der Geschäftspolitik **(Beteiligungsfinanzierung),** manche nicht (**Selbstfinanzierung** in Form der Finanzierung aus dem Gewinn). Andere Formen der Finanzierung führen zu Zins- und Tilgungszahlungen **(Fremdfinanzierung).** Das Unternehmen muss daher darauf achten, die jeweils vorteilhafteste Finanzierungsform zu nutzen.

Finanzierungsformen sind die verschiedenen Möglichkeiten, sich Finanzmittel zu beschaffen.

Im Folgenden verwenden wir nachstehende **Gliederung der Finanzierungsformen:**

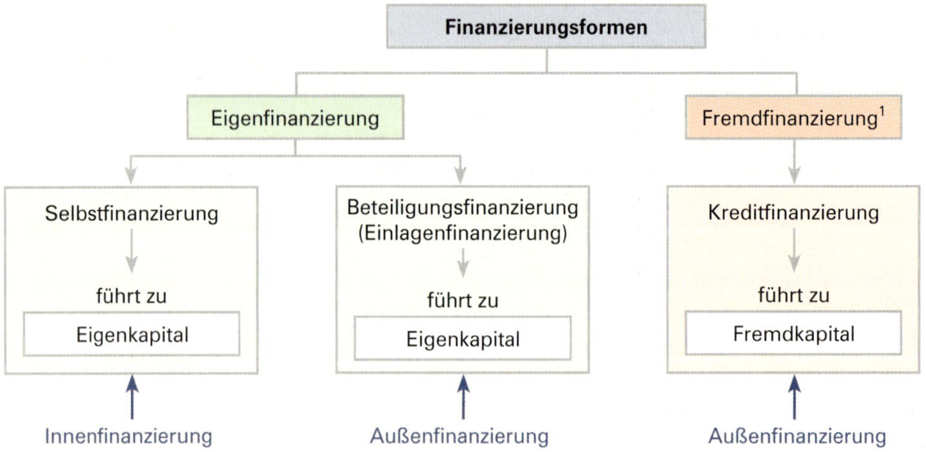

Erläuterungen:

Außenfinanzierung. Hier fließen dem Unternehmen Kapital von außen aus Kapitaleinlagen der Gesellschafter und/oder Kredite der Gläubiger zu.

- Eine **Beteiligungsfinanzierung** liegt vor, wenn die Finanzmittel von dem (den) bisherigen Eigentümer(n) oder von einem (oder mehreren) neuen Teilhabern stammen. Die Finanzierung führt zu **Eigenkapital.** Mit der Bereitstellung der Finanzmittel erwirbt der Geldgeber **Eigentümerrechte.**
- Eine **Fremdfinanzierung (Kreditfinanzierung)** ist gegeben, wenn dem Unternehmen fremde Mittel (z. B. von Banken) von außen zugeführt werden. Die Finanzierung führt zu **Fremdkapital.** Mit der Bereitstellung der Finanzmittel erwirbt der Geldgeber **Gläubigerrechte.**

Innenfinanzierung. Hier stammen die Mittel aus dem Umsatzprozess des Unternehmens. Wird durch den Umsatzprozess ein Gewinn erzielt und dieser nicht vollständig an die Eigentümer verteilt, so steht der nicht ausgeschüttete Gewinn dem Unternehmen als Finanzmittel zur Verfügung. Die Finanzierung aus Gewinnen bezeichnet man als **Selbstfinanzierung.** Die Selbstfinanzierung führt zu **Eigenkapital.**

Kompetenztraining

17

1. Erläutern Sie den Begriff Investition und nennen Sie die Zielsetzungen einer Investition!
2. Finanzierung und Investition sind zwei sich ergänzende Bereiche.

   Aufgabe:

   Erläutern Sie diese richtige Aussage!
3. Nennen Sie zwei Gründe, warum eine Geschäftsleitung anstatt den einzelnen Organisationseinheiten Handlungsanweisungen vorzugeben, eine Budgetierung vorzieht!
4. Fragen Sie Ihren Ausbilder, ob Ihr Ausbildungsbetrieb Budgets vorgibt und berichten Sie darüber in der Klasse!
5. Bei der Aufstellung des Budgets kann auf zweierlei Weise vorgegangen werden: Nach der Top-down-Methode oder nach dem Bottom-up-Verfahren.

   Aufgabe:

   Recherchieren Sie die Begriffe und erläutern Sie kurz die Verfahren!

1 Auf weitere Formen der Fremdfinanzierung wird aufgrund des Rahmenlehrplans nicht eingegangen.

6. Sie sind im 3. Ausbildungsjahr zur Kauffrau/Kaufmann für Büromanagement bei einem großen Sportverein. Der Verein möchte im Vereinslokal ein Jazzkonzert als Public-Relations-Maßnahme veranstalten.
   Aufgabe:
   Sie werden gebeten, für das Jazzkonzert das Budget aufzustellen. Ihr Vorgesetzter gibt Ihnen folgende Hinweise:
   – Bei den Ausgaben berücksichtigen Sie als Hauptposten: Programm; Vereinsheim; Kommunikation und Werbung; Verwaltung; Unvorhergesehenes.
   – Bei den Einnahmen berücksichtigen Sie die Hauptposten: Sponsoring; Einnahmen während des Konzerts.
7. In der nachfolgenden Tabelle sind Investition und Finanzierung einander gegenübergestellt.
   Aufgabe:
   Skizzieren Sie stichwortartig den fehlenden Text!

	Investition	**Finanzierung**
Zu Beginn		
Im Vorlauf		
Am Ende		

4.4 Selbstfinanzierung

4.4.1 Begriff Selbstfinanzierung

Der Gewinn wird im Rahmen der Ergebnisrechnung als Saldo der Erträge und Aufwendungen ermittelt. **Verbleibt der Gewinn** ganz oder teilweise **im Unternehmen,** erhöht sich das **Eigenkapital.** Dies ist ein von dem Unternehmen selbst erwirtschafteter Zuwachs an Finanzmitteln.

	Ausgewiesener Gewinn	300 TEUR
–	Gewinnausschüttung	200 TEUR
=	Einbehaltener Gewinn (Selbstfinanzierung)	100 TEUR

Durch den Ausschüttungsverzicht **erhöht** sich

- das **Eigenkapital** und
- der **Bestand an Zahlungsmitteln.**

- **Selbstfinanzierung** ist die Bereitstellung von **Finanzmitteln** aus dem **einbehaltenen Gewinn des Unternehmens.**
- Die Selbstfinanzierung ist eine **Innen- und Eigenfinanzierung** und führt zu **Eigenkapital.**

Beispiel: Selbstfinanzierung bei der Einzelunternehmung

Das Autohaus Karsten Kalle e.Kfm. erweitert das Unternehmen um eine Reifenabteilung. In den vergangenen Jahren hat Karsten Kalle daher nicht den gesamten Gewinn entnommen, sondern einen Teil des Gewinns im Unternehmen belassen und finanzielle Reserven (z.B. Bankguthaben) gebildet. Diese im Unternehmen verbliebenen Mittel setzt Karsten Kalle nun ein und deckt damit seinen Kapitalbedarf ab. Die Finanzierung der Reifenabteilung erfolgt somit durch den Betrieb selbst.

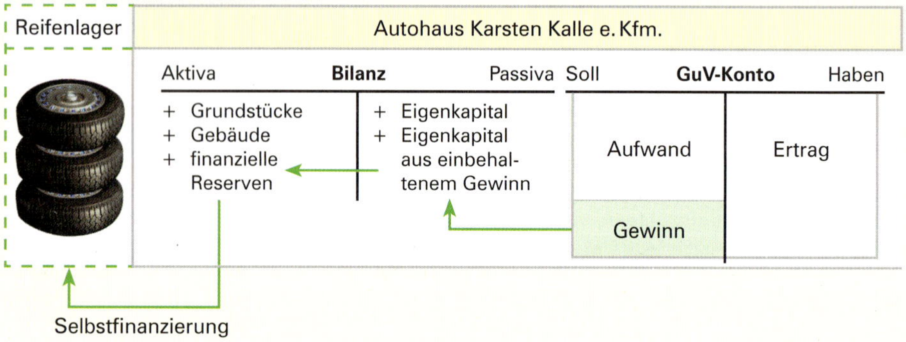

4.4.2 Selbstfinanzierung bei der KG

- Eine **Selbstfinanzierung** liegt bei der KG vor, wenn der **Gewinn** (Teile des Gewinnes) **der Komplementäre** (des Komplementärs) **nicht ausgeschüttet** wird, sondern auf dem **Kapitalkonto der Komplementäre** (des Komplementärs) stehen bleibt.
- Sofern der Kommanditist seine **Kommanditeinlage voll geleistet** hat, hat er Anspruch auf Auszahlung seines Gewinnanteils.

Beispiel:

An der Wagner KG ist Fritz Wagner als Komplementär mit 250 000,00 EUR und Elisabeth Herzig als Kommanditistin mit 130 000,00 EUR beteiligt. Die KG hat im vergangenen Geschäftsjahr einen Gewinn von 82 000,00 EUR erzielt. Die Privatentnahmen von Komplementär Wagner betragen 21 810,00 EUR.

Die Gewinnverteilung ist lt. Gesellschaftsvertrag wie folgt geregelt: Vom Jahresgewinn erhält jeder Gesellschafter 6 % auf das eingezahlte Kapital. Ein danach verbleibender Restgewinn wird im Verhältnis 4 : 1 verteilt.

Aufgabe:

Ermitteln Sie anhand der vorgegebenen Gewinnverteilungstabelle[1] die Höhe der Selbstfinanzierung der Wagner KG!

Gesellschafter	Anfangskapital EUR	6 % Vordividende EUR	Restgewinn EUR 4 : 1	Gesamter Gewinnanteil EUR	Privatentnahmen EUR	Endkapital EUR	Auszuzahl. Gewinn EUR
Komplem. Wagner	250 000,00	15 000,00	47 360,00	62 360,00	21 810,00	290 550,00	–
Komman. Herzig	130 000,00	7 800,00	11 840,00	19 640,00	–	130 000,00	19 640,00
	380 000,00	22 800,00	59 200,00	82 000,00	21 810,00	420 550,00	19 640,00

Hinweis: Die Kommanditeinlage von Elisabeth Herzig ist voll einbezahlt.

1 Zur Berechnung der Gewinnverteilungstabelle vgl. S. 55.

Lösung:

	Eigenkapital am Ende des Geschäftsjahres	420 550,00 EUR
–	Eigenkapital zu Beginn des Geschäftsjahres	380 000,00 EUR
=	Höhe der Selbstfinanzierung	40 550,00 EUR

4.4.3 Selbstfinanzierung am Beispiel der GmbH

Das **Stammkapital** ist das in der **Satzung festgelegte Kapital** der GmbH. Es ist stets zum Nennwert auszuweisen und bleibt solange unverändert, bis die Gesellschafterversammlung eine Veränderung beschließt. Entscheiden die Gesellschafter, einen Teil des Jahresüberschusses nicht auszuschütten, wird der einbehaltene Betrag in den Bilanzposten **Gewinnrücklagen** eingestellt. **Stammkapital** zuzüglich der **Gewinnrücklagen** bilden sodann das **Eigenkapital** der GmbH.

Beachte:

- Die Bildung von Gewinnrücklagen ist **gesetzlich nicht vorgeschrieben.**
- Die **Satzung** kann die Bildung von Gewinnrücklagen vorschreiben.
- Die **Gesellschafterversammlung** kann beschließen, dass Beträge in die Gewinnrücklagen einzustellen sind, unabhängig von der Regelung in der Satzung.

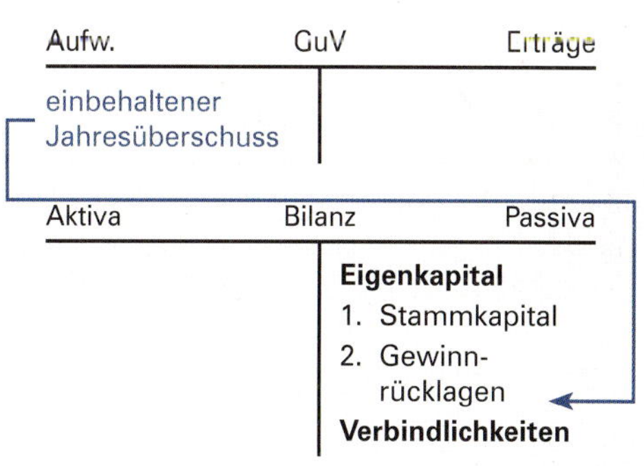

4.4.4 Beurteilung der Selbstfinanzierung

Vorteile	Nachteile
■ Die Mittel stehen dem Unternehmen ohne zeitliche Begrenzung zur Verfügung, da es sich um Eigenkapitalbestandteile handelt. ■ Kein Zinsaufwand, weil kurzfristig auf eine Verzinsung des Eigenkapitals verzichtet werden kann. ■ Keine Tilgung und somit keine Belastung der Zahlungsbereitschaft (Liquidität). ■ Unabhängigkeit (kein Einfluss von Gläubigern auf das Unternehmen). ■ Erhöhung der Kreditwürdigkeit. ■ Keine Kapitalbeschaffungskosten.	■ Die Mittel stehen dem Unternehmen nur zur Verfügung, wenn ein Gewinn erwirtschaftet wird. ■ Bei der KG müssen die Gesellschafter zustimmen, bei der GmbH die Gesellschafterversammlung. ■ Das erhöhte Eigenkapital kann dazu verführen, zu risikoreiche Investitionen vorzunehmen.

4.5 Beteiligungsfinanzierung[1]

4.5.1 Begriff Beteiligungsfinanzierung

Beteiligungsfinanzierung ist die Bereitstellung von Finanzmitteln von dem (oder den) Unternehmenseigentümer(n) oder einem (oder mehreren) neuen Gesellschafter(n).

Durch die Bereitstellung der Finanzmittel

- erwerben die Kapitalgeber **Eigentumsrechte** an dem Unternehmen in Höhe ihrer Einlage,
- erhalten die Kapitalgeber eine **gewinnabhängige Vergütung,**
- erwerben die Kapitalgeber **Mitwirkungsrechte** (z. B. Geschäftsführungsrecht).

Aus Sicht der Bilanz stellt die Beteiligungsfinanzierung dem Unternehmen **Eigenkapital** zur Verfügung. Unter dem Gesichtspunkt der Kapitalherkunft zählt die Beteiligungsfinanzierung zur **Außenfinanzierung,** weil die Mittel von außen zugeführt werden. Das Unternehmen erhält die Finanzmittel grundsätzlich **unbefristet** und **ohne Rückzahlungsverpflichtung.**

Beispiel: Beteiligungsfinanzierung der Einzelunternehmung

Für die vorgesehene Erweiterung seines Autohauses will Karsten Kalle eigenes Geld einsetzen. Er zweigt Geld aus seinem Privatvermögen ab und finanziert damit die Geschäftserweiterung.

Beteiligungsfinanzierung (Außenfinanzierung mit Eigenkapital)

Reifenlager

Autohaus Karsten Kalle e. Kfm.

Auswirkungen auf die Bilanz

Aktiva	Bilanz	Passiva
+ Grundstücke + Gebäude		+ Eigenkapital

Privatvermögen von Herrn Kalle

Dem Unternehmen wird **von außen,** in diesem Fall vom Unternehmer selbst, neues Eigenkapital zugeführt.

4.5.2 Beteiligungsfinanzierung am Beispiel der KG

Bei der KG erfolgt die Beteiligungsfinanzierung dadurch, dass der aufzunehmende Komplementär bzw. Kommanditist Finanzmittel in die KG einbringt. Wird ein neuer Gesellschafter aufgenommen, ist

- der Gesellschaftsvertrag zu ändern,
- eine Sonderbilanz zu erstellen,
- eine Anmeldung beim Handelsregister erforderlich.

1 Synonym (gleichartig) für den Begriff Beteiligungsfinanzierung wird auch der Begriff **Einlagenfinanzierung** verwendet.

Beispiel:

In der Huber KG mit Huber als Komplementär und Sauter als Kommanditist ergeben sich folgende Bilanzposten:

Anlagevermögen 2500000,00 EUR, Umlaufvermögen 1900000,00 EUR, Kapital Huber 600000,00 EUR, Kapital Sauter 300000,00 EUR. Die Restsumme auf der Passivseite betrifft Verbindlichkeiten der KG.

Die KG plant eine Betriebserweiterung, die durch Aufnahme eines weiteren Kommanditisten und durch die Erhöhung der Einlage des Komplementärs Huber finanziert werden soll. Alex Teich ist bereit, sich mit 300000,00 EUR als Kommanditist zu beteiligen und Komplementär Huber erhöht seine Einlage um 150000,00 EUR.

Aufgaben:

1. Stellen Sie die Bilanz vor der Erhöhung der Einlage des Komplementärs Huber und der Aufnahme des Kommanditisten Teich auf!
2. Stellen Sie die Bilanz nach der Erhöhung der Einlage des Komplementärs Huber und der Aufnahme des Kommanditisten Teich auf!
3. Nennen Sie die Höhe der Beteiligungsfinanzierung!

Lösungen:

Zu 1.: Aktiva — Bilanz der Huber KG **vor** der Einlage — Passiva

Aktiva		Passiva	
Anlagevermögen	2500000,00	**Eigenkapital**	
Umlaufvermögen	1900000,00	Komplementärkapital Huber	600000,00
		Kommanditkapital Sauter	300000,00
		Verbindlichkeiten	3500000,00
	4400000,00		4400000,00

Zu 2.: Aktiva — Bilanz der Huber KG **nach** der Einlage — Passiva

Aktiva		Passiva	
Anlagevermögen	2500000,00	**Eigenkapital**	
Umlaufvermögen	2350000,00	Komplementärkapital Huber	750000,00
		Kommanditkapital Sauter	300000,00
		Kommanditkapital Teich	300000,00
		Verbindlichkeiten	3500000,00
	4850000,00		4850000,00

Zu 3.: Die Höhe der zusätzlichen Beteiligungsfinanzierung beträgt 450000,00 EUR (1350000,00 EUR – 900000,00 EUR).

4.5.3 Beteiligungsfinanzierung am Beispiel der GmbH

Die Beteiligungsfinanzierung der GmbH erfolgt durch eine **Erhöhung des Stammkapitals gegen Einlagen** [§§ 55–57 b GmbHG]. Dazu erforderlich sind:

- Beschluss der Gesellschafterversammlung und Änderung der Satzung.
- Übernahme der neuen Geschäftsanteile durch die bisherigen Gesellschafter oder durch Aufnahme neuer Gesellschafter.
- Notarielle Beurkundung oder notariell beglaubigte Erklärung des Übernehmers.
- Eintragung der Kapitalerhöhung ins Handelsregister.

Mit der Kapitalerhöhung durch Übernahme von neuen Geschäftsanteilen erhöht sich das Eigenkapital der GmbH.

Beispiel:

Die Arnold Cremer GmbH erhöht das Stammkapital von bisher 25 000,00 EUR auf 40 000,00 EUR durch Aufnahme eines neuen Gesellschafters. Die Übernahme des Geschäftsanteils erfolgt durch Bareinzahlung.

4.5.4 Beurteilung der Beteiligungsfinanzierung

Vorteile	Nachteile
■ Die Mittel stehen dem Unternehmen ohne zeitliche Begrenzung zur Verfügung. ■ Keine Tilgung und somit keine Belastung der Zahlungsbereitschaft. ■ Kein Zinsaufwand, weil kurzfristig auf eine Verzinsung des Eigenkapitals verzichtet werden kann. ■ Unabhängigkeit (kein Einfluss von Gläubigern auf das Unternehmen). ■ Erhöhung der Kreditwürdigkeit.	■ Bei Einzelunternehmen und Personengesellschaften ist die Finanzkraft des Inhabers bzw. der Gesellschafter begrenzt. ■ Bei Personengesellschaften kann die Aufnahme weiterer Gesellschafter zu Schwierigkeiten führen, wenn diesen ebenfalls Geschäftsführungs- und Vertretungsrechte eingeräumt werden müssen. ■ Durch eine Kapitalerhöhung kann das bisherige Mehrheitsverhältnis gefährdet werden.

KOMPETENZTRAINING

18 1. Erklären Sie den Begriff Selbstfinanzierung anhand eines Beispiels!

2. Stellen Sie dar, warum man bei der Selbstfinanzierung von einer Innenfinanzierung spricht!

3. An der C. F. Meyer KG sind Gerhard Meyer, Harald Müller und Valentin Schulte beteiligt. Ihre Kapitalanteile betragen:

Komplementär: Gerhard Meyer	1 500 000,00 EUR
Komplementär: Harald Müller	2 400 000,00 EUR
Kommanditist: Valentin Schulte	4 600 000,00 EUR

Auszug aus dem Gesellschaftsvertrag:

§ 8 Gewinnverteilung

Die Einlagen sind mit 6 % zu verzinsen. Meyer erhält eine Tätigkeitsvergütung von 125 000,00 EUR, Müllers Tätigkeitsvergütung beträgt 75 000,00 EUR. Der Restgewinn wird im Verhältnis 2 : 1 : 1 auf die drei Gesellschafter verteilt. Reicht der Jahresgewinn zur Auszahlung der Tätigkeitsvergütungen nicht aus, so sind die Tätigkeitsvergütungen gleichwohl auszuzahlen. Die fehlende Differenz ist wie ein etwaiger Verlust von allen Gesellschaftern gleichmäßig zu tragen. Jeder Gesellschafter hat das Recht auf Privatentnahmen.

Im vergangenen Geschäftsjahr wurde ein Gewinn von 1 250 000,00 EUR erzielt. Es lagen folgende Privatentnahmen vor: Komplementär Gerhard Meyer: 52 500,00 EUR, Komplementär Harald Müller: 206 200,00 EUR.

Aufgaben:

3.1 Stellen Sie die Gewinnverteilung in einer Gewinnverteilungstabelle dar!

3.2 Ermitteln Sie die Höhe der Selbstfinanzierung je Gesellschafter und insgesamt!

4. Die Kurz & Klein KG hatte folgende Entwicklung:

	Kapitalanteil in EUR zum 01.01.20..	Entnahmen in EUR
Komplementär Fritz Kurz	400 000,00	32 500,00
Komplementär Paul Klein	390 000,00	35 000,00
Kommanditist Martin Enderle	330 000,00	

Der Gewinn des Geschäftsjahres beträgt 297 600,00 EUR.

Für das Geschäftsjahr ergibt sich folgende vereinfachte Gewinnverteilung:

Gesellschafter	Anfangskapital	Zinsen 6 %	Tätigkeitsvergütung	Restgewinn 40:39:33	Gesamter Gewinnanteil	Privatentnahmen	Endkapital
Komplementär Kurz	400 000,00	24 000,00	48 000,00	48 000,00	120 000,00	32 500,00	487 500,00
Komplementär Klein	390 000,00	23 400,00	48 000,00	46 800,00	118 200,00	35 000,00	473 200,00
Kommanditist Enderle	330 000,00	19 800,00	–	39 600,00	59 400,00	–	330 000,00 (59 400,00)
Summen	1 120 000,00	67 200,00	96 000,00	134 400,00	297 600,00	67 500,00	1 290 700,00

Aufgaben:

4.1 Erläutern Sie, wie die einzelnen Beträge in der Gewinnverteilungstabelle zustande kommen!

4.2 Berechnen Sie die Höhe der Selbstfinanzierung!

4.3 Nennen Sie den Ihrer Meinung nach wichtigsten Grund, der für bzw. gegen eine Selbstfinanzierung spricht!

19 1. Grenzen Sie die Beteiligungsfinanzierung von der Selbstfinanzierung ab!

2. Nennen Sie Rechte, die dem Geldgeber bei einer Beteiligungsfinanzierung zustehen!

3.

Bilanz Vorjahr

Aktiva	Passiva
Vermögen	Eigenkapital
	Verbindlichkeiten

Bilanz Berichtsjahr

Aktiva	Passiva
Vermögen	Eigenkapital
	Verbindlichkeiten

Aufgaben:

3.1 Nennen Sie den Vorgang, der zu der Bilanz des Berichtsjahres geführt hat!

3.2 Erläutern Sie, warum sich in beiden Bilanzen Vermögen und Kapital entsprechen!

4. Erklären Sie an einem Beispiel, wie eine Beteiligungsfinanzierung als Außenfinanzierung durchgeführt werden kann!

5. Stellen Sie drei Vorteile dar, die die Beteiligungsfinanzierung für ein Unternehmen bietet!

6. Die Textilfabrik Kirch KG mit Kirch als Komplementär und Braun als Kommanditist weist folgende vorläufige Bilanzposten auf:

   Anlagevermögen 1500000,00 EUR, Umlaufvermögen 1250000,00 EUR, Kapital Komplementär Kirch 500000,00 EUR, Kapital Kommanditist Braun 350000,00 EUR. Der Restbetrag der Passivseite betrifft Verbindlichkeiten der KG.

   Zur Beschaffung der erforderlichen Finanzmittel für die Errichtung eines Zweigwerkes soll Anton Klein als weiterer Kommanditist mit einer Beteiligung von 200000,00 EUR in die Gesellschaft aufgenommen werden. Nach Abwicklung der Aufnahmeformalitäten zahlt Klein 150000,00 EUR durch Banküberweisung ein. Der Restbetrag wird durch eine Sacheinlage in Form eines Lkw geleistet, dessen Wert auf 50000,00 EUR festgesetzt ist.

   Aufgaben:

   6.1 Stellen Sie jeweils die Bilanz vor und nach der Aufnahme von Klein auf!

   6.2 Ermitteln Sie die zusätzliche Beteiligungsfinanzierung durch die Aufnahme des Kommanditisten Klein!

7. 7.1 Nennen Sie zwei Beispiele für Finanzierungsarten, die zu Eigenkapital führen!

   7.2 Nennen Sie die wichtigste Gemeinsamkeit von Beteiligungs- und Selbstfinanzierung!

8. 8.1 Erklären Sie, wodurch sich die Selbstfinanzierung der GmbH von der einer Personengesellschaft unterscheidet!

   8.2 Erläutern Sie den Begriff Gewinnrücklage!

LS 6

4.6 Kreditfinanzierung (Fremdfinanzierung)

4.6.1 Begriff Kreditfinanzierung

Reichen die eigenen Finanzmittel des Unternehmens zur Finanzierung nicht aus, ist das Unternehmen darauf angewiesen, Geld von Fremden **(Kredit)**[1] aufzunehmen. Diese Fremdmittel stellen u.a. Banken, Versicherungen, Privatpersonen, evtl. sogar der Staat, meistens gegen Zinszahlung zur Verfügung.

Kreditfinanzierung kann außer mit Geldmitteln auch mit Sachmitteln erfolgen. Kreditgeber für Geldmittel sind insbesondere die Banken (z.B. Kontokorrentkredit, Darlehen) und die Lieferer (Liefererkredite). Eine wichtige Möglichkeit der Kreditfinanzierung mit Sachmitteln ist das Leasing.[2]

1 Der Begriff Kredit kommt vom lateinischen Wort credere: glauben, vertrauen.

2 Vgl. Kapitel 4.7.1, S. 92ff.

- **Kredit** ist die zeitweilige Überlassung von Geld oder Sachgütern im Vertrauen darauf, dass der Kreditnehmer den Kredit fristgerecht zurückzahlt.
- **Kreditfinanzierung (Fremdfinanzierung)** ist die Beschaffung fremder Finanzmittel für eine bestimmte Zeit. Sie führt zur Bildung bzw. Erhöhung von **Fremdkapital.**

Beispiel:

Nehmen wir an, die eigenen Mittel von Karsten Kalle und die einbehaltenen Gewinne des Autohauses reichen zur Finanzierung nicht aus. Gehen wir weiter davon aus, dass das Einzelhandelsunternehmen bestehen bleiben soll. In diesem Fall ist das Unternehmen darauf angewiesen, Geld von Fremden **(Kredit)** aufzunehmen.

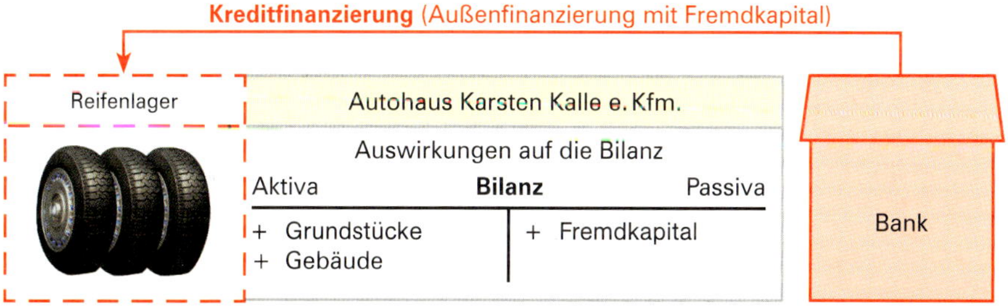

4.6.2 Darlehen

4.6.2.1 Begriff Darlehen und der Inhalt eines Darlehensvertrags

(1) Begriff Darlehen

- **Darlehen** sind Kredite, die in einer Summe bereitgestellt und dem Finanzbedarf entsprechend ausbezahlt werden. Sie müssen am Fälligkeitstag in einer Summe oder während einer vorbestimmten Laufzeit in Raten getilgt werden.
- Dem Kredit in Form eines Darlehens liegt ein **Darlehensvertrag** zugrunde.

(2) Zustandekommen eines Darlehensvertrags

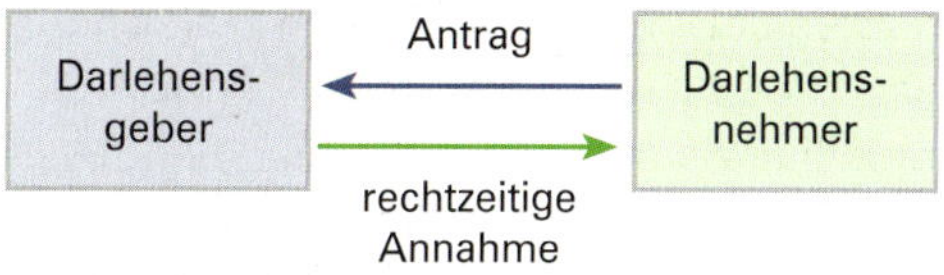

Jeder Darleheinseinräumung gehen im Allgemeinen Vorverhandlungen zwischen Darlehensnehmer und Darlehensgeber voraus, in denen die Darlehensart und die Darlehensvertragsinhalte festgelegt werden. Das Ergebnis der Vorverhandlungen wird in der Regel in einem Darlehensvertragsformular festgehalten. Im rechtlichen Sinne handelt es sich um einen **Antrag des Darlehensnehmers.** Der Darlehensvertrag kommt mit der **rechtzeitigen Annahme des Darlehensantrags** durch die **Bank** zustande.

(3) Inhalte eines Darlehensvertrags

Darlehenshöhe und die Form der Rückzahlung

Der Darlehensnehmer muss sich festlegen auf die Darlehenssumme, auf die Höhe und die Zeit der Tilgung. Außerdem muss der Darlehensnehmer erklären, dass er über getilgte Beträge nicht erneut verfügt.

Darlehenskosten

Zins	Der Darlehensnehmer kann wählen zwischen einem Festzins und einem variablen Zins. Beim Festzins bleibt der Zins für die vereinbarte Laufzeit gleich. Beim variablen Zins kann der Zinssatz geändert werden.
Bereitstellungs-zinsen	Wenn der Darlehensbetrag zum vereinbarten Auszahlungstermin vom Darlehensnehmer nicht in Anspruch genommen wird, kann die Bank vom vereinbarten bis zum tatsächlichen Auszahlungstermin einen Zinsausgleich (z.B. 3 % p.a.) beanspruchen.
Damnum (Disagio)[1]	Das Damnum stellt eine Kürzung des auszuzahlenden Darlehensbetrags dar und soll den Nominalzins absenken. In der Geschäftspraxis ist das Damnum (Disagio) vor allem eine **laufzeitabhängige Zinsvorauszahlung.**

Sicherheiten[2]

Sicherheiten müssen vom Kreditnehmer dann gestellt werden, wenn der Gläubiger nicht sicher ist, dass die Zins- und Tilgungszahlungen fristgerecht vorgenommen werden.

Berechnung des effektiven Jahreszinssatzes

Das Bankdarlehen stellt die Grundform des langfristigen Kredits dar. Die verschiedenen Kreditarten unterscheiden sich vor allem in ihren Auszahlungs- und Rückzahlungsmodalitäten.[3] Der Auszahlungsbetrag liegt in der Regel bei 90–98 % der Darlehenssumme. Die Differenz zu 100 % wird als **Damnum (Disagio, Abgeld)** bezeichnet.

Beispiel:

Ein Bankdarlehen über 100000,00 EUR mit einer Auszahlung von 97 % und einer Laufzeit von 10 Jahren soll jährlich mit 7,5 % verzinst werden. Die Tilgung erfolgt in voller Höhe am Ende der Laufzeit.

Aufgabe:

Berechnen Sie den effektiven Jahreszinssatz!

Lösung:

Bei der Berechnung des effektiven Jahreszinssatzes muss das Disagio in Höhe von 3000,00 EUR auf die Laufzeit von 10 Jahren verteilt werden. Ferner muss berücksichtigt werden, dass der verfügbare Darlehensbetrag nur 97000,00 EUR beträgt.

$$\text{Effektiver Jahreszinssatz} = \frac{(7500{,}00\text{ EUR} + 3000{,}00\text{ EUR}/10) \cdot 100}{97000{,}00\text{ EUR}} = \underline{\underline{8{,}04\,\%}}$$

1 **Damnum:** Nachteil, Abzug.
Disagio: Abschlag, Abgeld.

2 Vgl. hierzu die Ausführungen in Kapitel 5, S. 100ff.

3 **Modalität:** Art und Weise der Aus- und Durchführung eines Vertrags.

$$\text{Effektiver Jahreszinssatz} = \frac{(\text{Jahreszinsen} + \text{Disagio/Laufzeit}) \cdot 100}{\text{Auszahlungsbetrag}}$$

Durch die Berücksichtigung des Disagios ist der effektive Darlehenszinssatz **höher** als der Nominalzinssatz.

4.6.2.2 Darlehensformen

(1) Arten von Darlehen

Nach der **Art der Rückzahlung** unterscheidet man:

Fälligkeitsdarlehen (Festdarlehen)	Abzahlungsdarlehen (Ratendarlehen)	Annuitätendarlehen
Für die Rückzahlung der gesamten Darlehenssumme ist ein bestimmter Termin vereinbart (z. B. „rückzahlbar am 31. Dezember 20..“). Während der Laufzeit des Darlehens sind in vertraglich vereinbarten Zeitabständen lediglich die Zinsen zu zahlen (z. B. vierteljährlich, halbjährlich, jährlich).	Hier erfolgt die Tilgung in stets gleichbleibenden Raten zu den vereinbarten Tilgungsterminen (z. B. vierteljährlich). Die Zinsen werden jeweils von der Restschuld errechnet und ermäßigen sich daher von Rate zu Rate. Damit sinkt die Gesamtbelastung durch Zins- und Tilgungszahlungen.	Hier wird eine feste Annuität (Zins + Tilgung), d. h. Gesamtbelastung vereinbart. Die Summe aus Zins und Tilgung bleibt – außer bei der letzten Restzahlung – bei jeder Zahlung (z. B. monatlich, vierteljährlich) gleich. Daher nimmt die Zinsbelastung im Laufe der Zeit ab und die Tilgungsbeträge steigen an.

(2) Darlehensformen im Vergleich

Beispiel:

Die Sport-Burr KG benötigt für den Kauf einer Maschine ein Darlehen über 120 000,00 EUR für die Dauer von 6 Jahren. Ihre Hausbank bietet ihr folgende Konditionen an: Nominalzins 8 %, Auszahlung 100 %, Tilgung jeweils am Ende des Kalenderjahres.

Aufgaben:

1. Vergleichen Sie für die Sport-Burr KG die Liquiditäts- und Aufwandsbelastungen beim
   1.1 Fälligkeitsdarlehen,
   1.2 Abzahlungsdarlehen und
   1.3 Annuitätendarlehen!
2. Beurteilen Sie die Liquiditätsbelastungen der verschiedenen Darlehensarten!

Lösungen:

Zu 1.1: Fälligkeitsdarlehen (Festdarlehen)

Jahr	Darlehen Jahresanfang	Darlehen Jahresende	Tilgung	Zinsen	Geldmittel-abfluss
1	120 000,00	120 000,00	0,00	9 600,00	9 600,00
2	120 000,00	120 000,00	0,00	9 600,00	9 600,00
3	120 000,00	120 000,00	0,00	9 600,00	9 600,00
4	120 000,00	120 000,00	0,00	9 600,00	9 600,00
5	120 000,00	120 000,00	0,00	9 600,00	9 600,00
6	120 000,00	0,00	120 000,00	9 600,00	129 600,00
Summe			120 000,00	57 600,00	177 600,00

Beim **Fälligkeitsdarlehen** steht das gesamte Darlehen bis zum Ende der Laufzeit zur Verfügung. Die Liquiditätsbelastung ist aber im 6. Jahr aufgrund der Tilgung des gesamten Darlehensbetrags sehr hoch. Die jährliche Zinsbelastung bleibt konstant.

Zu 1.2: Abzahlungsdarlehen (Ratendarlehen)

Jahr	Darlehen Jahresanfang	Darlehen Jahresende	Tilgung	Zinsen	Geldmittel-abfluss
1	120 000,00	100 000,00	20 000,00	9 600,00	29 600,00
2	100 000,00	80 000,00	20 000,00	8 000,00	28 000,00
3	80 000,00	60 000,00	20 000,00	6 400,00	26 400,00
4	60 000,00	40 000,00	20 000,00	4 800,00	24 800,00
5	40 000,00	20 000,00	20 000,00	3 200,00	23 200,00
6	20 000,00	0,00	20 000,00	1 600,00	21 600,00
Summe			120 000,00	33 600,00	153 600,00

Beim **Abzahlungsdarlehen** sind die jährlichen Tilgungsraten gleich hoch, während die Zinsen aufgrund der abnehmenden Restschuld sinken. Die Gesamtbelastung durch Zins- und Tilgungsanteil sinkt während der Darlehenslaufzeit.

Zu 1.3: Annuitätendarlehen

Jahr	Darlehen Jahresanfang	Darlehen Jahresende	Tilgung	Zinsen	Geldmittelabfluss (Annuität)
1	120 000,00	103 642,15	16 357,85	9 600,00	25 957,85
2	103 642,15	85 975,67	17 666,48	8 291,37	25 957,85
3	85 975,67	66 895,87	19 079,80	6 878,05	25 957,85
4	66 895,87	46 289,69	20 606,18	5 351,67	25 957,85
5	46 289,69	24 035,20	22 254,67	3 703,18	25 957,85
6	24 035,02	0,00	24 035,02	1 922,83	25 957,85
Summe			120 000,00	35 747,10	155 747,10

Der Geldmittelabfluss entspricht hier der Annuität, d. h. der gleichbleibenden Summe aus Zinsen und Tilgung. Die Annuität wird mithilfe von Annuitätenfaktoren, die in der Praxis einer Tabelle entnommen werden, durch Multiplikation mit der Darlehenssumme errechnet. Der Faktor ist abhängig vom Zinssatz und der Laufzeit des Annuitätendarlehens und beträgt in unserem Fall 0,216315. Den Tilgungsbetrag erhält man durch Subtraktion der jeweiligen Zinsen von der Annuität.

Das Annuitätendarlehen gewährleistet eine gleichmäßige Liquiditätsbelastung, wobei die Tilgungsbeiträge den sinkenden Zinsaufwendungen entsprechend steigen.

Zu 2.: Beurteilung der Liquiditätsbelastungen

- Beim **Fälligkeitsdarlehen** steht das gesamte Darlehen bis zum Ende der Laufzeit zur Verfügung. Die Liquiditätsbelastung ist aber im 6. Jahr aufgrund der Tilgung des gesamten Darlehensbetrags sehr hoch.
- Beim **Ratendarlehen** sinkt die Liquiditätsbelastung von Tilgungsjahr zu Tilgungsjahr.
- Eine gleichmäßige Liquiditätsbelastung gewährleistet das **Annuitätendarlehen,** wobei die Tilgungsbeträge den sinkenden Zinsaufwendungen entsprechend steigen.

4.6.2.3 Abwicklung einer Darlehensfinanzierung durch eine Bank

Die folgende Tabelle gibt einen Überblick über die Abwicklung der Darlehensfinanzierung bei den Banken.

① ↓	Darlehensgesuch und Darlehensantrag[1]	Ausgangspunkt der Darlehensfinanzierung sind meistens die unverbindlichen Darlehensanfragen und/oder verbindliche Darlehensanträge der (möglichen) Kreditnehmer zur Aufnahme von Darlehen (zum Abschluss von Darlehensverträgen).
② ↓	Prüfung der Kreditwürdigkeit und Kreditfähigkeit (Bonitätsprüfung) des Kreditnehmers	Die Darlehensanträge werden von den Banken bearbeitet. Vor Abschluss des Darlehensvertrages werden vor allem die Kreditwürdigkeit und Kreditfähigkeit des möglichen Kreditnehmers geprüft. Ist die fristgerechte Verzinsung und Tilgung des Darlehens aus Sicht der Bank nicht gesichert, wird sie vom Kreditnehmer eine Kreditsicherung verlangen.
③ ↓	Abschluss und Inhalt des Darlehensvertrages	Ist der Kreditsuchende kreditwürdig und kreditfähig, wird der Darlehensvertrag abgeschlossen, in dem alle wichtigen Darlehensbedingungen enthalten sind.
④ ↓	Bereitstellung des Darlehens	Nach Abschluss des Darlehensvertrages wird das Darlehen (das „Geld") von den Banken z. B. auf einem besonderen Darlehenskonto zur Verfügung gestellt.
⑤ ↓	Darlehensüberwachung	Die wirtschaftliche und finanzielle Lage der Darlehensnehmer kann sich verschlechtern. Deshalb überwachen die Banken laufend die vertragsgemäßen Zins- und Tilgungszahlungen sowie die Kreditwürdigkeit und -fähigkeit der Darlehensnehmer.
⑥	Auflösung des Vertragsverhältnisses	Nach der Erfüllung aller Verpflichtungen durch den Darlehensnehmer ist das Vertragsverhältnis beendet. Die Vereinbarungen zwischen der Bank und dem Darlehensnehmer über die Kreditsicherheiten erlöschen.

Sonderfall: Darlehenskündigung	Bei einer nachhaltigen Verschlechterung der Bonität der Darlehensnehmer und/oder bei Zahlungsverzug mit den Zins- und Tilgungszahlungen werden die Darlehen von den Banken erforderlichenfalls gekündigt.

1 Zur schnellen (rationellen) Abwicklung der Darlehensfinanzierung werden für alle Darlehensgesuche und Darlehensanträge besondere Formularsätze verwendet, die bereits wesentliche Angaben (Informationen) für die Bonitätsprüfung enthalten und zugleich als Darlehensvertragsformulare verwendet werden können.

Kompetenztraining

20 Ein Darlehen in Höhe von 100 000,00 EUR soll wie folgt zurückgezahlt werden: Tilgung vierteljährlich 2 500,00 EUR bei einem Zinssatz von 8 %.

Aufgaben:

1. Begründen Sie, welche Darlehensart vorliegt!
2. Erstellen Sie rechnerisch den Zins- und Tilgungsplan für die ersten 3 Jahre!
3. Ordnen Sie den drei Abbildungen die drei Darlehensarten Fälligkeitsdarlehen, Abzahlungsdarlehen und Annuitätendarlehen zu!

Abb. 1:

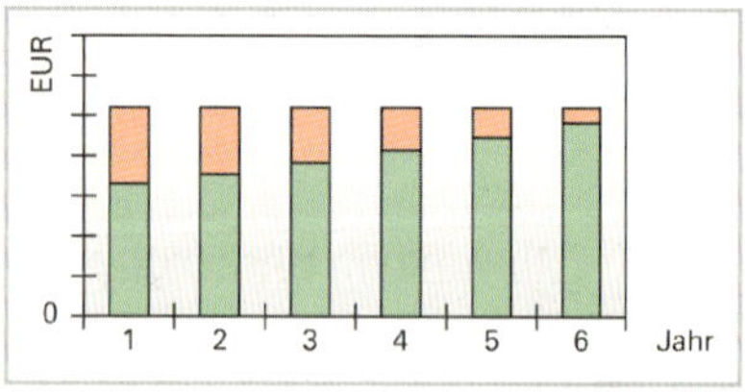

Abb. 2:

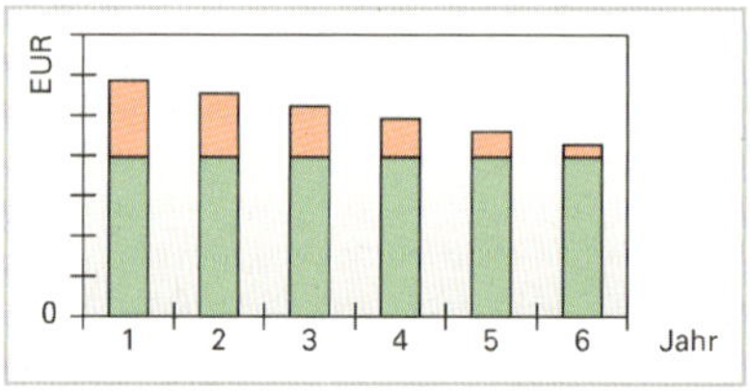

Abb. 3:

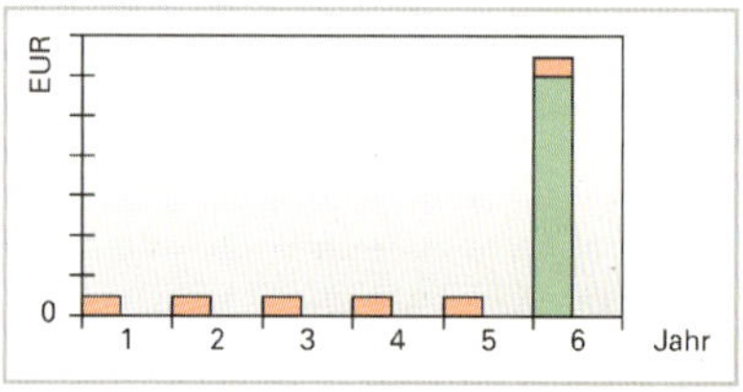

4. Nennen Sie je einen Vor- und Nachteil des Abzahlungs- und Annuitätendarlehens für den Kreditnehmer!
5. Formulieren Sie Kriterien, die für Sie eine Entscheidungshilfe darstellen bei der Frage, ob eine Investition eigen- oder fremdfinanziert werden soll!

21 Die Deutsche Bank Frankfurt bietet der Autowelt Seitz GmbH für die Erweiterung des Lagers folgendes Darlehen an: Kreditsumme: 80 000,00 EUR, Laufzeit 5 Jahre, Disagio 1 %, Zinssatz 8,0 %.

Aufgaben:

1. Berechnen Sie den effektiven Jahreszinssatz für das 1. Jahr!
2. Die Autowelt Seitz GmbH möchte eine gleichbleibende Liquiditätsbelastung.
   2.1 Berechnen Sie die jährlichen Annuitätenzahlungen, wenn der Annuitätenfaktor 0,25046 beträgt (Tabellenwert)!
   2.2 Ermitteln Sie die gesamte Aufwandsbelastung für diesen Kredit!

22 Die Beauty Moments Emmy Reisacher e. Kfr. möchte den Anbau eines Wellnessbereichs mit einer Investitionssumme von 180 500,00 EUR durch Aufnahme eines Darlehens bei der Sparkasse Soest finanzieren.

Auszug aus dem Darlehensvertrag

Sparkasse Soest

Darlehen mit anfänglichem Festzins

Konto-Nr.: 600 344 856
Datum 29. Juli 2014

Beauty Moments Emmy Reisacher e. Kfr., Neuwerk 10, 59494 Soest

– nachstehend der Darlehensnehmer genannt – erhält/erhalten von der Sparkasse zu folgenden Bedingungen ein Darlehen im Nennwert von

180 500,00 EUR

Gutschriftskonto: 346 489 *Belastungskonto:* 346 489

1 Darlehenskosten, Rückzahlung

1.1 Verzinsung: Das Darlehen ist mit jährlich 6,40 v.H. zu verzinsen. Dieser Zinssatz ist bis zum 30. 07. 2019 unveränderlich. Frühestens sechs Wochen, spätestens bis zwei Wochen vor Ablauf der Zinsbindungsfrist kann jede Partei verlangen, dass über die Bedingungen für die Darlehensgewährung (Zinssatz, Disagio u.ä.) neu verhandelt wird. Werden bis zum Ablauf der Zinsbindungsfrist keine neuen Darlehensbedingungen vereinbart, so läuft das Darlehen zu veränderlichen Konditionen weiter. Es gilt der von der Sparkasse für Darlehen dieser Art festgesetzte Zinssatz. Bei Änderungen der Marktlage ist sie berechtigt, die Zinsen mit sofortiger Wirkung durch Erklärung gegenüber dem Darlehensnehmer zu senken oder zu erhöhen.

1.2 Die Sparkasse erhebt ein **Disagio** von – – – – und eine einmalige **Bearbeitungsprovision** von .
Beide Beträge werden bei der ersten Auszahlung von der Sparkasse verrechnet. Die Bearbeitungsgebühr wird bei vorzeitiger Rückzahlung des Darlehens nicht – auch nicht teilweise – erstattet. Der **Nettokreditbetrag** beträgt 180 500,00 EUR .

1.3 Preisrechtliche Angaben

Der anfängliche effektive Jahreszins beträgt 6,51 v.H. . Es wurden verrechnet:

⋮

1.7 Rückzahlung und Zahlungstermine: Alle fälligen Beträge werden jeweils dem oben bezeichneten Belastungskonto belastet. **Zinsen** sind erstmals an dem auf die erste Auszahlung folgenden Zahlungstermin zu zahlen.

Das Darlehen ist in einer Summe zum Ablauftermin am 30. Juli 2019 zurückzuzahlen.
Die Zinsen sind in Teilbeträgen jeweils am Quartalsende zu zahlen.

⋮

8 Offenlegungs- und Auskunftspflicht

Der Darlehensnehmer hat der Sparkasse, einem von dieser beauftragten Treuhänder oder ihrer zuständigen Prüfungsstelle jederzeit Einblick in seine wirtschaftlichen Verhältnisse zu gewähren, insbesondere seine Bücher, Bilanzen, Abschlüsse und Geschäftspapiere vorzulegen oder die Einsicht und Prüfung dieser Vorgänge zu gestatten, jede gewünschte Auskunft zu erteilen und die Besichtigung seines Betriebes zu ermöglichen. Die Sparkasse ist auch aufgrund gesetzlicher Vorgaben verpflichtet, sich die wirtschaftlichen Verhältnisse des Darlehensnehmers offenlegen zu lassen.

Die Sparkasse kann die dafür erforderlichen Unterlagen direkt bei den Beratern des Darlehensnehmers in Buchführungs- und Steuerangelegenheiten nach Rücksprache mit dem Darlehensnehmer anfordern. Soweit die genannten Unterlagen auf Datenträger gespeichert sind, ist der Darlehensnehmer verpflichtet, diese in angemessener Frist lesbar zu machen.

Die Sparkasse ist berechtigt, jederzeit die öffentlichen Register sowie das Grundbuch und die Grundakten einzusehen und auf Rechnung des Darlehensnehmers einfache oder beglaubigte Abschriften und Auszüge zu beantragen, ebenso Auskünfte bei Versicherungen, Behörden und sonstigen Stellen, insbesondere Kreditinstituten, einzuholen, die sie zur Beurteilung des Darlehensverhältnisses für erforderlich halten darf.

9 Kündigung/sofortige Fälligkeit

9.1 Das Darlehen kann beiderseits mit einer Frist von einem Monat zum Ablauf der ersten oder einer folgenden Festzinsvereinbarung gem. Nr. 1.1 ganz oder teilweise gekündigt werden. Wird das Darlehen nach Ablauf der ersten oder einer folgenden Festzinsvereinbarung mit veränderlichem Zinssatz fortgeführt, so kann es jederzeit mit einer Frist von drei Monaten gegenüber dem Vertragspartner ganz oder teilweise gekündigt werden.

Die Kündigung soll schriftlich erfolgen. Eine Kündigung des Darlehensnehmers gilt als nicht erfolgt, wenn er den geschuldeten Betrag nicht binnen zweier Wochen nach Wirksamwerden der Kündigung zurückzahlt.

9.2 Unbeschadet ihres Rechts zur fristlosen Kündigung aus sonstigen wichtigen Gründen (Nr. 26 AGB) kann die Sparkasse das Kapital für sofort fällig und zahlbar erklären.

- wenn der Darlehensnehmer gegen die ihm in Nr. 8 auferlegten Pflichten verstößt;
- wenn der Darlehensnehmer mit fälligen Leistungen länger als 14 Tage in Verzug gerät und auch nach einer weiteren Nachfristsetzung durch die Sparkasse von mindestens weiteren 14 Tagen nicht zahlt.

Aufgaben:

1. Analysieren Sie den vorgegebenen Darlehensvertrag hinsichtlich der Kosten, der Zins- und Rückzahlung, der Offenlegungs- und Auskunftspflicht und der Kündigung!
2. Recherchieren Sie bei einer Bank, wie die Abwicklung eines Bankdarlehens von der Darlehensanfrage bis zur Darlehensrückzahlung und Auflösung des Darlehensvertrags durchgeführt wird, und vergleichen Sie Ihr Ergebnis mit den Ausführungen im Lehrbuch auf S. 83. Präsentieren Sie die Ergebnisse Ihren Mitschülern!

4.6.3 Kontokorrentkredit (Dispositionskredit)

4.6.3.1 Begriff Kontokorrentkredit

Das Prinzip des **Kontokorrents**[1] besteht darin, dass sich beide Vertragspartner ihre **gegenseitigen Forderungen** stunden und in regelmäßigen Zeitabständen (meist vierteljährlich oder halbjährlich) gegeneinander **aufrechnen.** Schuldner ist jeweils die Partei, zu deren Ungunsten der Saldo des Kontokorrentkontos steht. Der Saldo (Ergebnis der Aufrechnung) wird auf die neue Rechnungsperiode vorgetragen. Damit gehen die verschiedenen Forderungen unter, d. h., dass nur noch der Saldo eingeklagt werden kann [§ 355 HGB].

Schließen eine Bank und ein Bankkunde (z. B. ein Unternehmen) einen **Kreditvertrag** ab, dem das Kontokorrentprinzip zugrunde gelegt ist, so liegt ein **Kontokorrentkredit** vor. Wird mit einem Privatkunden ein Kontokorrentkredit abgeschlossen, so spricht man von einem **Dispositionskredit.**[2]

> Der **Kontokorrentkredit** ist ein Kredit in laufender Rechnung zwischen zwei Vertragspartnern, i. d. R. zwischen einer Bank und einem Bankkunden.

4.6.3.2 Wirtschaftliche Merkmale

■ **Begriff und Ablauf des Kontokorrentkredits**

Der Kontokorrentkredit bei einer Bank dient der **Abwicklung aller eingehender und ausgehender Zahlungen** (z. B. Zahlungsaufträge für Miete, für Rechnungen, für Gehaltszahlungen). Er sichert damit die Zahlungsbereitschaft. Der Kreditnehmer kann bis zur Kreditobergrenze (Kreditlimit), die im Kreditvertrag vereinbart ist, frei über das Kontokorrentkonto verfügen.

Der **Saldo auf dem Konto** ist, je nach Umfang der eingehenden und ausgehenden Zahlungen, ständigen Schwankungen unterworfen. So entsteht ein Kontokorrent, d. h. eine laufende Rechnung, die ein **wechselseitiges Schuld- und Guthabenverhältnis** darstellt.

Weist das Konto ein **Guthaben** aus, erhält der Kunde **Habenzinsen.**[3] Wird ein **Kredit** beansprucht, müssen **Sollzinsen** an die Bank entrichtet werden. Aus der Sicht der Bank ist „Bewegung" auf dem Kontokorrentkonto erwünscht, denn Anzahl und Umfang der Bewegungen werden als Maßstab für die wirtschaftliche Aktivität des Unternehmens gewertet. Gleichbleibende Haben- oder Sollsalden widersprechen dem Sinn des Kontokorrentkredits.

Auf dem Kontokorrentkonto werden die täglichen Ein- und Ausgänge aufgezeichnet und in einem **Kontoauszug** festgehalten. Die Ein- und Ausgänge werden gegeneinander aufgerechnet **(saldiert)** und dem bisherigen Kontostand zugerechnet. Rechtlich gesehen kann die Bank immer nur den **Sollsaldo fordern.**

Der Kontokorrentkredit kann zeitlich begrenzt oder bis zur Kündigung in Anspruch genommen werden. Er ist formal **kurzfristig** bzw. **kurzfristig kündbar,** kann aber durch ständige Prolongation (Verlängerung) über längere Zeiträume laufen. Durch diese enge, langfristige Verflechtung von Bank und Unternehmen wird die Kredit gebende Bank zur „Hausbank".

---

1 Kontokorrent heißt wörtlich „laufendes Konto", weil sich i. d. R. der Kontostand verändert. Rechtlich ist das Kontokorrentkonto geregelt in den §§ 355 ff. HGB.

2 Disponieren: verfügen, ordnen.

3 Bei den meisten Banken werden Habenzinsen erst dann vergütet, wenn das Guthaben vierteljährlich einen bestimmten **Durchschnittsbetrag** (z. B. von 3 000,00 EUR) erreicht.

- Beim Kontokorrent stunden sich beide Vertragspartner ihre **gegenseitigen Forderungen** und rechnen sie in **regelmäßigen Zeitabständen** (meist vierteljährlich oder halbjährlich) **gegeneinander auf.** Schuldner ist jeweils die Partei, zu deren Ungunsten der Saldo des Kontokorrentkontos steht.
- Der Saldo (Ergebnis der Aufrechnung) wird auf **neue Rechnung vorgetragen.** In ihm gehen die verschiedenen Forderungen unter, d.h. dass nur der Saldo eingeklagt werden kann.

Kreditkosten

Üblich sind folgende Vereinbarungen:

Zinsen	Sie werden jeweils **vom in Anspruch genommenen Kredit** berechnet. Die Zinsbelastung passt sich somit der täglichen Veränderung des beanspruchten Kredits an. Die Zinsen werden in der Regel monatlich dem Konto belastet bzw. gutgeschrieben. Die Kosten des Kontokorrentkredits sind hoch, da der Sollzinssatz für den Kreditsaldo erheblich höher ist als der Habenzinssatz für den Guthabensaldo.
Überziehungszinsen	Sie werden berechnet, wenn der Kunde **ohne vorherige Krediteinräumung** einen Kredit beansprucht bzw. seine ihm eingeräumte **Kreditgrenze überschreitet.** Der Überziehungszinssatz beträgt im Normalfall 1,5 %–3 % p.a. und wird **neben den Sollzinsen** in Rechnung gestellt.
Gebühren	Um die Kosten des Zahlungsverkehrs zu decken, werden in der Regel Gebühren (z.B. für die Kontoführung und die einzelnen Buchungen) sowie die anfallenden Postentgelte berechnet.

Sicherheiten

Wegen der schwankenden Beanspruchung des Kredits ist insbesondere die Grundschuld[1] als Sicherheit geeignet.

4.6.3.3 Abgrenzung zwischen Fälligkeitsdarlehen und Kontokorrentkredit

Wichtige Kriterien für die Abgrenzung von Fälligkeitsdarlehen und Kontokorrentkredit sind:

- Laufzeit
- Höhe der Kreditsumme
- Art der Zinsberechnung
- Höhe der Zinsen
- Verwendung des Kredits

Abgrenzungskriterien	Fälligkeitsdarlehen	Kontokorrentkredit
Laufzeit	Das Fälligkeitsdarlehen hat in der Regel eine lange Laufzeit und einen festen Fälligkeitstermin.	Der Kontokorrentkredit ist formal kurzfristig bzw. kurzfristig kündbar, kann aber ständig prolongiert (verlängert) werden.

1 Vgl. hierzu die Ausführungen auf S. 105f.

Abgrenzungskriterien	Fälligkeitsdarlehen	Kontokorrentkredit
Höhe der Kreditsumme	Der Darlehensbetrag besteht bis zum Fälligkeitstag in gleicher Höhe. Die Tilgung erfolgt am Ende der Laufzeit.	Der Kreditbetrag unterliegt ständigen Schwankungen und kann auch in ein Guthabenverhältnis wechseln.
Art der Zinsberechnung	Die Zinsen werden über die gesamte Laufzeit vom vereinbarten Darlehensbetrag berechnet.	Die Zinsen werden jeweils nur vom in Anspruch genommenen Kredit berechnet. Er entspricht somit dem jeweiligen Kreditbedarf.
Höhe des Zinssatzes	Da die Bank Höhe und Laufzeit des Darlehens beim Abschluss kennt und damit langfristig planen kann, liegt der Zinssatz unter dem für den Kontokorrentkredit.	Da die Bank den Geldbetrag für die vereinbarte Kredithöhe ständig vorhalten muss, und der vom Kunden beanspruchte Kredit in der Höhe ständig schwankt, ist der Zinssatz erheblich höher als der für das Fälligkeitsdarlehen.
Verwendung des Kredits	Das Fälligkeitsdarlehen wird zur Finanzierung für eine langfristige Investition herangezogen.	Der Kontokorrentkredit dient z.B. der Abwicklung des täglichen Zahlungsverkehrs, der Finanzierung der Produktion, dem Ausnutzen von Skontierungsfristen.

LS 7, 8

4.6.4 Lieferantenkredit (Warenkredit)

(1) Begriff

- Der **Lieferantenkredit** entsteht durch die Lieferung einer Ware, wobei Zeitpunkt der Warenlieferung und Zeitpunkt der Zahlung auseinanderfallen, weil der Lieferer (Verkäufer) seinem Kunden ein **Zahlungsziel** einräumt.
- Die Besonderheit dieser Kreditart besteht darin, dass **keine Geldmittel** gezahlt werden, sondern die Krediteinräumung über eine **Verzögerung der Zahlung** gewährt wird.

Der Lieferantenkredit ist für den Schuldner eine sehr angenehme und bequeme Art der **kurzfristigen Kreditfinanzierung.** Der Warenkredit wird meistens ohne besondere Formalität, ohne besondere Kreditwürdigkeitsprüfung, ohne Kreditverhandlungen, in der Regel ohne Sicherheiten – abgesehen vom Eigentumsvorbehalt[1] – gewissermaßen „nebenbei" aufgrund eines Kreditkaufs gewährt.

(2) Kosten des Lieferantenkredits im Vergleich mit den Kosten des Kontokorrentkredits

Für den Lieferantenkredit wird direkt kein Zins bezahlt. Allerdings ist er nur in der **Zeit zwischen dem Rechnungseingang** und dem **Ablauf der Skontierungsfrist „kostenlos"**. Wird die Skontierungsfrist überschritten, ist der Lieferantenkredit der teuerste Kredit überhaupt.

1 Vgl. hierzu S. 102f.

Der **Zins** ist im **Skontoabzug „versteckt"**, der bei vorzeitiger Bezahlung (innerhalb der Skontierungsfrist) gewährt wird.

Beispiel:

Die Kunststoffwerke Nürnberg GmbH haben eine Lieferantenrechnung über 57 500,00 EUR erhalten, für die folgende Zahlungsbedingungen gelten: 3 % Skonto innerhalb von 10 Tagen oder 60 Tage netto.

Auf ihrem Kontokorrentkonto haben die Kunststoffwerke Nürnberg GmbH mit ihrer Bank ein Kreditlimit von 100 000,00 EUR bei 12 % Sollzinsen vereinbart, das erst zu 30 % ausgeschöpft ist.

Aufgaben:

1. Berechnen Sie, welchem Jahreszinsfuß der Skontosatz entspricht!
2. Berechnen Sie, ob sich die Ausnutzung des Kontokorrentkredits lohnt!

Lösungen:

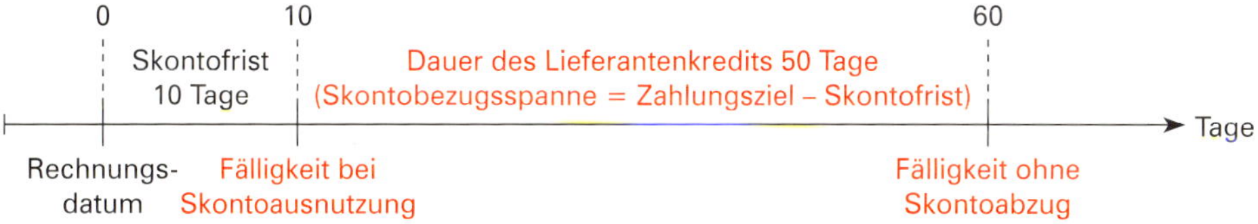

Bei der Umrechnung des Skontosatzes in einem Zinssatz gilt folgende Berechnungsformel:

$$\text{Zinssatz} = \frac{\text{Skontobetrag} \cdot 100 \cdot 360}{(\text{Rechnungsbetag} - \text{Skontobetrag}) \cdot (\text{Zahlungsziel} - \text{Skontofrist})}$$

Zu 1.: $\text{Zinssatz} = \frac{1\,725 \cdot 100 \cdot 360}{55\,775 \cdot 50} = \underline{\underline{22{,}27\,\%}}$

Fehlt ein absoluter Betrag, dann kann folgende Formel Anwendung finden:

$$\text{Zinssatz} = \frac{\text{Skontobetrag} \cdot 100 \cdot 360}{(100 - \text{Skontosatz}) \cdot (\text{Zahlungsziel} - \text{Skontofrist})}$$

Zu 2.:

	Rechnungsbetrag	57 500,00 EUR
–	3 % Skonto	1 725,00 EUR
	Zahlung (benötigter Kredit)	55 775,00 EUR

Kreditzinsen: $\text{Zinsen} = \frac{55\,775 \cdot 12 \cdot 50}{100 \cdot 360} = \underline{\underline{929{,}58\text{ EUR}}}$

Ergebnis: Die Ausnutzung des Kredits lohnt sich. Es entsteht ein Skontogewinn in Höhe von 1 725,00 EUR – 929,58 EUR = 795,42 EUR.

(3) Bedeutung des Lieferantenkredits

Für den Lieferer	Für den Kunden
■ Erhält frühzeitig den Zahlungsbetrag. ■ Kann den Zahlungsbetrag für anstehende Ausgaben einsetzen. ■ Eventuell notwendige Mahnschreiben entfallen. ■ Eventuell Hinweis auf schwierige Liquiditätslage des Kunden.	■ Warenkredit zwischen Wareneingang und Ablauf der Skontofrist kostenlos. ■ Vorteilhaft bei angespannter Zahlungsfähigkeit. ■ Finanzierungsmöglichkeit, wenn Aufnahme eines Bankkredits kurzfristig nicht möglich ist.

Kompetenztraining

23 1. 1.1 Beschreiben Sie stichwortartig den Unterschied zwischen Kontokorrentkredit und Darlehen!

1.2 Geben Sie Gründe dafür an, dass der Zinssatz für den Kontokorrentkredit höher ist als für das Darlehen! (Hinweis: Erfragen Sie die geltenden Zinssätze bei einer Bank!)

1.3 Erklären Sie die Bedeutung eines Auszahlungskurses in Höhe von 98 % bei einem Darlehen!

1.4 Beschreiben Sie, welchem Zweck die Aufnahme eines Darlehens dienen kann!

1.5 Erläutern Sie, weshalb es unwirtschaftlich wäre, für einen nur gelegentlich auftretenden finanziellen Spitzenbedarf ein Darlehen aufzunehmen!

1.6 Erläutern Sie anhand der vorgegebenen Grafik den Ablauf des Kontokorrentkredits!

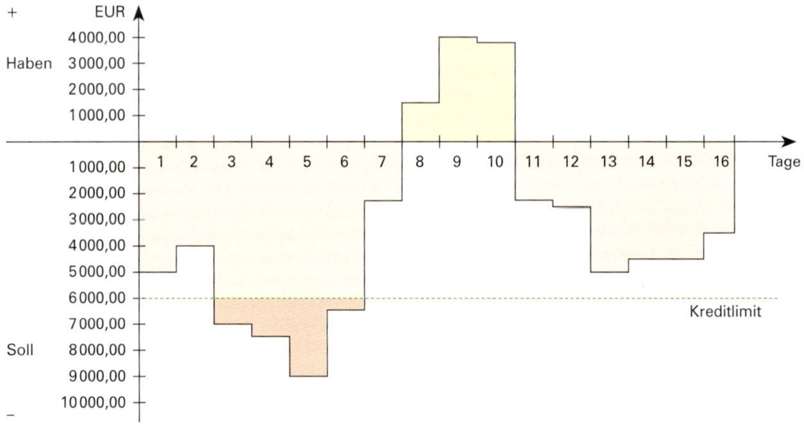

2. Die Schreinerei Schiebel e. K. nimmt zur Finanzierung der neuen Werkshalle einen Bankkredit auf.

Aufgaben:

2.1 Beschreiben Sie, wie der dazu erforderliche Kreditvertrag zustande kommt!

2.2 Entscheiden Sie begründet, ob die Schreinerei Schiebel e. K. ein Darlehen oder einen Kontokorrentkredit aufnehmen sollte!

2.3 Erläutern Sie dem Inhaber der Schreinerei Schiebel e. K.

2.3.1 wie der Lieferantenkredit zustande kommt!

2.3.2 unter welcher Bedingung der Lieferantenkredit einen Zinsaufwand verursacht!

3.

Naturholz AG Augsburg

Naturholz AG · Lindenstraße 15 · 86153 Augsburg

Eingang 20.. – 06 – 25

Möbelwerke
Elfi Tanner KG
Stralsunder Str. 10–12
48529 Nordhorn

Bitte stets angeben:

Rechnungsdatum:	25.06.20..
Rechnungs-Nr.:	345376
Kunden-Nr.:	4711
Lieferdatum:	24.06.20..

Rechnungs-Nr. H 345376

Pos.	Menge	Bezeichnung	Einzelpreis	Gesamtbetrag in EUR
1	46	Spanplatten 19 mm	40,25	1 851,50
		– 20 % Liefererrabatt		370,30
				1 481,20
		– 5 % Jubiläumsrabatt		74,06
				1 407,14
		+ 19 % USt		267,36
				1 674,50

Zahlungsziel: 20 Tage ab Rechnungsdatum. Bei Zahlung innerhalb von 7 Tagen ab Rechnungsdatum 2 % Skonto

Sitz der Gesellschaft: 86153 Augsburg
Telefon: 0821 347681
Telefax: 0821 347682

RG Augsburg
HRB 15237
Steuer-Nr.: 231/3456/4612

Volksbank Augsburg: BIC GENODEFAUB
IBAN DE69 7209 0000 0123 8979 00
Sparkasse Augsburg: BIC AUGSDE7700
IBAN DE55 7205 0000 0135 2316 50

Aufgaben:

3.1 Notieren Sie den Tag, an dem die Möbelwerke Elfi Tanner KG die Rechnung bezahlen muss!

3.2 Rechnen Sie den Skontosatz in einen Jahreszinsfuß um und ermitteln Sie einen eventuellen Finanzierungsgewinn, wenn die Möbelwerke Elfi Tanner KG für die Zahlung einen Kontokorrentkredit mit einem Zinssatz von 12 % in Anspruch nimmt!

4. 4.1 Begründen Sie, ob die Aussage, dass der Lieferantenkredit innerhalb der Skontierungsfrist kostenlos ist, zutreffend ist!

4.2 Erläutern Sie, worin die Verzinsung eines Lieferantenkredits besteht!

4.3 Der Druckerei Klier & Klar OHG werden von einem Lieferer für eine Rechnung über 8 125,00 EUR folgende Zahlungsbedingungen eingeräumt: „Zahlbar innerhalb 30 Tagen netto oder innerhalb 10 Tagen mit 3 % Skonto."

Aufgaben:

4.3.1 Berechnen Sie, welchem Jahreszinsfuß der Skontosatz von 3 % entspricht!

4.3.2 Berechnen Sie, welchen Betrag die Klier & Klar OHG bei Ausnutzung des Skontos spart, wenn sie für die Zahlung einen Bankkredit mit der Verzinsung von 9,5 % in Anspruch nimmt!

5. Angenommen, ein Kontokorrentkredit kostet 12 % p.a. Eine Warenlieferung über 90 000,00 EUR wird unter folgenden Zahlungsbedingungen geliefert:

   5.1 „Zahlbar innerhalb von 30 Tagen netto Kasse oder 3 % Skonto bei Zahlung innerhalb von 10 Tagen."

   5.2 „Zahlbar innerhalb von 14 Tagen netto Kasse oder 2 % Skonto innerhalb von 7 Tagen."

   5.3 „Zahlbar innerhalb von 3 Wochen oder $1\frac{1}{4}$ % Skonto innerhalb einer Woche."

   Aufgabe:

   Vergleichen Sie die Kreditkosten bei Aufnahme eines Kontokorrentkredits jeweils mit denen des Warenkredits in den Fällen 5.1 bis 5.3 in EUR und in Prozent!

4.7 Inanspruchnahme von Leasing und Factoring abwägen

4.7.1 Leasing[1] als spezielle Finanzierungsform im Vergleich zur Kreditfinanzierung untersuchen

4.7.1.1 Begriff Leasing

Leasing ist eine weitere Möglichkeit, Anlagegüter zu finanzieren. Beim Leasing mietet[2] bzw. pachtet[3] das Unternehmen Anlagegüter (z. B. Gebäude, Lkw, Computer, Maschinen, Telefonanlagen), anstatt sie zu kaufen. Das Unternehmen **(Leasingnehmer)** wird **Besitzer,** der **Leasinggeber** (z. B. der Hersteller von Telefonanlagen oder eine Leasinggesellschaft) bleibt **Eigentümer.**

Nach **Beendigung der Vertragszeit** hat das Unternehmen das Anlagegut **zurückzugeben.** Das Unternehmen hat dadurch die Möglichkeit, Anlagegüter zu leasen, die auf dem neuesten technischen Stand sind. Es ist auch möglich, im Leasingvertrag zu vereinbaren, dass das Unternehmen das geleaste Anlagegut zum **Restwert kaufen** bzw. die **Leasingzeit verlängern** (prolongieren) kann.

Leasing ist das Mieten bzw. Pachten von Anlagegütern gegen Zahlung eines Miet- bzw. Pachtzinses (Leasingrate).

4.7.1.2 Möglichkeiten der Vertragsgestaltung

Leasingverträge lassen sich unter sehr unterschiedlichen Merkmalen gestalten. Zwei Gestaltungsmöglichkeiten werden im Folgenden angeführt.

1 To lease (engl.): mieten. Da die „geleasten" Wirtschaftsgüter nicht nur genutzt, sondern auch zur Gewinnerzielung („Fruchtziehung") eingesetzt werden, enthält der Leasingvertrag Elemente des Miet- wie auch des Pachtvertrags.

2 Bei der **Miete** verpflichtet sich der Vermieter, dem Mieter gegen Entgelt (Mietzins) die Sache während der Mietzeit zum **Gebrauch** zu überlassen [§ 535 BGB].

3 Bei der **Pacht** verpflichtet sich der Verpächter, dem Pächter gegen Entgelt (Pachtzins) die Sache während der Pachtzeit zum **Gebrauch und** zum **Genuss der Früchte (den Ertrag)** zu überlassen [§§ 581–597 BGB].

(1) Unter dem Gesichtspunkt des Inhalts der Leasingverträge

Leasingverträge ohne Kauf- oder Mietverlängerungsoption[1]	Leasingverträge mit Kauf- oder Mietverlängerungsoption
Bei diesen Verträgen hat der Leasingnehmer kein Recht auf Verlängerung der Leasingzeit bzw. keinen Anspruch darauf, das Leasinggut nach Ablauf der Grundmiet- bzw. -pachtzeit kaufen zu können.	Bei diesen Leasingverträgen wird dem Leasingnehmer das Recht eingeräumt, nach Ablauf der Grundmiet- bzw. -pachtzeit das Leasinggut weiter zu leasen oder kaufen zu können.

(2) Unter dem Gesichtspunkt der Dauer der Leasingzeit

■ Operate-Leasing

Beim Operate-Leasing ist die **Grundmietzeit relativ kurz,** sodass die Leasingraten nicht für die Amortisation der Anschaffungskosten ausreichen. Die Restamortisation, die angefallenen Kosten und ein angemessener Gewinn können im Allgemeinen erst durch Folgeverträge bzw. durch den Verkaufserlös des Leasingobjekts gedeckt werden. Bei dieser Art des Leasingvertrags hat der **Leasinggeber** für die **uneingeschränkte Nutzungsfähigkeit** des Leasingobjekts zu sorgen. Wartungskosten, Reparaturkosten und Versicherungskosten gehen zu seinen Lasten. Auch für den Fall eines Totalausfalls hat die Leasinggesellschaft für ein Ersatzobjekt zu sorgen.

■ Finance-Leasing

Das Finance-Leasing ist **überwiegend langfristig** angelegt. Innerhalb der **Grundmietzeit,** die meistens bei **40 % bis 90 % der betriebsgewöhnlichen Nutzungsdauer** des Leasinggutes liegt, ist der Vertrag nicht kündbar. Bei dieser Vertragsgestaltung hat der **Leasingnehmer** die **laufenden Betriebskosten** zu tragen. Auch das **Risiko eines Totalschadens** trägt grundsätzlich der **Leasingnehmer.**

Finance-Leasing-Verträge enthalten üblicherweise ein **Optionsrecht des Leasingnehmers,** das nach Ablauf der Grundmietzeit wahrgenommen werden kann. Es kann sich beziehen auf eine

- **Kaufoption** (Recht zum Kauf des Leasingobjekts zu einem vorher vereinbarten Restwert) oder
- eine **Miet- bzw. Pachtverlängerungsoption** (Recht auf Verlängerung der Mietzeit bzw. Pachtzeit mit geringeren Leasingraten).

4.7.1.3 Rechnerischer Vergleich von Leasing und Kreditfinanzierung

Der Vergleich zwischen Leasing und Kreditkauf konzentriert sich im rechnerischen Vergleich auf die Liquiditäts- und Aufwandswirkung der beiden Finanzierungsarten.

Beispiel:

Die MicroTex Technologies GmbH beabsichtigt, ihren Maschinenpark um einen Werkzeugautomaten zu erweitern. Nach den Angaben des Herstellers betragen die Anschaffungskosten 480 000,00 EUR. Die betriebsgewöhnliche Nutzungsdauer wird mit 6 Jahren angegeben. Es wird linear abgeschrieben.

1 **Option** (lat.): hier Vorrecht, Wahlrecht.

Da die MicroTex Technologies GmbH gerade erst die Produktionshalle erweitert hat, ist eine Finanzierung mit eigenen Finanzmitteln nicht möglich. Das Unternehmen hat drei Finanzierungsalternativen:

1. Angebot: Leasingangebot des Herstellers:
Bei einer Grundmietzeit von 4 Jahren betragen die Leasingraten 135 000,00 EUR pro Jahr, fällig jeweils am 31. Dezember eines Jahres. Im Falle einer Vertragsverlängerung sinkt die Rate auf 64 000,00 EUR.

2. Angebot: Kreditangebot der Hausbank:
Ratentilgungsdarlehen mit 5 Jahren Laufzeit über 500 000,00 EUR, Auszahlung 96 %, Nominalzinssatz 7,5 %, Fälligkeit der Tilgungsrate jeweils am 31. Dezember.

3. Angebot: Kreditangebot der Hausbank:
Fälligkeitsdarlehen zu sonst gleichen Konditionen.

Aufgaben:

1. Vergleichen Sie das Leasingangebot mit dem Ratentilgungsdarlehen unter den Gesichtspunkten von Liquiditäts- und Aufwandsbelastung!
2. Vergleichen Sie das Leasingangebot mit dem Fälligkeitsdarlehen unter den Gesichtspunkten von Liquiditäts- und Aufwandsbelastung!

Lösungen:

Zu 1.: Vergleich von Leasing und Ratentilgungsdarlehen

1. Angebot: Liquiditäts- und Aufwandsbelastung beim Leasing

Jahr	Mittelabflüsse (Leasingraten)	Aufwendungen
1	135 000,00 EUR	135 000,00 EUR
2	135 000,00 EUR	135 000,00 EUR
3	135 000,00 EUR	135 000,00 EUR
4	135 000,00 EUR	135 000,00 EUR
5	64 000,00 EUR	64 000,00 EUR
6	64 000,00 EUR	64 000,00 EUR
Summe	668 000,00 EUR	668 000,00 EUR

2. Angebot: Aufwands- und Liquiditätsbelastung beim Ratentilgungsdarlehen

Jahr	Restdarlehen EUR	Tilgung EUR	Zinsen EUR	Abschreibung Werkzeugautomat EUR	Abschreibung Disagio EUR	Mittelabflüsse EUR	Aufwendungen EUR
1	500 000,00	100 000,00	37 500,00	80 000,00	4 000,00	137 500,00	121 500,00
2	400 000,00	100 000,00	30 000,00	80 000,00	4 000,00	130 000,00	114 000,00
3	300 000,00	100 000,00	22 500,00	80 000,00	4 000,00	122 500,00	106 500,00
4	200 000,00	100 000,00	15 000,00	80 000,00	4 000,00	115 000,00	99 000,00
5	100 000,00	100 000,00	7 500,00	80 000,00	4 000,00	107 500,00	91 500,00
6	0,00	0,00	0,00	80 000,00	0,00	0,00	80 000,00
Σ						612 500,00	612 500,00

Ergebnis: Die Finanzierung durch ein Ratentilgungsdarlehen ist rechnerisch sowohl hinsichtlich der Liquiditäts- als auch hinsichtlich der Aufwandsbelastung günstiger.

Zu 2.: Vergleich von Leasing und Fälligkeitsdarlehen

1. Angebot: Aufwands- und Liquiditätsbelastung beim Leasing (siehe S. 94)

3. Angebot: Aufwands- und Liquiditätsbelastung beim Fälligkeitsdarlehen

Jahr	Restdarlehen EUR	Tilgung EUR	Zinsen EUR	Abschreibung Werkzeugautomat EUR	Abschreibung Disagio EUR	Mittelabflüsse EUR	Aufwendungen EUR
1	500 000,00	0,00	37 500,00	80 000,00	4 000,00	37 500,00	121 500,00
2	500 000,00	0,00	37 500,00	80 000,00	4 000,00	37 500,00	121 500,00
3	500 000,00	0,00	37 500,00	80 000,00	4 000,00	37 500,00	121 500,00
4	500 000,00	0,00	37 500,00	80 000,00	4 000,00	37 500,00	121 500,00
5	500 000,00	500 000,00	37 500,00	80 000,00	4 000,00	537 500,00	121 500,00
6	0,00	0,00	0,00	80 000,00	0,00	0,00	80 000,00
Σ						687 500,00	687 500,00

Ergebnis: Die Finanzierung über ein Fälligkeitsdarlehen ist rechnerisch sowohl hinsichtlich der Liquiditäts- als auch hinsichtlich der Aufwandsbelastung jeweils um 19 500,00 EUR (687 500,00 EUR – 668 000,00 EUR) ungünstiger als das Leasingangebot.

4.7.1.4 Beurteilung des Leasings

Vorteile	Nachteile
■ Aufbau, Erweiterung bzw. Rationalisierung eines Betriebs können ohne großen Geldkapitalbedarf durchgeführt werden. ■ Das eingesparte Geldkapital kann anderweitig rentabler eingesetzt werden. ■ Da mit der Nutzung Erträge anfallen, können die Kosten aus dem laufenden Ertrag bezahlt werden. ■ Rasche Anpassung an den technischen Fortschritt ist beim kurzfristigen Leasing möglich. ■ Leasing schafft klare Kalkulationsgrundlagen (Planungssicherheit). ■ Nutzungskonforme Finanzierungsdauer, d. h., die Laufzeit des Leasingvertrags richtet sich in der Regel an der betriebsgewöhnlichen Nutzungsdauer des Leasingobjekts aus.	■ Die Leasingkosten sind hoch, denn die Gesamtkosten des Leasinggebers müssen in relativ kurzer Zeit aufgebracht werden. ■ Die Kosten fallen regelmäßig an, sodass es unter Umständen zu Liquiditätsschwierigkeiten kommen kann, wenn die Zahlungen aus Verkäufen nicht rechtzeitig eingehen. ■ Ausschluss der Kündigung des Leasingnehmers während der Grundmietzeit. ■ Eigentum an dem Investitionsgut wird nicht erworben. Deshalb darf der Leasinggegenstand vom Leasingnehmer ohne Zustimmung des Leasinggebers auch nicht verändert werden. ■ Das Fehlen von Anlagevermögen mindert die Möglichkeit einer eventuell später notwendig werdenden Kreditsicherung.

4.7.2 Factoring

LS 9

(1) Begriff

Beim **Factoring**[1] kauft der Factor (eine Bank oder eine spezielle Factorgesellschaft) alle Forderungen seines Kunden, die aus Sach- und Dienstleistungen stammen, gegen ein entsprechendes Entgelt auf und übernimmt das volle Kreditrisiko (Delkredere).[2]

Die Factorgesellschaft übernimmt die Debitorenbuchhaltung (Kundenbuchhaltung), das Mahnwesen und den Einzug (Inkasso) der Forderungen. Manche Factorinstitute übernehmen – freilich ebenfalls gegen Gebühr – auch die Rechnungsschreibung (Fakturierung).

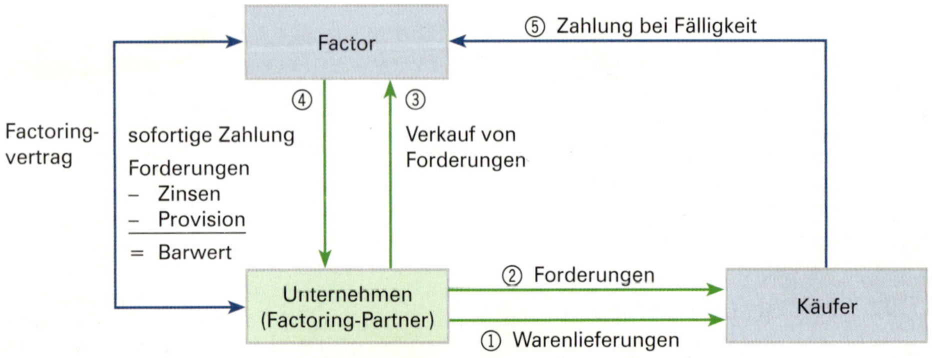

(2) Aufgaben

Die Factorgesellschaft übernimmt danach für das betreute Unternehmen drei verschiedene Aufgaben:

Dienstleistungsfunktion	Führung der Debitorenbuchhaltung einschließlich Mahnwesen und Einzug der Forderungen. Eventuell auch Übernahme der Fakturierung.
Kreditgewährungsfunktion	Ankauf der Forderungen (offene Zession) und Vorfinanzierung bis zum Fälligkeitstermin bzw. Zahlung der Forderungen.
Kreditsicherungsfunktion	Übernahme der Haftung für einen eventuellen Forderungsausfall (Delkrederefunktion).

1 Factura: Rechnung.

2 Delkredere (wörtlich): „vom guten Glauben".

(3) Beurteilung

Das Factoring hat für den **Kunden** (z. B. ein Unternehmen) folgende Vorteile und Nachteile:

Vorteile	Nachteile
■ Sofortige Verfügung über den Barwert der Forderungen. ■ Verbesserung der Liquidität. ■ Kein Ausfallrisiko bei den Forderungen. ■ Einziehung von Forderungen entfällt.	■ Leistung von (hohen) Zins- und Provisionszahlungen an den Factor. ■ Kein Eingehen auf individuelle Zahlungsprobleme von einzelnen Kunden. ■ Verärgerung von Kunden durch schematischen Forderungseinzug.

Kompetenztraining

24 1. Eine Möglichkeit, die Anschaffung eines Geschäftswagens zu finanzieren, bietet das Leasing.

Aufgaben:

1.1 Beschreiben Sie den Grundgedanken des Leasings!

1.2 Definieren Sie den Begriff Leasing!

1.3 Erklären Sie den Satz: Durch Leasing wird ihr Kreditspielraum nicht belastet!

2. „Leasing hilft Kosten sparen" – so lautet häufig die Werbung der Leasinggesellschaften. Prüfen Sie diese Aussage!

3. „Leasing schont Ihre Liquidität" – ein anderer Werbespruch. Prüfen Sie, ob diese Aussage zutreffend ist!

25 Bei der Lars Biller KG ist letzte Woche eine alte Maschine endgültig ausgefallen. Eine moderne Ersatzmaschine kostet 96 000,00 EUR und hat eine Nutzungsdauer von 8 Jahren. Die Maschine soll linear abgeschrieben werden.

Das Unternehmen hat infolge hoher sonstiger Investitionen mit Liquiditätsengpässen zu kämpfen. Für Lars Biller kommt daher nur die Finanzierungsalternative mit der geringeren Liquiditätsbelastung infrage.

Es gibt folgende Finanzierungsalternativen:

- Bankkredit: Laufzeit 8 Jahre; Auszahlung 100 %, Zinssatz 9,5 %, Tilgung in gleichen Raten am Jahresende.
- Leasing: Grundmietzeit 5 Jahre, Leasingrate 25 000,00 EUR/Jahr, Anschlussleasing mit einer jährlichen Leasingrate von 10 000,00 EUR möglich.

Aufgaben:

1. Stellen Sie die beiden Finanzierungsalternativen hinsichtlich ihrer Liquiditätsbelastung tabellarisch gegenüber!

   Begründen Sie, zu welcher Finanzierungsart Sie der Lars Biller KG raten würden!

2. Führen Sie den rechnerischen Nachweis, ob die Lars Biller KG eventuell mit ihrer Bank wegen eines Fälligkeitsdarlehens verhandeln sollte!

3. Die Leasinggesellschaft wirbt mit „Leasen steigert Ihre Rentabilität und schont Ihre Liquidität". Nehmen Sie dazu Stellung, indem Sie das Leasing mit dem Kreditkauf vergleichen!

7 Hug, Knauer, Lennartz, Speth - ISBN 978-3-8120-0673-6

26 Die Möhrle Design AG benötigt Textilmaschinen für die Produktion von Kleidern. Die Anschaffungskosten der Maschinen betragen 1,2 Mio. EUR. Zwei Finanzierungsmöglichkeiten sind gegeben:

- Kauf der Textilmaschinen mithilfe eines Bankkredits zu 8 %. Ratentilgung in 4 Jahren am Ende des Jahres.
- Leasing zu einem Monatsbetrag von 2,5 % des Anschaffungswerts. Die Grundmietzeit beträgt 4 Jahre. Nach deren Ablauf wird die Monatsmiete auf 10 % des bisherigen Betrags gesenkt, falls der Leasingvertrag verlängert wird. Die Wartungskosten trägt der Leasingnehmer.

Die Nutzungsdauer der Textilmaschinen beträgt 8 Jahre.

Aufgaben:

1. Nennen Sie die Art des Leasingvertrags!
2. Berechnen Sie den Zinsaufwand für den Bankkredit!
3. Ermitteln Sie, wie viel Prozent der Zinsaufwand vom Kaufpreis der Textilmaschinen ausmacht!
4. Ermitteln Sie, wie viel Prozent vom Kaufpreis der jährliche Mietaufwand im Jahr der Kündigung beträgt!
5. Angenommen, die Möhrle Design AG mietet die Textilmaschinen für 8 Jahre. Ermitteln Sie, wie viel Prozent vom Kaufpreis der durchschnittliche jährliche Mietaufwand beträgt!
6. Nennen Sie Gründe, die für den Kauf der Textilmaschinen sprechen!
7. Erklären Sie, wie die nebenstehende Werbung zu verstehen ist!
8. Angenommen, eine Kostenvergleichungsrechnung ergibt, dass die Finanzierung durch Leasing teurer als der Kauf ist. Formulieren Sie Gründe, die dennoch für das Leasen sprechen könnten!

9. 9.1 Beschreiben Sie die Grundüberlegung der Factoring-Finanzierung!
   9.2 Nennen Sie die Funktionen des Factors und ordnen Sie diesen die entsprechenden Kosten zu!
   9.3 Nennen Sie den für Sie wichtigsten Vor- bzw. Nachteil der Factoring-Finanzierung für den Kunden! Begründen Sie Ihre Aussage!
   9.4 Begründen Sie, warum Factor-Gesellschaften u. a. mit folgendem Argument werben: „Factoring beseitigt Ihre Liquiditätsprobleme"!

27 Entscheiden Sie, welche Finanzierungsart (Beteiligungsfinanzierung, Kreditfinanzierung, Selbstfinanzierung, Außenfinanzierung, Innenfinanzierung) bei den nachstehenden Fällen vorliegt!

1. Der Inhaber eines Einzelhandelsunternehmens gewinnt im Lotto und zahlt den „Gewinn" auf sein Geschäftskonto ein.
2. Eine GmbH bildet aus dem Gewinn eine Rücklage.
3. Eine GmbH trägt einen Gewinn vor.
4. Eine KG überzieht das Girokonto.
5. Eine EDV-Anlage wird gemietet.
6. Rohstofflieferung auf Ziel.
7. Es wird ein neuer Gesellschafter in eine bestehende OHG aufgenommen.
8. Eine Fabrikhalle wird durch Aufnahme eines Bankkredits finanziert.
9. Der Komplementär Schmidt entnimmt nur die Hälfte des ihm zustehenden Gewinnanteils.

10. Die in die Umsatzerlöse einkalkulierten Abschreibungen werden zum Kauf eines Lkws genutzt!
11. Eine GmbH erhöht ihr Stammkapital gegen Einlagen.
12. Eine KG verkauft ein Lagergebäude und nutzt den Erlös für eine Beteiligung an einem Mitbewerber!

Verwenden Sie zur Lösung folgende Tabelle!

Nr.	Beteiligungs-finanzierung	Kredit-finanzierung	Selbst-finanzierung	Außen-finanzierung	Innen-finanzierung

28 Die Rheinische Holzpress GmbH Bottrop will ihr Werk modernisieren. Geplant ist die Anschaffung einer modernen Mehrzweckmaschine. Für die Finanzierung dieser Maschine mit Anschaffungskosten in Höhe von 100 000,00 EUR und einer Nutzungsdauer von 5 Jahren bestehen zwei Alternativen:

Alternative 1: Angebot der Deutschen Leasing AG

Zeitspanne	Leasingentgelt/Monat für die Grundmietzeit
01.–12. Monat	4 000,00 EUR
13.–24. Monat	2 800,00 EUR
25.–36. Monat	2 000,00 EUR
37.–48. Monat	1 600,00 EUR

Alternative 2: Die Mehrzweckmaschine wird gekauft und durch die Aufnahme eines Bankkredits finanziert. Der Zinsfuß beträgt 10 %; die Zinszahlung erfolgt jährlich nachträglich. Tilgung entsprechend der linearen Abschreibung.

Aufgaben:

1. Vergleichen Sie die beiden Finanzierungsmöglichkeiten hinsichtlich der Aufwendungen! Verwenden Sie zur Lösung folgendes Schema! Centbeträge sind auf volle EUR zu runden.

Jahr	Fremdkapital	Zinsen für Fremdkapital	Abschreibung	Gesamtaufwendungen	
				Alternative 1 Leasing	Alternative 2 Kreditfinanzierung

2. Beschreiben Sie, wie sich Alternative 1 und 2 hinsichtlich ihrer Auswirkung auf die Liquidität im 1. Jahr unterscheiden!

5 Kreditsicherheiten erkunden

LS 10–12

5.1 Begriff und Arten der Kreditsicherung

Sicherheiten müssen vom Kreditnehmer immer dann gestellt werden, wenn seine gegenwärtigen finanziellen Verhältnisse keine sicheren Rückschlüsse auf die spätere fristgerechte Verzinsung und Tilgung des Kapitals zulassen.

Als Kreditsicherheit kann die **Zahlungsfähigkeit von Personen** oder der **Wert einer beweglichen** bzw. einer **unbeweglichen Sache** herangezogen werden.

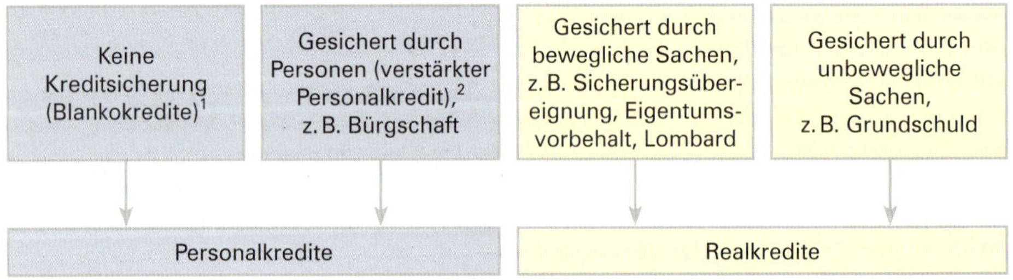

5.2 Bürgschaft

(1) Begriff

Durch **Abschluss eines Bürgschaftsvertrags** zwischen dem Bürgen und dem Gläubiger wird eine Forderung derart gesichert, dass der Bürge neben den eigentlichen Schuldner (den Hauptschuldner) tritt. Der Bürge verpflichtet sich, für die Erfüllung der Verbindlichkeiten des Hauptschuldners (Tilgung, Verzinsung) einzustehen.

Durch den **Bürgschaftsvertrag** zwischen dem **Bürgen** und dem **Gläubiger** übernimmt der Bürge die Verpflichtung, für die **Erfüllung der Schuld aufzukommen,** wenn der Schuldner nicht leisten kann.

(2) Form des Bürgschaftsvertrags

Der Bürgschaftsvertrag unter **Nichtkaufleuten** ist **schriftlich** abzuschließen.

Der Bürgschaftsvertrag unter **Kaufleuten** ist auch **mündlich** und in **elektronischer Form** gültig, falls er auf der Seite des Bürgen ein **Handelsgeschäft** darstellt [§ 350 HGB].

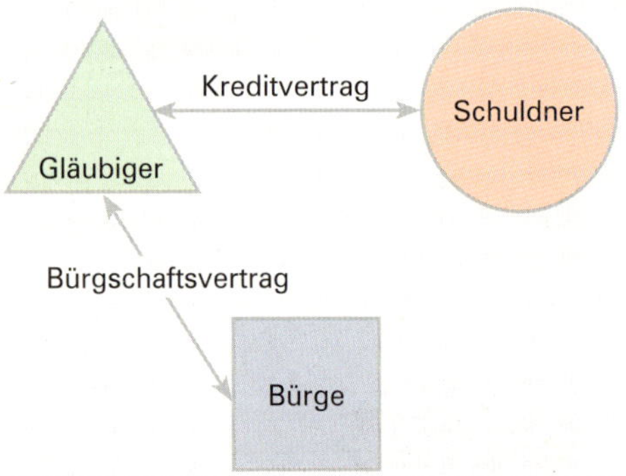

1 Die „Sicherheit" des **Blankokredits** liegt in der persönlichen Zuverlässigkeit des Kreditnehmers. Es handelt sich dabei in der Regel um kurzfristige Kredite in begrenzter Höhe (z. B. Dispositionskredite auf Gehaltskonten und Kontokorrentkredite auf Geschäftskonten).

2 Ein **verstärkter Personalkredit** liegt vor, wenn neben dem Kreditnehmer noch weitere Personen haften.

(3) Arten der Bürgschaft

Nach der **Strenge der Haftung,** die der Bürge übernimmt, unterscheidet man:

Ausfallbürgschaft (nachschuldnerische Bürgschaft)	■ Der Bürge haftet erst **nach** dem Hauptschuldner und nur unter der Voraussetzung, dass die Zwangsvollstreckung[1] in dessen Vermögen fruchtlos war. Es besteht für den Bürgen das Recht der Einrede der **Vorausklage** [§ 771 BGB]. ■ Muss der Bürge zahlen, geht die Forderung an ihn über [§ 774 I BGB].
Selbstschuldnerische Bürgschaft	■ Hier haftet der Bürge genauso wie der Hauptschuldner selbst [§ 773 BGB, § 349 HGB]. Dem Gläubiger steht somit das Recht zu, die Leistung (z.B. Zahlung) unmittelbar vom Bürgen ohne vorherige Klage zu verlangen. Der Bürge haftet **selbstschuldnerisch** (so, als ob er selbst Schuldner wäre). ■ Ist die Bürgschaft für den Bürgen ein **Handelsgeschäft,** dann liegt immer eine selbstschuldnerische Bürgschaft vor, weil dem Bürgen in diesem Fall das Recht der Einrede der Vorausklage nicht zusteht [§ 349 HGB]. ■ Gewähren Banken einen Bürgschaftskredit, verlangen sie jeweils die selbstschuldnerische Bürgschaft.

5.3 Sicherungsübereignung

(1) Begriff Sicherungsübereignung

Bei der Sicherungsübereignung erhält der Kreditgeber (meist eine Bank) zwar eine **dingliche Sicherheit**[2] für seine Forderung, die übereignete Sache bleibt jedoch im unmittelbaren Besitz des Schuldners [§§ 929, 930 BGB]. Deswegen wird mit dem Sicherungsübereignungsvertrag zugleich ein Miet-, Pacht- oder Leihvertrag abgeschlossen.

Beispiel:

Der Sportartikelvertreter Bernhard Siegel kauft sich einen neuen Pkw im Wert von 50000,00 EUR. Da er den Betrag nicht voll in bar aufbringen kann, bittet er seine Bank um einen Kredit in Höhe von 20000,00 EUR. Als Sicherheit bietet er der Bank die Sicherungsübereignung seines Fahrzeugs an. Eine Pfandübergabe kommt nicht infrage, da er das Fahrzeug dringend für sein Geschäft benötigt.

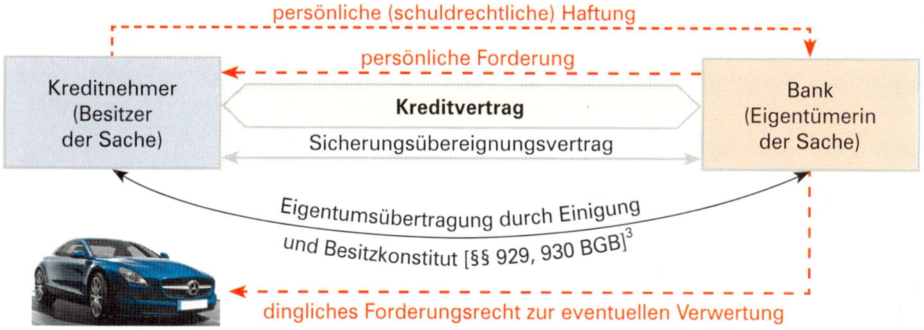

1 Wenn ein Schuldner seine Verpflichtungen nicht freiwillig vertragsgemäß erfüllt, so muss er mithilfe der Gerichte dazu gezwungen werden.

2 Als Sicherheit dient eine Sache („ein Ding").

3 Der Kreditgeber wird Eigentümer und **mittelbarer** Besitzer der Sache. Der Kreditnehmer bleibt **unmittelbarer** Besitzer der Sache.

- Bei der **Sicherungsübereignung** erhält der Kreditgeber (meist eine Bank) zwar eine **dingliche Sicherheit** für seine Forderung, die übereignete Sache bleibt jedoch im unmittelbaren **Besitz des Schuldners** [§§ 929, 930 BGB].
- Mit dem Sicherungsübereignungsvertrag wird zugleich ein **Miet-, Pacht-** oder **Leihvertrag** abgeschlossen.

Das **Eigentumsrecht des Kreditgebers** ist nur **bedingt gegeben,** d.h., es wird erst wirksam, wenn der Kreditnehmer seinen Verpflichtungen **nicht** nachkommt. Unter dieser Bedingung kann der Kreditgeber erst die Herausgabe der sicherungsübereigneten Sache verlangen. Bei Rückzahlung des Kredits geht das Eigentum ohne besondere Vereinbarung wieder auf den Kreditnehmer über.

(2) Vorteile und Nachteile der Sicherungsübereignung

	Vorteile	Nachteile
Kreditnehmer (Sicherungsgeber)	▪ bleibt Besitzer und kann das Sicherungsgut weiter nutzen. ▪ Übereignung für Außenstehende nicht erkennbar.	▪ kann nicht frei über das Sicherungsgut verfügen. ▪ muss das Sicherungsgut versichern (z. B. Vollkasko bei Kfz).
Kreditgeber (Sicherungsnehmer)	▪ muss das Sicherungsgut nicht aufbewahren. ▪ ohne gerichtliches Verfahren verwertbar.	▪ Kreditnehmer kann das Sicherungsgut an einen gutgläubigen Dritten veräußern. ▪ Sicherungsgut verliert rascher an Wert, als der Kredit getilgt wird. ▪ Beim Sicherungsgut besteht ein Eigentumsvorbehalt.

5.4 Eigentumsvorbehalt

(1) Begriff Eigentumsvorbehalt

Will der Käufer sofort in den Besitz der Kaufsache kommen, aber erst zu einem späteren Zeitpunkt bezahlen, so können Verkäufer und Käufer vereinbaren, dass der Verkäufer bis zur Zahlung des Kaufpreises Eigentümer der Kaufsache bleibt [§ 449 I BGB].

- Der **Eigentumsvorbehalt** ist eine zusätzliche Vereinbarung beim Abschluss eines Kaufvertrags, wonach der **Käufer** mit der Übergabe der Kaufsache zunächst nur **unmittelbarer Besitzer, nicht aber Eigentümer** werden soll.
- Ein Eigentumsvorbehalt kann nur beim Kauf **beweglicher Sachen** vereinbart werden.

Die Einigung über den Eigentumsübergang ist zwar erfolgt, der Käufer erwirbt jedoch durch die sogenannte **aufschiebend bedingte Einigung** [§§ 929, 158 I BGB] nur ein Recht auf Erlangung des vollständigen Eigentums an der Kaufsache. Die Vereinbarung des Eigentumsvorbehalts bedarf keiner bestimmten Form.

Beispiel:

„Die Ware bleibt bis zur restlosen Bezahlung aller Forderungen aus laufenden Rechnungen unser Eigentum. Ein Weiterverkauf ist bis zur restlosen Bezahlung der Ware nicht zulässig."

(2) Zweck des Eigentumsvorbehalts

Der Eigentumsvorbehalt sichert den Anspruch des Verkäufers auf Zahlung des Kaufpreises durch den Käufer. Der Eigentumsvorbehalt gibt dem Verkäufer einen **Rückforderungsanspruch** (Herausgabeanspruch auf das „Vorbehaltseigentum"), wenn der Käufer nicht zahlt und der Verkäufer vom Kaufvertrag zurückgetreten ist.

(3) Ende des Eigentumsvorbehalts

Der Eigentumsvorbehalt erlischt z. B., wenn die Ware

- vom Käufer bezahlt wird,
- verarbeitet oder umgebildet wird,
- mit einem Grundstück als wesentlicher Bestandteil fest verbunden wird,
- an einen gutgläubigen Dritten veräußert wird,
- zerstört wird, oder wenn
- der Verkäufer vom Kaufvertrag zurücktritt und die Kaufsache zurückverlangt.

5.5 Verpfändung (Lombard)[1]

(1) Begriff und Ablauf einer Verpfändung

Beim **Lombard** verpfändet ein Kreditnehmer an einen Kreditgeber (meist eine Bank) **bewegliche Sachen** (z.B. Waren) oder **Wertpapiere** (z.B. Aktien) zur Deckung eines Kredits.

Die Verpfändung erfolgt durch **Einigung zwischen dem Eigentümer der Sache und dem Gläubiger** darüber, dass dem Gläubiger das Pfandrecht zustehen soll und durch **Übergabe des Pfands an den Gläubiger. Eigentümer des Pfands** bleibt der **Verpfänder.** Der **Pfandgläubiger** (Kreditgeber) wird lediglich **Besitzer.**

Beim Pfandrecht ist der Kreditgeber zweifach gesichert, und zwar durch

- die **persönliche (schuldrechtliche) Haftung des Kreditnehmers** und durch
- das **dingliche Recht,** d. h. das Recht auf Verwertung des Pfands, falls der Kreditnehmer seinen Verpflichtungen aus dem Kreditvertrag nicht nachkommt.

1 Das Wort **„Lombard"** stammt aus Italien, weil in der Lombardei bereits im Mittelalter derartige Beleihungsgeschäfte getätigt wurden. (Oberitalien war im Mittelalter Zentrum des europäischen Handels.)

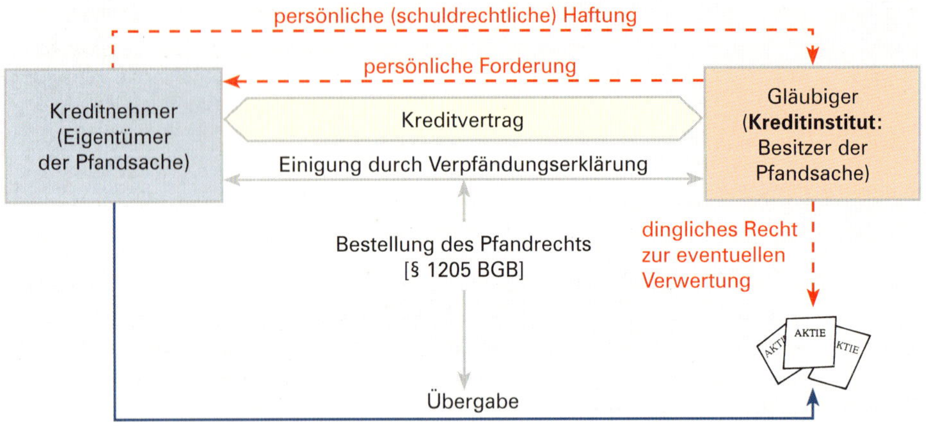

Banken beleihen Pfandgegenstände nicht zum vollen Wert, um das Risiko des zwischenzeitlichen Wertverlusts (z. B. aufgrund von Preis- und Kursrückgängen) auszuschalten und die Nebenforderungen (z. B. Zinsen, Mahngebühren) abzudecken. Waren und Aktien werden zu rund 50 %, festverzinsliche Wertpapiere[1] bis zu 70 % des Marktwertes beliehen.

Das **Pfandrecht erlischt,** wenn der Kreditnehmer seine Verbindlichkeiten erfüllt hat oder wenn der Kreditgeber (Pfandgläubiger) das Pfand an den Eigentümer oder Verpfänder zurückgegeben hat. Erfüllt der Kreditnehmer seine Verpflichtungen nicht, kann der Kreditgeber das **Pfand veräußern.**

(2) Vorteile und Nachteile der Verpfändung

Vorteile	Nachteile
■ Der **Kreditnehmer** kann sich schnell Überbrückungskredite verschaffen, ohne die beliehenen Gegenstände verkaufen zu müssen. ■ Der **Kreditgeber** hat den Vorteil, dass er eine dingliche Sicherheit erhält.	■ Der **Kreditnehmer** verliert den unmittelbaren Besitz an der verpfändeten Sache und kann sie wirtschaftlich nicht mehr nutzen. ■ Nachteilig für den **Kreditgeber** ist, dass er die verpfändeten Sachen und Gegenstände sicher aufbewahren muss.

5.6 Grundpfandrechte

(1) Begriff Grundpfandrechte

Eine ausgezeichnete Kreditsicherheit bieten Grundstücke. Bebaute und unbebaute Grundstücke haben sich im Laufe der Jahre als besonders wertbeständig erwiesen. Sie bieten dem Gläubiger gerade für langfristige Forderungen die gewünschte Sicherheit. Grundstücke werden zur Kreditsicherung eingesetzt, indem sie verpfändet werden.

1 **Festverzinsliche Wertpapiere** (engl.: Bonds) stellen Schuldurkunden dar, in denen sich der Aussteller (Schuldner) zur Rückzahlung und Verzinsung des aufgenommenen Kredits verpflichtet. Sie sind häufig mit einem **festen Zinssatz** ausgestattet. Die Auszahlung der Zinsen erfolgt jährlich. Durch den Kauf eines festverzinslichen Wertpapiers erwirbt der Kapitalanleger ein **Forderungsrecht,** d. h., er wird Gläubiger des Emittenten (Herausgebers). **Beispiele:** Anleihen der Industrie-, Handels-, Versicherungs- und Bankunternehmen, öffentliche Anleihen (Staatsanleihen), Pfandbriefe.

- Ein **Grundpfandrecht** ist ein **Pfandrecht** an einem **Grundstück.**
- Durch ein Grundpfandrecht wird ein Grundstück in der Weise belastet, dass eine **bestimmte Geldsumme aus dem Grundstück zu zahlen ist (dingliches Recht),** d. h., das Grundstück kann verwertet werden, wenn der Kredit nicht zurückgezahlt werden kann.
- Das **wichtigste Grundpfandrecht** ist die **Grundschuld.** Sie muss in das **Grundbuch**[1] eingetragen werden.

(2) Grundschuld als Instrument der Kreditsicherung

- Die **Grundschuld** ist ein **dingliches Pfandrecht** und besagt, dass unabhängig von einer Forderung an den Inhaber der Grundschuld eine bestimmte Geldsumme aus dem Grundstück zu zahlen ist.[2]
- Die Grundschuld entsteht durch **Einigung** zwischen Gläubiger und Schuldner über die Bestellung der Grundschuld und **Eintragung der Grundschuld ins Grundbuch.**

Beispiel:

Die Sport-Burr KG erstellt eine weitere Lagerhalle für ihre Fertigerzeugnisse. Sie beansprucht hierfür ein Darlehen von ihrer Bank über 150 000,00 EUR. Nach vier Jahren beträgt der Kontostand ihres Darlehenskontos noch 120 000,00 EUR.

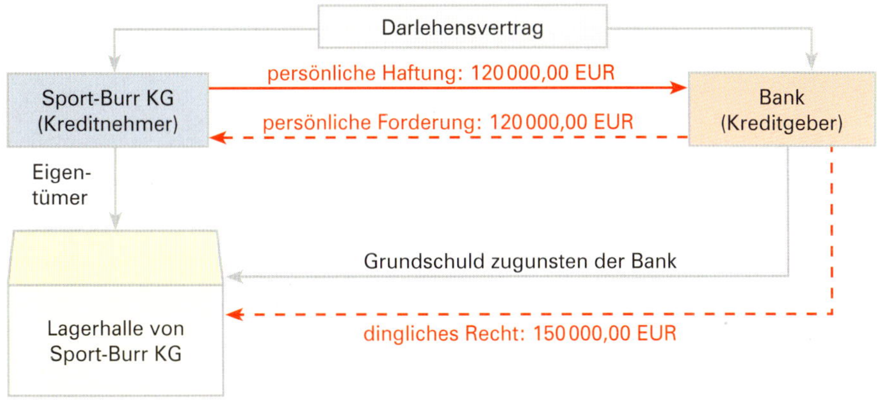

Da die Grundschuld von der **persönlichen Forderung losgelöst** ist, bleibt sie trotz teilweiser oder vollständiger Tilgung des Darlehens unverändert. Auch wenn die gesicherte Forderung vollständig getilgt wird, verändert sich dadurch die Grundschuld nicht. Sie erlischt erst, wenn sie im **Grundbuch gelöscht** wird. Die Löschung einer Grundschuld erfolgt im Grundbuch dadurch, dass der Text rot unterstrichen wird.

1 Das **Grundbuch** ist ein Verzeichnis (Register) aller Grundstücke in einem Amtsgerichtsbezirk.

2 Ein weiteres Grundpfandrecht ist die Hypothek.
Die **Hypothek** ist ein **dingliches Pfandrecht** an einem Grundstück **zur Sicherung einer Forderung.** Die Hypothek wird aufgrund einer Forderung eingetragen, d. h. Grundstück und Schuldner haften (dingliche und persönliche Haftung). **Ohne Forderung keine Hypothek,** d. h., die Hypothek nimmt in gleichem Maße ab, wie sich die Höhe der Darlehensschuld aufgrund der Tilgung verringert.

(3) Bedeutung der Grundschuld

Der Grundschuldkredit ist der am häufigsten verwendete Realkredit, weil er den Banken verschiedene Vorteile bietet.

- Die Grundschuld haftet nicht nur für ein bestimmtes Darlehen, für das sie als Sicherungsmaßnahme ursprünglich gedacht war, sondern auch für die aus dem Darlehen erwachsenen Zinsen, Provisionen und anderen Nebenforderungen.
- Die Grundschuld wird nach den allgemeinen Geschäftsbedingungen der Banken auch zur Sicherung aller anderen Kreditgeschäfte mit demselben Bankkunden herangezogen.
- Die Grundschuld ist von einer bestehenden Forderung unabhängig. Die Entstehung einer Grundschuld setzt keine Forderung voraus.

Kompetenztraining

29 Lothar Brecht, Inhaber einer Möbelgroßhandlung und Frieder Groß, Inhaber einer Möbelfabrik, sitzen beim Stammtisch. Lothar Brecht braucht einen Bankkredit, muss aber einen Bürgen beibringen. Er fragt deshalb Frieder Groß, der sofort zustimmt.

Aufgaben:

1. Beurteilen Sie, ob der Bürgschaftsvertrag geschlossen ist! Wenn nein, geben Sie den Grund an!
2. Erläutern Sie, warum die Ausfallbürgschaft mit Kaufleuten selten vorkommt!

   Nennen Sie zwei Gründe!
3. Lothar Brecht entschließt sich, bei seiner Hausbank einen Bürgschaftskredit aufzunehmen. Erläutern Sie, welche Bürgschaft die Bank verlangen wird!
4. Ein Bürgschaftsvertrag mit einem Nichtkaufmann muss schriftlich abgeschlossen werden. Beschreiben Sie, warum der Gesetzgeber die Schriftform verlangt!

30 Eva Süß nimmt bei der Sparkasse Leverkusen wegen der Anschaffung eines Cabrios einen Kredit in Höhe von 26 000,00 EUR auf. Die Sparkasse verlangt die Sicherungsübereignung des Autos.

Auszug aus den Bedingungen zur Sicherungsübereignung (Rückseite des Kreditvertrages):

1. Darlehensnehmer und Sparkasse sind sich einig, dass das Eigentum an den umseitig näher bezeichneten Sachen einschließlich Bestandteilen und Zubehör (auch soweit diese später ausgetauscht werden) zur Sicherung des Darlehens auf die Sparkasse übergeht.
2. Die Übergabe der Sachen wird dadurch ersetzt, dass die Sparkasse dem Darlehensnehmer die Sachen leihweise überlässt und ihm die Weiterbenutzung gestattet (Besitzkonstitut nach § 930 BGB) Die Sparkasse ist berechtigt, bei Vorliegen eines wichtigen Grundes, insbesondere wenn der Darlehensnehmer seinen Verpflichtungen aus diesem Vertrage nicht nachkommt, die Herausgabe der übereigneten Sachen vom Darlehensnehmer zu verlangen, sie in ihren unmittelbaren Besitz zu nehmen oder sie an anderer Stelle einzulagern.
3. Bei Fahrzeugen ist auf Verlangen der Sparkasse eine Vollkaskoversicherung nachzuweisen. Der Sparkasse muss ein Sicherungsschein der Versicherungsgesellschaft zugestellt werden, woraus sich ergibt, dass die Rechte aus der Versicherung der Sparkasse zustehen. Schäden sind der Sparkasse unverzüglich zu melden.

4. Handelt es sich bei dem Sicherungsgut um ein Kraftfahrzeug, übergibt der Darlehensnehmer der Sparkasse
   4.1 den über das Fahrzeug ausgestellten Brief für die Dauer ihres Eigentums an dem Fahrzeug;
   4.2 zum Zwecke der Weiterleitung an die Straßenverkehrsbehörde eine Anzeige über die erfolgte Sicherungsübereignung des Fahrzeuges.
5. Sobald die Sparkasse wegen aller ihrer Ansprüche gegen den Darlehensnehmer befriedigt ist, ist sie verpflichtet, ihre Rechte an dem Sicherungsgut auf den Darlehensnehmer zurückzuübertragen. ...

Aufgaben:

Analysieren Sie zunächst den Text im Team und beantworten Sie anschließend die Aufgaben.

1. Erläutern Sie den Fall, dass – wie unter Ziffer 1 dargestellt – der Kreditnehmer noch nicht Eigentümer der für die Sicherungsübereignung vorgesehenen Sache ist!
2. Erstellen Sie mithilfe der beteiligten Sparkasse und Eva Süß sowie den Begriffen Kreditvertrag, Sicherungsübereignungsvertrag, Besitzkonstitut ersetzt Übergabe, Sicherungsgeber, Sicherungsnehmer, Eigentümer, Besitzer, Schuldner und Gläubiger eine Situationsskizze!
3. Nehmen Sie dazu Stellung, warum die Sparkasse eine Vollkaskoversicherung des Cabrios verlangt!
4. Erläutern Sie, wann Eva Süß wieder Eigentümerin des Cabrios wird!

31 Franz Höfler, Arnsberg, beantragt bei seiner Bank einen Kredit in Höhe von 50 000,00 EUR zur Finanzierung eines neuen Wohnmobils. Die Bank fordert brauchbare Sicherheiten.

Aufgaben:

1. Überprüfen Sie die Risiken, die für die Bank bei dem Wohnmobil als Kreditsicherheit bestehen!
2. Begründen Sie, welche andere Sicherungsart für den Kredit geeignet ist! Erläutern Sie diese Kreditsicherheit!
3. Stellen Sie dar, wer Eigentümer und wer Besitzer des Wohnmobils ist, wenn sich Franz Höfler für die Sicherungsübereignung entscheidet!

32

1. Die MicroTex Technologies GmbH will eine neue Produktionshalle für 800 000,00 EUR erstellen. Davon müssen 500 000,00 EUR langfristig fremdfinanziert werden.

   Aufgaben:

   1.1 Beschreiben Sie die Kreditsicherungsmöglichkeit, die dafür infrage kommt!

   1.2 Stellen Sie dar, wie ein Grundpfandrecht an einem Grundstück entsteht!

   1.3 Erläutern Sie, warum auch nach Rückzahlung des Kredits die grundpfandrechtliche Sicherheit für künftige Kredite erhalten bleibt!

   1.4 Beschreiben Sie, was der Kreditgeber unternehmen kann, wenn die MicroTex Technologies GmbH später diesen Kredit nicht mehr zurückzahlen kann!

   1.5 Die MicroTex Technologies GmbH möchte außerdem noch neue Präzisionsmaschinen für 300 000,00 EUR anschaffen. 80 000,00 EUR müssen durch Kreditaufnahme aufgebracht werden.

   1.5.1 Beschreiben Sie kurz die infrage kommende Möglichkeit der Kreditsicherung!

   1.5.2 Nennen Sie Vorteile und Nachteile für den Schuldner!

   1.5.3 Nennen Sie Gegenstände, die sich für diese Art der Kreditsicherung eignen!

Beachten Sie:
Bei den Aufgaben 1.6 und 1.7 gehen wir davon aus, dass die Unternehmen jeweils ein berechtigtes Interesse nachweisen können, die ihnen die Einsicht in das Grundbuch gestattet.

1.6 Der Prokurist Selz der Lackgroßhandlung Froh & Sinn OHG nimmt Einblick in das Grundbuch, um sich über die Belastungen des Neukunden Max Färber e. K. zu erkundigen. Er stellt fest, dass dort Grundschulden in Höhe von 1,6 Mio. EUR eingetragen sind. Er will deswegen nur noch gegen Sicherheitsleistungen an Färber liefern.

Aufgabe:

Erläutern Sie, ob Herr Selz Recht hat!

1.7 Der junge Angestellte Witz muss im Auftrag seines Arbeitgebers Einsicht in das Grundbuch nehmen. Grund: Die Geschäftsleitung möchte sich über die Vermögens- und Schuldverhältnisse eines neuen Kunden ein Bild verschaffen. Witz ist enttäuscht: Im Grundbuch sind bei einem Grundstückswert von rund 2 700 000,00 EUR drei Grundschulden im Gesamtwert von 2 000 000,00 EUR eingetragen, zwei davon (je 750 000,00 EUR) sogar rot unterstrichen. Er berichtet seinem Arbeitgeber, dass der neue Kunde wohl große finanzielle Probleme habe.

Aufgabe:

Nehmen Sie hierzu Stellung!

2. 2.1 Unterscheiden Sie die Sicherungsübereignung von der Verpfändung!

   2.2 Formulieren Sie Vor- und Nachteile, die diese Kreditsicherungen für den Kreditnehmer und für den Kreditgeber haben!

   2.3 Nennen Sie jeweils zwei Vermögenswerte, die sich für eine Verpfändung eignen!

3. Ein Unternehmen bietet folgende drei Vermögenswerte als Kreditsicherheiten an: Fuhrpark, Wertpapiere und Grundstücke.

   Aufgaben:

   3.1 Erläutern Sie, wie diese drei Vermögenswerte zur Kreditsicherung herangezogen werden könnten!

   3.2 Stellen Sie zwei Risiken dar, die auf die Bank zukommen, wenn sie den Fuhrpark als Kreditsicherheit akzeptiert!

4. Die Werkzeugfabrik Wanner GmbH braucht einen Bankkredit in Höhe von 100 000,00 EUR. Sie besitzt Aktien zum derzeitigen Kurswert von 60 000,00 EUR und festverzinsliche Wertpapiere zum Kurswert von 50 000,00 EUR. Die Wertpapiere möchte die Wanner GmbH nicht verkaufen, sondern von ihrer Bank beleihen lassen.

   Aufgaben:

   4.1 Formulieren Sie Gründe, die die Wanner GmbH veranlassen können, die Papiere nicht zu verkaufen, sondern nur beleihen zu lassen!

   4.2 Erläutern Sie, ob die Bank der Wanner GmbH die Papiere mit 100 000,00 EUR beleihen wird!

5. Die Lebensmittelfabrik Gut OHG besitzt ein Warenlager im Durchschnittswert von 400 000,00 EUR. Zur Erweiterung ihres Lagers benötigt sie einen Bankkredit in Höhe von 250 000,00 EUR. Als Kreditsicherheit will sie einen Teil ihres Warenlagers sicherungsübereignen. Die Bank lehnt ab.

   Aufgabe:

   Erläutern Sie den Grund für die Ablehnung!

6. Erklären Sie, warum der Eigentumsvorbehalt ein Kreditsicherungsmittel darstellt!
7. Nennen Sie zwei Kreditsicherungen, die für ein kurzfristiges Darlehen von 6 Monaten infrage kommen können!

33 Die Frechener Maschinenfabrik GmbH (kurz: FREMA GmbH) möchte ihre Produktionsanlagen modernisieren. Hierzu benötigt sie einen Kredit in Höhe von 6 Mio. EUR. Die Hausbank der FREMA GmbH entscheidet u. a. aufgrund der beiden letzten Jahresschlussbilanzen der FREMA GmbH (TEUR: Zahlen in Tausend EUR).

Aktiva Jahresschlussbilanz zum 31. Dezember des Vorjahres (vereinfacht) Passiva

Aktiva		Passiva	
Bebaute Grundstücke	4500	Stammkapital	8450
Maschinen	3000	Gewinnrücklagen	200
Fuhrpark	1400	Verbindlichkeiten	
Vorräte	2000	– gegenüber Kreditinstituten*	3050
Forderungen	2400	– a. Lieferungen u. Leistungen	2100
Bankguthaben	850	sonstige Verbindlichkeiten	350
	14150		14150

Aktiva Jahresschlussbilanz zum 31. Dezember des Berichtsjahres (vereinfacht) Passiva

Aktiva		Passiva	
Bebaute Grundstücke	4400	Stammkapital	9450
Maschinen	4300	Gewinnrücklagen	400
Fuhrpark	1400	Verbindlichkeiten	
Vorräte	2200	– gegenüber Kreditinstituten*	3200
Forderungen	2600	– a. Lieferungen u. Leistungen	2100
Bankguthaben	550	sonstige Verbindlichkeiten	300
	15450		15450

* Durch Grundpfandrechte gesichert.

Aufgaben:

1. Ermitteln Sie die Finanzierungsmaßnahmen, die die FREMA GmbH im Berichtsjahr im Vergleich zum Vorjahr vorgenommen hat! Erläutern Sie auch, zu welcher Finanzierungsart die von Ihnen genannten Maßnahmen gehören!
2. Der gewünschte Kredit der FREMA GmbH soll für Erweiterungsinvestitionen verwendet werden. Prüfen Sie, welche Kreditsicherheiten die FREMA GmbH ihrer Hausbank anbieten kann. Das bewegliche Vermögen der FREMA GmbH ist durch kein Pfandrecht belastet. Die Vorräte wurden unter Eigentumsvorbehalt geliefert.
3. Begründen Sie, ob die Bank der FREMA GmbH den gewünschten Kredit gewähren sollte und präsentieren Sie anschließend Ihre Ergebnisse!

34 Die Hans Barz OHG, Stuttgart, beantragt bei ihrer Bank einen Kredit in Höhe von 200 000,00 EUR zur Finanzierung neuer Maschinen. Die Bank fordert brauchbare Sicherheiten. Unter den Vermögenswerten des Unternehmens befinden sich u. a.:

Ein unbebautes Grundstück im Wert von	350 000,00 EUR
Maschinen zum Buchwert von	220 000,00 EUR
Wertpapiere (30 % Aktien, 70 % Bundesanleihen) zum Kurswert von	150 000,00 EUR

Aufgaben:

1. Erläutern Sie, in welcher Art die einzelnen Vermögenswerte zur Sicherung des Kredits verwendet werden könnten! Stellen Sie dar, wie sich hierdurch die Eigentums- und Besitzverhältnisse bei den Maschinen und Wertpapieren verändern!
2. Ein Geschäftsfreund von Hans Barz ist zur Übernahme einer Bürgschaft bereit.
   Beschreiben Sie, was einen Unternehmer veranlassen kann, für einen anderen zu bürgen!

3. Nehmen wir an, die Hans Barz OHG will alle Vermögensteile voll beleihen. Schätzen Sie die mögliche Kreditsumme! (Erfragen Sie zur Kontrolle die einzelnen Beleihungssätze bei der Bank!)

4. Erläutern Sie, welche Risiken für die Bank bei dem Grundstück, den Maschinen und Wertpapieren als Kreditsicherheiten bestehen!

5. Begründen Sie, welche Sicherungsart für den Kredit am zweckmäßigsten ist!

6. Nennen Sie zwei Kreditsicherungsmöglichkeiten für die kurzfristige Fremdfinanzierung von zusätzlichen Rohstoffkäufen des Unternehmens!

7. Nennen Sie drei Gründe, die für eine Leasingfinanzierung sprechen!

8. 8.1 Berechnen Sie, welchem Zinssatz die folgende Zahlungsbedingung entspricht: Zahlung innerhalb von 14 Tagen mit 3 % Skonto, 60 Tage rein netto!

   8.2 Die Rechnung beläuft sich auf brutto 6 000,00 EUR. Berechnen Sie, wie viel die Hans Barz OHG spart, wenn sie innerhalb 14 Tagen bar bezahlt und hierzu einen Bankkredit mit einem Zinssatz von 10 % aufnimmt! (Die Frage bezieht sich auf 8.1.)

Lernfeld 10

Wertschöpfungsprozesse erfolgsorientiert steuern

LS 1

1 Informationen über Kosten und Leistungen beschaffen

1.1 Ziele der Kosten- und Leistungsrechnung

Ziel der Kosten- und Leistungsrechnung ist, betriebliche Vorgänge zahlenmäßig zu planen, zu erfassen und zu überwachen.

Ziele der Kosten- und Leistungsrechnung	Beispiele
Dokumentationskontrolle Mengen- und wertmäßige Erfassung bzw. Überwachung aller im Unternehmen auftretenden Kosten- und Leistungsströme.	■ Ermittlung der Kosten und Leistungen einer Periode. ■ Erfassung der Daten für die Investitions- und Finanzierungsrechnung. ■ Ermittlung des Unternehmens- und Betriebsergebnisses. ■ Bewertung des Vermögens und der Schulden. ■ Ermittlung der Kosten und der betrieblichen Leistungen (Kalkulation). ■ …
Disposition Bereitstellung von Unterlagen für unternehmerische Entscheidungen und Planungsüberlegungen.	Unterlagen für ■ Preis- und Produktpolitik. ■ Eigenfertigung oder Fremdbezug von Produkten. ■ Werbung. ■ mögliche Fertigungsverfahren. ■ Informationsgewinnung, Investitionsentscheidungen. ■ …
Wirtschaftlichkeitskontrolle Erfassung und Zeitvergleich von Bestands- und Erfolgsgrößen, um die Wirtschaftlichkeit und Rentabilität der betrieblichen Prozesse festzustellen.	■ Berechnung von Erfolgskennzahlen wie Rentabilität, Lagerkennzahlen, Kapitalumschlag. ■ Ermittlung der Kostenstruktur und der Kostenentwicklung. ■ Entwicklung der Produktivität. ■ Kontrolle der Geschäftsprozesse durch Soll-Ist-Vergleiche. ■ …
Rechenschaftslegung und Bereitstellen von Informationen Rechenschaftslegung und Lieferung von Informationen über die Vermögens-, Finanz- und Ertragslage des Unternehmens.	■ Veröffentlichung des Jahresabschlusses. ■ Angaben über Auftragslage. ■ Einschätzungen über die Unternehmensentwicklung. ■ Bekanntgabe von Investitionsentscheidungen. ■ …

1.2 Ableiten der Kosten und Leistungen aus der Buchführung

1.2.1 Begriffe der Buchführung: Aufwendungen und Erträge

In der **Buchführung** werden **alle** angefallenen **Aufwendungen** und **Erträge** unter Beachtung **handels- und steuerrechtlicher Vorschriften** festgehalten. Sie erfasst die Beziehungen zwischen dem Unternehmen und außenstehenden Dritten **(externes Rechnungswesen)**.

Der Begriff **Aufwand** erfasst **alle Geschäftsvorfälle,** die das **Eigenkapital mindern.** Der Begriff **Ertrag** erfasst **alle Geschäftsvorfälle,** die das Eigenkapital erhöhen. Dabei spielt es keine Rolle, ob die Ursache für die angefallenen Aufwendungen und Erträge in der Verfolgung des eigentlichen Betriebszweckes zu sehen ist oder ob es sich um Aufwendungen und Erträge handelt, die damit nicht oder nur mittelbar in einem Zusammenhang stehen.

- **Aufwendungen** sind alle in Geld gemessenen **Wertminderungen des Eigenkapitals** innerhalb einer Abrechnungsperiode.
- **Erträge** sind alle in Geld gemessenen **Wertzugänge des Eigenkapitals** innerhalb einer Abrechnungsperiode.

Gesamte Erträge des Unternehmens	–	Gesamte Aufwendungen des Unternehmens	=	Unternehmensergebnis

1.2.2 Begriffe der Kosten- und Leistungsrechnung: Kosten und Leistungen

Die **Kosten- und Leistungsrechnung** ermittelt – weitestgehend unabhängig von gesetzlichen Vorschriften – nur die erbrachten **betrieblichen Erträge (Leistungen)** und die dafür angefallenen **betrieblichen Aufwendungen (Kosten).** Die Kosten- und Leistungsrechnung erfasst das innerbetriebliche Geschehen **(internes Rechnungswesen).**

In der Kosten- und Leistungsrechnung werden nur die Aufwendungen und Erträge erfasst, die ursächlich im Zusammenhang mit der Verfolgung des eigentlichen Betriebszweckes stehen, der bei Industriebetrieben in der Herstellung, der Lagerung und dem Verkauf der Güter zu sehen ist.

Die **betrieblichen Aufwendungen (Zweckaufwendungen)** bezeichnet man als **Kosten,** die **betrieblichen Erträge (Zweckerträge)** als **Leistungen.**

- **Kosten** sind der betriebliche und relativ regelmäßig anfallende Güter- und Leistungsverzehr innerhalb einer Abrechnungsperiode zur Erstellung betrieblicher Leistungen, gemessen in Geld.
- **Leistungen** sind die betrieblichen und relativ regelmäßig anfallenden Wertzugänge innerhalb einer Abrechnungsperiode, gemessen in Geld.

Leistungen (betriebliche Erträge)	–	Kosten (betriebliche Aufwendungen)	=	Betriebsergebnis

1.2.3 Abgrenzung der Begriffe

1.2.3.1 Inhaltliche Abgrenzung zwischen den Begriffen Aufwendungen und Kosten

(1) Neutrale Aufwendungen und Grundkosten

Die Aufwendungen der Buchführung können betrieblich bedingt sein oder mit dem eigentlichen Betriebszweck nichts zu tun haben.

- **Aufwendungen,** die gleichzeitig Kosten sind, nennt man **Grundkosten.**
- **Aufwendungen,** die keine Kosten sind, bezeichnet man als **neutrale Aufwendungen.**

Art der neutralen Aufwendungen	Beispiele
Betriebsfremde Aufwendungen sind alle Aufwendungen, die mit dem eigentlichen Betriebszweck nichts zu tun haben.	Verluste aus Wertpapierverkäufen, Reparaturkosten an nicht betrieblich genutzten Gebäuden, Kursverluste bei Auslandsgeschäften, Abschreibungen auf Finanzanlagen, Aufwendungen aus Beteiligungen.
Periodenfremde Aufwendungen sind Aufwendungen, die zwar betrieblich sind, deren Verursachung aber in einer vorangegangenen Geschäftsperiode liegt.	Steuernachzahlungen, Nachzahlungen von Gehältern, Garantieverpflichtungen für Geschäfte aus dem vorangegangenen Geschäftsjahr.
Außerordentliche Aufwendungen sind Aufwendungen, die ungewöhnlich hoch oder äußerst selten sind.	Verluste aus Enteignungen, Verluste aus nicht durch Versicherungen gedeckten Katastrophenfällen.
Aufwendungen aus einer **Umstrukturierung des Vermögens.**	Verluste aus dem Abgang von Gegenständen des Sachanlagevermögens (Verkauf von Anlagegütern unter dem Buchwert).

Die **neutralen Aufwendungen** werden in der **Kosten- und Leistungsrechnung** entweder **gar nicht** oder **nicht** mit der in der **Buchführung ausgewiesenen Höhe** berücksichtigt.

(2) Zusatzkosten

Neben der Tatsache, dass es **neutrale Aufwendungen** gibt, gibt es auch **Kosten,** die **keine Aufwendungen** sind. Es handelt sich dabei um die **Zusatzkosten.** Beispiele hierfür sind der **kalkulatorische Unternehmerlohn**[1] und die **kalkulatorische Miete.**[2]

Zusatzkosten sind Kosten, für die es **keine Aufwendungen** innerhalb der Buchführung gibt **(aufwandslose Kosten).**

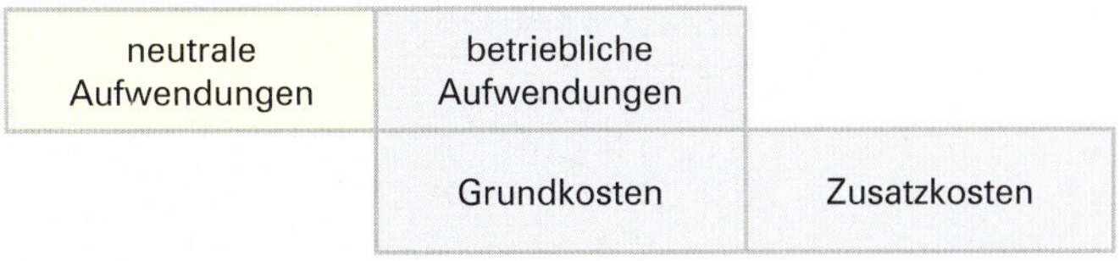

1 Vgl. hierzu S. 122 ff.

2 Der Rahmenlehrplan sieht die Behandlung der kalkulatorischen Miete nicht vor.

8 Hug, Knauer, Lennartz, Speth - ISBN 978-3-8120-0673-6

1.2.3.2 Inhaltliche Abgrenzung zwischen den Begriffen Erträge und Leistungen

(1) Neutrale Erträge und Grundleistungen

Die Erträge der Buchführung können betrieblich bedingt sein oder mit dem eigentlichen Betriebszweck nichts zu tun haben.

- Erträge, die gleichzeitig **Leistungen** darstellen, nennt man **Grundleistungen.**
- **Erträge,** die keine **Leistungen** darstellen, bezeichnet man als **neutrale Erträge.**

Art der neutralen Erträge	Beispiele
Betriebsfremde Erträge sind alle Erträge, die mit dem eigentlichen Betriebszweck nichts zu tun haben.	Erträge aus Wertpapieren, Zinserträge, Kursgewinne bei Auslandsgeschäften, Erträge aus Vermietung und Verpachtung, Erträge aus Beteiligungen, Erträge aus Finanzanlagen.
Periodenfremde Erträge sind Erträge, die zwar betrieblich sind, deren Verursachung aber in einer vorangegangenen Geschäftsperiode liegt.	Steuerrückerstattungen, Eingang einer bereits abgeschriebenen Forderung.
Außerordentliche Erträge sind Erträge, die ungewöhnlich hoch oder äußerst selten sind.	Erträge aus Gläubigerverzicht, Steuererlass, Erträge aus der Auflösung von Rückstellungen.
Erträge aus einer **Umstrukturierung des Vermögens.**	Erträge aus dem Abgang von Vermögensgegenständen (Verkauf von Anlagegütern über dem Buchwert).

Die **neutralen Erträge** werden in der **Kosten- und Leistungsrechnung** entweder **gar nicht** oder **nicht** mit der in **der Buchführung ausgewiesenen Höhe** berücksichtigt.

(2) Zusatzleistungen

Neben der Tatsache, dass es **neutrale Erträge** gibt, gibt es auch **Leistungen,** die **keine Erträge** sind. Es handelt sich um die **Zusatzleistungen.** Ein Beispiel für Zusatzleistungen sind Verkaufsprodukte, die verschenkt werden.

Zusatzleistungen sind Leistungen, für die es **keine Erträge** innerhalb der Buchführung gibt **(ertragslose Leistungen).**

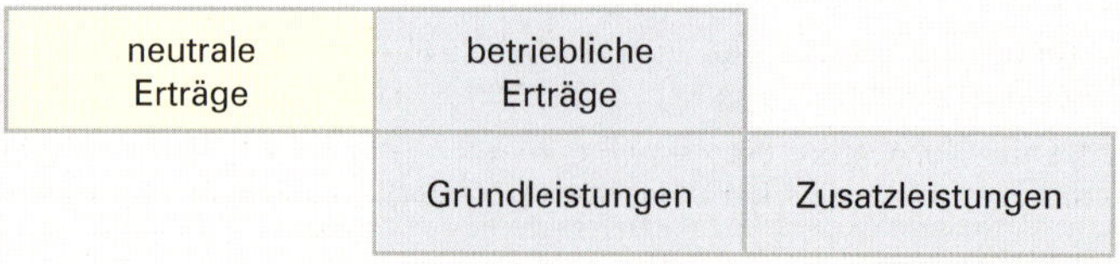

1.2.3.3 Unternehmensergebnis, Betriebsergebnis und neutrales Ergebnis

In der Erfolgsrechnung der **Buchführung** wird aus der Differenz zwischen Erträgen und Aufwendungen das **Unternehmensergebnis (Gesamtergebnis)** ermittelt.

In der **Kosten- und Leistungsrechnung** wird aus der Differenz zwischen Leistungen und Kosten das **Betriebsergebnis** ermittelt.

Stellt man den neutralen Erträgen die neutralen Aufwendungen gegenüber, so erhält man das **neutrale Ergebnis.**

■ Erträge	– Aufwendungen	= Unternehmensergebnis (Gesamtergebnis)
■ neutrale Erträge	– neutrale Aufwendungen	= neutrales Ergebnis
■ Leistungen	– Kosten	= Betriebsergebnis
Unternehmensergebnis	– neutrales Ergebnis	= Betriebsergebnis

Kompetenztraining

35
1. Erklären Sie, warum neben der Buchführung eine Kosten- und Leistungsrechnung erforderlich ist!
2. 2.1 Nennen Sie den Rechnungsbereich, dem die Begriffe Aufwendungen und Erträge zuzuordnen sind!
   2.2 Nennen Sie das Begriffspaar der Kosten- und Leistungsrechnung!
3. Stellen Sie dar, wie man
   3.1 das Unternehmensergebnis und
   3.2 das Betriebsergebnis ermittelt!
4. Erläutern Sie, warum die Gewinn- und Verlustrechnung als Informationsinstrument zur Analyse des Betriebsgeschehens nicht ausreicht!

36
1. Erklären Sie mit eigenen Worten, was unter Leistungen einerseits und Kosten andererseits zu verstehen ist! Bilden Sie je zwei Beispiele!
2. Ermitteln Sie, bei welchen der genannten buchhalterischen Begriffe es sich um Begriffe der Kostenrechnung handelt!

   Abschreibungen auf Sachanlagen; Kosten für Ausgangsfrachten; Zinsaufwendungen; Umsatzsteuer auf den Verkauf von Erzeugnissen; Arbeitgeberanteil zur Sozialversicherung; Aufwendungen für Handelswaren; Aufwendungen für Roh-, Hilfs- oder Betriebsstoffe; Aufwendungen für Kommunikation.
3. Ermitteln Sie, bei welchen der genannten buchhalterischen Begriffe es sich um Begriffe der Leistungsrechnung handelt!

   Umsatzerlöse für Waren; aktivierte Eigenleistungen; Rabatt beim Einkauf von Rohstoffen; Zinserträge; andere sonstige betriebliche Erträge; Umsatzerlöse für eigene Erzeugnisse.

37
1. Unterscheiden Sie zwischen Aufwand und Kosten! Nennen Sie je zwei Beispiele
   1.1 für Aufwendungen, die keine Kosten sind!
   1.2 für Kosten, die keine Aufwendungen sind!

2. Unterscheiden Sie zwischen Ertrag und Leistung! Nennen Sie je zwei Beispiele
   2.1 für Erträge, die keine Leistungen sind!
   2.2 für Leistungen, die keine Erträge sind!
3. Geben Sie bei den nachfolgenden Aufwandsarten an, ob es sich um betriebliche oder neutrale Aufwendungen handelt!

   Gehaltszahlungen, Aufwendungen für Handelswaren, Verkauf eines Anlagegutes unter dem Buchwert, Abschreibungen auf Sachanlagen, hoher Forderungsausfall durch die Zahlungsunfähigkeit eines Kunden, Aufwendungen für die Altersversorgung der Arbeitnehmer, Verluste durch Brandschäden, die nicht durch eine Versicherung gedeckt sind, Arbeitgeberanteil zur Sozialversicherung, Kursverluste aus einem Exportgeschäft, Mietzahlung für die Garage des Betriebs-Lkw, Aufwendungen für Rohstoffe, Steuernachzahlung für das vergangene Geschäftsjahr, Zahlung der Gewerbesteuer für das laufende Geschäftsjahr, Zahlung der Gebäudeversicherung für ein nicht betriebsnotwendiges Gebäude.
4. Geben Sie bei den nachfolgenden Ertragsarten an, ob es sich um betriebliche oder neutrale Erträge handelt!

   Umsatzerlöse für Handelswaren, Kursgewinne aus einem Importgeschäft, Erträge aus dem Verkauf von Wertpapieren, Zinserträge, unerwarteter Eingang für eine bereits abgeschriebene Forderung, Mietertrag aus der Vermietung eines nicht betrieblich genutzten Gebäudes, Steuerrückvergütung für das vergangene Geschäftsjahr, Umsatzerlöse für eigene Erzeugnisse, Verkauf eines Anlagegutes über dem Buchwert, selbst hergestellte Regale für die Verwendung im eigenen Betrieb.
5. Nennen Sie ein Beispiel für Zusatzkosten!
6. Beschreiben Sie, welches das besondere Merkmal für Zusatzkosten ist!

38 Die Kleb-Fix GmbH, Hersteller von Klebstoffen, legt folgende Auszüge aus der Gewinn- und Verlustrechnung vor:

Aufwendungen für Roh-, Hilfs- und Betriebstoffe	1200000,00 EUR
Aufwand für Energie	300000,00 EUR
Personalkosten	2000000,00 EUR
Steuernachzahlung für das vergangene Geschäftsjahr	250000,00 EUR
Büromaterial	200000,00 EUR
Abschreibungen auf Sachanlagen	400000,00 EUR
Umsatzerlöse	3900000,00 EUR
Erträge aus dem Verkauf von Wertpapieren	450000,00 EUR
Mieterträge	180000,00 EUR

Aufgaben:

1. 1.1 Berechnen Sie das Betriebs- und das Unternehmensergebnis für das zweite Quartal 20..!
   1.2 Ordnen Sie das Ergebnis Ihrer Berechnungen aus der Sicht der Geschäftsführung ein!
   1.3 Formulieren Sie schlagwortartig, welche weiteren Angaben Sie für eine genauere Analyse des Betriebsergebnisses bräuchten!
2. Stellen Sie die Merkmale der Buchführung einerseits und der Kosten- und Leistungsrechnung andererseits systematisch gegenüber!

1.3 Betriebsergebnis mithilfe der Ergebnistabelle ermitteln

1.3.1 Ergebnistabelle erstellen

Für die **Abgrenzungsrechnung** hat sich als übliches Verfahren das sogenannte **Zweikreissystem** durchgesetzt. Die **Buchführung** stellt den **Rechnungskreis I** dar, der **Abgrenzungsbereich** und die **Kosten- und Leistungsrechnung** erscheinen im **Rechnungskreis II**.

Rechnungskreis I			**Rechnungskreis II**					
Erfolgsbereich			Abgrenzungsbereich				Kosten- und Leistungsrechnung	
Buchführung			unternehmensbezogene Abgrenzung		kostenrechnerische Korrekturen			
Kontenbezeichnung	Aufw.	Erträge	Aufw.	Erträge	Aufw.	Erträge	Kosten	Leistungen
⋮	⋮	⋮	⋮	⋮	⋮	⋮	⋮	⋮
Summen:								
Salden (Ergebnisse):								
	Unternehmensergebnis[1]		Ergebnis aus unternehmensbezogener Abgrenzung		Ergebnis aus kostenrechnerischen Korrekturen		**Betriebsergebnis**	

1.3.2 Abgrenzung der neutralen Aufwendungen und Erträge aus der Buchführung (unternehmensbezogene Abgrenzung)

Um das Verständnis für die Abgrenzungstechnik zu erleichtern, werden die unternehmensbezogene Abgrenzungsrechnung und die Abgrenzung in Form der kostenrechnerischen Korrekturen zunächst nacheinander behandelt und erst danach werden die beiden Stufen zusammengefasst.

1 Man spricht in diesem Zusammenhang auch von **Gesamtergebnis**.

Ausgangspunkt für die unternehmensbezogene Abgrenzung der Aufwendungen und Erträge sind die **Zahlenwerte der Buchführung**. Diese Werte werden unverändert in den **Rechnungskreis I** der Ergebnistabelle übernommen.

Die eigentliche Abgrenzung erfolgt im **Rechnungskreis II.** Dabei werden die Zahlen der Buchführung, die in den Rechnungskreis I übernommen wurden, unter dem Gesichtspunkt betrieblich oder neutral getrennt.

- Die **betrieblichen Aufwendungen (Kosten)** und die **betrieblichen Erträge (Leistungen)** werden in die **Kosten- und Leistungsrechnung** des Rechnungskreises II übertragen.
- Die **neutralen Aufwendungen und Erträge** werden innerhalb des Rechnungskreises II in die Spalte **unternehmensbezogene Abgrenzung** übernommen.

Auf diese Weise sind die **betrieblichen Erfolge** und die **Erfolge aus unternehmensbezogener Abgrenzung getrennt erfasst.**

Für die **Berechnung des Betriebsergebnisses** unter Berücksichtigung der unternehmensbezogenen Korrekturen gilt:

Unternehmensergebnis − Ergebnis aus unternehmensbezogener Abgrenzung = Betriebsergebnis

Beispiel:

Die Sportartikelfabrik Sport-Burr KG weist beim Quartalsabschluss auf dem GuV-Konto folgende Werte aus

Soll — Gewinn- und Verlustkonto Sport-Burr KG — Haben

Soll		Haben	
6000 Aufw. f. Rohstoffe	480 000,00	5000 Umsatzerl. f. eig. Erzeugn.	750 000,00
6200 Löhne	135 000,00	5490 Periodenfremde Erträge	43 800,00
6700 Mieten, Pachten	5 610,00	5710 Zinserträge	17 950,00
6800 Büromaterial	48 950,00		
6850 Reisekosten	9 460,00		
6960 Aufw. (Verl.) a. d. Abg. d. AnV	2 850,00		
6990 Periodenfremde Aufwend.	25 750,00		
Unternehmensergebnis	104 130,00		
	811 750,00		811 750,00

Aufgabe:

Ermitteln Sie mithilfe einer Ergebnistabelle das Unternehmensergebnis, das Ergebnis aus unternehmensbezogener Abgrenzung und das Betriebsergebnis!

Lösung:

Rechnungskreis I				Rechnungskreis II					
Erfolgsbereich				Abgrenzungsbereich					
Buchführung Konten der Kl. 5, 6 u. 7				unternehmensbezogene Abgrenzung		kostenrechnerische Korrekturen		Kosten- und Leistungsrechnung	
Kto.-Nr.	Kontenbezeichnung	Aufw.	Erträge	Aufw.	Erträge	Aufw.	Erträge	Kosten	Leistungen
5000	UErl. f. eig. Erzeugn.		750000,00						750000,00
5490	Periodenfr. Erträge		43800,00		43800,00				
5710	Zinserträge		17950,00		17950,00				
6000	Aufw. f. Rohstoffe	480000,00						480000,00	
6200	Löhne	135000,00						135000,00	
6700	Mieten, Pachten	5610,00						5610,00	
6800	Büromaterial	48950,00						48950,00	
6850	Reisekosten	9460,00						9460,00	
6960	Aufw. (Verl.) a. d. AV[1]	2850,00		2850,00					
6990	Periodenfr. Aufw.	25750,00		25750,00					
Summen:		707620,00	811750,00	28600,00	61750,00			679020,00	750000,00
Salden (Ergebnisse):		104130,00		33150,00				70980,00	
		811750,00	811750,00	61750,00	61750,00			750000,00	750000,00

Unternehmensergebnis	Ergebnis aus unternehmensbezogener Abgrenzung	Ergebnis aus kostenrechnerischen Korrekturen	Betriebsergebnis
104130,00 EUR	33150,00 EUR		70980,00 EUR

Erläuterungen zur unternehmensbezogenen Abgrenzung:

- Alle **betrieblichen** Aufwendungen und **betrieblichen** Erträge werden im Rechnungskreis II als Kosten und Leistungen in die Kosten- und Leistungsrechnung übernommen. Als Saldo ergibt sich das Betriebsergebnis.
- Die neutralen Aufwendungen und Erträge werden im Rechnungskreis II in die unternehmensbezogene Abgrenzung übernommen und dadurch von der Kosten- und Leistungsrechnung abgegrenzt, weil sie das Betriebsergebnis verfälschen würden. Auf das Beispiel bezogen, betrifft das
  - **auf der Ertragsseite**: die **periodenfremden Erträge** sowie die **Zinserträge**.
  - **auf der Aufwandsseite**: die **Aufwendungen (Verluste) aus dem Abgang des Anlagevermögens** und die **periodenfremden Aufwendungen.** Als Saldo ergibt sich das Ergebnis aus unternehmensbezogener Abgrenzung.
- Die Ergebnisse aus dem Rechnungskreis II müssen mit dem Ergebnis aus dem Rechnungskreis I übereinstimmen.

---

1 Aufwendungen (Verluste) aus dem Abgang des Anlagevermögens liegen dann vor, wenn Vermögensgegenstände unter dem Buchwert verkauft werden. (Z. B. der Buchwert eines Firmen-Pkw beträgt 17850,00 EUR. Der Erlös für den Firmen-Pkw beträgt 15000,00 EUR. Es entsteht ein „Buchverlust" von 2850,00 EUR.)

Kompetenztraining

39 Die Industriewerke Holzer & Wetzel OHG weisen für den Monat Juli in der Buchführung folgende Aufwendungen und Erträge aus:

Konten	Beträge
5000 Umsatzerlöse für eigene Erzeugnisse	1 050 000,00 EUR
5410 Provisionserträge	3 175,00 EUR
5460 Erträge a. d. Abg. von Gegenst. des Anl.- u. Umlaufverm.	17 500,00 EUR
5490 Periodenfremde Erträge	8 500,00 EUR
5500 Erträge aus Beteiligungen	25 820,00 EUR
6000 Aufwendungen für Rohstoffe	580 510,00 EUR
6200/6300 Löhne/Gehälter	120 750,00 EUR
6400 Arbeitgeberanteil zur Sozialversicherung	48 690,00 EUR
6520 Abschreibungen auf Sachanlagen	60 510,00 EUR
6800 Büromaterial	28 525,00 EUR
6900 Versicherungsbeiträge	30 970,00 EUR
7400 Abschreibungen auf Finanzanlagen	85 480,00 EUR

Aufgabe:

Ermitteln Sie das Unternehmensergebnis, das Ergebnis aus unternehmensbezogener Abgrenzung und das Betriebsergebnis!

40 Die Großhandlung „Dies und Das GmbH" weist für das Rechnungsjahr 20.. in der Buchführung folgende Aufwendungen und Erträge aus:

Konten	Beträge
5100 Umsatzerlöse für Waren	2 121 000,00 EUR
5460 Ertr. a. d. Abg. v. Gegenständen d. Anlage- u. Umlaufverm.	84 000,00 EUR
5500 Erträge aus Beteiligungen	45 000,00 EUR
5710 Zinserträge	6 000,00 EUR
6060 Aufwendungen für Waren	512 000,00 EUR
6200 Löhne	768 000,00 EUR
6300 Gehälter	195 000,00 EUR
6400 Arbeitgeberanteil zur Sozialversicherung	210 000,00 EUR
6520 Abschreibungen auf Sachanlagen	90 000,00 EUR
6850 Reisekosten	18 000,00 EUR
6960 Aufw. (Verl.) aus dem Abgang des Anlagevermögens	15 000,00 EUR
7000 Betriebliche Steuern	53 000,00 EUR
7400 Abschreibungen auf Finanzanlagen	24 000,00 EUR

Angaben für unternehmensbezogene Korrekturen:

Von den Abschreibungen auf Sachanlagen entfallen 7 000,00 EUR auf ein vermietetes, nicht betriebsnotwendiges Gebäude. Im Konto 7000 Betriebliche Steuern sind 10 000,00 EUR Nachzahlungen für das Vorjahr enthalten.

Aufgabe:

Ermitteln Sie das Gesamtergebnis, das Ergebnis aus unternehmensbezogener Abgrenzung und das Betriebsergebnis!

LS 3

1.3.3 Kostenrechnerische Korrekturen unter Berücksichtigung von kalkulatorischer Abschreibung und kalkulatorischem Unternehmerlohn

1.3.3.1 Grundlegendes

Bei der Abgrenzung der Kosten von den Aufwendungen und der Leistungen von den Erträgen können zwei Fälle auftreten:

- Für die **Kosten** fallen in der Buchführung nur **teilweise Aufwendungen** an **(Anderskosten)**.
- Für die **Kosten** fallen in der Buchführung **keine Aufwendungen** an **(Zusatzkosten)**.

- **Anderskosten** sind Aufwendungen, die in der Kosten- und Leistungsrechnung mit einem **anderen Betrag** als in der Buchführung angesetzt werden.
- **Zusatzkosten** sind Kosten, für die es **keine Aufwendungen** innerhalb der Buchführung gibt.
- **Anderskosten** und **Zusatzkosten** bilden zusammen den Umfang der **kalkulatorischen Kosten.**

1.3.3.2 Anderskosten am Beispiel der kalkulatorischen Abschreibung

Für die **Kosten- und Leistungsrechnung (KLR)** muss die **tatsächliche Wertminderung** angesetzt werden, da ansonsten die Kostenrechnung ungenau wird. Für die Berechnung der Abschreibungshöhe in der **Buchführung** sind dagegen **handelsrechtliche Vorschriften** vorgegeben. Dies bedeutet, dass die Abschreibungsbeträge in erster Linie bestimmt werden durch finanzpolitische Strategien des Gesetzgebers und im Hinblick auf den tatsächlichen Werteverzehr zu hoch oder zu niedrig sein können.

Beispiel:

Ein Kombiwagen mit Anschaffungskosten von 45 000,00 EUR wird aufgrund handelsrechtlicher Vorschriften linear über 6 Jahre mit jeweils $16\,^2/_3\,\%$ abgeschrieben. Aufgrund der laufenden Preiserhöhungen muss in der Kostenrechnung von den Wiederbeschaffungskosten in Höhe von 51 000,00 EUR abgeschrieben werden. Die bilanzielle Abschreibung beträgt somit 7 500,00 EUR, die kalkulatorische Abschreibung 8 500,00 EUR, sodass zusätzliche Kosten von jährlich 1 000,00 EUR entstehen.

Da die Berechnung der Abschreibungshöhe innerhalb der Erfolgsrechnung nach anderen Kriterien vorgenommen wird als in der KLR, müssen wir zwischen **kalkulatorischer** und **bilanzieller Abschreibung** unterscheiden.

- Die **bilanzielle Abschreibung** wirkt sich in der **Buchführung** aus,
- die **kalkulatorische Abschreibung** wirkt sich in der **Kosten- und Leistungsrechnung** aus.

Kalkulatorische Abschreibungen sind Kosten, die – unabhängig von gesetzlichen Vorschriften – den **tatsächlichen** Werteverzehr des Anlagevermögens möglichst genau erfassen.

1.3.3.3 Zusatzkosten am Beispiel des kalkulatorischen Unternehmerlohns

Die Arbeit des Unternehmers schlägt sich nicht bei allen Rechtsformen der Unternehmen als Aufwand in der Buchführung nieder. Ein Einzelunternehmer bzw. der mitarbeitende Gesellschafter einer Personengesellschaft (z. B. Komplementär bei der KG) erhält für seine Arbeitsleistung kein Gehalt. Sie ist durch den Gewinn abgegolten. Demgegenüber zahlen vergleichbare Unternehmen aufgrund ihrer Rechtsform (z. B. GmbH) Geschäftsführergehälter, die sich als Aufwand niederschlagen.

Es ist daher – sowohl unter dem Gesichtspunkt einer exakten Kostenerfassung in der KLR als auch unter dem Gesichtspunkt der Vergleichbarkeit der Kostenstrukturen unterschiedlicher Unternehmen – unerlässlich, jede unternehmerische Tätigkeit in Geld zu bemessen und als Kosten zu erfassen. Die Höhe sollte dabei nach dem Leistungseinsatz des Unternehmers bestimmt werden und sich am jeweils bestehenden Lohnniveau ausrichten. Der kalkulatorische Unternehmerlohn stellt seinem Wesen nach Zusatzkosten dar, denn ihm steht kein Aufwand gegenüber.

! Der **kalkulatorische Unternehmerlohn** erfasst bei Einzelunternehmen und Personengesellschaften die Kosten für die Arbeitsleistung der mitarbeitenden Unternehmer.

1.3.3.4 Beispiel zur Berechnung des Betriebsergebnisses unter Berücksichtigung von kostenrechnerischen Korrekturen

Beispiel:

Die Sportartikelfabrik Sport-Burr KG weist beim Quartalsabschluss auf dem GuV-Konto folgende Werte aus:

Soll	Gewinn- und Verlustkonto Sport-Burr KG		Haben
6000 Aufw. f. Rohstoffe	230400,00	5000 Umsatzerl. f. eig. Erzeugn.	547820,00
6150 Vertriebsprovision	20320,00		
6160 Fremdinstandhaltung	6940,00		
6200 Löhne	85000,00		
6520 Abschreib. auf Sachanlagen	17320,00		
6700 Mieten, Pachten	12500,00		
6800 Büromaterial	46810,00		
6850 Reisekosten	9480,00		
Unternehmensergebnis	119050,00		
	547820,00		547820,00

Angaben für kostenrechnerische Korrekturen:

- Statt der bilanziellen Abschreibungen in Höhe von 17320,00 EUR sollen kalkulatorische Abschreibungen in Höhe von 18730,00 EUR in Ansatz gebracht werden.
- Für die Abgeltung der Arbeitskraft des Komplementärs wird mit einem kalkulatorischen Unternehmerlohn in Höhe von 50000,00 EUR gerechnet.

Aufgaben:

1. Erstellen Sie eine Ergebnistabelle unter Berücksichtigung der Angaben für die kostenrechnerischen Korrekturen!
2. Ermitteln Sie das Unternehmensergebnis, das Ergebnis aus kostenrechnerischen Korrekturen sowie das Betriebsergebnis!

Lösungen:

Rechnungskreis I				Rechnungskreis II					
Erfolgsbereich				Abgrenzungsbereich				Kosten- und Leistungsrechnung	
Buchführung Konten der Kl. 5, 6 u. 7				unternehmensbezogene Abgrenzung		kostenrechnerische Korrekturen			
Kto.-Nr.	Kontenbezeichnung	Aufw.	Erträge	Aufw.	Erträge	Aufw.	Erträge	Kosten	Leistungen
5000	UErl. f. eig. Erzeugn.		547 820,00						547 820,00
6000	Aufw. f. Rohstoffe	230 400,00						230 400,00	
6150	Vertriebsprovision	20 320,00						20 320,00	
6160	Fremdinstandhalt.	6 940,00						6 940,00	
6200	Löhne	85 000,00						85 000,00	
6520	Abschr. a. Sachanl.	17 320,00				17 320,00	18 730,00	18 730,00	
6700	Mieten, Pachten	12 500,00						12 500,00	
6800	Büromaterial	46 810,00						46 810,00	
6850	Reisekosten	9 480,00						9 480,00	
	Kalk. U.-Lohn						50 000,00	50 000,00	
Summen:		428 770,00	547 820,00			17 320,00	68 730,00	480 180,00	547 820,00
Salden (Ergebnisse):		119 050,00				51 410,00		67 640,00	
		547 820,00	547 820,00			68 730,00	68 730,00	547 820,00	547 820,00
		Unternehmensergebnis		Ergebnis aus unternehmensbezogener Abgrenzung		Ergebnis aus kostenrechnerischen Korrekturen		**Betriebsergebnis**	

Unternehmensergebnis	–	**Abgrenzungsergebnis**	=	**Betriebsergebnis**
119 050,00 EUR	–	51 410,00 EUR	=	67 640,00 EUR

Erläuterungen zu den kostenrechnerischen Korrekturen:[1]

■ Zu den Anderskosten

Sollen die **Abschreibungen** in der KLR anders verrechnet werden, als es dem Betrag von 17 320,00 EUR in der Buchführung entspricht, dann wird zunächst der Betrag der Buchführung in Höhe von 17 320,00 EUR als Aufwand in den Bereich der kostenrechnerischen Korrekturen übernommen.

Der Betrag der kalkulatorischen Abschreibungen in Höhe von 18 730,00 EUR wird als Kosten in der KLR erfasst und als Ertrag bei den kostenrechnerischen Korrekturen. (Der Ertrag wird erwirtschaftet, wenn die Erzeugnisse zumindest zu kostendeckenden Preisen verkauft werden können.)

Im Bereich der kostenrechnerischen Korrekturen stehen sich dann die Aufwendungen der Buchführung und die zu verrechnenden Kosten als Erträge gegenüber. In Höhe der Differenz dieser Beträge wurden in der KLR die Kosten anders verrechnet, als es dem Aufwand in der Buchführung entspricht.

1 Für die Zuordnung einzelner Beträge in die beiden Abgrenzungsstufen gibt es keine gesetzlichen Vorschriften. Aus didaktischen Gründen (klare Abgrenzung) ordnen wir alle in der KLR anders zu verrechnenden Beträge der Stufe der kostenrechnerischen Korrekturen zu.

Zu den Zusatzkosten

Da es für den **kalkulatorischen Unternehmerlohn** keinen Aufwandsposten in der Buchführung gibt, kann auch kein Aufwand in die kostenrechnerischen Korrekturen übernommen werden. Allerdings kommt der Unternehmerlohn, sofern er kostendeckend in die Preise einkalkuliert und erwirtschaftet wird, als Ertrag wieder in das Unternehmen zurück. Daher erscheint der als Kosten in der KLR zu erfassende Unternehmerlohn in Höhe von 50000,00 EUR sowohl unter den Kosten in der KLR als auch als Ertrag in der Spalte der kostenrechnerischen Korrekturen.

Zu dem Ergebnis aus kostenrechnerischen Korrekturen

Die Summe der einzelnen Differenzen, um die die verrechneten Kosten von den Aufwendungen der Buchführung abweichen, stellt das Ergebnis aus kostenrechnerischen Korrekturen dar. Da im vorliegenden Beispiel die als Erträge erfassten verrechneten Kosten höher sind als die auf der Aufwandsseite erfassten Aufwendungen der Buchführung, stellt das Ergebnis aus kostenrechnerischen Korrekturen einen Gewinn dar, der in unserem Beispiel 51410,00 EUR beträgt. Um diese Differenz weicht das Betriebsergebnis vom Unternehmensergebnis ab. Da in Höhe dieser Differenz in der KLR mehr Kosten verrechnet wurden, als es den erfassten Aufwendungen in der Buchführung entspricht, ist das Betriebsergebnis um diese Differenz kleiner als das Unternehmensergebnis.

- Bei den **kalkulatorischen Kosten** (Anderskosten und Zusatzkosten) ist der Betrag, der als Kostenwert verrechnet werden soll, immer sowohl in der Kostenspalte der KLR als auch in der Ertragsspalte der kostenrechnerischen Korrekturen zu erfassen.
- Bei den **Anderskosten** ist der als Aufwand erfasste Wert der Buchführung unverändert als Aufwand bei den kostenrechnerischen Korrekturen zu übernehmen.

Kompetenztraining

41

1. Stellen Sie fest, welcher Posten zu den kalkulatorischen Kosten gehört!
   1.1 Betriebsstoffverbrauch;
   1.2 Reparaturen am PC;
   1.3 Vertreterprovision;
   1.4 Unternehmerlohn für den Einzelunternehmer.
2. Erklären Sie den Begriff Anderskosten und bilden Sie hierzu zwei Beispiele!
3. Erläutern Sie, warum in der Kosten- und Leistungsrechnung kalkulatorische Abschreibungen angesetzt und nicht die in der Buchführung erfassten bilanziellen Abschreibungen übernommen werden!
4. Erläutern Sie, warum es unter kostenmäßigen Gesichtspunkten berechtigt ist, für den Einzelunternehmer und für den Komplementär einer KG jeweils entsprechende Kosten für deren Arbeitsleistung anzusetzen!
5. Erklären Sie, welchem Zweck die Verrechnung kalkulatorischer Kosten dient!
6. Erklären Sie, wodurch sich Anderskosten von Zusatzkosten unterscheiden!
7. Am 30. Juli 20.. haben wir einen Lkw angeschafft. Die Anschaffungskosten belaufen sich auf 81000,00 EUR. Die Nutzungsdauer beträgt 9 Jahre. Es wird linear abgeschrieben.

   In der KLR wird der Lkw von den Wiederbeschaffungskosten abgeschrieben. Die Wiederbeschaffungskosten betragen 95 625,00 EUR. Die Abschreibung erfolgt ebenfalls linear.

Aufgabe:

Übertragen Sie das folgende Schema in Ihr Arbeitsheft und tragen Sie die ermittelten Abschreibungsbeträge für das erste Jahr ein!

neutraler Aufwand	betrieblicher Aufwand	Grundkosten	Zusatzkosten

42 Ein Industrieunternehmen bucht folgende Beträge:

Abschreibungen

bilanzielle Abschreibungen	52 700,00 EUR
kalkulatorische Abschreibungen	48 900,00 EUR

Unternehmerlohn

gezahlter Unternehmerlohn	0,00 EUR
kalkulatorischer Unternehmerlohn	15 000,00 EUR

Aufgabe:

Ermitteln Sie, in welcher Höhe jeweils neutraler Aufwand oder betrieblicher Aufwand entstanden ist bzw. in welcher Höhe Grundkosten oder Zusatzkosten entstanden sind! Verwenden Sie hierzu die folgende Tabelle:

	Erfolgsrechnung		Kosten- und Leistungsrechnung	
Vorgang	neutraler Aufwand	betrieblicher Aufwand	Grundkosten	Zusatzkosten

43 Die Buchführung eines Industriebetriebes weist für den Monat Mai folgende Aufwendungen und Erträge auf (Auszug):

5000	Umsatzerlöse für eigene Erzeugnisse	470 000,00 EUR
6000	Aufwendungen für Rohstoffe	300 000,00 EUR
6200/6300	Löhne, Gehälter	100 000,00 EUR
6520	Abschreibungen auf Sachanlagen	20 000,00 EUR
6700	Mieten, Pachten	2 000,00 EUR
6850	Reisekosten	4 000,00 EUR
7020/7030	Grundsteuer, Kfz-Steuer	30 000,00 EUR

Angaben zur Kosten- und Leistungsrechnung

1. Kalkulatorische Abschreibungen auf Sachanlagen	35 000,00 EUR
2. Kalkulatorischer Unternehmerlohn	12 000,00 EUR

Aufgabe:

Erstellen Sie eine Ergebnistabelle und ermitteln Sie das Unternehmensergebnis, das Betriebsergebnis sowie das Ergebnis aus kostenrechnerischen Korrekturen!

1.3.3.5 Zusammenfassende Darstellung einer Abgrenzungsrechnung mit unternehmensbezogener Abgrenzung und kostenrechnerischen Korrekturen

Im folgenden Beispiel werden die beiden zunächst getrennt dargestellten Abgrenzungsstufen zusammengefasst.

Beispiel:

Die Sportartikelfabrik Sport-Burr KG weist beim Quartalsabschluss auf dem GuV-Konto folgende Werte aus:

Soll — Gewinn- und Verlustkonto Sport-Burr KG — Haben

Soll		Haben	
6000 Aufw. f. Rohstoffe	710400,00	5000 Umsatzerl. f. eig. Erzeugn.	1297820,00
6150 Vertriebsprovision	20320,00	5490 Periodenfremde Erträge	43800,00
6160 Fremdinstandhaltung	6940,00	5710 Zinserträge	17950,00
6200 Löhne	220000,00		
6520 Abschreib. auf Sachanlagen	17320,00		
6700 Mieten, Pachten	18110,00		
6800 Büromaterial	95760,00		
6850 Reisekosten	18940,00		
6960 Aufw. (Verl.) a. d. Abg. d. Anl.	2850,00		
6990 Periodenfr. Aufwendungen	25750,00		
Unternehmensergebnis	223180,00		
	1359570,00		1359570,00

Angaben für die kostenrechnerischen Korrekturen

- Statt der bilanziellen Abschreibungen in Höhe von 17320,00 EUR sollen kalkulatorische Abschreibungen in Höhe von 18730,00 EUR in Ansatz gebracht werden.
- Der kalkulatorische Unternehmerlohn für die Abgeltung der Arbeitskraft des Komplementärs beträgt 50000,00 EUR.

Aufgaben:

1. Erstellen Sie eine Ergebnistabelle unter Berücksichtigung der Angaben für die kostenrechnerischen Korrekturen!
2. Ermitteln Sie das Unternehmensergebnis, das Ergebnis aus unternehmensbezogener Abgrenzung, das Ergebnis aus kostenrechnerischen Korrekturen sowie das Betriebsergebnis!

Lösungen:

Rechnungskreis I				Rechnungskreis II					
Erfolgsbereich				Abgrenzungsbereich				Kosten- und Leistungsrechnung	
Buchführung Konten der Kl. 5, 6 u. 7				unternehmensbezogene Abgrenzung		kostenrechnerische Korrekturen			
Kto.-Nr.	Kontenbezeichnung	Aufw.	Erträge	Aufw.	Erträge	Aufw.	Erträge	Kosten	Leistungen
5000	UErl. f. eig. Erzeugn.		1297820,00						1297820,00
5490	Periodenfr. Erträge		43800,00		43800,00				
5710	Zinserträge		17950,00		17950,00				
6000	Aufw. f. Rohstoffe	710400,00						710400,00	
6150	Vertriebsprovision	20320,00						20320,00	
6160	Fremdinstandhalt.	6940,00						6940,00	
6200	Löhne	220000,00						220000,00	
6520	Abschr. a. Sachanl.	17320,00				17320,00	18730,00	18730,00	
6700	Mieten, Pachten	18110,00						18110,00	
6800	Büromaterial	95760,00						95760,00	
6850	Reisekosten	18940,00						18940,00	
6960	Aufw. (Verl.) a. d. AV	2850,00		2850,00					
6990	Periodenfr. Aufw.	25750,00		25750,00					
	Kalk. U.-Lohn						50000,00	50000,00	
Summen:		1136390,00	1359570,00	28600,00	61750,00	17320,00	68730,00	1159200,00	1297820,00
Salden (Ergebnisse):		223180,00		33150,00		51410,00		138620,00	
		1359570,00	1359570,00	61750,00	61750,00	68730,00	68730,00	1297820,00	1297820,00
		Unternehmensergebnis		Ergebnis aus unternehmensbezogener Abgrenzung		Ergebnis aus kostenrechnerischen Korrekturen		**Betriebsergebnis**	

Unternehmensergebnis	–	**Abgrenzungsergebnis**	=	**Betriebsergebnis**
223180,00 EUR	–	84560,00 EUR	=	138620,00 EUR

Kompetenztraining

44 Die Buchführung eines Industriebetriebes weist folgende Quartalszahlen aus:

Kto-Nr.	Konten	Beträge
5000	Umsatzerlöse für eigene Erzeugnisse	1 500 700,00 EUR
5420	Entnahme von Gegenständen	15 500,00 EUR
5490	Periodenfremde Erträge	8 500,00 EUR
5500	Erträge aus Beteiligungen	28 000,00 EUR
5710	Zinserträge	5 100,00 EUR
6000	Aufwendungen für Rohstoffe	767 900,00 EUR
6140	Frachten und Fremdlager	44 370,00 EUR
6200/6300	Löhne, Gehälter	204 400,00 EUR
6400	Arbeitgeberanteil zur Sozialversicherung	84 370,00 EUR
6520	Abschreibungen auf Sachanlagen	52 430,00 EUR
6710	Leasing	32 710,00 EUR
6800	Büromaterial	48 700,00 EUR
6930	Verluste aus Schadensfällen	15 000,00 EUR
7020	Grundsteuer	32 850,00 EUR
7400	Abschreibungen auf Finanzanlagen	26 500,00 EUR

Angaben zur Kosten- und Leistungsrechnung:

- In den Löhnen ist eine Lohnnachzahlung in Höhe von 24 300,00 EUR enthalten. Im Arbeitgeberanteil zur Sozialversicherung entspricht das einem Betrag von 4 680,00 EUR
- Kalkulatorische Abschreibungen auf Sachanlagen 41 800,00 EUR
- In dem Betrag für die Grundsteuer ist eine Steuernachzahlung in Höhe von 28 000,00 EUR enthalten
- Kalkulatorischer Unternehmerlohn 34 000,00 EUR

Aufgabe:

Ermitteln Sie mithilfe einer Ergebnistabelle das Unternehmensergebnis, die Abgrenzungsergebnisse und das Betriebsergebnis!

45 Die Buchführung eines Industriebetriebes weist folgende Quartalszahlen aus:

Kto-Nr.	Konten	Beträge
5000	Umsatzerlöse für eigene Erzeugnisse	841 200,00 EUR
5400	Mieterträge	27 300,00 EUR
5460	Erträge aus dem Abg. v. Geg. d. Anl.- u. Umlaufverm.	14 900,00 EUR
5500	Erträge aus Beteiligungen	21 750,00 EUR
5710	Zinserträge	4 800,00 EUR
6000	Aufwendungen für Rohstoffe	370 500,00 EUR
6140	Frachten und Fremdlager	45 250,00 EUR
6200/6300	Löhne, Gehälter	198 420,00 EUR
6400	Arbeitgeberanteil zur Sozialversicherung	24 760,00 EUR
6520	Abschreibungen auf Sachanlagen	19 540,00 EUR
6750	Kosten des Geldverkehrs	4 700,00 EUR
6800	Büromaterial	20 390,00 EUR
6930	Verluste aus Schadensfällen	48 890,00 EUR
7400	Abschreibungen auf Finanzanlagen	7 380,00 EUR

Angaben zur Kosten- und Leistungsrechnung:

- Kalkulatorische Abschreibungen auf Sachanlagen 18700,00 EUR
- In den Kosten für Büromaterial ist eine Rechnung aus der vergangenen Rechnungsperiode in Höhe von 1500,00 EUR enthalten.
- Kalkulatorischer Unternehmerlohn 28700,00 EUR

Aufgaben:

1. Ermitteln Sie mithilfe einer Ergebnistabelle das Unternehmensergebnis, die Abgrenzungsergebnisse und das Betriebsergebnis!
2. Erklären Sie, warum die kalkulatorische Abschreibung in der Spalte „kostenrechnerische Korrekturen" auf der Ertragsseite und die bilanzielle Abschreibung auf der Aufwandsseite ausgewiesen werden!
3. Begründen Sie, welche Auswirkung die kalkulatorische Abschreibung auf das Betriebsergebnis hat!

2 Sich über das Ziel der Kostenrechnung informieren

Ziel der Kostenrechnung ist, den Verkaufspreis der einzelnen Erzeugnisse zu berechnen. Um dieses Ziel zu erreichen, bedient sie sich verschiedener Abrechnungssysteme. Aufgrund des Rahmenlehrplans werden im Folgenden die **Vollkostenrechnung** und die **Teilkostenrechnung** dargestellt.

(1) Vollkostenrechnung

Ziel der Vollkostenrechnung ist es, **alle** innerhalb einer Abrechnungsperiode **angefallenen Kosten** den Kostenträgern[1] zuzurechnen. Es wird angestrebt, die Kosten über einen zumindest kostendeckenden Verkaufspreis wiederzuerwirtschaften.

Die Vollkostenrechnung gliedert sich in drei, aufeinander aufbauende Teilbereiche auf, die folgende Fragestellungen zu beantworten haben:

Welche Kosten sind angefallen?	Diese Frage betrifft die systematische Erfassung aller Kosten, die bei der Erstellung und Verwertung betrieblicher Leistungen (Kostenträger) entstehen. Diesen Teilbereich bezeichnet man als **Kostenartenrechnung**.
An welchen Stellen im Betrieb sind die Kosten angefallen?	Die Beantwortung dieser Frage fällt in den Bereich der **Kostenstellenrechnung.**
Wer hat die Kosten zu tragen?	Bei dieser Frage geht es im Wesentlichen um das Problem der verursachungsgerechten Zurechnung der entstandenen Kosten auf die Kostenträger (Erzeugnisse). Diesen Teilbereich bezeichnet man als **Kostenträgerrechnung.**

1 Kostenträger sind die Leistungseinheiten, für die Kosten angefallen sind. Zu Einzelheiten siehe S. 146ff.

(2) Deckungsbeitragsrechnung (Teilkostenrechnung)[1]

Die Teilkostenrechnung geht vom erzielbaren Marktpreis aus und zieht hiervon zunächst die Kosten ab, die direkt mit der Beschaffung, der Produktion und dem Absatz zusammenhängen **(variable Kosten)**. Ein verbleibender **Ertragsüberschuss (Deckungsbeitrag)** dient dann dazu, die Kosten, die unabhängig von einem einzelnen Auftrag anfallen **(fixe Kosten)**, abzudecken.

3 Vollkostenrechnung durchführen

3.1 Kostenarten bestimmen (Kostenartenrechnung)

Ermittlung des Verkaufspreises				Beurteilung der Wirtschaftlichkeit der Produktionstätigkeit
Abgrenzungsrechnung[2]	Kostenartenrechnung	Kostenstellenrechnung	Kostenträgerrechnung (Kostenträgerstückrechnung)	Kostenkontrolle bei Kostenträgerstückrechnung

Die **Kostenartenrechnung** hat die Aufgabe, alle Kosten einer Abrechnungsperiode nach Arten eindeutig, periodengerecht und vollständig zu erfassen.

3.1.1 Gliederung der Kosten nach der Zurechenbarkeit auf Kostenträger

(1) Einzelkosten (direkte Kosten)

Einzelkosten (direkte Kosten) sind Kostenarten, die den Erzeugnissen **direkt** zugerechnet werden können.

Beispiele:

Die wichtigsten **Einzelkosten** sind die **Aufwendungen für Rohstoffe** sowie die **Fertigungslöhne.** Daneben sind zu unterscheiden:

- **Sondereinzelkosten der Fertigung:** Das sind Kosten für Sonderfertigungen oder zusätzliche Sonderwünsche der Besteller. Ferner zählen hierzu sonstige auftrags- oder serienweise erfassbare Kosten z. B. für Spezialwerkzeuge, Modelle, Stücklizenzgebühren usw.
- **Sondereinzelkosten des Vertriebs:** Das sind insbesondere Vertreterprovisionen, Spezialverpackungen, besondere Transportkosten, Zölle.

(2) Gemeinkosten (indirekte Kosten)

Gemeinkosten (indirekte Kosten) sind Kostenarten, die für alle Erzeugnisse gemeinsam anfallen und daher **nicht unmittelbar** einem **einzelnen Kostenträger** zugerechnet werden können.

Beispiele:

Gehälter, soziale Abgaben des Arbeitgebers, Mieten, betriebliche Steuern, Energiekosten, Werbe- und Reisekosten, Abschreibungen, Verbrauch von Betriebsstoffen, Verbrauchswerkzeuge, Instandhaltung.

1 Vgl. Kapitel 4, S. 170 ff.

2 Wiederholen Sie hierzu Kapitel 1.3, S. 117 ff.

- Die **Einzelkosten** können den Erzeugnissen **direkt** zugeordnet werden.
- **Gemeinkosten** fallen für alle Erzeugnisse gemeinsam an. Sie können den einzelnen Erzeugnissen nur **indirekt** zugerechnet werden.

LS 4

3.1.2 Gliederung der Kosten bei Änderung der Produktionsmenge

(1) Kapazität und Beschäftigungsgrad

Jedes Unternehmen ist bezüglich seiner räumlichen, technischen und personellen Ausstattung auf eine bestimmte Produktionsmenge festgelegt. Diese Produktionsmenge je Zeiteinheit (Tag, Monat, Jahr) nennt man **Kapazität.** Von der Kapazität ist die tatsächliche Produktionsmenge zu unterscheiden, die man als Prozentsatz gemessen an der Kapazität angibt. Diesen Prozentsatz nennt man **Beschäftigungsgrad.**

- Unter **Kapazität** versteht man die Produktionsmenge, die bei gegebener Ausstattung erreichbar ist. Sie beträgt 100 %.
- Der **Beschäftigungsgrad** drückt das prozentuale Verhältnis der tatsächlichen Produktionsmenge (Beschäftigung) zur Kapazität aus.

$$\text{Beschäftigungsgrad} = \frac{\text{Leistungsmenge} \cdot 100}{\text{Kapazität}}$$

Beispiel:

Die Kapazität pro Monat beträgt 8000 Stück eines Erzeugnisses. Im Monat Mai betrug die Zahl der tatsächlich hergestellten Produktionsmenge 6000 Stück.

Aufgabe:

Berechnen Sie den Beschäftigungsgrad!

Lösung:

$$\text{Beschäftigungsgrad} = \frac{6000 \cdot 100}{8000} = \underline{\underline{75\,\%}}$$

(2) Abhängigkeit der Kosten von der Produktionsmenge

Betrachtet man die Gesamtkosten einer Geschäftsperiode, so stellt man fest, dass sich ein Teil der Kosten bei einer Änderung der Produktionsmenge nicht verändert, andere Kosten sich jedoch verändern. Es sind daher zwei Arten von Kosten zu unterscheiden: die **fixen Kosten** und die **variablen Kosten.**

- **Fixe Kosten**[3]

Fixe Kosten sind Kosten, die sich bei Änderung der Produktionsmenge in ihrer **absoluten Höhe nicht verändern.**

Beispiele:

Miete, Gehälter der Angestellten, Löhne für die Überwachung des Betriebes, lineare Abschreibungen, Versicherungsbeiträge, Grundsteuern.

3 Allerdings sind die fixen Kosten keineswegs gegenüber jeder Veränderung der Produktionsmenge unveränderlich. Soll beispielsweise die Produktion so gesteigert werden, dass sie mit der vorhandenen technischen Ausstattung bzw. den eingestellten Arbeitskräften nicht mehr erhöht werden kann, müssen neue Maschinen gekauft, zusätzliche Arbeitskräfte eingestellt und/oder eine neue Fabrikhalle angemietet werden. In diesem Fall erhöhen sich die fixen Kosten sprunghaft. Die zusätzlich entstehenden Kosten nennt man **sprungfixe Kosten.**

Variable Kosten

Variable Kosten sind Kosten, die sich in ihrer **absoluten Höhe** bei Änderung der Produktionsmenge **verändern.**

Beispiele:

Leistungsabhängige Löhne, Verbrauch von Werkstoffen, Treibstoffen, Büromaterial, Versicherungsbeiträge, Reparaturen.

Beachte:

- Die Kostenveränderung kann im gleichen Verhältnis wie die Produktionsmenge **(proportionale Kosten),** in einem geringeren Verhältnis **(unterproportionale, degressive Kosten)** oder in einem stärkeren Verhältnis **(überproportionale, progressive Kosten)** erfolgen.
- Wir nehmen der Einfachheit halber für unsere weiteren Überlegungen an, dass sich die variablen Kosten **proportional zur Änderung der Produktionsmenge** verhalten.

3.1.3 Kostenauflösung bei Mischkosten

Die **Aufgabe der Kostenauflösung** besteht darin, Kosten, die fixe und variable Kostenbestandteile enthalten **(Mischkosten),** in ihre fixen und variablen Kostenbestandteile zu trennen. Zur Trennung genügt es – unter der Annahme eines linearen Gesamtkostenverlaufs –, die Gesamtkosten von mindestens zwei Produktionsmengen zu kennen.

Beispiel:

In einem Industriebetrieb fielen in den Monaten Oktober und November folgende Produktionsmengen und Gesamtkosten an:

Monat	Produktionsmenge	Gesamtkosten
Oktober	800 Stück	34000,00 EUR
November	1000 Stück	40000,00 EUR

Die Kapazitätsgrenze liegt bei 1200 Stück.

Aufgabe:

Berechnen Sie die variablen Stückkosten und die fixen Gesamtkosten in den beiden Monaten!

Lösung:

Die Zunahme der Kosten im Monat November um 6000,00 EUR bei einer Erhöhung der Produktionsmenge um 200 Stück kann nur auf einen Anstieg des variablen Teils der Gesamtkosten zurückzuführen sein. Unter der Annahme eines linearen Gesamtkostenverlaufs können die variablen Stückkosten wie folgt errechnet werden:

Berechnung der variablen Stückkosten (k_v):

$$= \frac{6000{,}00 \text{ EUR}}{200 \text{ Stück}} = \underline{\underline{30{,}00 \text{ EUR/Stück}}}$$

$$\text{Variable Stückkosten } (k_v) = \frac{\text{Kostendifferenz } (\Delta K)}{\text{Mengenänderung } (\Delta x)}$$

Berechnung der fixen Gesamtkosten (K_{fix}):

= 34 000,00 EUR – (800 Stück · 30,00 EUR/Stück) = 10 000,00 EUR

Fixe Gesamtkosten = Gesamtkosten – (Produktionsmenge · variable Stückkosten)

Probe:

Gesamtkosten bei 1 000 Stück:

$K = K_{fix} + x \cdot k_v$

$K = 10\,000{,}00 + 1\,000 \cdot 30{,}00 = 40\,000{,}00$ EUR

Ergebnis:

Die variablen Stückkosten betragen 30,00 EUR, die fixen Gesamtkosten 10 000,00 EUR.

KOMPETENZTRAINING

46 1. 1.1 Beschreiben Sie mit eigenen Worten die Aufgaben der Kostenartenrechnung!

1.2 Nennen Sie das Kriterium nach dem die Aufgliederung der Kosten in Einzel- und Gemeinkosten erfolgt!

1.3 Erläutern Sie, warum die Unternehmen möglichst viele Kostenarten als Einzelkosten zu erfassen versuchen!

1.4 Ordnen Sie die folgenden Kostenarten den Einzelkosten bzw. Gemeinkosten zu!

Miete für den Ausstellungsraum, Aufwendungen für Handelswaren, Kraftfahrzeugsteuer, freiwillige soziale Aufwendungen, Gehälter, Aufwendungen für Rohstoffe, Abschreibungen auf Sachanlagen, Werbeanzeigekosten für ein Sonderangebot, Zustellentgelt für Warenlieferungen an einen Kunden, Provisionsaufwendungen, Aufwendungen für Betriebsstoffe, kalkulatorische Abschreibungen.

2. Erklären Sie an zwei Beispielen den Unterschied zwischen Einzel- und Gemeinkosten!

3. Ermitteln Sie, welche der angeführten Kostenarten fixe Kosten sind!

Frachtkosten beim Verkauf von Erzeugnissen, linearer Abschreibungsbetrag für die Lagerausstattung, Bankzinsen für einen Kontokorrentkredit, Bezugskosten beim Einkauf von Betriebsstoffen, Miete für ein Großlager, Aufwendungen für Rohstoffe, Personalkosten, Vertreterprovision, Verpackungs- und Transportkosten.

4. Die variablen Kosten für eine Erzeugnisgruppe betragen bei einem Absatz von 2 600 Stück 23 140,00 EUR. Die fixen Kosten der Erzeugnisgruppe betragen bis zu einem Umsatz von 2 800 Stück 8 500,00 EUR. Der Listenverkaufspreis beträgt je Stück 14,80 EUR. Der Verlauf der variablen Kosten ist proportional.

Aufgaben:

4.1 Berechnen Sie den Betriebsgewinn/Betriebsverlust bei einem Absatz von

4.1.1 1 200 Stück bzw.

4.1.2 2 500 Stück!

4.2 Berechnen Sie die jeweiligen Stückkosten!

47 1. Ein kleiner Industriebetrieb will eine Analyse seiner Kosten durchführen. Folgende Zahlenwerte liegen vor:

Produktions-menge	Fixe Gesamt-kosten	Variable Gesamt-kosten	Gesamt-kosten	Fixe Stück-kosten	Variable Stück-kosten	Stück-kosten
0	2000,00	–				
100		400,00				
200		800,00				
300		1200,00				
400		1600,00				
500		2000,00				

Aufgaben:

1.1 Berechnen Sie die Gesamtkosten und die Stückkosten! Verwenden Sie dazu die angegebene Tabelle!

1.2 Die Gesamtkosten bei der Produktionsmenge $x_1 \triangleq 240$ Einheiten betragen 7700,00 EUR, bei der Ausbringungsmenge $x_2 \triangleq 260$ Einheiten 8200,00 EUR. Es treten nur absolut fixe und variable Kosten auf.

Aufgabe:

Berechnen Sie die Fixkosten und die variablen Stückkosten!

2. Ein Metall verarbeitender Betrieb weist folgende Kostensituation auf:

Monat	Produktion (Stück)	Gesamtkosten (EUR)
September	1200	444000,00
Oktober	1800	570000,00

Aufgabe:

Ermitteln Sie mathematisch die variablen Stückkosten!

3. Ordnen Sie die vorgegebenen Kosten den jeweiligen Kostenarten zu!

Kostenarten / Kosten	Einzelkosten	Sondereinzelkosten		Gemeinkosten	fixe Kosten		variable Kosten
		Fertigung	Vertrieb		absolut fix	sprungfix	
Verbrauch von Stahl und Blechen							
Verbrauch von Schmiermitteln							
Konstruktionszeichnung für eine neue Garnmaschine							
Ausgangsfracht für einen Großkunden							
Brennstoffe/Energie							
Aufw. für Kommunikation							
Kfz-Versicherung							
kalk. Abschreibungen							

Kostenarten / Kosten	Einzelkosten	Sondereinzelkosten		Gemeinkosten	fixe Kosten		variable Kosten
		Fertigung	Vertrieb		absolut fix	sprungfix	
Fertigungslöhne							
Miete für eine weitere Lagerhalle							
Vertriebsprovision für einen Handelsvertreter							
Kosten für Entsorgung							
Spezialwerkzeug für eine Sonderanfertigung							

4. Erklären Sie, welchen Sachverhalt das nachfolgende Schema ausdrückt!

fixe Kosten (K_{fix})	Gemeinkosten
variable Kosten (K_v)	Einzelkosten

LS 5

3.2 Kostenstellenrechnung durchführen

Ermittlung des Verkaufspreises				Beurteilung der Wirtschaftlichkeit der Produktionstätigkeit
Abgrenzungsrechnung	Kostenartenrechnung	Kostenstellenrechnung	Kostenträgerrechnung (Kostenträgerstückrechnung)	Kostenkontrolle bei Kostenträgerstückrechnung

3.2.1 Begriff und Aufgabe der Kostenstellenrechnung

Die **Kostenstellenrechnung** erfasst die Kostenarten an den Stellen im Betrieb, an denen sie entstanden sind.

Aufgabe der Kostenstellenrechnung ist die **Weiterverrechnung der einzelnen Kosten auf die Kostenträger** (z. B. Erzeugnisse).

- Da die **Einzelkosten** bei der Zurechnung auf den Kostenträger keine Probleme bereiten und auch keiner besonderen Kontrolle bedürfen, geht es bei der **Kostenstellenrechnung** um die **Erfassung und Verteilung der Gemeinkosten.**
- Ein großer Teil der **Gemeinkosten** kann aufgrund der vorliegenden Belege, auf denen die Kostenstelle vermerkt ist, **direkt** auf die entsprechenden Kostenstellen verteilt werden **(Kostenstelleneinzelkosten).** Der andere Teil wird **indirekt** mithilfe von Umrechnungsschlüsseln auf die Kostenstellen verteilt **(Kostenstellengemeinkosten).**

3.2.2 Bildung von Kostenstellen

Um die Gemeinkosten erfassen, kontrollieren und auf die Kostenträger verteilen zu können, muss der Betrieb in Kostenbereiche gegliedert werden. Nach der Leistungserstellung eines Industriebetriebes werden **vier Kostenbereiche (Hauptkostenstellen)**[1] gebildet:

- Material
- Fertigung
- Verwaltung
- Vertrieb

Es ist darauf zu achten, dass die Kostenstellen räumlich, organisatorisch und verantwortungsmäßig abgegrenzte Teilbereiche des Betriebes darstellen.

> Eine **Kostenstelle** ist ein räumlich, organisatorisch und verantwortungsmäßig abgegrenzter Teilbereich eines Betriebes zur Erfassung der Gemeinkosten am Ort ihrer Entstehung.

3.2.3 Durchführung der Kostenstellenrechnung mithilfe des Betriebsabrechnungsbogens (BAB)

3.2.3.1 Begriff und Aufbau des Betriebsabrechnungsbogens

Technisches Mittel für die ordnungsmäßige Erfassung der angefallenen Gemeinkosten und ihre Verrechnung auf die Kostenstellen und die Kostenträger ist der **Betriebsabrechnungsbogen.**

> Der **Betriebsabrechnungsbogen (BAB)** ist eine tabellarische Form der Kostenstellenrechnung.

Der **Betriebsabrechnungsbogen** hat folgende Grundstruktur:

Auf der rechten Hälfte des BABs werden die **einzelnen Kostenstellen** angeordnet. Auf der linken Seite werden die von der Kostenartenrechnung übernommenen **Gemeinkosten** aufgelistet. Bei der Verteilung der Kostenarten auf die Kostenstellen wird in einer Zwischenspalte ein Hinweis darauf gegeben, auf welcher Grundlage die Verteilung der jeweiligen Gemeinkostenart auf die verschiedenen Kostenstellen erfolgen soll. Man spricht daher auch von **Verteilungsgrundlage** bzw. von **Verteilungsschlüssel.**

Gemein-kostenarten	EUR	Verteilungs-grundlage	Kostenstellen			
			Material	Fertigung	Verwaltung	Vertrieb

Für den Industriebetrieb kann man Kostenstellen nach

- **Erzeugnisgruppen** (z. B. Schreibtische, Bürostühle, Aktenschränke) oder
- **Funktionen** (z. B. Material, Fertigung, Verwaltung, Vertrieb)

bilden.

1 Eine Untergliederung der Hauptkostenstellen wird im Folgenden aufgrund des Rahmenlehrplans nicht vorgenommen.

3.2.3.2 Problem der Verrechnung der Gemeinkosten auf die Kostenstellen

(1) Direkte Verrechnung (Kostenstelleneinzelkosten)

Es gibt Gemeinkosten, die einen direkten Bezug zu den einzelnen Kostenstellen haben und sich daher auch direkt auf die einzelnen Kostenstellen verrechnen lassen. Man nennt sie **Kostenstelleneinzelkosten.**

Beispiele:

- Gehälter, Sozialkosten mithilfe von Gehaltslisten.
- Stromkosten mithilfe von Zählern.
- Abschreibungen einzelner Anlagegüter mittels Anlagendatei.
- Materialgemeinkosten mithilfe von Materialentnahmescheinen.
- Instandhaltung anhand von Belegen.

(2) Indirekte Verrechnung (Kostenstellengemeinkosten)

Bei einem großen Teil der Gemeinkosten wird eine direkte Verrechnung nicht möglich sein. Dann bleibt nur noch die Möglichkeit, die angefallenen Kosten mithilfe eines **Verteilungsschlüssels** auf die einzelnen Kostenstellen umzulegen. Dabei hängt die gerechte Verteilung von der Wahl eines verursachungsgerechten Verteilungsschlüssels ab.

Der Verteilungsschlüssel sollte so gewählt werden, dass ein hohes Maß an Abhängigkeit zwischen dem Verteilungsschlüssel und den zu verrechnenden Kosten besteht. Im Idealfall – und der wird hier unterstellt – ist die Abhängigkeit proportional.

Beispiele:

- Miete, Heizung nach m^2 bzw. m^3 der einzelnen Kostenstellen.
- Kfz-Kosten nach km.
- Unfallversicherung nach Anzahl der Beschäftigten je Kostenstelle.

Die **Verteilung der Gemeinkosten** erfolgt entweder

- direkt aufgrund der einer Kostenstelle zurechenbaren Belege **(Kostenstelleneinzelkosten)** oder
- indirekt über Verteilungsschlüssel **(Kostenstellengemeinkosten).**

3.2.3.3 Aufstellung eines Betriebsabrechnungsbogens

Beispiel:

Die Maschinenfabrik Hans Wacker GmbH produziert im Werk Bochum kleine Elektromotoren zum Antrieb von Bohrmaschinen.

Die Kostenartenrechnung der Hans Wacker GmbH weist für den Monat Januar folgende Gemeinkosten aus:

Betriebsstoffkosten	10000 TEUR	Betriebssteuern	2500 TEUR
Gehälter	9000 TEUR	Kalk. Abschreibungen	12000 TEUR
Sozialkosten	1300 TEUR	Energiekosten	3000 TEUR
Instandhaltung	11500 TEUR	Sonstige Kosten	4800 TEUR

Für die Erstellung des BAB ist folgender Verteilungsschlüssel zu verwenden:

Gemeinkostenarten	I Material	II Fertigung	III Verwaltung	IV Vertrieb
Betriebsstoffk. lt. Entnahmesch.	2700,00	5300,00	100,00	1900,00
Gehälter lt. Gehaltsliste	400,00	1000,00	5400,00	2200,00
Sozialkosten	1	2	7	3
Instandhaltung lt. Arbeitsstunden	20	84	2	9
Betriebssteuern	–	4	1	–
Kalk. Abschreibungen	1	7	3	1
Energiekosten lt. kWh	4000	40000	10000	6000
Sonstige Kosten lt. Belegen	1	6	2	3

Aufgabe:

Stellen Sie einen BAB auf und verteilen Sie aufgrund der Vorgaben die Gemeinkosten auf die einzelnen Kostenstellen!

Lösung:

Betriebsabrechnungsbogen (BAB)

Gemeinkostenarten	Zahlen der KLR TEUR	Verteilungs-schlüssel	Kostenstellen			
			I Material	II Fertigung	III Verwaltung	IV Vertrieb
Betriebsstoffkosten	10000	Entnahmescheine	2700,00	5300,00	100,00	1900,00
Gehälter	9000	Gehaltsliste	400,00	1000,00	5400,00	2200,00
Sozialkosten	1300	1 : 2 : 7 : 3	100,00	200,00	700,00	300,00
Instandhaltung	11500	Arbeitsstunden	2000,00	8400,00	200,00	900,00
Betriebssteuern	2500	0 : 4 : 1 : 0	–	2000,00	500,00	–
Kalk. Abschreibungen	12000	1 : 7 : 3 : 1	1000,00	7000,00	3000,00	1000,00
Energiekosten	3000	Kilowatt-Std.	200,00	2000,00	500,00	300,00
Sonst. Kosten	4800	1 : 6 : 2 : 3	400,00	2400,00	800,00	1200,00
Summe der Gemeinkosten	54100	aufge-schlüsselt	6800,00	28300,00	11200,00	7800,00

Erläuterungen:

Die aufgelisteten Gemeinkosten werden der Kostenartenrechnung entnommen und **direkt** aufgrund von **Belegen** (Entnahmescheine, Gehaltslisten, Arbeitsstunden, Stromzähler) oder **indirekt** aufgrund bestimmter **Verteilungsschlüssel** verrechnet. Der Einfachheit halber werden Verhältniszahlen angegeben.

KOMPETENZTRAINING

48 1. Nennen Sie die wichtigsten Aufgaben der Kostenstellenrechnung!

2. Erläutern Sie den Begriff Kostenstelle!

3. Ein kleiner Industriebetrieb arbeitet mit vier Kostenstellen, die den Funktionsbereichen Material, Fertigung, Verwaltung und Vertrieb entsprechen. Laut Kostenrechnung sind die im Monat Oktober entstandenen Gemeinkosten den Kostenstellen wie folgt zuzuordnen:

	Zahlen der KLR	Kostenstellen			
		I Material	II Fertigung	III Verwaltung	IV Vertrieb
Kostenstelleneinzelkosten lt. Belegen					
Betriebsstoffe	50 000,00	10 000,00	35 000,00	2 500,00	2 500,00
Gehälter	180 000,00	15 000,00	30 000,00	100 000,00	35 000,00
Fremdreparaturen	100 000,00	5 000,00	80 000,00	10 000,00	5 000,00
Kalk. Abschreibung	92 000,00	12 000,00	49 000,00	23 400,00	7 600,00
Kostenstellengemeinkosten lt. Verteilungsschlüssel					
Hilfslöhne	36 000,00	1	4	–	1
Stromkosten	12 000,00	5 000 kWh	40 000 kWh	10 000 kWh	5 000 kWh
Betriebssteuern	49 000,00	1	3	2	1
Kalk. Unternehmerlohn	10 000,00	1	4	3	2

Aufgabe:

Ermitteln Sie die Summe der Gemeinkosten je Kostenstelle!

4. Nennen Sie die Arten von Gemeinkosten, die sich hinsichtlich der Problematik ihrer Verteilung unterscheiden lassen!

5. Nennen Sie beispielhaft einige Gemeinkosten und geben Sie dafür die mögliche Verteilungsgrundlage an!

6. Erklären Sie, welcher Grundsatz bei der Wahl eines Verteilungsschlüssels beachtet werden muss!

3.2.3.4 Ermittlung der Zuschlagssätze für die Gemeinkosten

(1) Wahl der Zuschlagsgrundlagen (Bezugsgrößen)

Es ist in der Praxis üblich, die im Materialbereich anfallenden Gemeinkosten **(Materialgemeinkosten)** entsprechend den **Materialeinzelkosten,** die in der Fertigung anfallenden Gemeinkosten **(Fertigungsgemeinkosten)** entsprechend der Höhe der **Fertigungslöhne** auf die einzelnen Kostenträger zu verrechnen. Dabei werden die jeweiligen Gemeinkosten in Prozenten zu den gewählten Zuschlagsgrundlagen ausgedrückt und mit diesen Zuschlagssätzen werden die einzelnen Gemeinkostenarten bei der Kalkulation erfasst.

Während zwischen Materialgemeinkosten und Materialeinzelkosten sowie zwischen Fertigungsgemeinkosten und Fertigungslöhnen eine Abhängigkeit unterstellt werden kann, ist die Wahl der Zuschlagsgrundlage für die **Verwaltungs- und Vertriebsgemeinkosten** wesentlich problematischer. In Ermangelung geeigneter Bezugsgrößen wählt man für diese Gemeinkosten als gemeinsame Zuschlagsgrundlage die **Herstellkosten der Rechnungsperiode.**

(2) Berechnung der Zuschlagssätze für die Gemeinkosten

Beispiel:

Die Kostenartenrechnung eines Industriebetriebes weist für den Monat Januar folgende Kosten aus:

Verbrauch von		Sozialkosten	1300,00 EUR
Fertigungsmaterial	85000,00 EUR	Instandhaltung	11500,00 EUR
Hilfsstoffkosten	6000,00 EUR	Betriebssteuern	2500,00 EUR
Betriebsstoffkosten	4000,00 EUR	Kalk. Abschreibungen	12000,00 EUR
Fertigungslöhne	56600,00 EUR	Energiekosten	3000,00 EUR
Gehälter	9000,00 EUR	Sonstige Kosten	4800,00 EUR

Bezugsgrößen für die Gemeinkosten:

- Die Materialgemeinkosten sind auf den Verbrauch von Fertigungsmaterial zu beziehen.
- Die Fertigungsgemeinkosten sind auf die Fertigungslöhne zu beziehen.
- Die Verwaltungs- und Vertriebsgemeinkosten werden auf die Herstellkosten der Rechnungsperiode bezogen.

Für die Erstellung des BAB ist folgender Verteilungsschlüssel zu verwenden:

Gemeinkostenarten	I Material	II Fertigung	III Verwaltung	IV Vertrieb
Hilfsstoffk. lt. Entnahmescheinen	1800,00	3000,00	–	1200,00
Betriebsstoffk. lt. Entnahmesch.	900,00	2300,00	100,00	700,00
Gehälter lt. Gehaltsliste	400,00	1000,00	5400,00	2200,00
Sozialkosten	1	2	7	3
Instandhaltung lt. Arbeitsstunden	20	84	2	9
Betriebssteuern	–	4	1	–
Kalk. Abschreibungen	1	7	3	1
Energiekosten lt. kWh	4000	40000	10000	6000
Sonstige Kosten lt. Belegen	1	6	2	3

Aufgaben:

1. Verteilen Sie aufgrund der angegebenen Verteilungsschlüssel die Gemeinkosten auf die einzelnen Kostenstellen!
2. Ermitteln Sie für jede Kostenstelle die Zuschlagssätze für die Gemeinkosten!
3. Ermitteln Sie die Selbstkosten der Rechnungsperiode (Monat: Januar)!

Lösungen:

Zu 1.: Verteilung der Gemeinkosten mithilfe des Betriebsabrechnungsbogens (BAB)

Gemeinkostenarten	Zahlen der KLR	Verteilungsschlüssel	Kostenstellen			
			I Material	II Fertigung	III Verwaltung	IV Vertrieb
Hilfsstoffkosten	6000,00	Entnahmescheine	1800,00	3000,00	–	1200,00
Betriebsstoffkosten	4000,00	Entnahmescheine	900,00	2300,00	100,00	700,00
Gehälter	9000,00	Gehaltsliste	400,00	1000,00	5400,00	2200,00
Sozialkosten	1300,00	1 : 2 : 7 : 3	100,00	200,00	700,00	300,00
Instandhaltung	11500,00	Arbeitsstunden	2000,00	8400,00	200,00	900,00
Betriebssteuern	2500,00	0 : 4 : 1 : 0	–	2000,00	500,00	–
Kalk. Abschreibungen	12000,00	1 : 7 : 3 : 1	1000,00	7000,00	3000,00	1000,00
Energiekosten	3000,00	Kilowatt-Std.	200,00	2000,00	500,00	300,00
Sonst. Kosten	4800,00	1 : 6 : 2 : 3	400,00	2400,00	800,00	1200,00
Summe der Gemeinkosten	54100,00	aufgeschlüsselt	6800,00	28300,00	11200,00	7800,00
	Zuschlagsgrundlagen:					
	Materialverbrauch		85000,00			
	Fertigungslöhne			56600,00		
	Herstellkosten der Rechnungsperiode				176700,00	176700,00
	Zuschlagssätze[1]		8 %	50 %	6,34 %	4,41 %

Zu 2.: Ermittlung der Zuschlagssätze

- **Zuschlagssatz für die Materialgemeinkosten**

Es wird unterstellt, dass die Materialgemeinkosten (MGK) von den Materialeinzelkosten abhängen. Daher werden die MGK für ihre Verrechnung auf die Kostenträger in Prozenten zum Verbrauch von Fertigungsmaterial angegeben.

Materialverbrauch	85000,00 EUR ≙	100 %
MGK	6800,00 EUR ≙	x %

$$x = \frac{100 \cdot 6800}{85000} = \underline{\underline{8\,\%}}$$

Der MGK-Zuschlagssatz von 8 % besagt, dass immer dann, wenn für 100,00 EUR Fertigungsmaterial verbraucht wurde, parallel und gleichzeitig 8,00 EUR Gemeinkosten im Materialbereich (z. B. Einkauf, Warenabnahme ...) anfallen.

$$\text{MGK-Zuschlagssatz} = \frac{100 \cdot \text{Materialgemeinkosten}}{\text{Verbrauch von Fertigungsmaterial}}$$

- **Zuschlagssatz für die Fertigungsgemeinkosten**

Die Fertigungsgemeinkosten werden auf die aufgewendeten Fertigungslöhne bezogen. Dabei wird unterstellt, dass die anfallenden Fertigungsgemeinkosten von der Höhe der aufgewendeten Fertigungslöhne abhängen. Dies ist in der Praxis **nur bedingt der Fall,** und zwar insbesondere dann nicht, wenn der Betrieb maschinenintensiv ist.

Fertigungslöhne	56600,00 EUR ≙	100 %
FGK	28300,00 EUR ≙	x %

$$x = \frac{100 \cdot 28300}{56600} = \underline{\underline{50\,\%}}$$

$$\text{FGK-Zuschlagssatz} = \frac{100 \cdot \text{Fertigungsgemeinkosten}}{\text{Fertigungslöhne}}$$

1 Mit diesen Zuschlagssätzen werden im Rahmen der Kalkulation die verschiedenen Gemeinkosten anteilmäßig erfasst.

■ **Zuschlagssatz für die Verwaltungsgemeinkosten**

Bei der Höhe der Verwaltungs- und Vertriebsgemeinkosten wird eine Abhängigkeit von der Höhe der Herstellkosten der Rechnungsperiode unterstellt.

Berechnung der Herstellkosten der Rechnungsperiode

	Verbrauch von Fertigungsmaterial	85 000,00 EUR	
+	Materialgemeinkosten (MGK)	6 800,00 EUR	
	Materialkosten		91 800,00 EUR
	Fertigungslöhne	56 600,00 EUR	
+	Fertigungsgemeinkosten (FGK)	28 300,00 EUR	
	Fertigungskosten		84 900,00 EUR
	Herstellkosten der Rechnungsperiode		176 700,00 EUR

Herstellkosten der Rechnungsperiode	176 700,00 EUR ≙	100 %
VerwGK	11 200,00 EUR ≙	x %

$$x = \frac{100 \cdot 11\,200}{176\,700} = \underline{\underline{6{,}34\,\%}}$$

$$\text{VerwGK-Zuschlagssatz} = \frac{100 \cdot \text{Verwaltungsgemeinkosten}}{\text{Herstellkosten der Rechnungsperiode}}$$

■ **Zuschlagssatz für die Vertriebsgemeinkosten**

Herstellkosten der Rechnungsperiode	176 700,00 EUR ≙	100 %
VertrGK	7 800,00 EUR ≙	x %

$$x = \frac{100 \cdot 7800}{176\,700} = \underline{\underline{4{,}41\,\%}}$$

$$\text{VertrGK-Zuschlagssatz} = \frac{100 \cdot \text{Vertriebsgemeinkosten}}{\text{Herstellkosten der Rechnungsperiode}}$$

Zu 3.: Ermittlung der Selbstkosten der Rechnungsperiode (Monat: Januar)

Aufgrund der Zahlenangaben des Beispiels ergeben sich die Selbstkosten der Rechnungsperiode durch folgende Berechnung:

	Herstellkosten der Rechnungsperiode	176 700,00 EUR
+	Verwaltungsgemeinkosten	11 200,00 EUR
+	Vertriebsgemeinkosten	7 800,00 EUR
	Selbstkosten der Rechnungsperiode	195 700,00 EUR

Kompetenztraining

49 1. Erklären Sie, wie die Kostenstellenrechnung im Gesamtbereich der Kosten- und Leistungsrechnung eingeordnet ist!

2. Beschreiben Sie den rechnungstechnischen Ablauf der Kostenstellenrechnung!

3. Erläutern Sie, worauf bei der Einrichtung von Kostenstellen besonders zu achten ist!

4. Die Kostenartenrechnung eines Industriebetriebes weist für den Monat Januar folgende Kosten aus, die wie folgt aufzuteilen sind:

	Zahlen der KLR	Material	Fertigung	Verwaltung	Vertrieb
Betriebsstoffkosten	36 000,00	12 000,00	Rest	–	–
Gehälter	90 000,00	7 500,00	7 500,00	37 500,00	Rest
Sozialkosten	30 000,00	2	2	3	3
Abschreibungen	48 000,00	2	4	3	1
Steuern	45 000,00	1	4	4	1
Sonstige Kosten	210 000,00	1	5	6	2

Verbrauch von Fertigungsmaterial: 300 000,00 EUR
Fertigungslöhne: 180 000,00 EUR

Aufgaben:

4.1 Erstellen Sie den Betriebsabrechnungsbogen!

4.2 Berechnen Sie den Zuschlagssatz je Kostenstelle für den Monat Januar!

50 Die Papierfabrik Schleipen GmbH hat für den Monat Dezember folgende Gemeinkosten ermittelt, die in der vorgegebenen Weise auf die vier Kostenstellen verrechnet wurden:

	Zahlen der KLR	Verteilungsgrundlage	Material	Fertigung	Verwaltung	Vertrieb
Betriebsstoffkosten	21 000,00	Entnahmescheine	2 700,00	16 900,00	–	1 400,00
Gehälter	56 900,00	Gehaltsliste	3 500,00	4 800,00	35 200,00	13 400,00
Sozialkosten	25 200,00	Gehaltsliste	2 100,00	2 600,00	15 400,00	5 100,00
Versicherungen	7 794,00	2 : 3 : 3 : 1				
Instandhaltung	5 400,00	Arbeitsstunden	900,00	3 100,00	1 200,00	200,00
Betriebl. Steuern	8 748,00	1 : 3 : 1 : 1				
Energiekosten	9 600,00	kWh	1 200,00	5 700,00	1 700,00	1 000,00
Kalk. Abschreib.	13 800,00	Vermögenswerte	2400,00	9 300,00	1 500,00	600,00
Kalk. Zinsen	6 900,00	Vermögenswerte	1 200,00	4 650,00	750,00	300,00

Verbrauch von Fertigungsmaterial: 38 200,00 EUR
Fertigungslöhne: 67 527,50 EUR

Aufgaben:

1. Stellen Sie aufgrund der Vorgaben den BAB auf!
2. Erweitern Sie den BAB durch Angabe der Zuschlagssätze in den einzelnen Kostenstellen!
3. Berechnen Sie die Selbstkosten der Rechnungsperiode!

51 Für die Betriebsabrechnung hat ein Industriebetrieb vier Kostenstellen eingerichtet: Material, Fertigung, Verwaltung und Vertrieb.

Aus den Zahlen der Kosten- und Leistungsrechnung ergeben sich folgende Gemeinkostenbeträge:

	TEUR
Hilfslöhne	500
Gehälter	1 000
Gesetzlicher Sozialaufwand	500
Stromkosten	100
Raumkosten	300
Kalk. Abschreibungen auf Anlagen	500
Kalk. Zinsen auf Anlage- und Umlaufvermögen	900

Aufgaben:

1. 1.1 Berechnen Sie mithilfe eines Betriebsabrechnungsbogens die Gemeinkosten der vier Kostenstellen unter Verwendung der nachfolgend genannten Schlüssel:

	Material	Fertigung	Verwaltung	Vertrieb
Hilfslöhne	40 %	40 %	12 %	8 %
Gehälter	20 %	20 %	32 %	28 %
Gesetzlicher sozialer Aufwand nach der Zahl der Mitarbeiter	160	560	152	128
Stromverbrauch im Verhältnis	2	6	1	1
Raumkosten nach Fläche in m^2	500	1 500	600	400
Anlagevermögen TEUR	1 500	3 000	300	200
Umlaufvermögen TEUR (Material- und Erzeugnisbestände)	3 000	2 000	4 000	1 000

   1.2 Berechnen Sie die vier Zuschlagssätze (auf- bzw. abgerundet auf volle Prozentsätze)!

   Zusatzangaben: Verbrauch von Fertigungsmaterial 4 850 TEUR
   Fertigungslöhne 1 000 TEUR

2. Der MGK-Zuschlagssatz in einem Industrieunternehmen beträgt 9 %.

   Aufgabe:

   Beschreiben Sie den Sachverhalt, der durch diesen Zuschlagssatz zum Ausdruck kommt!

52 1. Das Verursachungsprinzip ist ein wichtiges Prinzip bei der Verteilung der Gemeinkostenarten. Nennen Sie die Art der Verteilung, die am ehesten dem Verursachungsprinzip entspricht!

1.1 Verteilung nach Zuschlagssätzen.

1.2 Verteilung nach zuvor festgelegten Prozentsätzen.

1.3 Verteilung aufgrund von Belegen.

1.4 Gleichmäßige Verteilung aller Gemeinkosten auf die einzelnen Kostenstellen.

2. Nennen Sie die Aufgabe, die die Kostenstellenrechnung erfüllt!
   2.1 Sie ermittelt für jede Kostenstelle das Betriebsergebnis.
   2.2 Sie gliedert die Aufwendungen auf in unternehmens- und betriebsbezogene Aufwendungen.
   2.3 Sie ermittelt den Verkaufspreis für ein Produkt.
   2.4 Sie verteilt die angefallenen Gemeinkosten verursachungsgerecht auf die einzelnen Kostenstellen.
   2.5 Sie errechnet für jede Kostenstelle die angefallenen Aufwendungen.

Aufgabe:

Übertragen Sie jeweils die richtige(n) Aussage(n) in Ihr Hausheft!

53 Die Thermes GmbH, ein Heizgerätehersteller, legt den nachfolgenden BAB vor, der die Gemeinkosten des Monats Februar enthält.

	Zahlen der KLR	Material	Fertigung	Verwaltung	Vertrieb
Hilfsstoffkosten	145 700,00	2 050,00	129 450,00	3 500,00	10 700,00
Betriebsstoffkosten	22 400,00	1 700,00	14 400,00	4 100,00	2 200,00
Gehälter	130 500,00	4 100,00	98 900,00	18 600,00	8 900,00
Sozialkosten					
Mieten, Pachten	84 200,00	650 m²	2 720 m²	330 m²	510 m²
Büromaterial	91 100,00	3	2	11	4
Sonst. betr. Kosten	70 560,00	3	4	2	3
Kalk. Abschreibungen		2	8	4	1
Kalk. Wagnisse	45 800,00	2	4	2	2

Weitere Angaben:

- Verbrauch von Fertigungsmaterial: 1 046 553,80 EUR
- Fertigungslöhne: 560 702,50 EUR
- Die Sozialkosten betragen 80 % der Gehaltssumme.
- Kalkulatorische Abschreibungen je Jahr:
  auf das Betriebsgebäude 2 % von den Anschaffungskosten 3 100 000,00 EUR
  auf die technischen Anlagen und Maschinen 10 % vom Buchwert 1 690 600,00 EUR
  auf den Fuhrpark 15 % vom Wiederbeschaffungswert 600 000,00 EUR

Aufgaben:

1. Erstellen Sie den Betriebsabrechnungsbogen!
2. Berechnen Sie den Zuschlagssatz je Kostenstelle für den Monat Februar!
3. Ermitteln Sie die Selbstkosten der Rechnungsperiode!

LS 6

3.3 Im Rahmen der Kostenträgerrechnung auf Vollkostenbasis Angebotspreise kalkulieren

3.3.1 Allgemeines zur Kostenträgerrechnung

Die Leistungseinheiten, für die Kosten angefallen sind, nennt man **Kostenträger,** weil sie die Kosten zu tragen haben. Als Kostenträger können einzelne **Produkte** oder **Produktgruppen** dienen.

- **Kostenträger** sind Leistungseinheiten, für die Kosten angefallen sind.
- Als Kostenträger können einzelne **Produkte** oder auch die Zusammenfassung gleichartiger Produkte zu einer **Produktgruppe** dienen.

Die Hauptaufgabe der Kostenträgerrechnung besteht darin, festzustellen, wie viel Kosten auf die einzelnen Kostenträger entfallen.

- Bezieht sich die Zurechnung der Kosten auf die einzelnen Kostenträger auf eine **Abrechnungsperiode** (Monat, Jahr), spricht man von einer **Kostenträgerzeitrechnung.** In ihr können sowohl das Betriebsergebnis insgesamt als auch die auf Kostenträger bezogenen Teilergebnisse ermittelt werden.[1]
- Sollen die Kosten lediglich für einen **einzelnen Auftrag** (ein einzelnes Produkt) berechnet werden, spricht man von der **Kostenträgerstückrechnung,** die auch als **Kalkulation** bezeichnet wird.

Die **Kostenträgerrechnung** ermittelt die **Kosten** eines **Kostenträgers.**

3.3.2 Angebotspreise kalkulieren (Kostenträgerstückrechnung)

Ermittlung des Verkaufspreises				**Beurteilung der Wirtschaftlichkeit der Produktionstätigkeit**
Abgrenzungsrechnung	Kostenartenrechnung	Kostenstellenrechnung	Kostenträgerrechnung (Kostenträgerstückrechnung)	Kostenkontrolle bei Kostenträgerstückrechnung

1 Auf die Kostenträgerzeitrechnung wird aufgrund des Rahmenlehrplans nicht eingegangen.

3.3.2.1 Angebotspreise für eigene Produkte kalkulieren

(1) Grundlegendes

Die **Kostenträgerstückrechnung (Kalkulation)** ermittelt die Kosten für ein **Produkt** bzw. eine **Produktgruppe.**

Werden unterschiedliche Produkte hergestellt – und davon gehen wir im Folgenden aus – ist eine **individuelle Kostenermittlung** für jedes Produkt bzw. für jede Produktgruppe erforderlich. Diese Form der Kostenträgerstückrechnung bezeichnet man als **Zuschlagskalkulation.** Da bei der Zuschlagsrechnung **alle Kosten,** die bei der Herstellung des Produktes anfallen, in die **Preisberechnung eingehen,** liegt eine **Vollkostenrechnung** vor.

Der **Verfahrensablauf einer Zuschlagskalkulation** ist folgender:

- Die **Einzelkosten** werden aus der Kostenartenrechnung **direkt** den Kostenträgern zugerechnet. Das betrifft im Wesentlichen das Fertigungsmaterial und die Fertigungslöhne.
- Die in der Kostenstellenrechnung erfassten **Gemeinkosten** werden den Kostenträgern **indirekt** über Zuschlagssätze zugeordnet.

(2) Angebotskalkulation (Vorkalkulation)

Um einen Verkauf tätigen zu können, ist es in der Praxis oft notwendig, ein Angebot mit einem verbindlichen Angebotspreis abzugeben. Das Unternehmen ist dann gezwungen, vor Beginn der Produktion eine Angebotskalkulation vorzunehmen. Die Angebotskalkulation ist in der Regel eine **Vorwärtskalkulation.**

Bei der Berechnung der Vorwärtskalkulation werden die Einzel- und Gemeinkosten unterschiedlich ermittelt und eingerechnet:

Zu den Einzelkosten	■ Bei einer Angebotskalkulation kann der **Verbrauch von Fertigungsmaterial** aufgrund von Stücklisten[1] ermittelt werden. Die benötigten Preise ergeben sich aus vorliegenden Preisen der Vergangenheit bzw. derzeitigen Angebotspreisen, wobei die zu erwartenden Preisänderungen zu berücksichtigen sind. ■ Die **Lohnkosten** ergeben sich aufgrund der Fertigungszeiten, bei denen auf Erfahrungen der Vergangenheit bzw. auf vorhandene Zeitvorgaben zurückgegriffen werden kann. Zu erwartende Lohnänderungen sind auch hier zu berücksichtigen.
Zu den Gemeinkosten	Die Gemeinkosten werden über Zuschlagssätze einkalkuliert. Diese werden innerhalb des Betriebsabrechnungsbogens ermittelt. Da man bei einer Angebotskalkulation nicht bis zum Abschluss der laufenden Geschäftsperiode warten kann, wird mit **Normalzuschlagssätzen**[2] gearbeitet.

1 Die **Stücklisten** geben die Teile an, die für die Produktion der Erzeugnisse notwendig sind.

2 **Normalkosten** sind **Durchschnittskosten** der tatsächlich angefallenen Kosten mehrerer Abrechnungsperioden. Zu Einzelheiten siehe S. 161 f.

Beispiel:

Eine Maschinenfabrik errechnet zur Abgabe eines Angebots für eine Abfüllmaschine den Listenverkaufspreis. Es wird mit folgenden Kosten kalkuliert:

Verbrauch von Fertigungsmaterial	17 200,00 EUR
Fertigungslöhne	21 400,00 EUR

Zuschlagssätze: MGK 9 %, FGK 110 %, VerwGK 18 %, VertrGK 6 %.

Bei der Angebotskalkulation der Abfüllmaschine sollen 15 % Gewinn, 7 % Vertreterprovision (vom Zielverkaufspreis), 10 % Kundenrabatt und 2 % Skonto einkalkuliert werden.

Aufgabe:

Berechnen Sie den Listenverkaufspreis (Nettoverkaufspreis)!

Lösung:

\+ Vorwärtskalkulation

	100 %		Materialeinzelkosten	17 200,00 EUR	
	9 %	+	Materialgemeinkosten	1 548,00 EUR	
			Materialkosten		18 748,00 EUR
100 %	←		Fertigungslöhne	21 400,00 EUR	
110 %		+	Fertigungsgemeinkosten	23 540,00 EUR	
			Fertigungskosten		44 940,00 EUR
	100 %		**Herstellkosten**		63 688,00 EUR
	18 %	+	Verwaltungsgemeinkosten	11 463,84 EUR	
	6 %	+	Vertriebsgemeinkosten	3 821,28 EUR	15 285,12 EUR
100 %			**Selbstkosten**		78 973,12 EUR
15 %	←	+	Gewinn		11 845,97 EUR
→	91 %		**Barverkaufspreis**		90 819,09 EUR
	7 %	+	Vertreterprovision		6 986,08 EUR
	2 %	+	Kundenskonto		1 996,02 EUR
90 %	100 %		**Zielverkaufspreis**		99 801,19 EUR
10 %		+	Kundenrabatt		11 089,02 EUR
100 %			**Listenverkaufspreis (Nettoverkaufspreis)**		110 890,21 EUR

Erläuterungen zur Berechnung von Vertreterprovision, Kundenskonto und Kundenrabatt:

Kundenskonto und Vertreterprovision. Die Kunden erwarten im Allgemeinen bei Zahlung innerhalb der Skontofrist einen Preisnachlass. Soll dieser Preisnachlass nicht zulasten des Gewinnes gehen, muss er im Angebotspreis vorher einkalkuliert werden.

Da der Kunde den Skonto vom Zielverkaufspreis berechnet, dieser also aus der Sicht des Kunden 100 % ausmacht, entspricht der Barverkaufspreis aus der Sicht des Anbieters dem verminderten Grundwert (100 % – Prozentsatz des Skontos). Der Skonto muss also durch eine „im Hundertrechnung" auf den Barverkaufspreis aufgeschlagen werden.

Da auch eine evtl. noch anfallende Vertreterprovision den Gewinn schmälern würde, muss auch diese vorher einkalkuliert werden. Beide Prozentsätze können zusammengefasst werden. Beträgt z. B. die Vertreterprovision 7 % und der Kundenskonto 2 %, entspricht der vorläufige Verkaufspreis 91 %.

Kundenrabatt. Aus den gleichen Gründen muss auch der vom Kunden erwartete Rabatt in den Angebotspreis einkalkuliert werden. Da der Kunde den Rabatt durch eine „vom Hundertrechnung" vom Angebotspreis (Nettoverkaufspreis, Listenverkaufspreis) abzieht, muss der Anbieter ihn durch eine „im Hundertrechnung" aufschlagen. Soll z. B. der Kundenrabatt 10 % betragen, entspricht der Zielverkaufspreis bei der Angebotskalkulation 90 %.

Kompetenztraining

54 1. Erläutern Sie den Begriff Kostenträger!

2. Nennen Sie zwei Aufgaben der Kostenträgerrechnung!

3. Eine Fensterfabrik soll ein Angebot für die Lieferung eines Fensters bestimmter Größe abgeben. Bei günstigem Angebot wird die Bestellung einer größeren Menge in Aussicht gestellt.

   Aufgrund der betrieblichen Unterlagen liegen folgende Kalkulationsdaten vor:

   Verbrauch von Fertigungsmaterial 44,30 EUR, Fertigungslöhne 61,25 EUR. Die Zuschlagssätze für die Gemeinkosten betragen: Materialgemeinkosten 6,7 %, Fertigungsgemeinkosten 157,4 %, Verwaltungsgemeinkosten 16,4 %, Vertriebsgemeinkosten 9,8 %. Außerdem sollen einkalkuliert werden: 12,5 % Gewinn, 5 % Kundenrabatt, 3 % Kundenskonto und 8 % Vertreterprovision.

   Aufgabe:

   Berechnen Sie den Angebotspreis!

4. Für die Ermittlung des Angebotspreises für die Reparatur einer Kühlanlage liegen bei der Frost GmbH folgende Kalkulationsunterlagen vor:

   Verbrauch von Fertigungsmaterial 275,80 EUR, Fertigungslöhne 7 Arbeitsstunden zu je 47,20 EUR, Zuschlagssätze für MGK 35 %, FGK 85 %, VerwGK 20 %, VertrGK 18 %. Der Gewinnaufschlag wird mit 25 % angesetzt. Außerdem sollen noch 10 % Rabatt und 2 % Skonto einkalkuliert werden.

   Aufgabe:

   Berechnen Sie den Angebotspreis!

5. Zur Herstellung einer Spezialmaschine rechnet ein Industriebetrieb mit folgenden Kosten: Verbrauch von Fertigungsmaterial 8420,00 EUR; Fertigungslöhne 3720,00 EUR. Aus der Kostenstellenrechnung werden die folgenden Zuschlagssätze entnommen: Materialzuschlag (MGK) 10,5 %, Lohnzuschlag (FGK) 145 %, Verwaltungs- und Vertriebsgemeinkostenzuschlag 13,7 %.

   Aufgaben:

   5.1 Berechnen Sie die Selbstkosten!

   5.2 Die Maschine wird unter Einrechnung von 12 % Gewinn, von 15 % Kundenrabatt und 2 % Kundenskonto angeboten.

   Berechnen Sie den Listenverkaufspreis!

6. Im BAB einer Möbelfabrik wurden für die Kostenstellen folgende Gemeinkosten errechnet:

Material	Fertigung	Verwaltung	Vertrieb
9180,00 EUR	179400,00 EUR	60955,92 EUR	37693,50 EUR

   Für den gleichen Zeitraum wurden außerdem folgende Daten ermittelt: Fertigungslöhne 195000,00 EUR, Verbrauch von Fertigungsmaterial 108000,00 EUR.

   Aufgaben:

   6.1 Berechnen Sie die Zuschlagssätze für die Gemeinkosten!

   6.2 Ermitteln Sie mit den errechneten Zuschlagssätzen den Listenverkaufspreis für eine Büroanbauwand, wenn mit folgenden Daten gerechnet wird: Fertigungsmaterial 480,00 EUR, Fertigungslöhne 760,00 EUR, Gewinnzuschlag 20 %, Kundenskonto 3 %, Vertreterprovision 9 %, Kundenrabatt 15 %!

7.

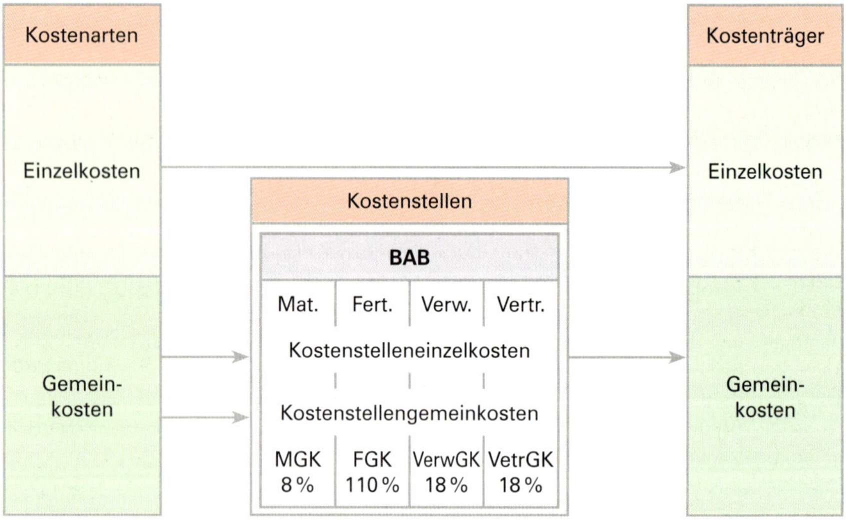

Aufgabe:

Beschreiben und interpretieren Sie das vorliegende Schema und tragen Sie Ihr Ergebnis vor!

3.3.2.2 Angebotspreise für Handelswaren kalkulieren

(1) Grundlegendes

Grundlage der Kalkulation ist die geordnete Erfassung aller Kosten, die die Handelswaren vom Einkauf über die Lagerung einschließlich der Verwaltung bis hin zum Vertrieb verursachen. Das Sammeln der Kosten erfolgt in der Kosten- und Leistungsrechnung.

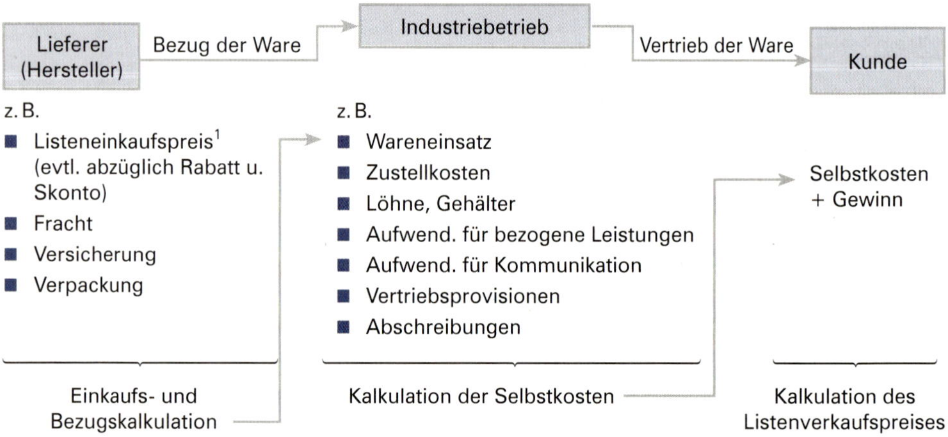

1 Die Begriffe Einkaufspreis, Listeneinkaufspreis und Rechnungspreis bedeuten inhaltlich dasselbe und können daher beliebig verwendet werden.

Die Kalkulation rechnet schrittweise alle Kosten ein, die die Handelsware vom Lieferer (Ausgangspunkt: Listeneinkaufspreis) bis zum Kunden (Endpunkt: Listenverkaufspreis) verursacht. Auf die Selbstkosten wird unter Berücksichtigung der Konkurrenzangebote ein angemessener Gewinn aufgeschlagen. Zur Berechnung des Verkaufspreises hat der Kaufmann ein **Kalkulationsschema** entwickelt, das wichtige Kostengruppen zusammenfasst.

(2) Einkaufs- und Bezugskalkulation

Ziel der Einkaufs- und Bezugskalkulation ist es, den Einstandspreis der eingekauften Handelsware zu ermitteln. Er enthält sämtliche Kosten, die dem Industriebetrieb entstanden sind, bis die Ware im Lager eintrifft.
Werden von den Warenkosten die Preisabzüge abgezogen und eventuell anfallende Bezugskosten zu der Zwischensumme hinzugezählt, erhalten wir den **Einstandspreis** oder **Bezugspreis der Waren.**

Beispiel:

Ein Industriebetrieb bestellt Handelswaren zu folgenden Bedingungen: Listeneinkaufspreis 1800,00 EUR zuzüglich 19% USt, 20% Wiederverkäuferrabatt, 2% Skonto, Kosten für Verpackung, Fracht, Anfuhr und Transportversicherung pauschal 58,00 EUR zuzüglich 19% Umsatzsteuer.

Aufgabe:

Berechnen Sie den Einstandspreis!

Lösung:

	100 %		Listeneinkaufspreis netto ①	1800,00 EUR
	20 %	–	Liefererrabatt ②	360,00 EUR
100 %	←		Zieleinkaufspreis	1440,00 EUR
2 %		–	Liefererskonto ③	28,80 EUR
			Bareinkaufspreis	1411,20 EUR
		+	Bezugskosten ④	58,00 EUR
			Einstandspreis (Bezugspreis)	1469,20 EUR

Allgemeiner Lösungsweg:

① Die **Umsatzsteuer** ist **nicht einzukalkulieren,** da der Industriebetrieb diese als Vorsteuer wieder erstattet erhält. Die Umsatzsteuer hat keinen Kostencharakter.

② Vom gegebenen Listeneinkaufspreis ist zunächst der **Rabatt** zu berechnen.

③ Der **Skonto** wird von dem Betrag gerechnet, der **tatsächlich zu zahlen** ist, also von dem um den Rabatt verminderten Betrag. Der Zieleinkaufspreis ist daher der Ausgangspunkt (Grundwert) und somit 100 % für die Skontoberechnung.

④ Alle Nebenkosten, die mit der Beschaffung der Waren zusammenhängen, werden unter dem Begriff **Bezugskosten** zusammengefasst. Als Kosten sind sie zum Bareinkaufspreis hinzuzurechnen. Sind die Bezugskosten in einem Prozentsatz angegeben, werden sie in einer Vom-Hundert-Rechnung vom Bareinkaufspreis berechnet.

Kompetenztraining

55 1. Eine Waschmaschine wird uns mit 960,00 EUR abzüglich 22 % Wiederverkäuferrabatt angeboten. Bei Zahlung innerhalb von 14 Tagen dürfen 3 % Skonto abgezogen werden.

Aufgabe:

Berechnen Sie den Bareinkaufspreis!

2. Bei der Kalkulation einer Handelsware fallen folgende Werte an: Liefererrabatt 15 %, Liefererskonto $2^1/_2$ %, Fracht 12,20 EUR, Frachtversicherung 4,30 EUR, Hausfracht 3,50 EUR.

Aufgabe:

Ermitteln Sie den Einstandspreis, wenn der Listeneinkaufspreis 245,80 EUR beträgt!

3. Einem Industrieunternehmen liegen zwei Angebote eines Artikels vor:

Angebot	Lieferer A	Lieferer B
Listeneinkaufspreis je Stück	5,20 EUR	126,75 EUR je 25 Stück
Rabatt	25 %	24 %
Skonto	3 %	2 %
Bezugskosten je Stück	0,09 EUR	3,50 EUR je 50 Stück

Aufgabe:

Ermitteln Sie das billigste Angebot!

4. Ein Lieferer bietet uns eine Ware zu 78,40 EUR je Stück an. Er gewährt uns 15 % Rabatt und 2 % Skonto bei Zahlung innerhalb von 10 Tagen. An Transportkosten fallen für jeweils angefangene 20 Stück 52,80 EUR an, die der Lieferer und wir je zur Hälfte tragen.

Aufgabe:

Berechnen Sie den Einstandspreis der Warensendung, wenn 75 Stück bestellt werden!

(3) Kalkulation der Selbstkosten

Der Einstandspreis enthält sämtliche Kosten, die dem Industrieunternehmen entstanden sind, bis die Handelsware im Lager eintrifft. Von der Lagerung bis zum Verkauf entstehen dem Industriebetrieb noch weitere Kosten. Sie werden als **Handlungskosten** bezeichnet.

■ Handlungskosten

Handlungskosten sind die Kosten, die aufgrund der **Betriebstätigkeit** anfallen. Hierzu rechnen beispielsweise

Lagerkosten	Gehälter und Löhne des Lagerpersonals, Lagerzinsen, Reparaturen und Abschreibungen für die Lagergebäude, Kostenanteil für Licht und Heizung.
Verkaufskosten	Ausgangsfrachten, Verpackungskosten, Werbekosten, Gehälter und Löhne des Verkaufspersonals, Kosten für Beförderungsmittel einschließlich Reparaturen und Abschreibungen.
Allgemeine Verwaltungskosten	Rechts- und Beratungskosten, Steuern, Bürokosten, Gehälter und Löhne für Angestellte und Arbeiter, Abschreibungen.

Die **Handlungskosten** werden mit einem Prozentsatz auf den Einstandspreis (Bezugspreis) aufgeschlagen. Der Einstandspreis ist dabei 100 %.

Einstandspreis + Handlungskosten = Selbstkosten

Handlungskostenzuschlagssatz

Zur Ermittlung des Handlungskostenzuschlagssatzes bezieht man die Handlungskosten der vergangenen Geschäftsperiode auf den **Wareneinsatz**[1] dieser Periode. Der dabei ermittelte Prozentsatz der Handlungskosten stellt den Handlungskostenzuschlagssatz für die Erfassung der Handlungskosten bei der Kalkulation in der laufenden Geschäftsperiode dar.

Beispiel:

Die Stark GmbH weist für das vergangene Geschäftsjahr folgende Kosten aus:

Wareneinsatz	1 125 000,00 EUR
Handlungskosten	213 750,00 EUR

Aufgabe:

Berechnen Sie den Handlungskostenzuschlagssatz!

Lösung:

1 125 000,00 EUR Wareneinsatz	≙	100 %
213 750,00 EUR Handlungskosten	≙	x %

$$\text{Handlungskostenzuschlagssatz} = \frac{213\,750 \cdot 100}{1\,125\,000} = \underline{\underline{19\,\%}}$$

Unter **Handlungskostenzuschlagssatz** versteht man den prozentualen Anteil der Handlungskosten am Wareneinsatz

$$\text{Handlungskostenzuschlagssatz} = \frac{\text{Handlungskosten} \cdot 100}{\text{Wareneinsatz}}$$

Beispiel:

Die Stark GmbH bestellt bei einem Hersteller als Handelsware ein Fitnessgerät zu folgenden Bedingungen: Einkaufspreis 2 100,00 EUR zuzügl. 19 % Umsatzsteuer, $33\frac{1}{3}$ % Wiederverkäuferrabatt, 2 % Skonto, Kosten für Verpackung, Fracht, Anfuhr und Transportversicherung pauschal 140,00 EUR zuzüglich 19 % Umsatzsteuer. Die Stark GmbH rechnet mit einem Handlungskostenzuschlagssatz von 19 %.

Aufgabe:

Berechnen Sie die Selbstkosten!

1 Unter Wareneinsatz versteht man den Wert der verkauften Ware zum Einstandspreis.

Lösung:

	100 %		Listeneinkaufspreis netto	2 100,00 EUR
	$33^1/_3$ %	–	Liefererrabatt (vom Hundert)	700,00 EUR
100 %	←		Zieleinkaufspreis	1 400,00 EUR
2 %		–	Liefererskonto (vom Hundert)	28,00 EUR
			Bareinkaufspreis	1 372,00 EUR
		+	Bezugskosten	140,00 EUR
	100 %		Einstandspreis (Bezugspreis)	1 512,00 EUR
	19 %	+	Handlungskosten (vom Hundert)	287,28 EUR
			Selbstkosten	1 799,28 EUR

Die Selbstkosten decken alle Kosten ab, die mit dem Ein- und Verkauf des Fitnessgerätes zusammenhängen. In der Regel stellen die Selbstkosten die **unterste Grenze des Verkaufspreises** einer Handelsware im Konkurrenzkampf dar, denn nur bei diesem Preis lässt sich ein Verlust vermeiden.

Kompetenztraining

56 1. Die Kostenrechnung der Abteilung Handelswaren eines Industriebetriebes weist für die vergangene Geschäftsperiode folgende Zahlen aus:

Wareneinsatz	250 000,00 EUR
Handlungskosten	75 000,00 EUR

Aufgaben:

1.1 Berechnen Sie den Handlungskostenzuschlagssatz!

1.2 Der Abteilung Handelswaren wird eine Bohrmaschine zu einem Preis von 250,00 EUR angeboten. Bei einer Abnahme von 10 Stück erhält der Industriebetrieb einen Mengenrabatt von 15 % und bei Zahlung innerhalb von 14 Tagen 2 % Skonto. Die Bezugskosten betragen 137,50 EUR für 10 Stück.

Ermitteln Sie mit dem unter 1.1 berechneten Handlungskostenzuschlagssatz die Selbstkosten pro Stück, wenn die Abteilung Handelswaren 10 Bohrmaschinen abnimmt!

2. Die Kostenrechnung der Abteilung Handelswaren einer Sportartikelfabrik weist folgende Zahlen aus:

Wareneinsatz	320 600,00 EUR
Handlungskosten	86 562,00 EUR

Aufgaben:

2.1 Berechnen Sie den Handlungskostenzuschlagssatz!

2.2 Die Abteilung Handelswaren bezieht 80 Tennisanzüge zum Listeneinkaufspreis von 125,00 EUR je Stück. Einkaufsbedingungen: 12 % Rabatt, bei Zahlung innerhalb 20 Tagen 3 % Skonto. Die Frachtkosten für die Sendung betragen insgesamt 48,00 EUR.

Berechnen Sie die Selbstkosten für einen Tennisanzug, indem Sie den in 2.1 errechneten Handlungskostenzuschlagssatz heranziehen!

3. Der Einstandspreis einer Handelsware beträgt 35,20 EUR, die Handlungskosten 15,84 EUR.

Aufgabe:

Berechnen Sie den Handlungskostenzuschlagssatz!

4. Der Bezugspreis einer Handelsware beträgt 198,00 EUR. Die Selbstkosten betragen 308,09 EUR.

   Aufgabe:

   Berechnen Sie den Handlungskostenzuschlagssatz!

5. Die Möbelfabrik Friedrich Lauf KG bezieht 15 Rollen Teppichboden als Handelsware zu 465,00 EUR je Rolle ab Werk. Die Teppichweberei gewährt 20 % Liefererrabatt und $2\frac{1}{2}$ % Liefererskonto. An Bezugskosten je Rolle fallen an: Verpackungs- und Verladekosten 12,00 EUR, Transportkosten 6,00 EUR und Ausladekosten 5,20 EUR. Die Möbelfabrik Friedrich Lauf KG rechnet mit einem Handlungskostenzuschlagssatz von 52 %.

   Aufgabe:

   Ermitteln Sie die Selbstkosten je Rolle!

(4) Kalkulation des Listenverkaufspreises

Die Kalkulation des Listenverkaufspreises entspricht im Aufbau und in den Bezeichnungen der Kalkulation für Eigenerzeugnisse, sodass hierauf nicht gesondert eingegangen werden muss.

(5) Darstellung des vollständigen Kalkulationsschemas

Aus Gründen der Übersicht haben wir das Kalkulationsschema in einzelne Teilschritte zerlegt. Im Folgenden wird nun die **Gesamtkalkulation** des Fitnessgerätes im Überblick dargestellt.

Beispiel:

Die Stark GmbH bestellt bei einem Hersteller als Handelsware ein Fitnessgerät zu folgenden Bedingungen: Einkaufspreis 2 100,00 EUR zuzüglich 19 % Umsatzsteuer, $33\frac{1}{3}$ % Wiederverkäuferrabatt, 2 % Skonto, Kosten für Verpackung, Fracht, Anfuhr und Transportversicherung pauschal 140,00 EUR zuzüglich 19 % Umsatzsteuer. Handlungskostenzuschlagssatz 19 %, Gewinnzuschlagssatz 20 %. Dem Kunden werden 20 % Rabatt und 2 % Skonto gewährt. Die Vertreterprovision beträgt 5 % vom Zielverkaufspreis.

Aufgabe:

Berechnen Sie den Listenverkaufspreis (Nettoverkaufspreis)!

Lösung:

	100 %		Listeneinkaufspreis netto	2 100,00 EUR
	$33\frac{1}{3}$ %	–	Liefererrabatt (vom Hundert)	700,00 EUR
100 %	←		Zieleinkaufspreis	1 400,00 EUR
2 %		–	Liefererskonto (vom Hundert)	28,00 EUR
			Bareinkaufspreis	1 372,00 EUR
		+	Bezugskosten	140,00 EUR
	100 %		Einstandspreis (Bezugspreis)	1 512,00 EUR
	19 %	+	Handlungskosten (vom Hundert)	287,28 EUR
100 %	←		Selbstkosten	1 799,28 EUR
20 %		+	Gewinn (vom Hundert)	359,86 EUR
	93 %		Barverkaufspreis	2 159,14 EUR
	2 %	+	Kundenskonto (im Hundert)	46,43 EUR
	5 %	+	Vertreterprovision (im Hundert)	116,08 EUR
80 %	←		Zielverkaufspreis	2 321,65 EUR
20 %		+	Kundenrabatt (im Hundert)	580,41 EUR
100 %			Listenverkaufspreis (Nettoverkaufspreis)	2 902,06 EUR

Kompetenztraining

57

1. Eine Textilwarenfabrik bezieht 500 Damenjacken zu je 180,00 EUR als Handelswaren. Der Lieferer gewährt 10 % Rabatt und 2 % Skonto. Es fallen für die gesamte Sendung 480,00 EUR Frachtkosten an. Die Textilwarenfabrik rechnet mit einem Handlungskostenzuschlagssatz von 25 % und will $11^1/_2$ % Gewinn erzielen. Den Einzelhändlern werden 15 % Rabatt und 3 % Skonto gewährt.

   Aufgabe:

   Berechnen Sie den Listenverkaufspreis für eine Jacke!

2. Ein Hersteller für Farben und Lacke bezieht Ergänzungsfarben als Handelswaren Er erhält ein Angebot über 35 Kanister Farbe, Inhalt 20 kg. Auf den Stückpreis von 86,50 EUR erhält der Hersteller für Farben und Lacke 22 % Rabatt und 3 % Skonto. An Frachtkosten werden 4,50 EUR je Kanister berechnet, die bei frachtfreier Rücksendung zu einem Drittel gutgeschrieben werden. Der Hersteller für Farben und Lacke rechnet mit einem Handlungskostenzuschlagssatz von 35 % und einem Gewinnzuschlag von 15 %. Die Handwerker als Abnehmer der Farbe erhalten einen Handwerkerrabatt von 10 % und 2 % Skonto.

   Aufgabe:

   Ermitteln Sie den Listenverkaufspreis, zu welchem ein Kanister Farbe angeboten werden kann!

3. Wir beziehen von der Möbelfabrik Fritz Holz GmbH 40 Beistelltische als Handelswaren zu einem Listeneinkaufspreis von 74,80 EUR je Stück. Die Möbelfabrik Fritz Holz GmbH gewährt einen Rabatt von $12^1/_2$ % und bei Barzahlung innerhalb von 10 Tagen 2 % Skonto. Insgesamt fallen an Bezugskosten 232,00 EUR an. Wir rechnen mit einem Handlungskostenzuschlagssatz von 28,5 % und einem Gewinnzuschlagssatz von 8 %. Die Beistelltische werden im Rahmen einer Sonderaktion abgesetzt, wobei den Kunden 10 % Sonderrabatt sowie 2 % Skonto gewährt werden sollen. Die Vertreterprovision beträgt 6 % vom Zielverkaufspreis.

   Aufgabe:

   Berechnen Sie, zu welchem Listenverkaufspreis ein Beistelltisch ausgezeichnet wird!

4. Ein Elektrogerätehersteller will ein neues Haushaltsgerät als Handelsware in sein Produktprogramm aufnehmen. Sein Lieferer macht ihm folgendes Angebot: 480,00 EUR abzüglich 5 % Einführungsrabatt und 2 % Skonto; Fracht 16,20 EUR. Der Elektrogerätehersteller kalkuliert mit folgenden Zuschlägen: Handlungskostenzuschlagssatz $16^2/_3$ %, Gewinn 14 %, Kundenrabatt 10 %, Kundenskonto 3 %. Aus Konkurrenzgründen kann das Gerät nicht über 750,00 EUR angeboten werden.

   Aufgabe:

   Ermitteln Sie den Listenverkaufspreis für dieses Gerät! Bestimmen Sie, ob der Elektrogerätehersteller das Angebot annehmen kann!

5. Einem Kaufhaus wird ein Staubsauger zu 273,50 EUR angeboten. Der Lieferer gewährt 20 % Rabatt und 3 % Skonto. Die Bezugskosten betragen 5,00 EUR.

   Aufgabe:

   Ermitteln Sie, ob das Kaufhaus das Angebot annehmen kann, wenn es den Staubsauger zu 368,00 EUR verkaufen will! Das Kaufhaus kalkuliert mit einem Handlungskostenzuschlagssatz von $16^2/_3$ %, 12 % Gewinnzuschlag, 15 % Kundenrabatt und 2 % Kundenskonto.

(6) Kalkulatorische Rückrechnung (retrograde Kalkulation)

Liegt der Bruttoverkaufspreis aufgrund der gegebenen Markt- bzw. Konkurrenzsituation fest, so eignet sich das Kalkulationsschema in umgekehrter Richtung von **unten nach oben** zur Errechnung des aufwendbaren Einkaufspreises **(Rückwärtskalkulation oder retrograde Kalkulation).** Dabei wird der Einkaufspreis errechnet, der höchstens gezahlt werden darf, um den angestrebten Gewinn zu erreichen.

Beispiel:

Aufgrund der Marktsituation muss die Werkzeugfabrik Fritz Zeh KG eine Schleifmaschine zum Listenverkaufspreis in Höhe von 251,86 EUR anbieten. Den Handwerkern muss branchenüblich ein Rabatt von 10 % und ein Skonto von 2 % gewährt werden. Die Vertreterprovision beträgt 5 %. Vom Lieferer erhält die Fritz Zeh KG lt. Angebot 20 % Rabatt und 3 % Skonto. Die Fracht und Verpackungskosten werden von ihr pauschal mit 18,00 EUR berechnet. Der Handlungskostenzuschlagssatz beläuft sich auf 32 %. Als Gewinn sollen 12 % eingerechnet werden.

Aufgabe:

Berechnen Sie, welcher Listeneinkaufspreis, höchstens bezahlt werden kann!

Lösung:

	100 %		Listeneinkaufspreis netto	160,55 EUR
	20 %	+	Liefererrabatt (im Hundert)	32,11 EUR
100 %	80 %		Zieleinkaufspreis	128,44 EUR
3 %		+	Liefererskonto (im Hundert)	3,85 EUR
97 %			Bareinkaufspreis	124,59 EUR
		–	Bezugskosten	18,00 EUR
	100 %		Einstandspreis (Bezugspreis)	142,59 EUR
	32 %	–	Handlungskosten (auf Hundert)	45,63 EUR
100 %	132 %		Selbstkosten	188,22 EUR
12 %		–	Gewinn (auf Hundert)	22,59 EUR
112%	93 %		Barverkaufspreis	210,81 EUR
	2 %	–	Kundenskonto (vom Hundert)	4,53 EUR
	5 %	–	Vertreterprovision (vom Hundert)	11,33 EUR
90 %	100 %		Zielverkaufspreis	226,67 EUR
10 %		–	Kundenrabatt (vom Hundert)	25,19 EUR
100 %			Listenverkaufspreis	251,86 EUR

↑ **Rechenweg**

Ergebnis:

Es kann für die Schleifmaschine höchstens ein Listeneinkaufspreis von netto 160,55 EUR bezahlt werden.

Allgemeiner Rechenweg:

- Stellen Sie zuerst das Kalkulationsschema **von oben nach unten** auf und tragen Sie die in der Aufgabe vorgegebenen Prozentsätze ein.
- Setzen Sie den gegebenen Listenverkaufspreis ein und gehen Sie Schritt für Schritt rückwärts.
- Überlegen Sie bei jedem Rechenschritt, ob es sich um eine Rechnung **vom Hundert** (Kundenrabatt, Kundenskonto, Vertreterprovision), **auf Hundert** (Gewinn, Handlungskosten) oder **im Hundert** (Liefererskonto, Liefererrabatt) handelt.
- Überprüfen Sie das Ergebnis durch eine Vorwärtskalkulation.

Kompetenztraining

58

1. Ein Unternehmen kann einen Fernseher mit einem Plasma-Bildschirm aus Konkurrenzgründen höchstens für 976,75 EUR auf den Markt bringen. Seine Kalkulationssätze sind: 12,5 % Handlungskostenzuschlagssatz, $16^2/_3$ % Gewinn, 2,5 % Kundenskonto und 14 % Kundenrabatt. An Bezugskosten entstehen 8,80 EUR, wovon $^1/_4$ bei Rücksendung der Verpackung wieder gutgeschrieben werden.

   Aufgabe:

   Berechnen Sie, welchen Listeneinkaufspreis das Unternehmen höchstens beim Einkauf zugrunde legen kann, wenn der Lieferer noch bereit wäre, uns 2 % Skonto und 10 % Einführungsrabatt einzuräumen!

2. Um den Marktanteil zu erhöhen, startet ein Medienunternehmen eine Werbeaktion und empfiehlt allen Einzelhändlern, den Listenverkaufspreis pro CD-Box auf 17,85 EUR einschließlich 19 % USt festzusetzen.

   Aufgabe:

   Ermitteln Sie, welchen Listeneinkaufspreis ein Großhändler höchstens anlegen kann, wenn er mit einem Handlungskostenzuschlagssatz von 8 %, einem Gewinnzuschlag von 5 %, 2 % Kundenskonto und 12 % Kundenrabatt rechnet und vom Lieferer $33^1/_3$ % Liefererrabatt bei Barzahlung und Lieferung frei Haus erhält!

3. Eine Möbelfabrik hat bei einer Handelsware Selbstkosten von 115,30 EUR errechnet. Der Handlungskostenzuschlagssatz beträgt 42 % und an Bezugskosten fallen 11,12 EUR an. Der Lieferer gewährt der Möbelfabrik 15 % Rabatt und 3 % Skonto.

   Aufgabe:

   Berechnen Sie den Listeneinkaufspreis für diese Handelsware!

4. Ein Elektrogerätehersteller kann den Kühlschrank der Marke „Frost", den er als Handelsware führt, aus Konkurrenzgründen zum Listenverkaufspreis von 480,00 EUR verkaufen. Er muss dem Kunden jedoch noch 15 % Rabatt und 2 % Skonto gewähren.

   Aufgabe:

   Berechnen Sie, zu welchem Listeneinkaufspreis der Elektrogerätehersteller den Kühlschrank höchstens einkaufen kann, wenn er von seinem Lieferer 30 % Rabatt und 3 % Skonto erhält! Er kalkuliert mit 11,00 EUR Bezugskosten, 22 % Handlungskostenzuschlagssatz und 14 % Gewinnzuschlag.

5. Eine Fahrradgroßhandlung verkauft ein Markenfahrrad zum empfohlenen Richtpreis von 420,00 EUR. Der Hersteller bietet auf den empfohlenen Richtpreis 25 % Liefererrabatt und 3 % Skonto.

   5.1 Berechnen Sie den Gewinn in EUR und in Prozent, der der Fahrradgroßhandlung bleibt, wenn sie mit 15,20 EUR Bezugskosten, 18 % Handlungskostenzuschlagssatz und 5 % Kundenrabatt kalkuliert!

   5.2 Berechnen Sie, wie viel Prozent der Liefererrabatt betragen muss, wenn die Fahrradgroßhandlung einen Gewinn von 10 % erzielen möchte!

6. Die Kalkulation liefert uns für eine Ware folgende Daten:

Einstandspreis	150,40 EUR	Zielverkaufspreis	224,00 EUR
Selbstkosten	175,70 EUR	Listenverkaufspreis	239,68 EUR
Barverkaufspreis	190,40 EUR		

   Berechnen Sie den Rabattsatz, den wir unseren Kunden gewähren können!

(7) Vereinfachung der Kalkulation: Kalkulationszuschlag, Kalkulationsfaktor, Handelsspanne

Kalkulationszuschlag

Ausgehend vom Einstandspreis werden viele Preisberechnungen immer wieder mit den gleichen Prozentzuschlagssätzen vorgenommen. So könnte es beispielsweise sein, dass einzelne Warengruppen wie Spielwaren, Lederwaren, Elektroartikel, Lebensmittel usw. in einem Unternehmen gleichartig kalkuliert werden. Um den Arbeitsaufwand bei der Preisauszeichnung zu reduzieren, fasst man in der Praxis mehrere Prozentzuschlagssätze zu **einem Zuschlagssatz** zusammen.

Bei der Kalkulation der Handelswaren können z.B. die **Handlungskosten,** der **Gewinnzuschlag** und eventuelle **Verkaufsaufschläge** (Kundenrabatte, Kundenskonti, Vertreterprovision) in einem Prozentsatz, dem sogenannten **Kalkulationszuschlag,**[1] zusammengefasst werden.

Beispiel:

Es ist von der nachfolgenden Kalkulation eines Fitnessgeräts auszugehen!

Aufgabe:

Berechnen Sie den Kalkulationszuschlag, der der Kalkulation des Fitnessgeräts zugrunde liegt!

Lösung:

Gesamtkalkulation

Einstandspreis	1512,00 EUR
+ 19 % Handlungskosten	287,28 EUR
Selbstkosten	1799,28 EUR
+ 20 % Gewinn	359,86 EUR
Barverkaufspreis	2159,14 EUR
+ 2 % Kundenskonto	46,43 EUR
+ 5 % Vertreterprovision	116,08 EUR
Zielverkaufspreis	2321,65 EUR
+ 20 % Kundenrabatt	580,41 EUR
Listenverkaufspreis	2902,06 EUR

Berechnung des Kalkulationszuschlags in EUR:

Listenverkaufspreis	2902,06 EUR
– Einstandspreis	1512,00 EUR
Kalkulationszuschlag	1390,06 EUR

Berechnung des Kalkulationszuschlags in Prozent:

Einstandspreis	1512,00 EUR ≙ 100 %
Kalkulationszuschlag	1390,06 EUR ≙ x %

$$x = \frac{1390{,}06 \cdot 100}{1512{,}00} = 91{,}94\,\%$$

Erläuterungen zur Aufgabe:

- Zur Berechnung des Kalkulationszuschlags ist der **Unterschied** zwischen dem **Einstandspreis** und dem **Listenverkaufspreis** heranzuziehen.
  In unserem Beispiel: 2902,06 EUR – 1512,00 EUR = 1390,06 EUR.
- Der Unterschiedsbetrag in Höhe von 1390,06 EUR ist auf den Einstandspreis (≙ 100 %) zu beziehen.

Der **Kalkulationszuschlag** ist ein prozentualer **Aufschlag** auf den Einstandspreis zur Ermittlung des Listenverkaufspreises.

$$\text{Kalkulationszuschlag} = \frac{(\text{Listenverkaufspreis} - \text{Einstandspreis}) \cdot 100}{\text{Einstandspreis}}$$

1 Der Begriff „Kalkulationszuschlag" kann sich sowohl auf den EUR-Betrag als auch auf den Prozentsatz beziehen. Im Allgemeinen wird darunter der Prozentsatz verstanden. Hierfür wird auch der Begriff **Kalkulationszuschlagssatz** verwendet.

Kalkulationsfaktor

Wird der Aufschlag nicht in einem Prozentsatz, sondern als Faktor ausgedrückt, sprechen wir vom **Kalkulationsfaktor.** Der Kalkulationsfaktor dient ebenfalls dazu, ausgehend vom Einstandspreis den Listenverkaufspreis zu berechnen.

Beispiel:

Wir greifen auf unser Beispiel von S. 159 zurück.

Aufgabe:

Berechnen Sie den Kalkulationsfaktor, der der Kalkulation des Fitnessgerätes zugrunde liegt!

Lösung:

$$\text{Kalkulationsfaktor} = \frac{2\,902{,}06}{1\,512{,}00} = \underline{\underline{1{,}919351}}$$

Probe: Zur Berechnung des Listenverkaufspreises ist der Einstandspreis der Ware mit dem Kalkulationsfaktor zu multiplizieren.

Einstandspreis der Ware	·	Kalkulationsfaktor	=	Listenverkaufspreis
1 512,00 EUR	·	1,919351	=	2 902,06 EUR

Der **Kalkulationsfaktor** ist die Zahl, mit der man den Einstandspreis multipliziert, um den Listenverkaufspreis zu erhalten.

$$\text{Kalkulationsfaktor} = \frac{\text{Listenverkaufspreis}}{\text{Einstandspreis}}$$

Handelsspanne

In der Praxis ist es außerdem üblich, die Differenz zwischen Listenverkaufspreis und Einstandspreis der Ware auf den **Listenverkaufspreis** zu beziehen. Man spricht dann von **Handelsspanne.** In diesem Fall möchte der Unternehmer wissen, wie viel Prozent er vom Listenverkaufspreis abziehen muss, um den Einstandspreis zu erhalten.

Beispiel:

Wir greifen auf unser Beispiel von S. 159 zurück.

Aufgabe:

Berechnen Sie die Handelsspanne, die der Kalkulation des Fitnessgerätes zugrunde liegt!

Lösung:

Listenverkaufspreis	2 902,06 EUR ≙	100 %
Differenz zwischen Listenverkaufspreis und Einstandspreis	1 390,06 EUR ≙	x %

$$x = \frac{1\,390{,}06 \cdot 100}{2\,902{,}06} = \underline{\underline{47{,}90\,\%}}$$

Die **Handelsspanne** ist ein prozentualer **Abschlag** vom Listenverkaufspreis zur direkten Ermittlung des Einstandspreises.

$$\text{Handelsspanne} = \frac{(\text{Listenverkaufspreis} - \text{Einstandspreis}) \cdot 100}{\text{Listenverkaufspreis}}$$

Kompetenztraining

59 1. Berechnen Sie den Kalkulationszuschlag, den Kalkulationsfaktor und die Handelsspanne bei den folgenden Waren!

	Ware A	Ware B	Ware C
Einstandspreis	205,20 EUR	86,64 EUR	14,25 EUR
Listenverkaufspreis	285,90 EUR	132,80 EUR	25,90 EUR

2. Berechnen Sie den Kalkulationszuschlag, den Kalkulationsfaktor und die Handelsspanne bei folgenden Kalkulationsdaten!

	Ware A	Ware B	Ware C
Handlungskostenzuschlagssatz	28 %	30 %	41 %
Gewinnzuschlag	20 %	15 %	19 %
Kundenskonto	2 %	–	3 %
Kundenrabatt	12 %	5 %	15 %
Vertreterprovision	14 %	7 %	14 %

3. Wir beziehen 200 Kinderbuggys zum Listeneinkaufspreis von 85,00 EUR je Stück. Wir haben mit dem Lieferer folgende Einkaufsbedingungen vereinbart: 10 % Mengenrabatt; bei Zahlung innerhalb 10 Tagen $2^1/_2$ % Skonto oder innerhalb 30 Tagen netto, Frachtkosten 48,25 EUR.

Aufgaben:

3.1 Berechnen Sie den Einstandspreis für einen Buggy, wenn wir mit Skontoabzug bezahlen!

3.2 Ermitteln Sie, zu welchem Preis wir einen Buggy anbieten können, wenn folgendermaßen kalkuliert wird: $16^2/_3$ % Handlungskostenzuschlagssatz, 20 % Gewinn, 15 % Kundenrabatt, 2 % Kundenskonto und 7 % Vertreterprovision vom Zielverkaufspreis!

3.3 Berechnen Sie Kalkulationszuschlag, Kalkulationsfaktor und Handelsspanne!

LS 7

3.4 Durch den Vergleich der Normal- und Istkosten im Rahmen der Nachkalkulation Kostenüberdeckungen und Kostenunterdeckungen beurteilen

3.4.1 Ist- und Normalkosten und die Ermittlung von Normalzuschlagssätzen

(1) Gliederung der Kosten nach der zeitlichen Erfassung

Istkosten sind die **tatsächlich angefallenen Kosten** einer abgelaufenen Rechnungsperiode.

Werden die Istkosten auf die in der gleichen Abrechnungsperiode hergestellten und abgesetzten Erzeugnisse weiterverrechnet, dann wirken sich **alle Zufallsschwankungen,** denen die Kosten unterliegen können (z. B. Preisschwankungen auf den Rohstoffmärkten, erhöhter Ausschuss, Großreparaturen, erhöhter Energieverbrauch, Überstunden usw.), auf die Preiskalkulation in dieser Rechnungsperiode aus.

Normalkosten sind **Durchschnittswerte der Istkosten** mehrerer Abrechnungsperioden.

Die Durchschnittswerte **gleichen** die im Zeitablauf auftretenden **Schwankungen** der Kosten **aus.** Außerdem werden in die Normalkosten in der Regel auch zukünftig zu erwartende Schwankungen der Kosten (z. B. Lohnsteigerungen, Steigerung von Rohstoffpreisen) eingerechnet. Angebote werden überwiegend zu Normalkosten kalkuliert **(Vorkalkulation).**

Durch den Vergleich der Normalkosten mit den Istkosten lässt sich die Kostenentwicklung in einer Rechnungsperiode kontrollieren **(Nachkalkulation).**

(2) Ermittlung von Normalzuschlagssätzen

Die Verrechnung der Gemeinkosten auf die Kostenträger auf der Basis von Normalkosten erfolgt mithilfe von Normalzuschlagssätzen. Diese ergeben sich aus den Durchschnittswerten der Istkostenzuschlagssätze vergangener Geschäftsperioden.

Beispiel:

Für das erste Halbjahr liegen folgende monatliche Ist-Fertigungsgemeinkostensätze vor:

Januar:	57,8 %	März:	58,5 %	Mai:	62,7 %
Februar:	60,1 %	April:	59,8 %	Juni:	56,9 %

Aufgabe:

Berechnen Sie aus den sechs vorliegenden Istzuschlagssätzen den Normalzuschlagssatz für die Fertigungsgemeinkosten!

Lösung:

$$\text{Normalzuschlagssatz} = \frac{57{,}8\,\% + 60{,}1\,\% + 58{,}5\,\% + 59{,}8\,\% + 62{,}7\,\% + 56{,}9\,\%}{6} = \underline{\underline{59{,}3\,\%}}$$

Mithilfe der Normalzuschlagssätze lassen sich jetzt die Normalgemeinkosten berechnen. Damit wird eine **Vorkalkulation,** z. B. zur Erstellung einer Preisliste oder zur Abgabe des Angebots, möglich.

3.4.2 Kostenkontrolle durch Gegenüberstellung von Ist- und Normalkosten in der Kostenträgerstückrechnung

Ermittlung des Verkaufspreises				**Beurteilung der Wirtschaftlichkeit der Produktionstätigkeit**
Abgrenzungsrechnung	Kostenartenrechnung	Kostenstellenrechnung	Kostenträgerrechnung (Kostenträgerstückrechnung)	Kostenkontrolle bei Kostenträgerstückrechnung

(1) Kostenüberdeckungen und Kostenunterdeckungen

Normalkosten > Istkosten = Kostenüberdeckung
Normalkosten < Istkosten = Kostenunterdeckung

Nach Ablauf der festgelegten Abrechnungsperiode können die **angefallenen Kosten (Istkosten)** den **vorkalkulierten Kosten (Normalkosten)** gegenübergestellt werden. In der Regel weichen die Normalkosten von den Istkosten ab. Die **Abweichungen** bei den Kosten in der Vor- und in der Nachkalkulation beruhen einerseits auf **unterschiedlichen Einzelkosten** und andererseits auf den **unterschiedlichen Zuschlagssätzen** in der Vor- und Nachkalkulation.

Sind die **Normalkosten höher als die Istkosten,** liegt eine **Kostenüberdeckung** vor. Sind die **Normalkosten niedriger als die Istkosten,** liegt eine **Kostenunterdeckung** vor. Liegen erhebliche Abweichungen zwischen der Vor- und Nachkalkulation vor, so sind die Gründe für die aufgetretenen Abweichungen zu ermitteln.

(2) Gründe für Kostenüberdeckungen und Kostenunterdeckungen

Wichtige Gründe für eine Kostenabweichung sind:

Preisabweichungen	Preiserhöhungen (Preissenkungen) bei Werkstoffen bzw. Energie, Gehaltserhöhungen (Rückgang der Gehälter durch Entlassungen) oder Erhöhungen der Versicherungsbeiträge (Rückgang der Versicherungsbeiträge durch Absenken der Versicherungssummen) u. Ä. führen zu einer höheren (niedrigeren) Belastung der Kostenstellen mit Gemeinkosten und damit zu höheren (niedrigeren) Zuschlagssätzen.
Verbrauchs-abweichungen	Es ist nicht immer möglich, geplante Fertigungszeiten bzw. Materialvorgaben einzuhalten. Ein Über- oder Unterschreiten der Planvorgaben führt zu steigenden oder fallenden Gemeinkosten und damit zu schwankenden Zuschlagssätzen.
Änderung der Produktionsmenge	Eine Ausweitung der Produktion kann z. B. durch erhöhten Reparaturaufwand, Lohnzuschläge, vermehrte Ausschussprodukte zu höheren Gemeinkosten und damit zu höheren Zuschlagssätzen führen. Andererseits führt ein Rückgang der Produktion in der Regel nicht zu einem proportionalen Absinken der Zuschlagssätze, da es nur in den seltensten Fällen gelingt, die fixen Gemeinkosten gleichzeitig im gleichen Umfang abzubauen.

(3) Beispiel für eine Kostenkontrolle durch den Vergleich der Normal- und Istkosten

In der **Vorkalkulation** konnte nur mit voraussichtlichen Kosten **(Normalkosten)** gerechnet werden. Nach **Fertigstellung des Auftrags** können die tatsächlich angefallenen Kosten (Istkosten) ermittelt und den vorkalkulierten Kosten gegenübergestellt werden **(Nachkalkulation).**

Beispiel:

Die Nachkalkulation für die erstellte Abfüllmaschine (vgl. S. 148) ergab folgende Kosten:

Verbrauch von Fertigungsmaterial	17500,00 EUR			
Fertigungslöhne	19800,00 EUR			
Istzuschlagsssätze lt. BAB	MGK	8,5 %	VerwGK	19 %
dieser Abrechnungsperiode:	FGK	108 %	VertrGK	6,8 %

Der in der Angebotskalkulation auf S. 148 ermittelte Listenverkaufspreis in Höhe von 110890,21 EUR ist der verbindliche Angebotspreis.

Aufgabe:

Berechnen Sie, welcher Erfolg (in EUR und Prozent) an dem abgewickelten Auftrag erwirtschaftet wurde!

Lösung:

	Vorkalkulation			Nachkalkulation		
Materialeinzelkosten		17200,00 EUR			17500,00 EUR	
Materialgemeinkosten	9 %	1548,00 EUR		8,5 %	1487,50 EUR	
Materialkosten			18748,00 EUR			18987,50 EUR
Fertigungslöhne		21400,00 EUR			19800,00 EUR	
Fert.-Gemeinkosten	110 %	23540,00 EUR		108 %	21384,00 EUR	
Fertigungskosten			44940,00 EUR			41184,00 EUR
Herstellkosten			63688,00 EUR			60171,50 EUR
Verw.-Gemeinkosten	18 %	11463,84 EUR		19 %	11432,59 EUR	
Vertr.-Gemeinkosten	6 %	3821,28 EUR		6,8 %	4091,66 EUR	
			15285,12 EUR			15524,25 EUR
Selbstkosten			78973,12 EUR			75695,75 EUR
Gewinn	15%		11845,97 EUR			15123,34 EUR
Barverkaufspreis			90819,09 EUR	**Berechnung des Gewinnsatzes:**		90819,09 EUR
Vertreterprovision	7%		6986,09 EUR			
Kundenskonto	2 %		1996,02 EUR	75695,75 ≙ 100 %		
Zielverkaufspreis			99801,19 EUR	15123,34 ≙ x %		
Kundenrabatt	10 %		11089,02 EUR	x = 19,98 %		
Listenverkaufspreis (Nettoverkaufspreis)			110890,21 EUR			

Die **Abweichungen** bei den Kosten in der Vor- und in der Nachkalkulation beruhen einerseits auf **unterschiedlichen Einzelkosten** (z.B. durch Preisänderungen bei den Werkstoffen oder durch Erhöhung des Stundenlohns) und andererseits auf den **unterschiedlichen Zuschlagssätzen** in der Vor- und Nachkalkulation.

Die **Nachkalkulation** dient zum einen der **Kostenkontrolle** und zum anderen ist sie Anlass, die **Abweichungen** zwischen Vor- und Nachkalkulation zu überprüfen und die Ursachen hierfür zu analysieren.

Kompetenztraining

60
1. Definieren Sie die Begriffe Istkosten und Normalkosten mit eigenen Worten!
2. Die Verwendung der Istkosten eignet sich vor allem für die Nachkalkulation, die der Normalkosten für die Vorkalkulation.

   Aufgabe:

   Begründen Sie diese richtige Aussage!

3. Erläutern Sie, wodurch Kostenüberdeckungen und Kostenunterdeckungen entstehen an jeweils einem Beispiel!

4. Erstellen Sie zur Aufgabe 54, 3., S. 149 eine Nachkalkulation!

   Nach Fertigstellung des Auftrages und der Ermittlung der Istzuschlagssätze aufgrund des erstellten BABs ergaben sich folgende Werte: Verbrauch von Fertigungsmaterial 56,30 EUR, Fertigungslöhne 65,20 EUR. Die Istzuschlagssätze für die Gemeinkosten betrugen: MGK 6,9 %, FGK 149,5 %, VerwGK 17,4 %, VertrGK 9,5 %.

   Aufgabe:

   Stellen Sie bei einem unveränderten Angebotspreis den tatsächlichen Gewinn in EUR und in Prozent fest!

5. Erstellen Sie zur Aufgabe 54, 4., S. 149, eine Nachkalkulation!

   An Istkosten fielen an: Verbrauch von Fertigungsmaterial 260,75 EUR, Fertigungslöhne 310,80 EUR. Die Istzuschlagssätze für die Gemeinkosten betrugen: MGK 32,5 %, FGK 79,5 %, VerwGK 21,5 %, VertrGK 17,2 %.

   Aufgaben:

   5.1 Berechnen Sie den Gewinn in EUR und in Prozent, wenn sich der Angebotspreis nicht verändert!

   5.2 Ermitteln Sie, auf welchen Betrag der Listenverkaufspreis bei sonst gleichbleibenden Kalkulationsgrundlagen im Falle einer starken Preiskonkurrenz notfalls herabgesetzt werden könnte!

6. Erstellen Sie zur Aufgabe 54, 5., S. 149 eine Nachkalkulation! Die Istkostenrechnung ergab folgende Kalkulationsdaten:

   Verbrauch von Fertigungsmaterial 8 720,00 EUR; Fertigungslöhne 3 165,00 EUR; Istzuschlagssätze: MGK 10,4 %, FGK 151 %; VerwGK/VertrGK 14,9 %. Kundenrabatt und Kundenskonto wurden mit den angegebenen Prozentsätzen gewährt.

   Aufgabe:

   Berechnen Sie, wie viel Gewinn in EUR und in Prozent tatsächlich erzielt wurde!

7. Erstellen Sie zur Aufgabe 54, 6., S. 149, eine Nachkalkulation! Die Istkostenrechnung ergab folgende Kalkulationsdaten:

Gemeinkosten	Material	Fertigung	Verwaltung	Vertrieb
Istgemeinkosten	9 936,00 EUR	181 935,00 EUR	56 910,00 EUR	36 929,00 EUR

   Die Einzelkosten bleiben unverändert.

   Aufgaben:

   7.1 Berechnen Sie die Istzuschlagssätze für die Gemeinkosten!

   7.2 Führen Sie mit den errechneten Istzuschlagssätzen für die Büroanbauwand eine Nachkalkulation durch! Die übrigen Kalkulationsdaten bleiben unverändert. Es wurde ein Barverkaufspreis von 3 021,48 EUR erzielt.

   7.3 Berechnen Sie den tatsächlich erzielten Gewinnsatz!

3.5 Zusammenfassung zur Kostenarten-, Kostenstellen- und Kostenträgerrechnung

Zahlenmaterial aus der Finanzbuchhaltung oder aus Hilfsrechnungen (Material- und Anlagenrechnung, Lohn- und Gehaltsbuchhaltung)

Abrechnungsstufen	Rechnungsgegenstand
Kostenartenrechnung Welche Kosten sind angefallen? (z. B. Personal-, Sach-, Zinskosten u. a.)	**Periodenrechnung** (Erfassungsrechnung)
Kostenstellenrechnung Wo sind die Kosten angefallen? (z. B. im Material-, Fertigungs-, Verwaltungs-, Vertriebsbereich)	**Periodenrechnung** (Verteilungsrechnung)
Kostenträgerrechnung Wofür sind die Kosten angefallen? (z. B. Produktart 1, Produktart 2)	**Stückrechnung** ■ Vorkalkulation zu Normalkosten ■ Nachkalkulation zu Istkosten

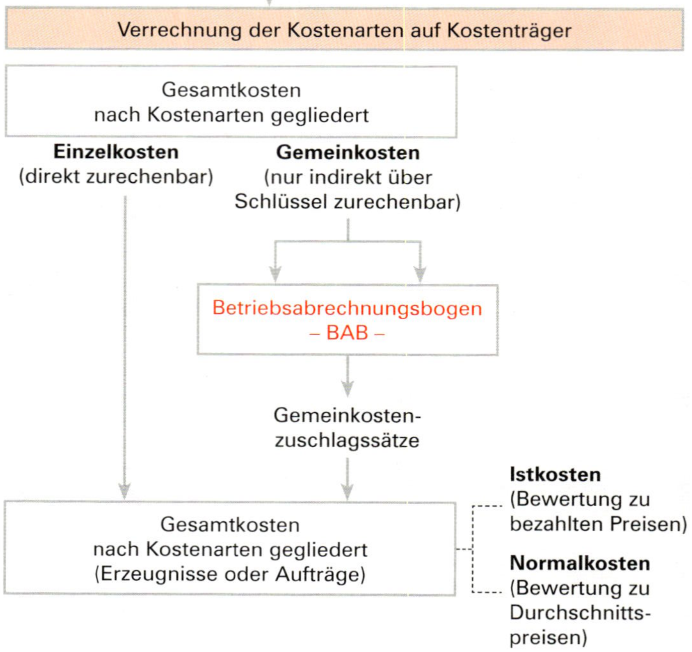

3.6 Kritische Fragen zur Vollkostenrechnung stellen

Wird die Vollkostenrechnung als Grundlage für die Kalkulation, Preispolitik oder Produktpolitik verwendet, ist leicht nachweisbar, dass dies zu falschen Ergebnissen und Schlussfolgerungen führt und sich daher die Vollkostenrechnung allein nicht als Steuerungsinstrument eines Unternehmens eignet.

Beispiel:

Ein Unternehmen kann bei Vollauslastung innerhalb einer Rechnungsperiode 1000 Stück eines Produktes zum Nettoverkaufspreis von 50,00 EUR je Stück absetzen. Die Kosten dafür betragen insgesamt 45000,00 EUR, davon sind 18000,00 EUR fixe Kosten.

Auf ein Stück bezogen ergeben sich daher Gesamtkosten in Höhe von 45,00 EUR. Die variablen Stückkosten betragen (45000,00 EUR – 18000,00 EUR) 27000,00 EUR : 1000 Stück = 27,00 EUR.

Aufgabe:

Berechnen Sie den Gewinn der Geschäftsperiode!

Lösung:

Die Abrechnung der Rechnungsperiode führt zu folgendem Ergebnis:

	Nettoverkaufserlöse[1] insgesamt	50000,00 EUR
–	Kosten insgesamt	45000,00 EUR
=	Gewinn	5000,00 EUR

1. Kritikpunkt: Die Anwendung der einmal auf der Basis der Vollkosten errechneten Stückkosten führt bei abweichender Produktionsmenge zu falschen Ergebnissen.

Wird die Veränderung der Kosten aufgrund von Schwankungen der Produktionsmenge nicht berücksichtigt und weiterhin mit den einmal errechneten Selbstkosten von 45,00 EUR je Stück kalkuliert, führt das zu völlig falschen Ergebnissen, wie das in den folgenden Berechnungen gezeigt wird:

■ Fall 1: Die Produktionsmenge sinkt auf 600 Einheiten

Berechnung **ohne Aufteilung der Kosten** und unter Beibehaltung der einmal berechneten Stückkosten in Höhe von 45,00 EUR.

	Nettoverkaufserlöse	(600 Stück · 50,00 EUR)	30000,00 EUR
–	Gesamtkosten	(600 Stück · 45,00 EUR)	27000,00 EUR
=	Gewinn		3000,00 EUR

Berechnung mit **Aufteilung der Gesamtkosten in fixe und variable Kosten** und unter Berücksichtigung der Kostenveränderung bei Änderung der Produktionsmenge.

	Nettoverkaufserlöse	(600 Stück · 50,00 EUR)		30000,00 EUR
–	Kosten			
	fixe Kosten		18000,00 EUR	
	variable Kosten	(600 Stück · 27,00 EUR)	16200,00 EUR	34200,00 EUR
=	Verlust			– 4200,00 EUR

1 Der Nettoverkaufserlös ist der Verkaufspreis nach Abzug der Umsatzsteuer, des Kundenrabatts, der Vertreterprovision und des Kundenskontos. Der Nettoverkaufspreis entspricht somit dem Barverkaufspreis im Kalkulationsschema (siehe S. 155).

Erläuterungen:

Berechnung der Stückkosten unter Berücksichtigung der Kostenaufteilung:

variable Kosten (unverändert)	27,00 EUR
fixe Kosten (18 000,00 EUR : 600 Stück)	30,00 EUR
Stückkosten insgesamt	57,00 EUR

Bei einem Nettoverkaufserlös von 50,00 EUR führt das zu einem Stückverlust von 7,00 EUR. Das ergibt bei 600 Stück einen Gesamtverlust von 4 200,00 EUR.

Fall 2: Die Produktionsmenge steigt auf 1 200 Einheiten

Berechnung **ohne Aufteilung der Kosten** und unter Beibehaltung der einmal berechneten Stückkosten in Höhe von 45,00 EUR.

	Nettoverkaufserlöse	(1 200 Stück · 50,00 EUR)	60 000,00 EUR
–	Gesamtkosten	(1 200 Stück · 45,00 EUR)	54 000,00 EUR
=	Gewinn		6 000,00 EUR

Berechnung **mit Aufteilung der Gesamtkosten in fixe und variable Kosten** unter Berücksichtigung der Kostenveränderung bei Änderung der Produktionsmenge.

	Nettoverkaufserlöse	(1 200 Stück · 50,00 EUR)		60 000,00 EUR
–	Kosten			
	fixe Kosten		18 000,00 EUR	
	variable Kosten	(1 200 Stück · 27,00 EUR)	32 400,00 EUR	50 400,00 EUR
=	Gewinn			9 600,00 EUR

Erläuterungen:

variable Kosten (unverändert)	27,00 EUR
fixe Kosten (18 000,00 EUR : 1 200 Stück)	15,00 EUR
Stückkosten insgesamt	42,00 EUR

Bei einem Nettoverkaufserlös von 50,00 EUR beträgt der Stückgewinn 8,00 EUR. Beim Verkauf von 1 200 Stück ergibt das einen Gesamtgewinn von 9 600,00 EUR.

Erkenntnisse:

- Die Veränderung der Produktionsmenge führt zu einer Veränderung der Stückkosten. Die Stückkosten verändern sich, weil die in der Gesamthöhe unveränderten Fixkosten jeweils auf eine andere Menge verteilt werden.
- Wird diese Tatsache durch eine Aufteilung des Kostenblocks in fixe und variable Kosten nicht berücksichtigt, führt das hinsichtlich des Stückkostensatzes zu falschen Kalkulationsgrundlagen.
- Um kostengerechte Kalkulationsgrundlagen ermitteln zu können, müssen die Kosten in fixe und variable Kosten aufgeteilt werden.

2. Kritikpunkt: Bei Schwankungen der Produktionsmenge führt die Vollkostenrechnung zu falschen Empfehlungen in der Preispolitik.

Werden die Kosten des Produktes als Grundlage für die Preispolitik verwendet, was in unserer Wettbewerbswirtschaft aufgrund gegebener Marktpreise allerdings die Ausnahme sein dürfte, führt die Rechnung mit Vollkosten aufgrund des beschriebenen Verhaltens der Fixkosten bei sinkender Produktionsmenge zu steigenden Stückkosten und daher zu einer Erhöhung der Stückpreise, obwohl das Gegenteil angezeigt wäre. Durch Erhöhung der Preise wird ein weiterer Absatzrückgang zu erwarten sein.

Erkenntnis:

Die undifferenzierte Rechnung mit Vollkosten führt zu einer falschen Preispolitik.

3. Kritikpunkt: Die Vollkostenrechnung kann zu falschen Entscheidungen bei der Produktpolitik führen.

Beispiel 1:

Ein Unternehmen verkauft zwei Produkte:

Nettoverkaufserlöse von Produkt A:
30 000,00 EUR; variable Kosten insgesamt 16 200,00 EUR.

Nettoverkaufserlöse von Produkt B:
90 000,00 EUR; variable Kosten insgesamt 30 000,00 EUR.

Die fixen Kosten betragen insgesamt 42 000,00 EUR und sollen auf A und B im Verhältnis 1 : 2 auf die beiden Produktarten verteilt werden.

Aufgabe:

Berechnen Sie den Erfolg des Unternehmens!

Lösung:

	Produkt A	Produkt B
Nettoverkaufserlöse	30 000,00 EUR	90 000,00 EUR
– variable Kosten	16 200,00 EUR	30 000,00 EUR
Zwischensumme	13 800,00 EUR	60 000,00 EUR
– fixe Kosten	14 000,00 EUR	28 000,00 EUR
Verlust/Gewinn	– 200,00 EUR →	32 000,00 EUR
		– 200,00 EUR
Gewinn des Unternehmens:		31 800,00 EUR

Ergebnis: Beim Produkt A entsteht ein Verlust von 200,00 EUR, beim Produkt B ein Gewinn von 32 000,00 EUR. Dadurch beträgt der Gewinn des Unternehmens 31 800,00 EUR.

Es erhebt sich nun die Frage, ob das Produkt A, mit dem das Unternehmen einen Verlust erleidet, aus dem Produktprogramm ausscheiden soll. Anders ausgedrückt: Kann das Unternehmen beim Ausscheiden des Produktes A seinen Erfolg verbessern?

Beispiel 2:

Wir greifen auf das vorseitige Beispiel 1 zurück.

Aufgabe:

Berechnen Sie den Erfolg, wenn das Produkt A aus dem Produktprogramm ausscheidet!

Lösung:

	Nettoverkaufserlöse bei Produkt B	90000,00 EUR
–	variable Kosten	30000,00 EUR
	Zwischensumme	60000,00 EUR
–	fixe Kosten (insgesamt)[1]	42000,00 EUR
	Gesamtgewinn	18000,00 EUR

Erkenntnisse:

- Durch das Ausscheiden des Produktes A aus dem Produktprogramm hat sich die Gewinnsituation des Unternehmens um 13800,00 EUR verschlechtert. Das ist genau der Betrag, um den die Nettoverkaufserlöse des Produktes A die variablen Kosten übersteigen. In dieser Höhe konnte nämlich das Produkt A an der Deckung der fixen Kosten beteiligt werden.
- Eine undifferenzierte Anwendung der Vollkostenrechnung führt also auch zu einer falschen Produktpolitik.

KOMPETENZTRAINING

61
1. Begründen Sie, warum die Vollkostenrechnung allein als Instrument der Unternehmenssteuerung nicht geeignet ist!
2. Nennen Sie die Kostenart, die für die Mängel der Vollkostenrechnung verantwortlich ist! Begründen Sie Ihre Entscheidung!
3. Begründen Sie, ob ein Artikel, bei dem sich auf der Basis der Vollkostenrechnung ein Verlust ergibt, nicht gleich aus dem Produktprogramm ausscheiden muss!

LS 9

4 Deckungsbeitragsrechnung (Teilkostenrechnung) durchführen und Entscheidungen treffen

4.1 Aufbau der Deckungsbeitragsrechnung[2]

Die Ausführungen unter Kapitel 3.6 haben deutlich gemacht, dass die Mängel, die der Vollkostenrechnung anhaften, in den Fixkosten begründet liegen. Soll die Kostenrechnung in erster Linie als Instrument der Unternehmenssteuerung betrachtet werden, liegt es nahe, zunächst auf eine Verrechnung der Fixkosten zu verzichten und diese erst bei der Ergebnisermittlung wieder einzubeziehen. Eine solche Rechnung, die zunächst auf einen Teil bei der Weiterverrechnung der Kosten verzichtet, nennt man im Gegensatz zur Vollkostenrechnung eine **Teilkostenrechnung.** Eine weitverbreitete Form der Teilkostenrechnung ist die **Deckungsbeitragsrechnung.**

1 Durch das Ausscheiden eines Produktes verändert sich die Höhe der Fixkosten insgesamt zunächst nicht.

2 Für den Begriff „Deckungsbeitragsrechnung" wird in der betriebswirtschaftlichen Literatur auch der Begriff **„Direct Costing"** verwandt.

Bei der Deckungsbeitragsrechnung werden **Deckungsbeiträge** ermittelt. Diese ergeben sich, indem man von den **Nettoverkaufserlösen** der Produkte die **variablen Kosten** abzieht. In Höhe der Deckungsbeiträge sind die Produkte an der Deckung der noch nicht verrechneten Fixkosten beteiligt.

Das **Grundschema der Deckungsbeitragsrechnung** lautet:

	Nettoverkaufserlöse
–	variable Kosten
=	Deckungsbeitrag

- Unter den **Nettoverkaufserlösen** versteht man die Erlöse, die dem Unternehmen nach Abzug der Umsatzsteuer und etwaiger Erlösschmälerungen (z.B. Kundenrabatt, Kundenskonto, Vertreterprovision) tatsächlich verbleiben.[1]
- Der **Deckungsbeitrag** ist der Überschuss der Nettoverkaufserlöse über die variablen Kosten.
- Der **Deckungsbeitrag** gibt an, welchen Beitrag ein Kostenträger zur **Deckung** der **fixen Kosten** leistet.

4.2 Arten der Deckungsbeitragsrechnung

4.2.1 Deckungsbeitragsrechnung als Stückrechnung

Beispiel:

Aus Wettbewerbsgründen ist ein Hersteller gezwungen, den Listenverkaufspreis für ein Trimmgerät auf 816,32 EUR zuzüglich 19 % USt festzusetzen. Den Sportartikelgroßhändlern werden 25 % Rabatt und 2 % Skonto eingeräumt. Die variablen Kosten betragen 400,00 EUR.

Aufgaben:

1. Berechnen Sie den Deckungsbeitrag je Stück!
2. Stellen Sie den Deckungsbeitrag je Stück grafisch dar!

Lösung:

Zu 1.: Berechnung des Deckungsbeitrags

	Listenverkaufspreis (netto)	816,32 EUR
–	25 % Rabatt	204,08 EUR
	Zielverkaufspreis	612,24 EUR
–	2 % Skonto	12,24 EUR
	Nettoverkaufserlös (Barverkaufspreis)	600,00 EUR
–	variable Kosten	400,00 EUR
	Deckungsbeitrag	200,00 EUR

Zu 2.: Grafische Darstellung

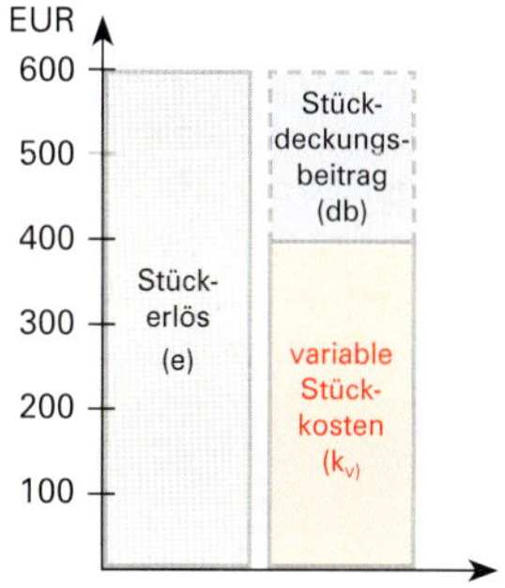

1 Der Nettoverkaufserlös entspricht dem Barverkaufspreis im Kalkulationsschema.

	Nettoverkaufserlös je Stück (Barverkaufspreis je Stück)
–	variable Kosten je Stück
=	Deckungsbeitrag je Stück

Der Deckungsbeitrag besagt, dass je Trimmgerät 200,00 EUR zur Deckung der Fixkosten zur Verfügung stehen. Ob der Deckungsbeitrag ausreicht, um neben der Deckung der fixen Kosten auch einen **Stückgewinn** zu erzielen, bleibt offen. Sicher ist aber, dass jeder Preis, der **über** den **variablen Kosten** liegt, zur Deckung der fixen Kosten beiträgt. Insofern dient der **Stückdeckungsbeitrag** als **Entscheidungshilfe** für die **Annahme oder Ablehnung von Aufträgen**.

- Jeder Deckungsbeitrag trägt zur Verbesserung des Betriebsergebnisses bei.
- Ob ein Stückgewinn erzielt wird und gegebenenfalls in welcher Höhe, kann nicht bestimmt werden.

4.2.2 Deckungsbeitragsrechnung als Periodenrechnung

Bei der Deckungsbeitragsrechnung als Periodenrechnung werden zur Ermittlung des Betriebsergebnisses die fixen Kosten in einem Block von der Summe der Deckungsbeiträge abgezogen. Ihr liegt folgendes Berechnungsschema zugrunde:

Erzeugnis A	+	**Erzeugnis B**	**usw.**
Nettoverkaufserlöse – variable Kosten		Nettoverkaufserlöse – variable Kosten	
= Deckungsbeitrag von Erzeugnis A		= Deckungsbeitrag von Erzeugnis B	⟶ Summe der Deckungsbeiträge – fixe Kosten
			= Betriebsergebnis (Betriebsgewinn/Betriebsverlust)

Beispiel:

Die KLR eines Industrieunternehmens liefert uns für den Monat Juni für die Erzeugnisse A und B folgende Zahlen:

	Erzeugnis A	Erzeugnis B
Produktions- und Absatzmenge	300 Stück	400 Stück
Nettoverkaufserlös je Stück	500,00 EUR	750,00 EUR
Variable Kosten je Stück	160,00 EUR	505,00 EUR
Fixe Kosten für den Monat Juni	150 000,00 EUR	

Aufgaben:

Berechnen Sie den Deckungsbeitrag je Erzeugnis, die Deckungsbeiträge insgesamt sowie das Betriebsergebnis für den Monat Juni!

Lösung:

	Erzeugnis A	Erzeugnis B	Gesamtbeträge
Nettoverkaufserlöse (E)	150 000,00 EUR	300 000,00 EUR	450 000,00 EUR
– variable Kosten (K_v)	48 000,00 EUR	202 000,00 EUR	250 000,00 EUR
= Deckungsbeiträge (DB)	102 000,00 EUR	98 000,00 EUR	200 000,00 EUR
– fixe Kosten (K_{fix})			150 000,00 EUR
= Betriebsergebnis (Betriebsgewinn)			50 000,00 EUR

Kompetenztraining

62 1. Erläutern Sie den Begriff Deckungsbeitrag!

2. Erklären Sie, bei welchen wichtigen Unternehmensaufgaben die Deckungsbeitragsrechnung sinnvolle Hilfestellung leisten kann!
3. Stellen Sie dar, worin Sie den entscheidenden Unterschied zwischen der Vollkostenrechnung und der Deckungsbeitragsrechnung sehen!
4. Aus Wettbewerbsgründen ist ein Betonwerk gezwungen, den Listenverkaufspreis für ein Bauelement auf 2 448,96 EUR festzusetzen. Den Bauunternehmen werden 25 % Rabatt und 2 % Skonto eingeräumt. Die variablen Kosten betragen 1 200,00 EUR.

   Aufgaben:

   4.1 Berechnen Sie den Deckungsbeitrag!

   4.2 Stellen Sie den Deckungsbeitrag je Stück grafisch dar!

   4.3 Erklären Sie die Rolle des Stückdeckungsbeitrags bei der Entscheidung über die Annahme oder Ablehnung eines Auftrages!
5. Beschreiben Sie mit eigenen Worten das Grundprinzip der Deckungsbeitragsrechnung!
6. Erläutern Sie, worin Sie das Hauptproblem bei der Anwendung der Deckungsbeitragsrechnung sehen!
7. Stellen Sie die wichtigsten Merkmale der Deckungsbeitragsrechnung und der Vollkostenrechnung einander gegenüber!
8. Die Kosten- und Leistungsrechnung eines Industriebetriebs liefert uns folgende Zahlen:

   Der Listenverkaufspreis je Stück beträgt 1 480,00 EUR. Dem Großhandel werden folgende Bedingungen gewährt: 30 % Kundenrabatt, $2^1/_2$ % Kundenskonto. Der Vertreter erhält 12 % Vertreterprovision vom Zielverkaufspreis. Die variablen Kosten betragen 260,00 EUR je Stück.

   Aufgaben:

   8.1 Berechnen Sie den Deckungsbeitrag je Stück!

   8.2 Stellen Sie den Deckungsbeitrag je Stück grafisch dar!
9. Die Teilkostenrechnung eines Unternehmens weist für ein bestimmtes Produkt folgende Ergebnisse aus:

   Aufgaben:

   9.1 Nettoverkaufserlös > variable Stückkosten.

   9.2 Nettoverkaufserlös < variable Stückkosten.

   9.3 Nettoverkaufserlös = variable Stückkosten.

   9.4 Stückdeckungsbeitrag = 0,00 EUR.

   Nennen Sie die Ziffer, bei dem das Produkt nicht mehr verkauft werden sollte!

10. Nennen Sie die Aussage, die über den Deckungsbeitrag richtig ist!
    10.1 Er deckt höchstens die fixen Kosten ab.
    10.2 Er steigt, wenn bei konstanten Stückerlösen die variablen Stückkosten steigen.
    10.3 Er sinkt, wenn bei konstanten Stückerlösen die variablen Stückkosten steigen.
    10.4 Er errechnet sich als Differenz zwischen den variablen Kosten und den Selbstkosten.
    10.5 Verrechnete Gemeinkosten minus Istgemeinkosten ergibt den Deckungsbeitrag.

63 Die Hohmann AG stellt drei verschiedene Typen von Gartenstühlen her. Für den Monat Oktober legt die Kosten- und Leistungsrechnung folgende Zahlen vor:

	Typ A	Typ B	Typ C
Nettoverkaufserlöse je Stück	120,00 EUR	85,00 EUR	76,00 EUR
variable Stückkosten	85,00 EUR	69,00 EUR	65,00 EUR
Verkaufsmengen in Stück	1 500	3 500	5 200

Die fixen Kosten der Rechnungsperiode werden mit 95 000,00 EUR veranschlagt.

Aufgaben:

1. Ermitteln Sie für jeden Typ den Deckungsbeitrag je Stück!
2. Ermitteln Sie für jeden Typ die Deckungsbeiträge der Rechnungsperiode!
3. Stellen Sie unter dem Gesichtspunkt der erzielten Deckungsbeiträge eine Rangfolge der Erzeugnisarten auf!
4. Ermitteln Sie das Betriebsergebnis der Periode!
5. Stellen Sie den Deckungsbeitrag für den Kostenträger A grafisch dar!

64 Die Kosten für einen Bürorollcontainer der Potsdamer Büromöbel GmbH lassen sich bei einer Produktion von 100 Stück wie folgt aufteilen:

Vollkostenrechnung

Fertigungsmaterial (50,00 EUR · 100 Stück)	5 000,00 EUR
+ 10 % Materialgemeinkosten	500,00 EUR
+ Fertigungslöhne (30,00 EUR · 100 Stück)	3 000,00 EUR
+ 120 % Fertigungsgemeinkosten	3 600,00 EUR
= Herstellkosten für 100 Stück	12 100,00 EUR
Herstellkosten für 1 Stück	121,00 EUR

Deckungsbeitragsrechnung

variable Herstellkosten (51,00 EUR · 100 Stück)	5 100,00 EUR
+ fixe Herstellkosten	7 000,00 EUR
= Herstellkosten für 100 Stück	12 100,00 EUR
Herstellkosten für 1 Stück	121,00 EUR

Bei einer Produktion von 150 Bürorollcontainern ergeben sich folgende Kosten:

Fertigungsmaterial (50,00 EUR · 150 Stück)	7 500,00 EUR
+ 10 % Materialgemeinkosten	750,00 EUR
+ Fertigungslöhne (30,00 EUR · 150 Stück)	4 500,00 EUR
+ 120 % Fertigungsgemeinkosten	5 400,00 EUR
= Herstellkosten für 150 Stück	18 150,00 EUR
Herstellkosten für 1 Stück	121,00 EUR

variable Herstellkosten (51,00 EUR · 150 Stück)	7 650,00 EUR
+ fixe Herstellkosten	7 000,00 EUR
= Herstellkosten für 150 Stück	14 650,00 EUR
Herstellkosten für 1 Stück	97,67 EUR

Aufgaben:

1. Vergleichen Sie die vorgegebene Kalkulation für den Bürorollcontainer und erläutern Sie, worauf die unterschiedliche Höhe der Herstellkosten beruht!
2. Stellen Sie dar, welche Schlussfolgerung Sie aus dem Vergleich für die Kalkulation ziehen!

LS 10

4.3 Mithilfe der Deckungsbeitragsrechnung Preisuntergrenzen bestimmen

4.3.1 Kurzfristige und langfristige Preisuntergrenze

(1) Bestimmung der kurzfristigen und langfristigen Preisuntergrenze

Die Tatsache, dass ein positiver Deckungsbeitrag zur Deckung der Fixkosten beiträgt, kann das Unternehmen dazu nutzen, die Deckungsbeitragsrechnung als Instrument der Preispolitik einzusetzen. Kurzfristig kann das Unternehmen nämlich den Preis so absenken, dass lediglich die variablen Kosten abgedeckt sind.[1] Für eine kurze Zeit kann es die fixen Kosten außer Acht lassen, denn diese fallen an, ob ein Verkauf getätigt wird oder nicht. Die Summe der variablen Kosten ist damit die **kurzfristige Preisuntergrenze (absolute Preisuntergrenze).**

Langfristig hingegen kann ein Unternehmen nicht mit Verlusten produzieren, es muss zumindest kostendeckend arbeiten. Die **langfristige Preisuntergrenze** wird daher durch die **Selbstkosten je Einheit** bestimmt.

- Die **kurzfristige (absolute) Preisuntergrenze** liegt bei dem Preis, bei dem der Stückerlös die **variablen Kosten je Einheit** abdeckt. Der Deckungsbeitrag ist in diesem Fall gleich null.

$$e = k_v$$

- Die **langfristige Preisuntergrenze** liegt bei dem Preis, bei dem der Stückerlös die entstandenen **Selbstkosten je Einheit** abdeckt.

$$e = \frac{K_{fix}}{\text{erzeugte Menge}} + k_v$$

Beispiel:

Ein Industrieunternehmen stellt nur ein Erzeugnis her. Für den Monat Februar weist die KLR folgende Daten aus: variable Stückkosten 60,00 EUR, Fixkosten 115 000,00 EUR, Produktionsmenge 7 000 Stück.

Aufgaben:

1. Ermitteln Sie die kurzfristige Preisuntergrenze!
2. Berechnen Sie die langfristige Preisuntergrenze!

Lösungen:

Zu 1.: Kurzfristige Preisuntergrenze: <u>60,00 EUR</u>

Zu 2.: Langfristige Preisuntergrenze:

$$\frac{115\,000{,}00 \text{ EUR}}{7\,000 \text{ Stück}} + 60{,}00 \text{ EUR} = \underline{\underline{76{,}43 \text{ EUR/Stück}}}$$

1 Neben der kostenorientierten Preisuntergrenze unterscheidet man auch eine **liquiditätsorientierte Preisuntergrenze.** Die liquiditätsorientierte Preisuntergrenze geht von der Annahme (Prämisse) aus, die ständige Zahlungsbereitschaft des Unternehmens zu sichern. Führen also große Teile der fixen Kosten zu ständigen Ausgaben (z. B. Gehälter, Miete für Werkshallen, Versicherungsbeiträge), so sind diese – unter Liquiditätsgesichtspunkten – in den Mindestpreis einzukalkulieren. Auf den Ersatz des Teils der fixen Kosten, der kurzfristig nicht zu Ausgaben führt (z. B. Abschreibungen), kann dagegen vorübergehend verzichtet werden.

(2) Vorteile und Gefahren der Bestimmung von Preisuntergrenzen

Vorteile	Nachteile
■ Bei einem harten Preiswettbewerb eröffnet die Kenntnis der absoluten Preisuntergrenze einen Preisspielraum. ■ Erlaubt eine marktgerechte Preispolitik, wenn den Verkäufern nur ein Deckungssoll vorgegeben wird, d. h., – in umkämpften Absatzgebieten werden geringe Deckungsbeiträge akzeptiert, – in guten Absatzgebieten werden höhere Deckungsbeiträge durchgesetzt.	■ Gefahr, dass ein zu niedriges Preisniveau akzeptiert wird. ■ Orientierung am Deckungsbeitrag ist gefährlich, da nicht sichergestellt ist, dass die fixen Kosten erwirtschaftet werden bzw. ein Gewinn erzielt wird. ■ Zur Absatzsteigerung wird eine zu nachgiebige Preispolitik betrieben.

4.3.2 Ermittlung der Gewinnschwelle (Break-even-Point)

Die Deckungsbeiträge geben an, inwieweit die Erlöse die variablen Kosten übersteigen. Sie stehen in erster Linie zur Abdeckung der anfallenden Fixkosten zur Verfügung. Deckungsbeiträge, die über die Fixkosten hinausragen, stellen Gewinne dar.

Insofern legt die Deckungsbeitragsrechnung auch die Frage nahe, bei welcher Warenmenge die Fixkosten durch Deckungsbeiträge genau gedeckt sind. Da das der Punkt ist, bei dem der Betrieb von der Verlustzone in die Gewinnzone schreitet, nennt man ihn die **Gewinnschwelle**[1] **(Nutzenschwelle)** oder auch, da die Deckungsbeitragsrechnung ihren Ursprung im angelsächsischen Raum hat, **Break-even-Point.**

Beispiel:

Die Anton Thomalla GmbH verkauft den Dieselmotor DX1 zum Nettoverkaufspreis von 2000,00 EUR. An variablen Stückkosten fallen 1200,00 EUR an. Die Fixkosten der Abteilung DX1 betragen im abgelaufenen Geschäftsjahr 200000,00 EUR.

Aufgaben:

Ermitteln Sie die Gewinnschwelle:

1. auf algebraischem Wege,
2. durch eine grafische Darstellung!

Lösungen:

Bei der Lösung der Aufgabe verwenden wir folgende Variablen:

E	Gesamtnettoverkaufserlös	e	Stückerlös
K	Gesamtkosten	k_v	variable Stückkosten
K_{fix}	fixe Gesamtkosten	db	Stückdeckungsbeitrag
K_v	variable Gesamtkosten	DB	Gesamtdeckungsbeitrag
x	Absatzmenge bzw. Produktionsmenge		

1 Siehe auch S. 182ff.

Zu 1.: Algebraische Lösung

Im Punkt der Gewinnschwelle gilt folgende Gleichung:

(1) Summe der Erlöse (E) = Summe der Kosten (K)

(2) $x \cdot e = x \cdot k_v + K_{fix}$ umgeformt ergibt sich:

$x \cdot e - x \cdot k_v = K_{fix}$ durch Ausklammern von x erhält man:

$x\,(e - k_v) = K_{fix}$ daraus folgt für x:

$x = \frac{K_{fix}}{e - k_v}$ durch Einsetzen der Werte erhält man:

$x = \frac{200\,000}{2\,000} - 1\,200$

$x = \frac{200\,000}{800} = \underline{\underline{250}}$

Ergebnis: Die Gewinnschwelle liegt bei 250 Dieselmotoren.

Zu 2.: Grafische Lösung

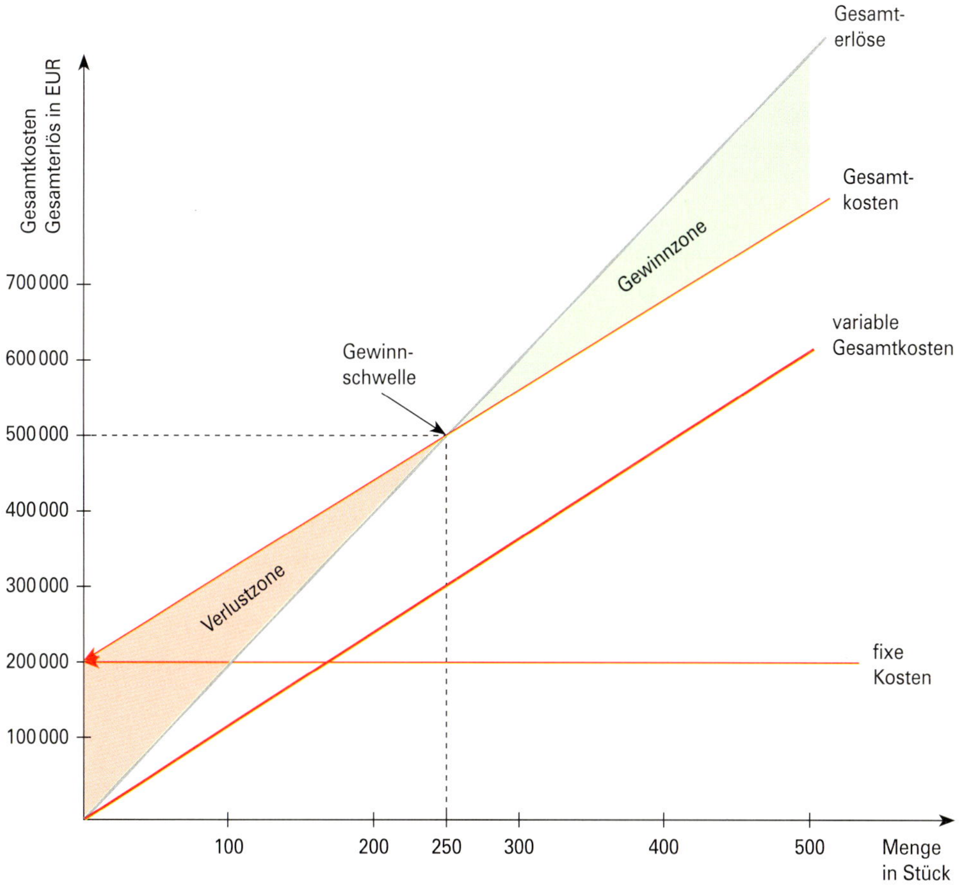

Kompetenztraining

65 1. Geben Sie an, wie die Begriffe „kurzfristige Preisuntergrenze" und „langfristige Preisuntergrenze" bestimmt sind!

2. Begründen Sie, ob ein Industriebetrieb langfristig überleben kann, wenn er die Preise für seine Erzeugnisse an der langfristigen Preisuntergrenze ausrichtet!

3. Die Kostenrechnung eines Industriebetriebs liefert uns für den Monat Januar folgende Zahlen:

	Erzeugnis A	Erzeugnis B
Produktions- und Absatzmenge	700 Stück	1 300 Stück
Listenverkaufspreis je Stück	580,00 EUR	410,00 EUR
Kundenrabatt	10 %	12 %
Kundenskonto	3 %	2 %
Vertreterprovision zum Zielverkaufspreis	5 %	7 %
variable Kosten je Stück	280,00 EUR	302,00 EUR
fixe Kosten	98 500,00 EUR	

Aufgaben:

3.1 Bestimmen Sie den Deckungsbeitrag für die Erzeugnisse A und B!

3.2 Ermitteln Sie das Betriebsergebnis!

3.3 Geben Sie die absolute Preisuntergrenze für die Erzeugnisse A und B an!

66 Eine Maschinenfabrik stellt Abfüllmaschinen her. Vom Typ A werden im Monat Januar 10 Maschinen hergestellt. Hierfür sind folgende Kosten (linearer Kostenverlauf) in den einzelnen Kostenstellen angefallen:

Gesamtkosten / Kostenstellen	Einzelkosten	Gemeinkosten	
		fixe Kosten	variable Kosten
Material	170 000,00 EUR	10 000,00 EUR	18 000,00 EUR
Fertigung	80 000,00 EUR	35 000,00 EUR	24 000,00 EUR
Verwaltung/Vertrieb		15 000,00 EUR	

Die Maschine des Typs A erzielt einen Nettoverkaufspreis von 36 000,00 EUR. Von der Maschine A können maximal 10 Stück je Monat hergestellt werden.

Aufgaben:

1. Ermitteln Sie die kurzfristige Preisuntergrenze je Maschine des Typs A!
2. Berechnen Sie die langfristige Preisuntergrenze!
3. Die Maschinenfabrik plant eine Ersatzinvestition zur Herstellung des Maschinentyps A. Die Kapazität erhöht sich dadurch um 20 %.

   Die Kostenstruktur ändert sich wie folgt: Die fixen Kosten steigen um 40 %, die variablen Kosten sinken um 25 %.

   3.1 Bestimmen Sie die neuen Stückkosten je Maschine!

   3.2 Ermitteln Sie den Gewinn je Maschine!

   3.3 Ermitteln Sie die Gewinnschwelle für den Fall, dass der Nettoverkaufserlös für die Maschine A um 15 % sinkt!

67 Die Kapazitätsgrenze eines Einproduktbetriebs liegt bei einer Produktionsmenge von 56 000 Stück. An fixen Kosten fallen monatlich 168 000,00 EUR an; die variablen Kosten betragen 10,36 EUR/Stück. Das Produkt wird für 17,08 EUR/Stück netto verkauft.

Aufgaben:

1. Ermitteln Sie die Gewinnschwelle!
2. In der Vollkostenrechnung wurde ein Stückgewinn von 1,54 EUR ermittelt.

   Berechnen Sie die Ausbringungsmenge, die im kommenden Monat hergestellt werden muss, damit dieser Stückgewinn erzielt wird!
3. 3.1 Es soll ein neues Fertigungsverfahren eingeführt werden, bei dem zwar die fixen Kosten je Monat um 35 % höher, die variablen Kosten dagegen je Stück um 30 % niedriger sein werden.

   Berechnen Sie, ab welcher Ausbringungsmenge sich die Einführung des neuen Verfahrens lohnt!

   3.2 Berechnen Sie bei dem neuen Produktionsverfahren den Stückgewinn an der Kapazitätsgrenze!

68 Die Weber Metallbau GmbH kalkuliert einen Großauftrag für die Lieferung von Gartenzäunen an eine Baumarktkette. Angefragt sind 2 000 Einheiten mit jeweils 10 Elementen pro Zauneinheit. Die Gesamtkosten belaufen sich lt. Kalkulation auf 289 200,00 EUR, die variablen Stückkosten je Element auf 9,20 EUR. Die Metallbau Weber GmbH bietet ein Zaunelement zum Nettoverkaufspreis von 20,20 EUR an.

Aufgaben:

1. Berechnen Sie die Fixkosten!
2. Berechnen Sie den Deckungsbeitrag je Stück!
3. Ermitteln Sie die absolute Preisuntergrenze!
4. 4.1 Die Baumarktkette akzeptiert je Zaunelement einen Nettoverkaufspreis von 18,00 EUR. Berechnen Sie, ob die Weber Metallbau GmbH den Auftrag zu diesen Konditionen annehmen kann und welcher Betriebsgewinn gegebenenfalls noch erzielt werden kann.

   4.2 Ermitteln Sie rechnerisch und grafisch für den Auftrag die Gewinnschwelle! Führen Sie die Probe durch!

LS 11

4.4 Deckungsbeitragsrechnung als Instrument zur Entscheidungsfindung über die Annahme eines Zusatzauftrags nutzen

Unter Zusatzaufträgen versteht man solche Aufträge, die **unterhalb der derzeitigen Verkaufspreise** angenommen werden. Sie führen bei nicht ausgelasteter Produktionskapazität zu einer Verbesserung des Betriebsergebnisses, wenn die **Nettoverkaufserlöse höher** liegen als die **variablen Kosten** des Auftrags. Die fixen Kosten können dabei außer Betracht bleiben, da sie ja unabhängig davon anfallen, ob der Zusatzauftrag angenommen wird oder nicht. Der erzielbare Deckungsbeitrag ist somit das Kriterium für die Annahme oder Ablehnung des Zusatzauftrags.

!

- Für die Annahme bzw. die Ablehnung eines Zusatzauftrags gilt:
  - Deckungsbeitrag $> 0 \rightarrow$ Annahme des Zusatzauftrags
  - Deckungsbeitrag $< 0 \rightarrow$ Ablehnung des Zusatzauftrags
- Zusatzaufträge tragen zur besseren Produktionsauslastung und zur Arbeitsplatzerhaltung bei.

Beispiel:

Im laufenden Monat ist folgende Produktions- und Absatzsituation gegeben:

	Erzeugnis I	Erzeugnis II
Nettoverkaufserlös	198,00 EUR	270,00 EUR
variable Stückkosten	112,00 EUR	120,00 EUR
fixe Kosten insgesamt	150 000,00 EUR	
Absatzmenge	700 Stück	950 Stück
Kapazität	900 Stück	1 200 Stück

Das Unternehmen hat die Möglichkeit, von Erzeugnis II 210 Stück zum Festpreis von 180,00 EUR als Sondermodell zu verkaufen.

Aufgabe:

Berechnen Sie, ob sich die Hereinnahme des Zusatzauftrags lohnt!

Lösung:

	Erzeugnis I	Erzeugnis II	Zusatzauftrag
Nettoverkaufserlöse	138 600,00 EUR	256 500,00 EUR	37 800,00 EUR
– variable Kosten	78 400,00 EUR	114 000,00 EUR	25 200,00 EUR
= Deckungsbeitrag	60 200,00 EUR	142 500,00 EUR	12 600,00 EUR
– fixe Kosten	150 000,00 EUR		
= Betriebsgewinn ohne Zusatzauftrag	52 700,00 EUR		
+ Deckungsbeitrag Zusatzauftrag	12 600,00 EUR		
= Betriebsgewinn mit Zusatzauftrag	65 300,00 EUR		

Ergebnis: Die Hereinnahme des Zusatzauftrags lohnt sich, da dadurch der Betriebsgewinn um 12 600,00 EUR gesteigert werden kann.

Hinweis:

Sofern ein positiver Deckungsbeitrag erzielt werden kann, würde sich die Hereinnahme des Zusatzauftrags auch im Fall eines Betriebsverlustes lohnen. Ein positiver Deckungsbeitrag trägt dann dazu bei, den Betriebsverlust zu verringern.

Kompetenztraining

69 Ein Industriebetrieb verfügt über freie Kapazität. Er fertigt die Produkte A, B und C. Ein Großhandelshaus erteilt einen Zusatzauftrag über 2 000 Stück des Produktes B als Sondermodell, wenn dieses zu einem Listenverkaufspreis von 46,20 EUR geliefert werden kann. Die KLR liefert uns folgende Daten:

	Produkt A	Produkt B	Produkt C	Zusatzauftrag (von Produkt B)
Nettoverkaufserlöse	33,60 EUR	58,80 EUR	95,20 EUR	
variable Stückkosten	25,20 EUR	39,20 EUR	60,20 EUR	42,00 EUR
Absatzmenge	1 400 Stück	3 000 Stück	2 100 Stück	2 000 Stück
Kapazität	1 500 Stück	6 000 Stück	2 700 Stück	

Die fixen Kosten des Industriebetriebs betragen insgesamt 82 000,00 EUR.

Aufgaben:

1. Entscheiden Sie, ob es unter wirtschaftlichen Gesichtspunkten empfehlenswert ist, den Zusatzauftrag anzunehmen!
2. Berechnen Sie den neuen Betriebsgewinn bei Annahme des Zusatzauftrags!
3. Ermitteln Sie die absolute Preisuntergrenze für die Hereinnahme des Zusatzauftrags!

70 Ein Industrieunternehmen produziert drei verschiedene Typen einer Kaffeemaschine. Die KLR ermittelt für den Monat Juli folgende Zahlen:

	Typ A	Typ B	Typ C
produziert und verkauft	6500 Stück	9750 Stück	10400 Stück
Nettoverkaufserlös je Stück	58,50 EUR	88,40 EUR	104,00 EUR
variable Stückkosten	49,40 EUR	73,45 EUR	89,70 EUR

Aufgaben:

1. Berechnen Sie für jeden Typ den Deckungsbeitrag je Stück und den Deckungsbeitrag insgesamt für den jeweiligen Produkttyp!
2. Ermitteln Sie das Betriebsergebnis für den Monat Juli, wenn die Fixkosten insgesamt 241150,00 EUR betragen!
3. Entscheiden Sie, ob es unter wirtschaftlichen Gesichtspunkten empfehlenswert ist, einen Zusatzauftrag von 3900 Stück von Typ B anzunehmen, wenn entsprechend von Typ C dann 3900 Stück weniger produziert werden können!

71 Die Geschäftsleitung der Kunststoffwerke Erler GmbH beschließt die Deckungsbeitragsrechnung einzuführen. Das Unternehmen erwartet für das kommende Quartal folgende Daten:

	Produkt A	Produkt B
Absatzmenge	350 Stück	800 Stück
Nettoverkaufserlös je Stück	450,00 EUR	325,00 EUR
variable Kosten je Stück	300,00 EUR	200,00 EUR
fixe Kosten	74000,00 EUR	

Aufgaben:

1. Ermitteln Sie das voraussichtliche Betriebsergebnis mithilfe der Deckungsbeitragsrechnung!
2. Mit der Absatzmenge des Produktes A ist die Kapazität des Produktbereichs A nicht ausgelastet. Daher kann noch ein Zusatzauftrag über 40 Einheiten A angenommen werden.

   Ermitteln Sie die Preisuntergrenze für diesen Zusatzauftrag, wenn aus diesem Auftrag noch ein zusätzlicher Gewinn von 2000,00 EUR erwirtschaftet werden soll!
3. Die Deckungsbeitragsrechnung ermöglicht eine marktorientierte Mengenplanung und Preispolitik. Begründen Sie diese Aussage!

5 Einfluss der Produktionsmenge (des Beschäftigungsgrades) auf die Kosten ermitteln

Das **Gesetz der Massenproduktion** besagt: Mit zunehmender Produktionsmenge (zunehmendem Beschäftigungsgrad) sinken die Stückkosten.

Das Grundprinzip des Gesetzes der Massenproduktion ist aus der Berechnung der Gewinnschwelle[1] bereits bekannt. Die Abhängigkeit, dass die Kosten bei einer Steigerung der Produktionsmenge sinken, setzt jedoch voraus, dass

- der Kostenverlauf auf **ein Produkt** bezogen ist,
- die **abgesetzte Menge** der **hergestellten Menge entspricht,**
- **kein Lager** gebildet wird,
- nur **absolut fixe** und **proportional variable Kosten** anfallen,
- die **Kosten- und Absatzpreise** während des Betrachtungszeitraums **konstant** bleiben,
- das **Produktionsverfahren nicht geändert** wird,
- die **Kapazität konstant** bleibt.

Die Großunternehmen sind dank hoher Kapazitäten gegenüber kleineren Unternehmen im Vorteil, solange die Produktionsmenge steigt, da sie kostengünstiger produzieren können. Allerdings verursachen hohe Kapazitäten hohe Fixkosten. Sinkt die Produktion, steigen die fixen Kosten je Erzeugnis und dadurch die Verkaufspreise stark an und gefährden damit den Absatz.

Beispiel:

Ein Industriebetrieb stellt Zubehörteile (Plastikbausätze) für Modelleisenbahnen her. Monatlich können maximal 1 000 Packungen (Inhalt 10 Bausätze) produziert werden. Es wird nur auf Bestellung gearbeitet.

Die **fixen Kosten** betragen 20 000,00 EUR.

Die (proportional) **variablen Kosten** betragen 30,00 EUR je Verkaufspackung.

Der Absatzpreis je Verkaufspackung beträgt 55,00 EUR.

Aufgaben:

1. Berechnen Sie in Intervallen von jeweils 100 Verkaufspackungen für die Produktion von 100 bis 1 000 Verkaufspackungen die anfallenden Gesamtkosten, die Stückkosten, den Gesamtgewinn bzw. -verlust und den Stückgewinn bzw. -verlust! Verwenden Sie hierzu eine Kosten-Leistungs-Tabelle!
2. Berechnen Sie die Gewinnschwelle!
3. Ermitteln Sie den optimalen Kostenpunkt und das Gewinnmaximum!
4. Stellen Sie E, K, K_v und K_{fix} grafisch dar!

1 Vgl. hierzu S. 176 ff.

Lösungen:

Zu 1.:

Menge der Verkaufspackungen (x)	fixe Gesamtkosten in EUR (K_{fix})	variable Gesamtkosten in EUR (K_v)	Gesamtkosten in EUR (K)	Gesamterlös (abgesetzte Menge · Preis) (E)	Gewinn (grüne Zahlen) bzw. Verlust (rote Zahlen) (G/V)	variable Stückkosten (k_v)	fixe Stückkosten (k_{fix})	Stückkosten in EUR (k)	Stückerlös in EUR (e)	Stückverlust bzw. Stückgewinn (g/v)
100	20 000,00	3 000,00	23 000,00	5 500,00	17 500,00	30,00	200,00	230,00	55,00	175,00
200	20 000,00	6 000,00	26 000,00	11 000,00	15 000,00	30,00	100,00	130,00	55,00	75,00
300	20 000,00	9 000,00	29 000,00	16 500,00	12 500,00	30,00	66,67	96,67	55,00	41,67
400	20 000,00	12 000,00	32 000,00	22 000,00	10 000,00	30,00	50,00	80,00	55,00	25,00
500	20 000,00	15 000,00	35 000,00	27 500,00	7 500,00	30,00	40,00	70,00	55,00	15,00
600	20 000,00	18 000,00	38 000,00	33 000,00	5 000,00	30,00	33,33	63,33	55,00	8,33
700	20 000,00	21 000,00	41 000,00	38 500,00	2 500,00	30,00	28,57	58,57	55,00	3,57
800	20 000,00	24 000,00	44 000,00	44 000,00	–	30,00	25,00	55,00	55,00	–
900	20 000,00	27 000,00	47 000,00	49 500,00	2 500,00	30,00	22,22	52,22	55,00	2,78
1 000	20 000,00	30 000,00	50 000,00	55 000,00	5 000,00	30,00	20,00	50,00	55,00	5,00

Zu 2.: $x = \frac{20\,000}{55} - 30 = \underline{\underline{800 \text{ Stück (Gewinnschwelle)}}}$

Zu 3.: Der optimale Kostenpunkt und das Gewinnmaximum liegen an der betrieblichen Kapazitätsgrenze, d. h. bei der Produktion von 1 000 Stück.

Zu 4.:

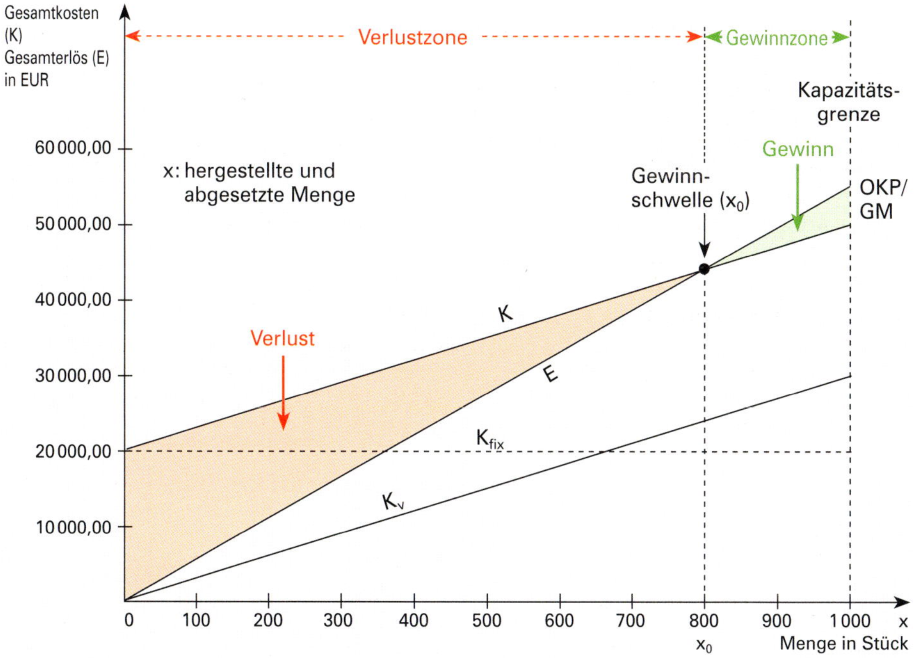

Erläuterungen:

- Unterstellt man einen linearen Gesamtkostenverlauf, ergibt sich mit zunehmender Produktionsmenge eine **Fixkostendegression,** weil die proportional-variablen Kosten je Stück konstant, die fixen Kosten je Stück jedoch abnehmen **(Gesetz der Massenproduktion).** Das Massenproduktionsgesetz lautet:

$$k = k_v + \frac{K_{fix}}{m}$$

Das Stückkostenminimum liegt an der Kapazitätsgrenze.

- Bei linearem Gesamtkostenverlauf und gegebenem Absatzpreis liegt das **Gewinnmaximum** immer an der Kapazitätsgrenze, weil dort die Differenz zwischen Erlös (Umsatz) und Gesamtkosten (Gesamtbetrachtung) bzw. zwischen Absatzpreis je Stück und Stückkosten (Stückbetrachtung) am größten ist **(optimaler Kostenpunkt).**
- Die Produktionsmenge, bei dem der Umsatz den Gesamtkosten bzw. der Absatzpreis je Stück den Stückkosten entspricht, bezeichnet man als **Gewinnschwelle,** mitunter auch als Nutzenschwelle oder als **„toten Punkt" (Break-even-Point).** Kann der Betrieb seine Produktionsmenge über die Gewinnschwelle hinaus erhöhen, erzielt er Gewinn, d. h., er tritt in die **Gewinnzone** ein. Liegt die Produktionsmenge unter der Gewinnschwelle, arbeitet der Betrieb mit Verlust. Er befindet sich in der **Verlustzone.**
- Sind die fixen Gesamtkosten (K_{fix}), die proportional-variablen Stückkosten (k_v) und der Absatzpreis (P) gegeben, so lässt sich die Gewinnschwelle leicht berechnen. Da bei der Gewinnschwelle die Gesamtkosten dem Erlös entsprechen, gilt:

$$K_{fix} + k_v \cdot x = P \cdot x$$

wobei x die hergestellte und abgesetzte Produktionsmenge bedeutet.[1] Mit den Zahlen unseres Beispiels ergibt sich somit:

$$20\,000 + 30x = 55x$$
$$25x = 20\,000$$
$$x = \underline{\underline{800 \text{ (Stück)}}}$$

Kompetenztraining

72 1. Erläutern Sie das Grundprinzip des Gesetzes der Massenproduktion!

2. Beschreiben Sie mögliche Auswirkungen des Gesetzes der Massenproduktion anhand der Fixkosten!

3. Die Thomas Helmle KG in Berlin stellt Spielpuppen für Kinder her. Eine Puppe wird für 80,00 EUR verkauft. Bei vollkommener Ausnutzung der Kapazität können insgesamt 500 Puppen produziert werden. Die Produktion erfolgt nur nach Bestellung. Die Kostenstruktur verläuft linear.

   Die Fixkosten betragen 10 000,00 EUR/Monat. Die variablen Stückkosten betragen konstant 40,00 EUR.

Menge	Gesamtkosten			Stückkosten			Gesamterlös	Gesamt-	
x	K_{fix}	K_v	K	k_{fix}	k_v	k	E	gewinn	verlust
100 200 300 400 500	10 000,00				40,00				

1 Außerdem gibt es folgende Berechnungsmöglichkeit: Gewinnschwelle = $\frac{\text{Fixkosten } (K_{fix})}{\text{Preis (P)} - \text{variable Kosten } (k_v)}$

Aufgaben:

3.1 Ergänzen Sie die angegebene Tabelle!

3.2 Berechnen Sie die Gewinnschwelle!

3.3 Ermitteln Sie den optimalen Kostenpunkt und das Gewinnmaximum!

3.4 Berechnen Sie, bei welcher Produktionsmenge ein Gewinn von 3520,00 EUR erzielt wird!

3.5 Stellen Sie dar, bei welcher Produktionsmenge das Gewinnmaximum

3.5.1 theoretisch,

3.5.2 praktisch

erreicht ist!

73 Die Kostenanalyse für eine Fertigungsanlage ergibt folgendes Bild:

April: Hergestellte Menge 3400 Stück, Gesamtkosten 273000,00 EUR
Mai: Hergestellte Menge 3600 Stück, Gesamtkosten 282000,00 EUR

Die variablen Kosten verlaufen proportional. Der Verkaufserlös beträgt je Stück 77,00 EUR.

Aufgaben:

1. Ermitteln Sie die Nutzenschwelle (Ausbringungsmenge und Umsatz)!
2. Berechnen Sie den Gewinn/Verlust bei einem Beschäftigungsgrad von 72 % bzw. 100 %, wenn die Kapazitätsauslastung im Monat Mai 80 % beträgt!
3. Ermitteln Sie, bei welchem Umsatz ein Gewinn von 11200,00 EUR erreicht wird!
4. Beschreiben Sie die betriebswirtschaftliche Bedeutung der Gewinnschwelle!

74 Die fixen Kosten eines Industriebetriebs betragen 120000,00 EUR je Periode. Die proportional-variablen Kosten belaufen sich auf 100,00 EUR je Kostenträger. Der Absatzpreis ist konstant und beträgt 300,00 EUR je Stück. Maximal kann der Betrieb 1000 Stück je Periode herstellen.

Aufgaben:

1. Stellen Sie eine Kosten-Leistungs-Tabelle wie auf S. 183 auf!
2. Berechnen Sie die Gewinnschwelle!
3. Erläutern Sie anhand des Beispiels das „Gesetz der Massenproduktion“!
4. Ermitteln Sie, wie viel Euro Gewinn der Betrieb erzielt, wenn die Nachfrage so groß ist, dass er an der Kapazitätsgrenze produzieren kann!
5. Stellen Sie dar, warum bei linearem Gesamtkostenverlauf das Gewinnmaximum an der Kapazitätsgrenze liegt!
6. Erklären Sie, wie sich die Gewinnschwelle verschiebt, wenn die fixen Kosten um 10 % steigen und die variablen Kosten um 15 % sinken! Lösen Sie die Aufgabe rechnerisch!
7. Nennen Sie Gründe, die zu einer Verschiebung der Kostenkurven führen!

Lernfeld

11

Geschäftsprozesse darstellen und optimieren

1 Sich einen Überblick über das Management von Geschäftsprozessen verschaffen

1.1 Effektivität und Effizienz als Ziel des Prozessmanagements

(1) Begriff Prozess

Ein **Prozess** ist

- eine **Folge zusammenhängender Vorgänge zur Erstellung einer Leistung.**
- Er beginnt mit einem **auslösenden Ereignis** und führt zu einem **definierten Endzustand.**
- Sein Ziel besteht in der **Erreichung einer Wertschöpfung** im Sinne des Prozesses.
- Die Vorgänge können verschiedenster Art sein, z. B.
  - menschlich (z. B. Entscheidungsprozess),
  - biologisch (z. B. Fäulnisprozess, Reifeprozess, Gärprozess),
  - chemisch (z. B. Explosion, radioaktiver Zerfall) oder
  - betrieblich (Geschäftsprozess).

(2) Prozessorientiertes Handeln

„Doing the right things and doing things right."[1] Darin liegt der Kerngedanke prozessorientierten Handelns.

Die richtigen Dinge zu tun bedeutet, sich auf jene Dinge (in unserem Fall auf jene Prozesse) zu konzentrieren, die am besten dazu geeignet sind, die angestrebten Unternehmensziele zu erreichen. Ein solches Handeln bezeichnet man als **effektiv.**

Effektivität sagt etwas aus über die **Wirksamkeit eines Verfahrens** und die **Qualität der Zielerreichung.**

Die Dinge richtig zu tun bedeutet, so zu arbeiten, dass das angestrebte Ziel und die eingesetzten Mittel in einem möglichst günstigen Nutzen-Kosten-Verhältnis stehen. Ein solches Handeln bezeichnet man als **effizient.**

Effizienz ist ein Maß für die **Wirtschaftlichkeit** eines Verfahrens.

1 „Die richtigen Dinge tun und die Dinge richtig tun." Dieses Zitat stammt von Peter Ferdinand Drucker, einem amerikanischen Unternehmensberater österreichischer Abstammung, der als Erfinder des neuen Managements bezeichnet wird.

Beispiel:

Sie wollen mit dem Wasser aus einer Regentonne ihre Pflanzen im Garten gießen. Dafür können Sie eine Gießkanne benutzen, aber auch einen Eierbecher. Beides führt zum Ziel, ist also effektiv. Mit der Gießkanne lassen sich pro Zeiteinheit mehr Pflanzen wässern als mit dem Eierbecher. Die Verwendung der Gießkanne ist daher wirksamer, d. h. effektiver als die Verwendung des Eierbechers.

Würde man zur Entnahme des Gießwassers aus der Regentonne ein Sieb benutzen, dann wäre dies ineffektiv, weil damit das Ziel nicht erreicht wird.

Effektive Prozesse und effiziente Ausführung derselben lassen sich kombinieren.[1]

Prozessvariante	Beispiele
Die richtigen Dinge auf effiziente Weise tun	Mehrere Personen schöpfen Wasser zum Gießen aus der Regentonne, verwenden dabei große Gießkannen und bilden eine Menschenkette.
Die richtigen Dinge auf ineffiziente Weise tun	Eine Person schöpft mit einem Eierbecher Wasser zum Gießen aus der Regentonne.

Das **Ziel der Prozessorientierung** besteht darin, dafür zu sorgen, dass **die richtigen Dinge** gemacht werden **(effektive Abläufe)** und dass **die Dinge** auch **richtig gemacht** werden **(effiziente Abläufe).**

Es stellen sich zwei entscheidende Fragen, die im Laufe der folgenden Kapitel beantwortet werden sollen:

- Was sind und wie findet man die „richtigen", die zielführenden Prozesse (Bestimmung der effektiven Prozesse)?
- Wie sorgt man dafür, dass diese „richtigen" Prozesse auch „richtig gemacht" werden (Steigerung der Effizienz)?

1.2 Management von Geschäftsprozessen

(1) Überblick

Die Entwicklung, Steuerung und Optimierung von Geschäftsprozessen erfolgt über Kreisläufe. Die nachfolgende Darstellung zeigt, wie diese sich durch die Größe ihres Optimierungsumfanges unterscheiden. Es gibt zum einen den **Prozess der kontinuierlichen**[2] **Verbesserung** über den PDCA-Zyklus[3] und zum anderen den des **radikalen Neuaufbaus.**[4] Dieser stellt sowohl die bisherige Unternehmensstruktur in ihrem Aufbau als auch die bisherigen Prozesse auf den Prüfstand.

1 Der Vollständigkeit wegen sei erwähnt, dass es theoretisch auch möglich wäre, die falschen Dinge zu tun und sich dabei um eine weitere Verbesserung der Effizienz zu bemühen. **Beispiel:** Zum Schöpfen des Wassers benutzt man möglichst große Siebe und bildet dazu noch Menschenketten. Es ist einsichtig, dass niemand sehenden Auges so handeln würde.

2 Kontinuierlich: stetig ununterbrochen.

3 Siehe hierzu Lernfeld 5, Kapitel 6.3.1.

4 Der Fachbegriff hierzu lautet Redesign (Reengineering).

Beides sind **übergeordnete Managementprozesse.**[1] Die nachfolgende Darstellung gibt hierfür einen Überblick und zeigt zugleich die Verbindung mit den betriebswirtschaftlichen Inhalten des Lernfeldes 11.

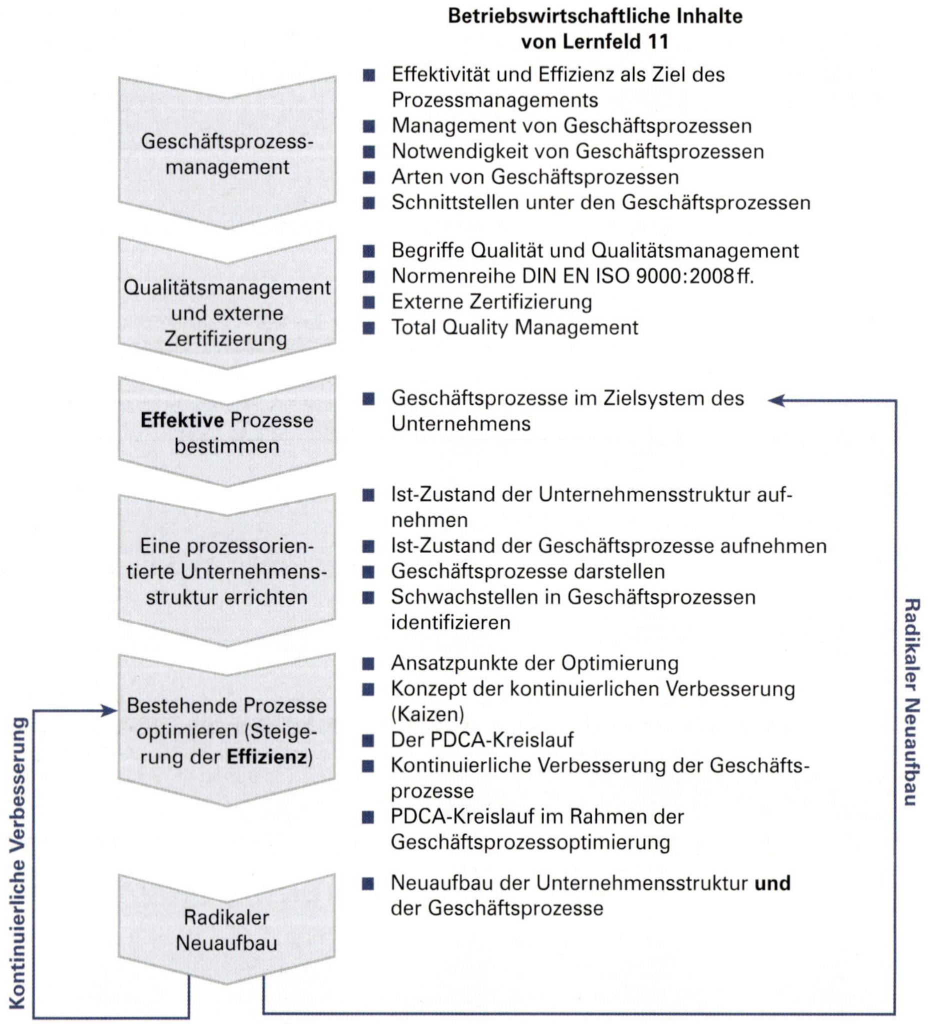

1 Siehe hierzu Kapitel 1.4 „Arten von Geschäftsprozessen unterscheiden", S. 191ff.

(2) Begriff Geschäftsprozesse

Bei **Geschäftsprozessen**[1] wird das Prinzip des prozessorientierten Handelns auf **betriebliche Abläufe** übertragen.

- Unter einem **Geschäftsprozess** versteht man eine **Folge zusammenhängender Tätigkeiten,** die dem **Kunden (intern oder extern) einen Nutzen liefern.**
- **Weitere Merkmale von Geschäftsprozessen:**
  - Sie werden nur für solche **betrieblichen Abläufe** beschrieben (modelliert), **die sich wiederholen.**
  - Ein interner bzw. externer Kunde löst den Prozess aus.
  - Ein interner bzw. externer Kunde ist Empfänger der Prozessleistung (Kundennutzen).

Interne Kunden sind z. B. Abteilungen oder Mitarbeiter. **Externe Kunden** im Sinne der Geschäftsprozesse sind nicht nur unsere Geschäftskunden als Empfänger unserer betrieblichen Leistungen, sondern alle Geschäftspartner, die einen Geschäftsprozess auslösen oder Leistungen desselben erlangen können. Dies sind neben den traditionellen Geschäftskunden auch die Lieferer, Kreditinstitute, Behörden, Versicherungen usw.

1.3 Notwendigkeit von Geschäftsprozessen

Die Notwendigkeit von Geschäftsprozessen ergibt sich daraus, dass sie dem Unternehmen in mehrfacher Weise einen Nutzen stiften.

(1) Interner Nutzen

Er entsteht dadurch, dass das Unternehmen durch die Konzentration auf die Kernprozesse[2] seine **knappen Ressourcen effektiv einsetzt.** Durch kontinuierliche Weiterentwicklung der Prozesse **steigt die Effizienz.** Damit verbinden sich **wirtschaftliche Vorteile** in den folgenden Bereichen:

Qualität	▪ Die Qualität der Produkte bzw. der Dienstleistung wird verbessert bis hin zu einem Null-Fehler-Standard. ▪ Hohe Qualitätsstandards werden langfristig gesichert.
Zeit	Verkürzung folgender Zeiten: ▪ Durchlaufzeiten in der Produktion, ▪ Lieferzeiten gegenüber Kunden, ▪ Entwicklungszeiten für neue Produkte, ▪ Reaktionszeiten für Kundenanfragen.
Kosten	▪ Durch optimale Kapazitätsauslastung werden die Maschinenkosten pro Erzeugnis verringert. ▪ Das Führen geringer Lager- und Zwischenbestände verringert den Kapitalbedarf und damit die Zinskosten. ▪ Ressourcen werden geschont.

1 Wiederholen Sie hierzu die Ausführungen in Lernfeld 3, Kapitel 1.1 „Begriff und Merkmale von Geschäftsprozessen".

2 Siehe Kapitel 1.4.1.

(2) Externer Nutzen

Eine hohe Qualität der kundenbezogenen Prozesse führt zu **besserer Kundenzufriedenheit** und zu einer **Steigerung der Kundenbindung.** Mit einer langfristigen Kundenbindung verknüpfen sich folgende Vorteile:

- Die Kosten der Neukundenwerbung **(Kundenakquisition)**[1] verteilen sich auf einen längeren Zeitraum.
- Stammkunden kaufen mehr.
- Die Kosten für die Betreuung von Stammkunden sind geringer.
- Die Weiterempfehlungsrate der Stammkunden ist hoch und senkt somit die Kosten der Kundenakquisition zusätzlich.

Der Nachweis von kontrollierten und standardisierten Geschäftsprozessen ermöglicht den Unternehmen die **Zertifizierung.**[2] Da diese von vielen, vor allem von Großunternehmen, als Voraussetzung für die Aufnahme in die Lieferliste verlangt wird, **sichern die Geschäftsprozesse das langfristige Überlegen des Betriebes** am Markt.

Aufgrund der Rechtsvorschriften des Produkthaftungsgesetzes liegt die Beweislast für fehlerfreie Erzeugnisse beim Produzenten. Kommt es aufgrund eines Schadensfalles zu **Regressansprüchen** eines Kunden, können diese vom Hersteller eher **abgewehrt werden,** wenn der Nachweis standardisierter und dokumentierter Geschäftsprozesse erbracht werden kann.

(3) Ziel der Geschäftsprozessorientierung

Das gesamte Management der Geschäftsprozesse hat zum Ziel, das Unternehmen **kundenorientiert** zu führen – unabhängig davon, ob es sich um interne oder externe Kunden handelt. Kundenorientierung soll dabei so verstanden werden, dass deren Erwartungen

- beim **Erwerb** des Produktes bzw. der Dienstleistung (Preiswürdigkeit, Verfügbarkeit usw.),
- bei dessen regelmäßigem und bestimmungsgemäßem **Gebrauch** (Zuverlässigkeit, Funktionstüchtigkeit, Haltbarkeit, Energieverbrauch usw.) und
- bei dessen **Verwertung** (Wiederverkauf, sortenreine Entsorgung usw.)

übertroffen werden.

1 Siehe Lernfeld 5.

2 Siehe Kapitel 2.2.2.

1.4 Arten von Geschäftsprozessen unterscheiden

1.4.1 Kernprozesse, Serviceprozesse und Managementprozesse

(1) Kernprozesse

Begriff

- **Kernprozesse** sind jene Geschäftsprozesse, in denen das Unternehmen die **Kernkompetenz** besitzt und vermarktet. Es sind die zentralen Prozesse, mit denen die Hauptleistung des Unternehmens erbracht wird. Dorthin fließen die meisten Ressourcen.
- Kunden der Kernprozesse sind **externe** Kunden.

Welche Kriterien erfüllen Kernkompetenzen?

- ☑ Sie bringen einen grundlegenden Nutzen für den **externen Kunden** und dieser ist bereit, hierfür Geld auszugeben.
- ☑ In der Kernkompetenz besitzt das Unternehmen ein **Alleinstellungsmerkmal,**[1] durch das es sich aus dem Kreis der Wettbewerber heraushebt. Es ist von hoher **strategischer Bedeutung für die Zukunftssicherung** des Unternehmens. In der Regel besteht es aus einem ganzen Bündel an Fähigkeiten. Es umschließt das gesammelte Wissen des Unternehmens und kann von den Wettbewerbern nur schwer imitiert werden.
- ☑ Dieses **spezifische Know-how** wird streng innerhalb des Unternehmens gehalten, vor den Wettbewerbern geschützt und von der Geschäftsleitung direkt verantwortet.

Wertschöpfungsintensive und kundennahe Kernprozesse

Innerhalb der Kernprozesse unterscheiden wir zwischen **wertschöpfungsintensiven Kernprozessen,** mit denen die eigentliche **Wertschöpfung**[2] erzielt wird und den **kundennahen Kernprozessen.** Letztere sind jene, die aufgrund ihrer engen Anbindung zum Kunden von erfolgskritischer Bedeutung für das Unternehmen sind.

Welche Prozesse zu den Kernprozessen gehören, hängt vom Geschäftszweck des Unternehmens ab und ist daher **branchenspezifisch.**

Beispiele für Kernprozesse:

Branche	Mögliche Kernprozesse
Transportunternehmen	■ Transport von Menschen und/oder Gütern ■ Bereitstellung von Transportmitteln in der richtigen Art, zur rechten Zeit am richtigen Ort
Messegesellschaft	■ Organisation und Durchführung von Messeveranstaltungen ■ Technischer Betrieb des Messezentrums (Energieversorgung, Abfallentsorgung) ■ Einkauf von Dienstleistungen (Catering) ■ Parkplatzmanagement ■ Verkauf von Standflächen

1 **Alleinstellungsmerkmal,** siehe hierzu Lernfeld 5, Kapitel 3.1 „Alleinstellungsmerkmale der Produkte herausarbeiten".

2 **Wertschöpfung** eines Betriebes ist der Wertzuwachs, der sich durch die wirtschaftliche Tätigkeit des Betriebes ergibt = Verkaufserlös –Vorleistungen.

Beispiele für wertschöpfungsintensive und kundennahe Kernprozesse in einem Industriebetrieb:

Wertschöpfungsintensive Kernprozesse	Kundennahe Kernprozesse
■ Erzeugnis entwickeln	■ Anfragen bearbeiten
■ Material beschaffen	■ Angebote abgeben
■ Produktionsbedarf ermitteln	■ Aufträge annehmen
■ Produktion planen und steuern	■ Aufträge bestätigen
■ Teile fertigen	■ Aufträge abwickeln
■ Baugruppen montieren	■ Reklamationen bearbeiten
■ Endprodukt montieren	■ Marketing betreiben
■ ...	■ ...

(2) Serviceprozesse und Managementprozesse

- **Serviceprozesse** haben unterstützende Aufgaben. Sie leisten eine **Wertschöpfung für die Kernprozesse.** Ohne sie wäre deren Ausführung nicht möglich.
- Kunden der Serviceprozesse sind **interne** Kunden (z. B. einzelne Abteilungen oder alle Mitarbeiter).

Beispiele:

- Investitionen und Finanzierungen vornehmen,
- Geschäftsbuchführung, Kostenrechnung führen,
- Personal verwalten (Mitarbeiter beschaffen, Mitarbeiter entlohnen, fort- und weiterbilden, Personal betreuen),
- Gebäudemanagement durchführen.

Managementprozesse sind **übergeordnet** und haben die Aufgabe, das **Unternehmen zu führen** und die **Kern- und Serviceprozesse zu steuern.**

Management- und Serviceprozesse sind **eher universell** und **unabhängig von der Branche** des jeweiligen Unternehmens, da in allen Unternehmen geplant, gesteuert und organisatorisch unterstützt werden muss.

Beispiele:

- Unternehmensstrategie entwickeln
- Unternehmensziele bestimmen
- Absatzpolitische Ziele ableiten
- Wettbewerbsstrategie wählen
- Projekt-, Prozessmanagement planen und durchführen
- Risikomanagement

(3) Struktur der Geschäftsprozesse

Die Struktur der Prozesse lässt sich durch folgende Grafik darstellen:

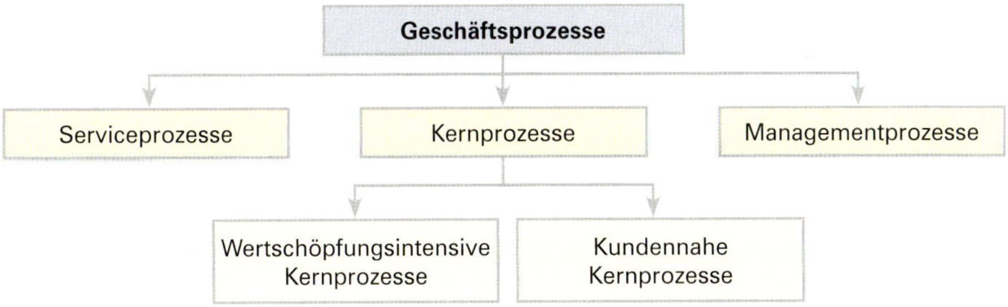

1.4.2 Schnittstellen zwischen den Prozessen

Die verschiedenen Prozesse sind nicht in sich abgekapselte Einheiten. Vielmehr gibt es zwischen den Prozessen Überschneidungen in der Art, dass die Festlegung des einen Prozesses die Abläufe des anderen Prozesses beeinflussen.

Beispiel 1: Schnittstellen zwischen dem kundennahen Kernprozess „Absatz" und dem Serviceprozess „Investitionen und Finanzierung vornehmen"

- Der Teilprozess „Werbebudget planen" (kundennaher Kernprozess) hängt ab von den verfügbaren liquiden Mitteln, die sich aus dem Teilprozess „Finanzplan erstellen" (Serviceprozess) ergeben.
- Der Teilprozess „Kunden langfristig binden" (kundennaher Kernprozess) wird positiv gefördert durch großzügige Finanzmittel, die vom Teilprozess „Finanzdienstleistungen an Kunden zur Verfügung stellen" (z. B. Rabatte, Zahlungsziele usw.) (Serviceprozess) bewilligt werden.

Beispiel 2: Schnittstellen zwischen dem kundennahen Kernprozess „Absatz" und dem Managementprozess „Absatzpolitische Ziele ableiten"

Die Festlegungen im Teilprozess „Steigerung des Absatzes" (Managementprozess) beeinflussen die folgenden Teilprozesse des kundennahen Kernprozesses „Absatz": „Preisstrategie wählen", „Absatzwege bestimmen", „Produktpolitik festlegen", „Kommunikationspolitik festlegen".

KOMPETENZTRAINING

75

1. Unterscheiden Sie zwischen Effektivität und Effizienz!
2. Begründen Sie, warum es besser ist, die richtigen Dinge auf ineffiziente Art und Weise zu tun als die falschen Dinge auf effiziente Weise!
3. Erklären Sie das Ziel der Geschäftsprozessorientierung unter Verwendung der Begriffe effektiv und effizient.

13 Hug, Knauer, Lennartz, Speth - ISBN 978-3-8120-0673-6

4. Sie sind in Frankfurt und wollen nach Paris und können zwischen einem Pkw und einem Heißluftballon als Transportmittel wählen.

   Bewerten Sie mit Begründung die beiden Transportmittel in Bezug auf ihre Effektivität!

5. Sie wollen mit einem Mountainbike eine Passstraße in den Bergen fahren. Schlagen Sie Maßnahmen vor (mit Begründung), durch die Sie Ihre Effizienz auf dieser Tour verbessern.

6. Bewerten Sie die folgenden Vorgänge in Bezug auf Effektivität und Effizienz!

   6.1 Ein Unternehmen stellt auf technisch perfekte Weise Schwimmwesten aus Blei her.

   6.2 Alfred Feuerstein macht das Licht mit dem Hammer aus.

   6.3 Anton Berger trinkt pro Woche etwa einen Kasten Fruchtsaft. Für jeweils eine Flasche setzt er sich ins Auto und fährt zur nächsten Tankstelle.

   6.4 Um Trüffel zu suchen, wurden früher vorwiegend Schweine eingesetzt. Inzwischen bevorzugt man hierfür speziell abgerichtete Hunde.

7. Legen Sie dar, welchen internen und externen Nutzen ein Unternehmen von der Geschäftsprozessorientierung erwarten kann.

8. Geben Sie eine kurze Definition dafür, was man unter einem Geschäftsprozess versteht.

9. Unterscheiden Sie zwischen Kern-, Management- und Serviceprozessen und bilden Sie hierzu je zwei Beispiele.

10. Begründen Sie, weshalb Kernprozesse eher branchenbezogen, Management- und Serviceprozesse dagegen branchenunabhängig sind!

11. Entscheiden Sie, ob es sich bei den nachfolgenden Abläufen um Geschäftsprozesse handelt. Begründen Sie Ihre Entscheidung!

    11.1 Überprüfung eines Rohstoffeinkaufs

    11.2 Gründung einer Filiale

    11.3 Abwicklung der monatlichen Lohnbuchhaltung

    11.4 Inventur im Fertigungslager

    11.5 Schulung der Auszubildenden

    11.6 Schadensfeststellung nach der Überschwemmung des Fabrikgeländes

    11.7 Einstellung eines Mitarbeiters als Softwareverwalter

    11.8 Qualitätsprüfung

12. In der Soester Büromöbel AG fallen folgende Geschäftsprozesse an:

    12.1 Der Vertrieb bestätigt dem Möbelhaus Klingler OHG einen Auftrag über die Lieferung von 120 höhenverstellbaren Schreibtischen HS 850.

    12.2 Die Personalabteilung stellt einen neuen Außendienstmitarbeiter ein.

    12.3 Der Vorstand entschließt sich zur Herstellung einer neuen Kollektion Hängeregistraturschränken. Die Konstruktionsabteilung entwickelt entsprechende Modelle.

    12.4 Die Vertriebsabteilung veranlasst die Überprüfung der Kundendatensätze.

    12.5 Die Finanzbuchhaltung erstellt den Jahresabschluss.

    12.6 Der Leiter der Fertigung erstellt einen Maschinenbelegungsplan für die nächste Kalenderwoche.

    12.7 Der Vorstand beschließt, in Zukunft auch eine hochpreisige Produktlinie für Managementbüros herzustellen, und will damit in den kommenden zwei Jahren eine Umsatzsteigerung von 10 % erzielen.

    Aufgabe:

    Entscheiden Sie, ob es sich bei den Geschäftsprozessen um einen wertschöpfungsintensiven Kernprozess, um einen kundennahen Kernprozess, um einen Service- oder um einen Managementprozess handelt!

LS 1

2 Qualitätsmanagement und externe Zertifizierung

2.1 Begriffe Qualität und Qualitätsmanagement

Qualität ist kein feststehender Begriff, sondern hängt ab vom Verwendungszweck. Ob die geforderte Qualität erfüllt ist, wird über sogenannte **Qualitätsmerkmale** beurteilt.

Beispiele:

- Ein Fahrrad, das für ein Zeitfahren verwendet wird, muss ganz andere Qualitätsmerkmale erfüllen als ein Mountainbike.
- Ein Speiseapfel wird nach den Qualitätsmerkmalen Geschmack, Festigkeit, Frische beurteilt. Wird er jedoch für eine Wilhelm-Tell-Aufführung benötigt, so stehen die Merkmale Größe und Farbe im Vordergrund.

Der Begriff **Qualität** kann aus Sicht der **Qualitätskontrolle (Funktionstüchtigkeit)** oder aus Sicht der **Kunden** verstanden werden.

- Aus **Sicht der Qualitätskontrolle** (Funktionstüchtigkeit) gibt die Qualität an, in welchem Maße die **Eigenschaften einer Leistung** (eines Produktes/einer Dienstleistung) die festgelegten, vorausgesetzten oder verpflichtenden **Anforderungen erfüllt.**
- Aus **Sicht der Kunden** ist Qualität dann gegeben, wenn eine Leistung (ein Produkt, eine Dienstleistung) alle vom **Kunden gewünschten Eigenschaften** besitzt.

Die Festlegung, **welche qualitativen Ansprüche** an ein Produkt zu stellen sind, ist nur der erste und deutlich leichtere Schritt. Wichtiger und schwieriger ist es, dieses Qualitätsziel zu **erreichen** und zu **sichern.** Letzteres ist Aufgabe des Qualitätsmanagements.

- Das **Qualitätsmanagement** hat zum einen die Aufgabe, **Fehler zu vermeiden,** und zum anderen soll im Rahmen eines kontinuierlichen Verbesserungsprozesses ein beständig **höheres Qualitätsniveau** erreicht werden.
- **Qualitätsmanagement** beschäftigt sich damit,
  - die Festlegung der Qualitätspolitik und der Qualitätsziele,
  - die Qualitätsplanung,
  - die Qualitätslenkung,
  - die Qualitätssicherung und
  - die Qualitätsverbesserung

  eines Unternehmens aufeinander abzustimmen.

Eine wichtige Hilfestellung hierbei leisten **Qualitätsmanagementmodelle.** Zu diesen gehört das überarbeitete Normensystem des **DIN EN ISO 9001-2015.**[1] Qualitätsmanagementmodelle stellen quasi einen Leitfaden für Unternehmen dar, um die selbst gesteckten Qualitätsziele systematisch und sicher zu erreichen.

1 Veröffentlicht im September 2015.

2.2 Maßnahmen für ein Qualitätsmanagement

2.2.1 Normenreihe DIN EN ISO 9001:2015

(1) Überblick

Aus der Schreibweise der Norm ist zu erkennen, für welchen regionalen Geltungsbereich die Norm anerkannt ist und angewendet wird:

DIN	Deutsches Institut für Normung (bundesweite Anerkennung)
EN	Europäische Norm (europaweite Anerkennung)
ISO	International Organization for Standardization (weltweite Anerkennung)

Qualitätsmanagementsysteme werden aktuell in der Fassung DIN EN ISO 9001:2015 zertifiziert. Diese Normenreihe stellt die **Prozessorientierung** in den Vordergrund und beinhaltet als neuen Baustein den Bereich des **Risikomanagements.** Das Normensystem schafft dem Unternehmen die Gestaltungsfreiheit, sich an den eigenen Unternehmens- und Qualitätszielen, den unternehmensindividuellen Prozessen sowie an den Bedürfnissen und Erwartungen der internen und externen Kunden zu orientieren.

(2) Rahmen für stetige Verbesserung

Ein im Qualitätsmanagementsystem integrierter Regelkreis[1] sorgt für die ständige Weiterentwicklung im Sinne eines kontinuierlichen Verbesserungsprozesses.[2]

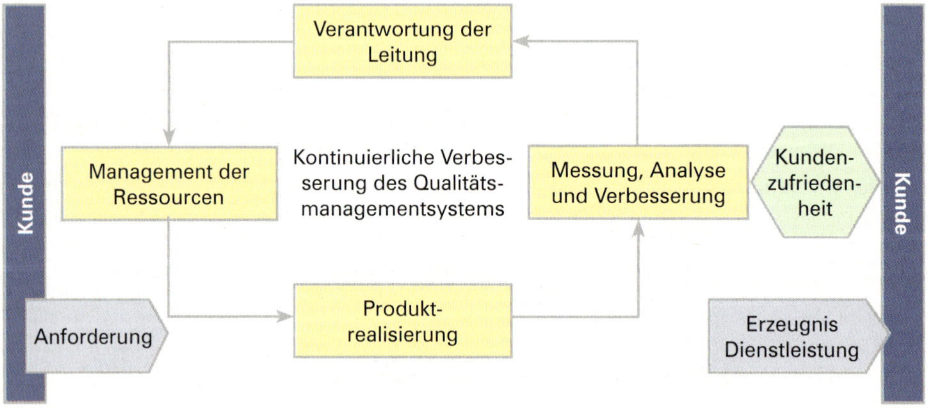

1 Siehe PDCA-Zyklus, Kapitel 5.2.2, S. 232.

2 Siehe hierzu Kapitel 5.2, S. 229.

Kundenzufriedenheit	DIN EN ISO 9001:2015 misst der Erreichung der Kundenzufriedenheit **herausragende Bedeutung** bei. Die Wünsche und Erwartungen der Kunden lassen sich ermitteln, ■ indem die **betriebsinternen Informationen** des Vertriebs genutzt werden, ■ durch **Kundenbefragung,** ■ Forderungen nach **Garantieleistungen,** ■ **Händlerberichte,** ■ Auswertung von **Marktdaten,** ■ Vergleich mit dem **Wettbewerb.** Zusätzlich sind **produktbezogene Verpflichtungen** aufgrund gesetzlicher Vorgaben, Normen zu berücksichtigen. Auf der Basis dieser beiden Informationskreise lassen sich die Anforderungen an die eigenen Produkte formulieren hinsichtlich Zuverlässigkeit, Preis, Sicherheit usw.
Verantwortung der Leitung	DIN EN ISO 9001:2015 nimmt das Unternehmensmanagement in die Pflicht und verhindert so, dass die Verantwortung für das Qualitätsmanagement an Beauftragte delegiert wird. Die Unternehmensleitung soll selbst über Qualitätspolitik und Qualitätsziele des Unternehmens entscheiden. Außerdem ist es Aufgabe der Unternehmensleitung, das QM-System in Bezug auf Eignung, Angemessenheit, Effizienz und Änderungsbedarf zu bewerten und gegebenenfalls fortzuentwickeln.
Management von Ressourcen	Kundenzufriedenheit und Unternehmenserfolg kann nur erreicht werden, wenn qualifiziertes, motiviertes Personal und eine entsprechende Infrastruktur an Gebäuden, Einrichtungen und Betriebsmitteln zur Verfügung steht. Zu Letzterem gehört insbesondere auch ein effizientes Informationssystem, das den Mitarbeitern zielgruppengerecht Auskunft gibt über den Stand der innerbetrieblichen Vorgänge.
Produktrealisierung	Kein Unternehmen kann es sich mehr leisten, Zusagen in Bezug auf Termin, Stückzahl, Produktanforderungen und -qualität nicht einzuhalten. Daher sind die Unternehmensabläufe so zu gestalten, dass die Kunden optimal betreut und ihre Anforderungen sichergestellt werden.
Messung, Analyse und Verbesserung	Im Unternehmen müssen sowohl die Produkte und Dienstleistungen, die Wirksamkeit und Effizienz der Prozesse als auch das Qualitätsmanagement und die Organisation ständig optimiert werden. Um Verbesserungspotenziale, Schwachstellen und Fehler zu erkennen, müssen Informationen systematisch gesammelt und aufbereitet werden.

2.2.2 Externe Zertifizierung nach DIN EN ISO 9001:2015

Wer in einem Unternehmen ein Qualitätsmanagementsystem nach den modellhaften Anforderungen der DIN EN ISO 9001:2015 eingeführt hat, kann in einem nächsten Schritt die Überprüfung (auch **Audit** genannt) durch eine Zertifizierungsstelle beantragen.

- **Zertifizierung** ist ein Überprüfungs- und Bestätigungsverfahren durch eine unparteiische externe Instanz.
- Die Zertifizierung zeigt, dass sich ein entsprechend bezeichnetes Erzeugnis, Verfahren oder eine Dienstleistung in **Übereinstimmung mit einer bestimmten Norm** befindet.

Zertifizierungsstellen (auch **Auditoren** genannt) für Qualitätsmanagementsysteme sind in Deutschland beispielsweise die TÜV Zertifizierungsgemeinschaft e. V. (TÜV Cert) in Bonn, die Deutsche Gesellschaft zur Zertifizierung von Qualitätsmanagementsystemen mbH (DQS) in Berlin, der DEKRA AG Zertifizierungsdienst in Stuttgart u. a. m.

Quelle: TÜV SÜD

Zwar ist die Zertifizierung keine Pflicht, jedoch ist es z. B. in der Branche der Automobilindustrie eine Eingangsvoraussetzung für die Zulieferer. Der Nachweis einer Zertifizierung nach ISO 9001 signalisiert einem Kunden, dass die unternehmensinternen Abläufe, Prozesse und Strukturen definiert sind, dass sie funktionieren und der Betrieb sich um eine kontinuierliche Qualitätssteigerung bemüht. Halten sich alle Mitarbeiter an diese definierten Abläufe, dann ist eine qualitativ einwandfreie Leistung zu erwarten.

2.3 Konzept des Total Quality Managements (TQM)

Zerlegt man den Begriff Total Quality Management in seine Bestandteile, dann steht

- **Total** dafür, dass alle Mitarbeiter auf allen Ebenen, insbesondere auch die Kunden und Lieferanten in ein ganzheitliches Denken einbezogen werden.
- **Quality** dafür, dass die fast selbstverständliche Qualität der Produkte und Dienstleistungen eine Folge der Qualität der Arbeit und der Prozesse ist.
- **Management** dafür, dass es primär der Führungsaufgabe und der Führungsqualität des Managements bedarf, um dieses Konzept im gesamten Unternehmen lebendig sein zu lassen.

Einfach ausgedrückt beginnt Total Quality Management dort, wo DIN EN ISO 9001:2015 endet, es ist die Kür nach der Pflicht. Hinter DIN EN ISO 9001:2015 verbirgt sich ein **System von Normen, eine Technik des Vorgehens.** Total Quality Management ist hingegen eine **Philosophie.** Man könnte es auch mathematisch ausdrücken:

Qualität (im TQM) = Technik + Geisteshaltung

TQM setzt ein Qualitätsmanagementsystem nach DIN EN ISO 9001:2015 **nicht** voraus, ist jedoch häufig in ein solches System eingebettet; so kann z. B. der durch das ISO-System definierte Fluss von Dokumenten und Informationen für das TQM genutzt und weiter verbessert werden.

Die beiden Konzepte nach DIN EN ISO 9001:2015 und Total Quality Management lassen sich schlaglichtartig einander gegenüberstellen:

Kriterien	DIN EN ISO 9001:2015	Total Quality Management
Grundgedanke	Definition, Verbesserung und Normierung der **Prozesse.**	Einrichtung **überragender Praktiken** („Business Excellence") innerhalb des Unternehmens, um damit anschließend überragende Ergebnisse („Best in Class") zu erzielen. Die Beherrschung von Prozessen gehört dazu, ist aber nicht alles.

Kriterien	DIN EN ISO 9001:2015	Total Quality Management
Tragweite	Tendenziell **statischer** Charakter: Ziel ist die **Erlangung eines Zertifikats,** einer Bestätigung dafür, dass bestimmte Qualitätsanforderungen erfüllt sind.	Tendenziell **dynamischer** Charakter: Ziel ist die **Einrichtung eines kontinuierlichen Verbesserungsprozesses,** der seine Dynamik aus den Vergleichen zum Branchenführer („Best in Class") oder aus branchenübergreifenden Vergleichen („Benchmarks") gewinnt.
Fokus auf ...	... Erfüllung der Erwartungen der beteiligten Gruppen (z. B. Kunden, Lieferer, Mitarbeiter, Geschäftspartner, Gesellschaft) in der **Gegenwart.**	... Erfüllung der Erwartungen der beteiligten Gruppen (z. B. Kunden, Lieferer, Mitarbeiter, Geschäftspartner, Gesellschaft) in der **Zukunft.**
Verantwortung des Einzelnen	Der Verantwortungs- und Aufgabenbereich des Mitarbeiters ist durch die Definition der Prozesse (Unternehmenssicht) festgelegt. Die Einrichtung eines Prozessverantwortlichen, Nachschulungen und Audits sichern die Stabilität der Prozesse und damit die der Qualität.	TQM ist ein langfristiges Unternehmenskonzept, das den pro-aktiven Mitarbeiter als wichtigsten Garant zur Erreichung des Qualitätsziels begreift. Pro-aktiv heißt z. B., dass nicht erst eine Beschwerde des Kunden notwendig ist, um eine Verbesserung einzuleiten, sondern dass der Mitarbeiter vorausschauend nach neuen Verbesserungsmöglichkeiten sucht. Die Verantwortung für Qualität liegt bei allen Mitarbeitern und ist unabhängig von Status und Hierarchie.

Kompetenztraining

76

1. Nennen Sie Vorteile, die mit der Einführung eines Qualitätsmanagements, insbesondere mit dessen Zertifizierung, verbunden sind!
2. **Textauszug:**

„Wir sind der Partner unserer Kunden in der Dichtungs- und Schwingungstechnologie; die Vorstellungen, Ideen und Ansprüche unserer Kunden prägen unsere Aktivitäten. Ihre Zufriedenheit sichern wir mit einem umfassenden Produktangebot und beispielhaften Serviceleistungen – dabei beziehen wir, wenn sinnvoll, auch Kooperationspartner ein.

Kundenzufriedenheit ist damit die Basis für die erfolgreiche Zukunft der Freudenberg Dichtungs- und Schwingungstechnik. Wir sind gewohnt, auf höchster Qualitätsstufe zu fertigen und streben das Ziel der Nullfehlerqualität an.

Dadurch tragen wir zu höchster Kundenzufriedenheit bei. Im In- und Ausland arbeiten wir nach einem einheitlichen, hohen Ansprüchen genügenden Qualitätsmanagementsystem, aufbauend auf der DIN EN ISO 9001:2015. Alle unsere Standorte sind heute nach DIN EN ISO 9001:2015 zertifiziert.

Reaktionsschnelligkeit und engster Kontakt zum Kunden sowie kostengünstige, flexible Fertigung sichern die Versorgung unserer Kunden. Lieferungen von höchster Qualität, Standardgarantien von 20 Jahren nach Erstlieferung sichern unseren Kunden die Ersatzteilversorgung. Das Erreichen höchster Produktivität und hoher Zuverlässigkeit der Produktion für unsere Kunden ist das Maß, das laufend zu verbessern ist."

Quelle: Auszüge aus einem Prospekt der Freudenberg GmbH Dichtungs- und Schwingungstechnik, Weinheim.

Aufgaben:

2.1 Nennen Sie die Textstellen, die auf TQM hinweisen!

2.2 Erläutern Sie den Begriff TQM!

2.3 Der Text nennt „DIN EN ISO 9001:2015". Erklären Sie, was hierunter zu verstehen ist!

3. **Textauszug:**

FRANKFURT (dpa). Bei einem großen Automobilhersteller stehen die „Zeichen auf Sturm". Meldungen über Qualitätsmängel, zurückgehende Marktanteile und Personalabbau sorgten seit Monaten für Frust und Verunsicherung in der Belegschaft, kritisierte der Betriebsrat gestern die Unternehmensleitung. Die Arbeitnehmervertreter forderten den Vorstand zwei Tage vor der Bilanz-Pressekonferenz auf, klare Aussagen zum Erhalt von Arbeitsplätzen über die kommenden zwei Jahre hinaus zu machen. Die Pläne der Geschäftsleitung, in den nächsten Jahren unternehmensweit 5 000 Arbeitsplätze abzubauen, seien der Belegschaft bekannt. Neu seien nun Presseberichte über einen geplanten Personalabbau von weiteren 10 000 Stellen. . . .

Aufgabe:

Beurteilen Sie mithilfe des Textauszugs die betrieblichen und volkswirtschaftlichen Folgen eines unzureichenden Qualitätsmanagements!

3 Bestimmung der effektiven Geschäftsprozesse im Zielsystem des Unternehmens

3.1 Grundsätzliches

Auf der obersten Ebene im Zielsystem der Unternehmung befindet sich die Beschreibung des **Unternehmenszwecks.** In der Regel findet sich dieser in der Vision[1] innerhalb des Unternehmensleitbildes.[2]

Beispiel:

Als Beispiel hierfür dient die nachfolgende Vision von IKEA: *„Es ist unsere Vision bei IKEA, den vielen Menschen einen besseren Alltag zu schaffen. Unsere Geschäftsidee unterstützt diese Vision, indem wir ein breites Sortiment formschöner und funktionsgerechter Einrichtungsgegenstände zu Preisen anbieten, die so günstig sind, dass möglichst viele Menschen sie sich leisten können.“*[3]

Die zweite Ebene im Zielsystem der Unternehmung enthält die **Unternehmensziele.** Die Beschreibung auf dieser Ebene enthält konkrete Vorgabewerte, deren Erreichung nachvollziehbar und überprüfbar ermittelt werden kann.

Beispiele:

EUR- oder Prozentwerte in Bezug auf den angestrebten **Umsatz,** den erwarteten **Gewinn** oder den **Marktanteil.**

Aus der Analyse der Unternehmensziele lassen sich die sich hieraus ergebenen Aufgaben (Schritte innerhalb der Geschäftsprozesse) formulieren. Dies ist die Schlüsselstelle, die sicherstellt, dass die **richtigen Dinge** getan werden. Die abgeleiteten und modellierten Prozesse stellen dann sicher, dass die festgelegten Unternehmensziele auch erreicht werden. Die beste Lösung wird zur Regel und die Aufgaben werden auf immer die gleiche Art und Weise ausgeführt – unabhängig von der subjektiven Leistungsbereitschaft und der Leistungsfähigkeit des Erfüllenden.

Die Ableitung der effektiven Geschäftsprozesse aus dem Zielsystem des Unternehmens lässt sich in Form der nachstehenden Pyramide darstellen.

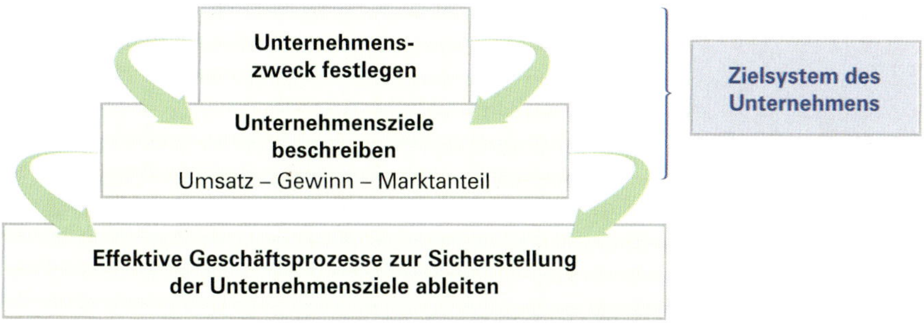

1 Vision: jemandes Vorstellung, auf die Zukunft bezogen; hier: langfristige Ausrichtung des Unternehmens.

2 Siehe hierzu Lernfeld 1, Kapitel 2.5.

3 Quelle: *http://www.ikea.com/ms/de_CH/about_ikea/the_ikea_way/our_business_idea/index.html* [06.04.2014].

3.2 Methoden zur Ermittlung der effektiven Geschäftsprozesse

Auf welche Weise findet man die richtigen Dinge? Wie deckt man jene Kern-, Service- und Managementprozesse auf, die den wertvollsten Beitrag leisten zur Erreichung der Unternehmensziele?

Die Ermittlung vollzieht sich in zwei Schritten:

- In einem ersten Schritt werden die im Betrieb vorhandenen Prozesse bestimmt **(Prozessidentifikation)** und
- im zweiten wird deren Rangfolge bestimmt **(Prozesspriorisierung).**

Schritt 1: Identifikation der Prozesse

Die Bestimmung der vorhandenen Prozesse kann mithilfe folgender Fragestellungen durchgeführt werden:

- Welche Bezeichnung (Identifikationsnummer) hat der Prozess?
- Wer ist der interne bzw. der externe Kunde, der den Prozess auslöst?
- Welches ist das auslösende Startereignis?
- Welche Informationseinheiten werden zur Durchführung benötigt?
- Welche Verrichtungen müssen innerhalb des Prozesses durchgeführt werden?
- Welche Informationseinheiten werden durch den Prozess erstellt?
- Mit welchem Ereignis ist der Prozess abgeschlossen?
- Wer ist der interne bzw. der externe Kunde, der die Ergebnisse des Prozesses empfängt?

Nachfolgend zwei Beispiele für das mögliche Ergebnis der Prozessidentifikation, das in Form einer Tabelle dargestellt werden kann.

Bezeichnung des Prozesses	Prozessauslösender interner oder externer Kunde	Startereignis	Eingangsinformationen im Prozessablauf	Verrichtungen dieses Prozesses	Ausgabeinformationen im Prozessablauf	Endereignis	Prozessergebnis empfangender interner oder externer Kunde
Kundenauftrag abwickeln	Externer Kunde	Auftrag ist eingetroffen.	■ Auftrag ■ Kundendaten ■ Maschinendaten ■ Stücklisten ■ ...	■ Kundendaten prüfen ■ Technische Machbarkeit prüfen ■ Auftrag bestätigen	■ Lieferschein ■ Versandanzeige ■ Rechnung	Ware und Rechnung sind versandt.	Externer Kunde
Material beschaffen	Auftragsbearbeitung (interner Kunde)	Meldebestand ist unterschritten.	■ Bedarf an Fremdmaterial ■ Lagerbestandsdatei ■ Bezugsquellendatei ■ ...	■ Materialbedarf ermitteln ■ Bezugsquelle wählen ■ Anfrage erstellen ■ ...	Bestellung	Material und Rechnung sind eingetroffen.	■ Lager (interner Kunde) ■ Einkauf (interner Kunde)

Schritt 2: Priorisierung der Prozesse

In diesem Schritt geht es darum, die in Schritt 1 identifizierten Prozesse in eine Rangfolge zu bringen. Im nachfolgenden Beispiel wird angenommen, dass die **Kosten für die einzelnen Prozesse**[1] als kritischer Erfolgsfaktor über die Rangfolge der Prozesse entscheidet. Als Werkzeug zur Priorisierung eignet sich die **ABC-Analyse**.[2]

Die ABC-Analyse wird in diesem Fall eingesetzt als ein Verfahren zur Erkennung solcher Prozesse, die aufgrund ihres hohen Anteils an den gesamten Prozesskosten des Unternehmens von besonderer Bedeutung sind. Die Analyse hilft dabei, sich auf die Effizienzsteigerung jener Prozesse zu konzentrieren, bei denen schon geringe prozentuale Einsparungen aufgrund der Optimierung zur Einsparung von hohen EUR-Beträgen führen.

Beispiel:

Bei der Hamburger Metallbau GmbH wurden folgende Prozesse identifiziert.

Bezeichnung des Prozesses	**Anzahl der Prozesse pro Jahr**	**Kosten pro Prozess**
Kundenauftrag abwickeln	800	390,00 EUR
Material beschaffen	300	255,00 EUR
Mitarbeiter einstellen	40	1 200,00 EUR
Kunden akquirieren	360	700,00 EUR

Aufgabe:

Ermitteln Sie mithilfe der ABC-Analyse eine Rangfolge der Prioritäten für diese vier Prozesse.

Lösung:

Tabelle 1

Prozess	Anzahl der Prozesse pro Jahr	Anteil der Prozesse in %	Kosten pro Prozess in EUR	Prozesskosten pro Jahr in EUR	Anteil in % an den Prozesskosten pro Jahr	Rang nach Prozesskosten
Kundenauftrag abwickeln	800	53,33	390,00	312 000,00	45,32	1
Material beschaffen	300	20,00	255,00	76 500,00	11,11	3
Mitarbeiter einstellen	40	2,67	1 200,00	48 000,00	6,97	4
Kunden akquirieren	360	24,00	700,00	252 000,00	36,60	2
	1 500	100,00		688 500,00	100,00	

1 Die Prozesskostenrechnung selbst ist nicht Gegenstand des Rahmenlehrplans.

2 Zu weiteren Einsatzmöglichkeiten der ABC-Analyse siehe auch Lernfeld 4, Kapitel 2.2 und Lernfeld 5, Kapitel 2.3.2.2.

Tabelle 2

	1	2	3	4	5	6	7	8
Rang	Prozess	Anzahl der Prozesse pro Jahr	Anteil der Prozesse in %	Kumulierte Anzahl Prozess in %	Prozesskosten pro Jahr in EUR	Anteil Prozesskosten in %	Kumulierter Anteil Prozesskosten in %	ABC-Klasse
1	Kundenauftrag abwickeln	800	53,33	53,33	312 000,00	45,32	45,32	**A**
2	Kunden akquirieren	360	24,00	77,33	252 000,00	36,60	81,92	**A**
3	Material beschaffen	300	20,00	97,33	76 500,00	11,11	93,03	**B**
4	Mitarbeiter einstellen	40	2,67	100,00	48 000,00	6,97	100,00	**C**
		1 500	100,00		688 500,00	100,00		

Erläuterungen zu den Arbeitsschritten in Tabelle 2:

1. Prozesse nach dem Rang ihrer Prozesskosten ordnen (siehe Tabelle 1, letzte Spalte)
2. Anzahl der Prozesse pro Jahr eintragen.
3. Prozentanteil jedes Prozesses an der Gesamtanzahl der Prozesse eintragen.
4. Prozentanteile schrittweise aufaddieren (kumulieren).
5. Prozesskosten pro Jahr eintragen.
6. Prozentanteil jedes Prozesses an den jährlichen Prozesskosten eintragen.
7. Prozentanteile schrittweise aufaddieren (kumulieren).
8. ABC-Klassen nach den kumulierten Prozentanteilen bilden.

Erkenntnis:

- Die beiden Prozesse **Kundenauftrag abwickeln** und **Kunden akquirieren** verursachen fast 82 % aller Prozesskosten. Sie sind zwar nicht die teuersten Prozesse. Ihren A-Status erhalten sie jedoch aufgrund ihrer Häufigkeit.
- Überlegungen zur Effizienzsteigerung müssten demnach darauf hinauslaufen, den häufigen Prozess **Kundenauftrag abwickeln** zu verschlanken, da die Hamburger Metallbau GmbH an einer Verringerung der Kundenaufträge kein Interesse haben kann.

Etwas anders sieht es aus beim Prozess **Kunden akquirieren.** Dort wird sich die Hamburger Metallbau GmbH zwar ebenfalls um eine Verschlankung bemühen, zusätzlich könnte das Unternehmen aber versuchen, einen anderen Zugang (z. B. über soziale Netzwerke) zu den Kunden zu erlangen. Ziel wäre es, die Streuverluste bei der Kundengewinnung verringern, indem z. B. nur Akquisitionsprozesse mit deutlich höheren Erfolgsaussichten verfolgt werden.[1] Eine geringere Anzahl dafür aber erfolgreicherer Akquisitionsprozesse führt zu einer Senkung der jährlichen Prozesskosten.

1 Siehe hierzu Lernfeld 4, Kapitel 4.3.2 „Unternehmensauftritt in sozialen Netzwerken prüfen".

Kompetenztraining

77 1. Es gehört zu den Aufgaben des langfristigen Projektmanagements, jene Prozesse zu bestimmen, die zum Zielsystem des Unternehmens passen (effektive Prozesse).

Geben Sie in Stichworten an, wie Sie diese Prozesse identifizieren!

2. Angenommen, Sie haben die nachfolgenden vier Prozesse identifiziert.

Bezeichnung des Prozesses	Anzahl der Prozesse pro Jahr	Kosten pro Prozess
Liefermängel rügen	120	170,00 EUR
Wirtschaftlichkeit von Projekten bewerten	45	430,00 EUR
Mitarbeiter beurteilen	350	280,00 EUR
Kundenreklamationen bearbeiten	35	340,00 EUR

Aufgaben:

2.1 Die Prioritäten werden vergeben aufgrund der Höhe der jährlichen Prozesskosten. Bestimmen Sie mithilfe der ABC-Analyse die Rangfolge der Prioritäten!

2.2 Beurteilen Sie das Ergebnis!

3. Warum ist es erforderlich, jene Prozesse, die aus dem Zielsystem des Unternehmens abgeleitet wurden, in eine Rangfolge zu bringen (Priorisierung)?

4 Errichtung einer prozessorientierten Unternehmensstruktur

Die Analyse der bestehenden Geschäftsprozesse vollzieht sich in mehreren Schritten.

Schritt	Inhalt	Ziel
Schritt 1	Ist-Zustand der Unternehmensstruktur aufnehmen und darstellen (→ Kapitel 4.1)	Gewinnung einer ganzheitlichen Vorstellung vom organisatorischen Aufbau des Betriebes, der Aufgabenverteilung, der Zuständigkeiten und des Leitungssystems
Schritt 2	Ist-Zustand der Geschäftsprozesse aufnehmen und darstellen (→ Kapitel 4.2)	Gewinnung einer ganzheitlichen Vorstellung von den bestehenden Geschäftsprozessen
Schritt 3	Schwachstellen identifizieren (→ Kapitel 4.3)	Die Schwachstellen der bestehenden Prozesse werden aufgedeckt.
Schritt 4	Effizienz der Prozesse verbessern (→ Kapitel 5)	Im Rahmen eines sich wiederholenden PDCA-Zyklus wird die Effizienz der bestehenden Prozesse kontinuierlich weiterentwickelt.

4.1 Ist-Zustand der Unternehmensstruktur aufnehmen

LS 2

4.1.1 Grundsätzliches

Durch die Aufnahme des Ist-Zustandes der bestehenden Unternehmensstruktur und deren bildliche Darstellung in Form eines Organigramms gewinnt man ein ganzheitliches Bild vom Unternehmensaufbau mit den vorhandenen Abteilungen, Stellen, Hierarchien und Aufgabenzuordnungen. Diese Vorarbeit ist unentbehrlich für die nachfolgende Ist-Aufnahme der Geschäftsprozesse, da die Organisationseinheiten in den Geschäftsprozessen auf dem betrieblichen Organigramm beruhen. Häufig werden bereits in dieser Phase Schwachstellen des Unternehmens aufgedeckt wie z. B. zu viele Hierarchieebenen bei Einliniensystemen oder unklare Kompetenzabgrenzungen bei Mehrliniensystemen.

4.1.2 Leitungssysteme

Leitungssysteme (auch Weisungssysteme) betrachten die Unternehmensstruktur unter dem Aspekt der **Über- und Unterordnung** und damit der Weisungsbefugnis.[1] Sie geben Auskunft darüber, **wer wem Anweisungen erteilen kann** bzw. **wer wem Bericht erstatten** muss.

4.1.2.1 Einliniensystem (Einlinienorganisation)

(1) Organigramm

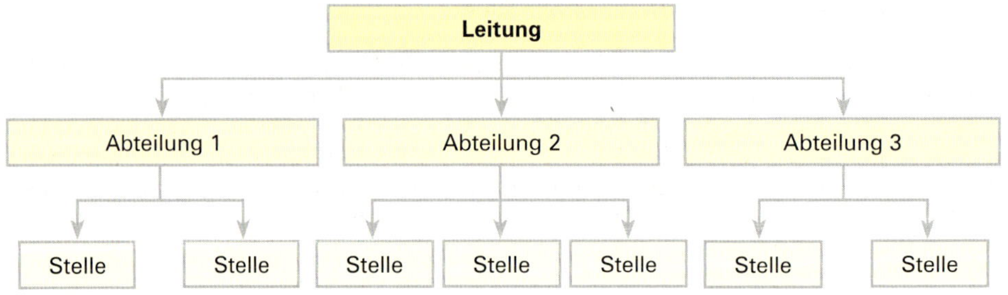

(2) Kennzeichen

- Alle Mitarbeiter sind in einer strengen Weisungs- und Meldehierarchie eingebunden.
- Jede Stelle bezieht Anweisungen nur von der unmittelbar übergeordneten Stelle.
- Im Gegenzug dürfen Berichte und Meldungen auch nur an diese übergeordnete Stelle weitergeleitet werden.
- Nur dieser eine vertikale Dienstweg ist vorhanden und dieser muss eingehalten werden.
- Kontakte zu gleichrangigen Stellen führen zwingend über die gemeinsame übergeordnete Stelle.

1 Andere Aspekte sind z. B. Führungsstile, Führungstechniken und Entscheidungssysteme.

(3) Positive und negative Auswirkungen

Vorteile	■ Übersichtlicher Unternehmensaufbau. ■ Eindeutige und abgegrenzte Dienstwege und Zuständigkeiten. ■ Keine Kompetenzüberschneidungen. ■ Starke Kontrollmöglichkeiten des Vorgesetzten nach unten.
Nachteile	■ Überlastung der oberen Führungsebene mit Routineaufgaben (Informationsweitergabe). ■ Lange Dienstwege mit dem Risiko der Zeitverzögerung. ■ Bei Großunternehmen besteht das Risiko eines schwerfälligen „Wasserkopfes" durch Überorganisation und Bürokratisierung. ■ Zwischeninstanzen können unliebsame Informationen verfälschen oder unterdrücken. ■ Wenig Spielraum für eigenverantwortliches Handeln.

(4) Beurteilung

Da mit zunehmender Betriebsgröße auch die Anzahl der Hierarchieebenen steigt, führt dies zunehmend zu Unüberschaubarkeit und langen Informationswegen. Damit erhalten die Nachteile ein immer stärkeres Gewicht. Die wenig wertschöpfenden Routineaufgaben binden mehr und mehr die kostbaren Ressourcen der Führungsebenen und die Unzufriedenheit der mündigen, aber eingeengten Mitarbeiter steigt. In seiner Reinform eignet sich das Einliniensystem daher nur für kleinere Betriebe.

4.1.2.2 Mehrliniensystem (Mehrlinienorganisation)

Mit zunehmender Betriebsgröße steigt der Arbeitsumfang insgesamt. Die Arbeit muss also aufgeteilt werden und führt in der Regel zu einer zunehmenden Spezialisierung der Mitarbeiter. Die Erledigung der Gesamtaufgabe verlangt folglich häufigen Kontakt zu anderen Stellen oder Abteilungen. Zur Verkürzung des Instanzenweges kann ein Mitarbeiter von verschiedenen übergeordneten Vorgesetzten (Funktionsstellen) fachliche Anweisungen erhalten, daher auch die Bezeichnung Funktionalsystem.

(1) Organigramm

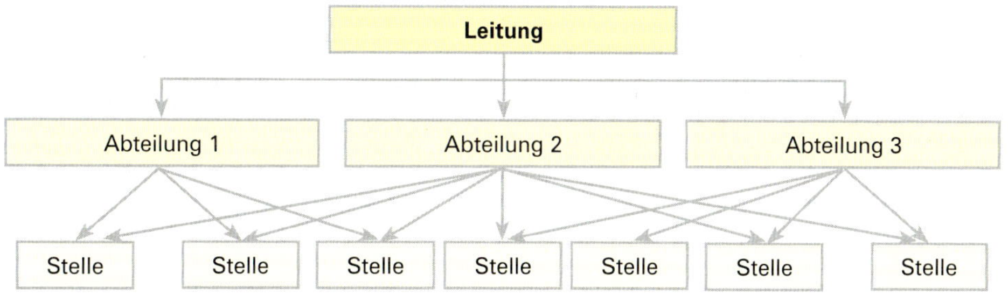

(2) Kennzeichen

- Ein Mitarbeiter kann von mehreren übergeordneten Vorgesetzten (Funktionsstellen) fachliche Anweisungen erhalten.
- Im Gegenzug leitet er Berichte und Meldungen auch an die jeweilige übergeordnete Stelle zurück.

(3) Positive und negative Auswirkungen

Vorteile	■ Entlastung der Führungsebenen von Routinearbeiten. ■ Instanzenwege werden verkürzt. ■ Die betrieblichen Hierarchien werden flacher. ■ Das Unternehmen kann flexibler reagieren. ■ Stelleninhaber können sich spezialisieren.
Nachteile	■ Instanzenaufbau wird unübersichtlicher. ■ Bei nicht klar abgegrenzten Kompetenzen besteht das Risiko von Konflikten (Vorgesetzte konkurrieren um Arbeitsleistung des Stelleninhabers). ■ Reibungsverluste, Verunsicherung und Überlastung des Stelleninhabers bei konkurrierenden statt kooperierenden Vorgesetzten. ■ Erheblicher Abstimmungsaufwand.

(4) Beurteilung

Mit zunehmender Betriebsgröße steigt die Komplexität der Gesamtaufgabe, sodass nur Spezialisten im Team diese Aufgaben bewältigen können. Die Verkürzung der Instanzenwege durch ein fachliches Weisungsrecht in direktem Durchgriff entlastet von Routineaufgaben und erhöht damit die Effizienz des Gesamtsystems. So hat z. B. der Ausbildungsleiter für alle Fragen der Berufsausbildung eine Weisungsbefugnis gegenüber allen Auszubildenden in den verschiedenen betrieblichen Abteilungen.

4.1.2.3 Stabliniensystem (Stablinienorganisation)

Beim Stabliniensystem handelt es sich im Grundaufbau um ein Einliniensystem. Dabei werden die dort vorhandenen Vorteile beibehalten und dessen Schwächen durch die Ergänzung um Stabsstellen gemildert.

(1) Organigramm

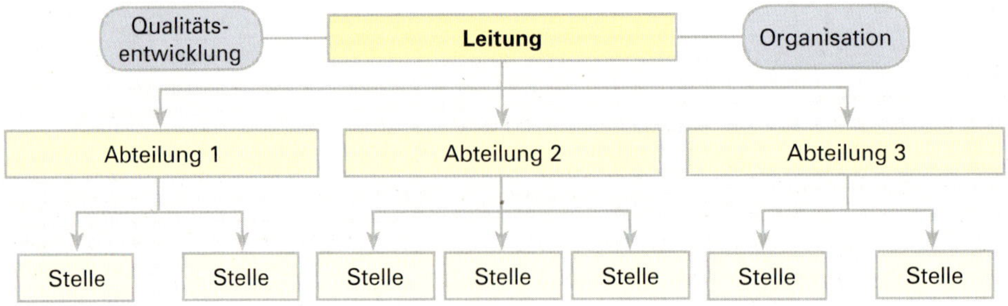

(2) Kennzeichen

- Die Stabsstellen sind gegenüber den ihnen zugeordneten Leitungsstellen weisungsgebunden.
- Stabsstellen liegen außerhalb des Instanzenaufbaus.
- Sie haben keine Weisungsbefugnis gegenüber den nachgeordneten Stellen, wohl aber ein Informationsrecht, wenn sie Auskünfte anderer Stellen zur Bewältigung ihrer Aufgabe benötigen.
- Typische Aufgaben von Stabsstellen: Beratung der Leitungsstelle, Begutachtung, Prüfung, Informationsbeschaffung und deren Auswertung, Entscheidungsvorbereitung, Erstellung von Richtlinien.
- Beispiele: Revision, EDV, Organisation, Qualitätsentwicklung, Unternehmensplanung.

(3) Positive und negative Auswirkungen

Vorteile	■ Die Vorteile des Einliniensystems (straffe Struktur, eindeutige Zuständigkeiten) bleiben erhalten. ■ Die Entscheidungsbasis der Führungsebene wird verbessert durch die qualifizierten Mitarbeiter der Stabsstellen. ■ Nachwuchskräfte sammeln Erfahrung durch ihre Mitarbeit in verschiedenen Stabsstellen.
Nachteile	■ Grundprobleme des Einliniensystems werden nicht völlig beseitigt (z. B. lange Dienstwege). ■ Personalkosten steigen durch teure Spezialisten in den Stäben. ■ Risiko, dass aufgrund der hohen fachlichen Kompetenz in den Stabsstellen deren Einfluss auf die Geschäftsleitung sehr groß wird. ■ Liniensysteme können gute Vorschläge der Stabsstellen weiterhin unterbinden.

(4) Beurteilung

Das Stabliniensystem bewahrt die Vorteile des Einliniensystems, unterstützt die Geschäftsführung in der Qualität ihrer Entscheidungen wirkungsvoll durch die fachliche Kompetenz der Stäbe und vermeidet gleichzeitig die organisatorischen Risiken des Mehrliniensystems.

4.1.2.4 Matrixsystem (Matrixorganisation)

(1) Grundlegendes

Das Matrixsystem gliedert die Weisungsbefugnis zum einen nach den **betrieblichen Funktionen** (z. B. Beschaffung, Produktion) und zum anderen nach **Produkten** (z. B. Produktgruppe Metall, Produktgruppe Holz) oder **Projekten** (z. B. Tag der offenen Tür, Eröffnung eines Werkverkaufs). Es gibt somit **zwei Leitungssysteme,** und zwar das **Funktionssystem** und das **Produktsystem** bzw. **Projektsystem.** Dies hat zur Folge, dass es für jeden Mitarbeiter zwei gleichberechtigte, weisungsbefugte Vorgesetzte gibt, den **Funktionsvorgesetzten** (z. B. Abteilungsleiter Beschaffung) und den **Produktmanager** (z. B. Abteilungsleiter Metall) bzw. **Projektmanager** (z. B. Leiter des Projekts „Tag der offenen Tür"), die gegenüber der Geschäftsleitung für ihren jeweiligen Bereich verantwortlich sind.

(2) Organigramm

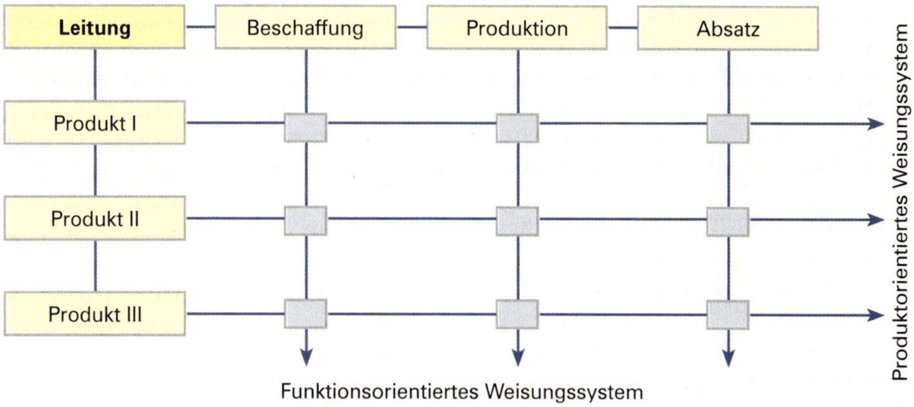

Das Matrixweisungssystem ist eine **Variante des Mehrliniensystems.**

(3) Kennzeichen

- Handlungskompetenz wird zerlegt nach verschiedenen Kriterien.
- Gleichberechtigte Kompetenzen der Weisungsberechtigten.
- Beschlüsse müssen gemeinsam gefasst werden.
- Schnittstellen der Weisungssysteme (z. B. eine Abteilung) erhalten Weisungen von mehreren übergeordneten Matrixeinheiten.
- Die weisungsberechtigten Matrixeinheiten unterstehen gemeinsam wiederum einer Instanz (z. B. der Geschäftsleitung).

(4) Positive und negative Auswirkungen

Vorteile	■ Vermeidung von einseitigen Entscheidungen. ■ Problemlösung unter Berücksichtigung verschiedener Standpunkte. ■ Verbesserung von Entscheidungsqualitäten. ■ Problemlösung durch Fachspezialisten. ■ Kurze, direkte Kommunikationswege.
Nachteile	■ Es kommt zu nicht vermeidbaren Kompetenzkonflikten. ■ Hoher Koordinationsaufwand. ■ Großer Kommunikationsbedarf. ■ Gefahr steigender Kompromisse.

(5) Beurteilung

Das Matrixsystem ist geeignet, komplexe Entscheidungen durch Fachspezialisten schnell und sachgerecht zu treffen. Dadurch kann es zu Kosteneinsparungen kommen. Das Matrixsystem stellt hohe Kompetenzanforderungen an das Management und die Mitarbeiter. Voraussetzung für eine erfolgreiche Umsetzung des Matrixsystems ist, dass die Führungskräfte darum bemüht sind, die anstehenden Entscheidungen gemeinsam zu treffen, ohne zu versuchen, die eigene Position rücksichtslos durchsetzen zu wollen. Kommt es zu unüberbrückbaren Meinungsverschiedenheiten, muss die gemeinsame übergeordnete Instanz (z.B. die Geschäftsleitung) den betreffenden Streitfall lösen. Das Matrixsystem erfordert eine spezielle Unternehmenskultur.

4.1.2.5 Projektorganisation

Eine Projektorganisation ist dann erforderlich, wenn in einem Unternehmen **komplexe Aufgaben (Projekte)** zu erledigen sind.[1] Solche Projekte sind gekennzeichnet durch ihre Neuartigkeit, Einmaligkeit und Wichtigkeit für das Gesamtunternehmen. Weiteres Kennzeichen für ein Projekt ist, dass nicht auf Erfahrungswissen zurückgegriffen werden kann.

Beispiele:

- Einführung einer neuen Software;
- Errichtung eines Zweigwerkes;
- erstmalige Produktionsverlagerung ins Ausland;
- Vorbereitung und Durchführung einer Fusion.

Die Projektorganisation ist in folgenden **Formen** möglich:

Kollegienlösung	Die Beauftragten der betroffenen Unternehmensbereiche treffen sich regelmäßig, um die jeweils erforderlichen Projektschritte festzulegen.
Stabstelle	Verantwortlich für das Projekt ist eine Stabstelle. Sie koordiniert die Projektumsetzung mit den betroffenen Unternehmensbereichen.
Matrixsystem	Der Projektleiter spricht die Projektumsetzung mit den betroffenen Funktionsvorgesetzten ab.
Selbstständiger Projektleiter auf Zeit	Der Projektleiter ist für die Planung und Projektdurchführung verantwortlich. Die Funktionsleiter delegieren Mitarbeiter für eine begrenzte Zeit in das Projektteam. Der Projektleiter hat für die Projektdauer die alleinige Weisungsbefugnis.

4.1.3 Aufgaben und Ziele betrieblicher Organisation

Aufgabe der Organisation	Ein Bündel von **Regelungen zu schaffen,** welche den Strukturen (z.B. Leitungssysteme), den Mitarbeitern und Prozessen eines Betriebes ■ einerseits **ausreichende Stabilität** und **Handlungssicherheit** verleihen und ■ andererseits **genügend Flexibilität** erlauben, damit der Betrieb auf unvorhergesehene Änderungen problemgerecht reagieren kann.

1 Vgl. hier und im Folgenden Wöhe, Günter: Einführung in die Allgemeine Betriebswirtschaftslehre, 24. Aufl., München 2010, S. 123.

Ziele der Organisation

- **Betriebliche Ziele:**
  - Verringerung der Kosten
  - Verbesserung der Leistung
  - Verbesserung des inner- und zwischenbetrieblichen Informations- und Materialflusses
- **Humane Ziele:**
  - Verringerung der geistigen und der körperlichen Belastungen
  - Verbesserung der zwischenmenschlichen Beziehungen
- **Generell:**
  Schaffung eines organisatorischen Gleichgewichts. Das ist dann erreicht, wenn ein angemessenes Verhältnis besteht von Stabilität und Flexibilität.

Während die **Organisation** durch ihre Regelungen auf eine **längerfristige Gültigkeit** ausgelegt ist, ist **Disposition** ein Handeln in Einzelfällen innerhalb eines vorgegebenen organisatorischen Rahmens. **Improvisation** hingegen ist ein Handeln aus dem Stegreif heraus. Die unvorhergesehene Situation wird dabei nicht analysiert. Das Handeln beruht auf bisherigen Erfahrungen und Intuitionen.

LS 3

4.2 Ist-Zustand der Geschäftsprozesse aufnehmen

4.2.1 Grundsätzliches

Durch die Aufnahme des Ist-Zustandes der Geschäftsprozesse und deren grafische Darstellung soll ein ganzheitliches Bild der bestehenden Geschäftsprozesse gewonnen werden. Damit wird Klarheit darüber geschaffen, wie Abläufe in der jetzigen Form durchgeführt werden. Um die Ressourcen zu schonen, konzentriert man sich zunächst auf die Kernprozesse und auf jene, bei denen die Schwachstellen und damit das Optimierungspotenzial offensichtlich sind.

Wichtig ist, dass man aufrichtig zu sich selbst ist und die Abläufe so aufnimmt, wie sie gegenwärtig tatsächlich durchgeführt werden (mit all ihren Schwächen) und nicht bereits Wunschvorstellungen und zukünftige Sollkonzepte erfasst.

Um die Daten über die Abläufe der Geschäftsprozesse zu gewinnen, stehen unterschiedliche Erhebungsmethoden zur Verfügung.

4.2.2 Erhebungsmethoden

4.2.2.1 Überblick

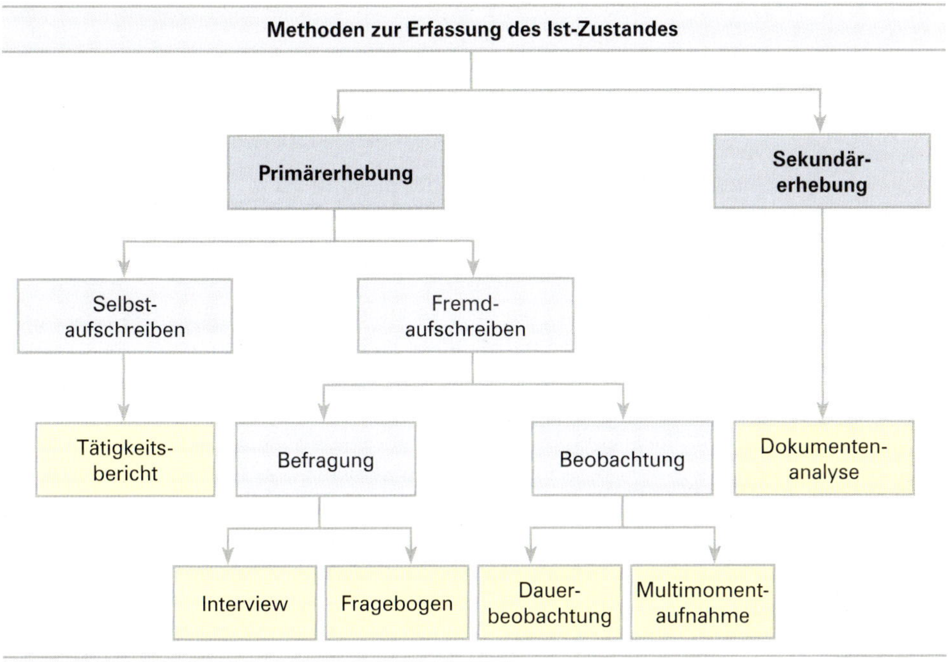

4.2.2.2 Kurzbeschreibung der Erhebungsmethoden

(1) Tätigkeitsbericht

Der betroffene Mitarbeiter trägt selbstständig über einen längeren Zeitraum Informationen über die Art der Tätigkeit, deren Dauer, benötigte und erstellte Daten und notwendige Sachmittel in ein Erfassungsformular ein.

Keiner kennt den Arbeitsablauf an diesem Platz besser als der Mitarbeiter selbst. Es ist daher für den Betrieb wichtig, dieses Wissen zum eigenen Vorteil zu erschließen.

Da die Aufzeichnungen des Mitarbeiters ohne Kontrolle durch einen Beobachter erfolgen, ist deren Verlässlichkeit mit einigen Risiken verbunden:

- Zum einen besteht die Gefahr der Unaufrichtigkeit, falls der Mitarbeiter befürchten muss, dass sein Arbeitsplatz in der jetzigen Form Gegenstand von Rationalisierungsmaßnahmen ist. In diesem Fall wird er den Umfang und die Bedeutung seiner Arbeit aufwerten.
- Andererseits ist ihm vielleicht ein Teil seiner Tätigkeiten so selbstverständlich, dass er deren Bedeutung unterschätzt und deren Aufzeichnung unterlässt.

Eignung:

Da die Erfassung des Tätigkeitsberichts die Arbeitskraft zusätzlich belastet und sie u. U. nicht über das erforderliche Ausdrucksvermögen verfügt, eignet sich diese Methode dann, wenn relativ wenige, einfach zu formulierende Informationen (Art der Tätigkeit, Beginn, Ende usw.) erfasst werden sollen.

(2) Interview

Das Interview ist eine Form der Befragung, bei der die Informationen durch den direkten persönlichen Kontakt zwischen Interviewer und Mitarbeiter gewonnen werden.

Da sich der Interviewer direkt mit dem zuständigen Mitarbeiter unterhält, basieren die gewonnenen Erkenntnisse auf der Kompetenz dieser Mitarbeiter und haben daher ein hohes Maß an Verlässlichkeit.

Um die Ergebnisse mehrerer Interviews vergleichbar zu machen, orientiert sich der Interviewer häufig an einer Checkliste (strukturiertes Interview). Eine elektronische Aufzeichnung des Interviews oder die Beiziehung eines Protokollanten sichert die ungeteilte Aufmerksamkeit des Interviewers.

Der Vorteil liegt insbesondere darin, dass Unklarheiten sofort durch Rückfragen beseitigt werden können.

Da dieses Verfahren mehrere Personen bindet und in der Vorbereitung, Durchführung und anschließenden Auswertung sehr viel Zeit beansprucht, ist der Einsatz dieses Verfahrens nur bei umfangreichen und tiefschürfenden Erhebungen wirtschaftlich vertretbar.

Eignung:

Das Interview eignet sich zur Erhebung komplexer Informationen sowohl über die Unternehmensstruktur als auch über die vorhandenen Geschäftsprozesse. Neben rein mengenbezogenen Größen (z. B. Dauer der Tätigkeit) können auch qualitative Größen (z. B. wichtig, dringend, vorrangig) ermittelt werden.

(3) Fragebogen[1]

Der Fragebogen als Instrument der Datenerhebung ist im Vergleich zum Interview deutlich preisgünstiger und erfordert weniger Zeitaufwand, da mit einem inhaltlich identischen Fragebogen eine Vielzahl von Personen befragt werden kann. Daher eignet sich diese Methode, wenn viel Datenmaterial in kurzer Zeit gewonnen werden soll.

Das Ergebnis kann dadurch verfälscht werden, dass mehrere Mitarbeiter einer Abteilung gemeinsam eine „Gruppenlösung" erstellen.

Wird die Befragung anonym durchgeführt, besteht bei unklaren oder schlechten Fragestellungen – im Gegensatz zum Interview – keine Möglichkeit, klärende Rückfragen zu stellen.

1 Siehe hierzu ausführliche Beschreibung in Lernfeld 5, Kapitel 2.7.

Eignung:

Ebenso wie das Interview eignet sich der Fragebogen zur Erhebung komplexer Informationen sowohl über die Unternehmensstruktur als auch über die vorhandenen Geschäftsprozesse.

(4) Dauerbeobachtung

Bei dieser Erhebungsmethode ist der Beobachter längere Zeit „vor Ort" und beobachtet passiv den Arbeitsablauf.

Die Mitarbeiter werden in der Ausführung ihrer Arbeit kaum gestört.

Die gewonnenen Informationen beschränken sich nur auf den beobachtbaren Teil des Ablaufs. Um die wahrgenommenen Informationen richtig beurteilen zu können, benötigt der Beobachter Erfahrung über den zu beobachtenden Ablauf.

Das Verfahren bindet einen Beobachter und beansprucht Zeit für die Vorbereitung, Durchführung und anschließenden Auswertung.

Eignung:

Dieses Verfahren eignet sich besonders zur Ermittlung von Mengen- und Zeitdaten (Normalleistung, Wartezeit, Rüstzeit, Bearbeitungszeit) insbesondere im Fertigungsbereich.

(5) Multimomentaufnahme

Bei der Multimomentaufnahme ersetzt eine Vielzahl von Augenblicksbeobachtungen die aufwendigere Dauerbeobachtung.

Aus der Häufigkeit, mit der ein bestimmter Vorgang an den Beobachtungen beteiligt ist, schließt man auf dessen Anteil am gesamten Arbeitsumfang.

Das Verfahren spart Zeit und Kosten bei hinreichender Genauigkeit.

Eignung:

Dieses Verfahren eignet sich besonders zur Ermittlung von Zeitanteilen innerhalb von Prozessabläufen (Liegezeit, Transportzeit, Wartezeit, Bearbeitungszeit). So lässt sich z. B. ermitteln, wieviel Prozent seiner Arbeitszeit ein Mitarbeiter mit Kopieren verbringt.

(6) Dokumentenanalyse

Die Informationen werden durch die Auswertung innerbetrieblicher Arbeitsunterlagen (z. B. Arbeitsanweisungen) gewonnen.

Die Arbeitsabläufe werden durch diese Methode der Datenerhebung nicht gestört.

Falls die bisherigen Arbeitsabläufe gut dokumentiert wurden, ergibt sich hieraus eine gute Informationsgrundlage für eine anschließende, zielgerichtete Befragung bzw. Beobachtung. Stimmen dagegen die Dokumentationen nicht mit den praktizierenden Abläufen überein, eignet sich die Dokumentenanalyse nicht für die Beurteilung des Ist-Zustandes.

Ein Risiko für die gewonnenen Erkenntnisse besteht auch dann, wenn die Vollständigkeit und die Glaubwürdigkeit der Dokumente nicht bekannt sind.

Eignung:

Die Dokumentenanalyse steht in der Regel am Anfang einer Prozessanalyse, bedarf relativ wenig Zeit und eignet sich sehr gut, um einen ersten Überblick über einen zu untersuchenden Geschäftsprozess zu gewinnen.

4.2.3 Geschäftsprozesse darstellen

Damit die Mitarbeiter eines Unternehmens sich unmissverständlich darüber unterhalten können, wie festgelegte Arbeitsabläufe durchzuführen sind, hat es sich bewährt, sich auf eine einheitliche, symbolische Sprache[1] zu verständigen. Wir beschränken uns im Folgenden auf die Darstellungen mittels **Arbeitsablaufdiagramm** und **EPK (Ereignisgesteuerte Prozesskette)**.[2]

4.2.3.1 Arbeitsablaufdiagramm

Mit einem Arbeitsablaufdiagramm werden **lineare** Abläufe dargestellt.

Beispiel:

Die Arbeitsgangfolge „Verpacken" soll in einem Arbeitsablaufdiagramm erfasst werden. Dabei wird der gesamte Arbeitsgang in seine Elemente zerlegt: (1) die Ware wird zum Verpackungsstand transportiert, (2) die Ware wird verpackt, (3) die verpackte Ware wird zur Waage gebracht und (4) gewogen, (5) die Versandpapiere werden aufgeklebt und – (6) nach Ablauf einer Wartezeit von 2 Minuten – (7) zur Versandstelle gebracht. Anschließend (8) wird die abgepackte Ware in der Versandstelle gelagert.

1 In sehr vielen Bereichen wird eine **symbolische Sprache** verwendet. Sie kennen z. B. Verkehrssymbole, Symbole in einem Bauplan, Schaltplan oder auf Smartphone für eine App. Die Noten in der Musik gehören ebenfalls dazu. Es ist die kürzeste Art und Weise, wie ein Komponist den Musikern eines Orchesters mitteilen kann, welches Instrument welchen Ton wie laut und wie lange spielen soll. Es wäre aussichtslos, dies in Form eines Textes zu vermitteln.

2 Der Oberbegriff zu beiden ist **Flussdiagramm**, eine Darstellung mit der verrichtungsorientierte Abläufe dargestellt werden können.

Das **Arbeitsablaufdiagramm** mit den **„Istwerten"** kann wie folgt gestaltet sein:

Abteilung: *Versand*						**Datum:** *15. Febr. 20..*	
Arbeitsgangfolge: *Verpackung* **Erzeugnisnummer:** *4813*						**Anfang:** *Transport vom Fertigwarenlager* **Ende:** *Lagerung in der Versandstelle*	
	Symbole					Entfernung in m	Zeit in Min.
Beschreibung	○	⇨	▭	D	▽		
1. Zum Verpackungsstand		•				12	2,5
2. Verpacken	•						5,0
3. Zur Waage		•				2	0,5
4. Wiegen	•						0,5
5. Aufkleben der Versandpapiere	•						1,0
6. Wartezeit				•			2,0
7. Zur Versandstelle		•				5	2,5
8. Lagerung					•		3,0
Entfernung/Zeit insgesamt						19	17,0

Erläuterung der Symbole:

Symbolik	⇨	▽	○	▭	D	○ im □
Tätigkeit	Transport	Lagerung	Bearbeitung	Prüfung	Wartezeiten	Bearbeitung und Prüfung

4.2.3.2 Ereignisgesteuerte Prozesskette (EPK)

(1) Elemente der EPK

Ereignisgesteuerte **P**rozess**k**etten sind in besonderem Maße dafür geeignet, eine umfassende und übersichtliche Darstellung eines Geschäftsprozesses zu geben. Die EPK-Darstellung erlaubt vier Blickrichtungen (hier: Sichten) und gibt damit Auskunft über die Schlüsselfrage:

Wer macht wann was womit?

Die ereignisgesteuerte Prozesskette unterstützt den Mitarbeiter darin, den Geschäftsprozess schnell zu erfassen und die Zusammenhänge zwischen den vier Sichten zu verstehen.

Die Konzentration auf die **Organisationssicht** klärt, **wer** (Abteilung, Stelle) etwas macht. Die **Ereignissicht** gibt an, **wann** etwas getan wird. Die **Funktionssicht** beschreibt, **was** getan wird und die **Datensicht** gibt Auskunft über die benötigten bzw. erstellten **Informationsobjekte.**

Jede dieser Sichten verwendet ihre eigenen Elemente, die im Folgenden dargestellt werden.

Elemente	Beschreibung	Zusätzliche Bemerkungen
	Die **Organisationeinheit** bezeichnet die Stelle, welche die Funktion ausführt. Damit werden die Verantwortlichkeiten für die Ausführung der Prozessschritte festgelegt.	Da die Organisationseinheit zu einer Funktion gehört, sind beide Elemente auf gleicher Höhe zu zeichnen.
	Das **Ereignis** bezeichnet einen Zustand, der eine nachfolgende Funktion (Handlung) auslöst bzw. das Ergebnis einer Funktion ist.	Da dieses Element einen Zustand bezeichnet, der soeben eingetroffen ist, sollte hierfür auch als Zeitangabe der Perfekt (Substantiv + Partizip) verwendet werden (Beispiele: **Auftrag ist eingetroffen, Kunde hat gezahlt.**)
	Eine **Funktion** beschreibt, welche Tätigkeit an einer Informationseinheit ausgeführt wird.	Dieses Element beschreibt eine Tätigkeit, daher sollten auch Tätigkeitswörter (Substantiv + Verb im Infinitiv) verwendet werden (Beispiel: **Mahnung schreiben, Angebote vergleichen**).
	Mit dem **Informationsobjekt** werden die benötigten bzw. die erstellten Informationen (Datentabelle, Formular) bezeichnet.	Das Informationsobjekt kann nur mit Funktionen verbunden werden.
	Der übliche Kontrollfluss läuft in einer EPK von oben nach unten. Für parallele oder alternative Tätigkeiten muss der Prozess verzweigen. Hierfür werden drei **Operatoren** verwendet.	$\wedge$ = UND $\vee$ = ODER XOR = exklusives ODER Während das einfache ODER zwei Möglichkeiten zulässt (z. B. „Ware wird zu spät ODER mangelhaft geliefert"), schließt das XOR (im Sinne von „entweder – oder") mit dem Eintritt der einen Möglichkeit den Eintritt der anderen aus (z. B. „es wird zu viel Ware XOR zu wenig Ware geliefert").
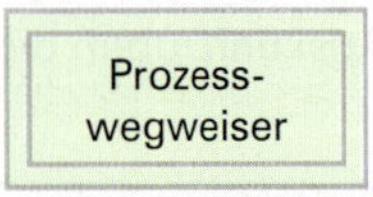	Ein **Prozesswegweiser** steht für einen Teilprozess, der an dieser Stelle nicht weiter aufgelöst wird.	Durch Verwendung von Prozesswegweisern kann ein Prozess auf höherer Ebene dargestellt werden. Seine Feinauflösung erfolgt in einer weiteren EPK (z. B. Warenprüfung durchführen).
	Der **Kontrollfluss** gibt alle möglichen Durchgänge durch eine EPK wieder.	Die Elemente der EPK sollten so angeordnet werden, dass der Kontrollfluss weitgehend von oben nach unten verläuft.

Elemente	Beschreibung	Zusätzliche Bemerkungen
→ ← ↔	Der **Informationsfluss** zeigt den Datenfluss zwischen den Informationsobjekten und den Funktionen.	Die Pfeilrichtung gibt an, ob gelesen (←), geschrieben (→) oder gelesen und zurückgeschrieben wird (↔).

(2) Notationsregeln[1] für Geschäftsprozesse

Element	Notationsregel
Ereignis	■ Ein Geschäftsprozess beginnt und endet immer mit einem Ereignis. ■ Ein Ereignis hat nur einen Eingangs- und nur einen Ausgangspfeil.
Funktion	■ Ein Geschäftsprozess enthält mindestens eine Funktion. ■ Eine Funktion hat nur einen Eingangs- und nur einen Ausgangspfeil.
Allgemein Ereignis – Funktion	Es gibt keine zwei Funktionen bzw. zwei Ereignisse unmittelbar nacheinander. Auf allen Wegen durch den Prozess wechseln Ereignis und Funktion einander streng ab.
Prozesswegweiser	■ Er kann anstelle einer Funktion stehen. ■ Ihm geht ein Ereignis voraus und ihm folgt ein solches. ■ Ein Prozesswegweiser kann nicht vor/nach einer Funktion oder einem anderen Prozesswegweiser stehen. ■ Er hat ebenfalls nur einen Eingangs- und nur einen Ausgangspfeil.
Operatoren	■ Sie erlauben es, dass der Kontrollfluss verzweigt und alternative bzw. parallele Tätigkeiten ausgeführt werden. ■ Eine Alternativauswahl (ODER bzw. XOR) kann nie nach einem Ereignis stehen, da ein Ereignis einen Zustand bezeichnet. Dieser kann keine Entscheidung treffen. Vor einer Alternativauswahl steht daher immer eine Funktion, in welcher eine Entscheidung gefällt wird (z. B. Ware prüfen). ■ Einer UND-Verzweigung kann ein Ereignis oder eine Funktion vorausgehen. Alle folgenden Zweige werden durchlaufen. ■ Werden Verzweigungen wieder zusammengeführt, dann geschieht dies durch den Operator, der die Verzweigung eingeleitet hat.
Informationsobjekte	■ Sie sind ausschließlich an Funktionen geknüpft und werden daher auf gleicher Höhe gezeichnet. ■ Pfeile geben durch ihre Richtung an, ob gelesen, geschrieben oder gelesen und zurückgeschrieben wird.
Organisationseinheiten	■ Sie sind ausschließlich an Funktionen geknöpft und werden daher auf gleicher Höhe gezeichnet. ■ Sie bezeichnen Stellen oder Abteilungen und nicht die Namen von Mitarbeitern oder Örtlichkeiten. ■ Sie basieren auf dem Organigramm des Unternehmens.[2]

1 Einheitliche Vorschrift zur Verwendung von Symbolen.

2 Siehe hierzu Kapitel 4.1.

Beispiel für Geschäftsprozesse:

Die Rent-a-Camper GmbH in 36304 Alsfeld vermietet Wohnmobile. In der letzten Zeit gab es deutliche Rückschläge im Vermietungsgeschäft. Langjährige Stammkunden wechselten zur Konkurrenz und Neukunden konnten nur in geringer Zahl gewonnen werden. Dies hatte negative Folgen auf Umsatz und Gewinn.

Der Inhaber, Herr Neurohr, will daher den kompletten Kernprozess „Vermietung von Wohnmobilen" auf den Prüfstand stellen und gegebenenfalls neu gestalten. In einer ersten Analyse hat er für diesen Kernprozess folgende Teilprozesse festgestellt:

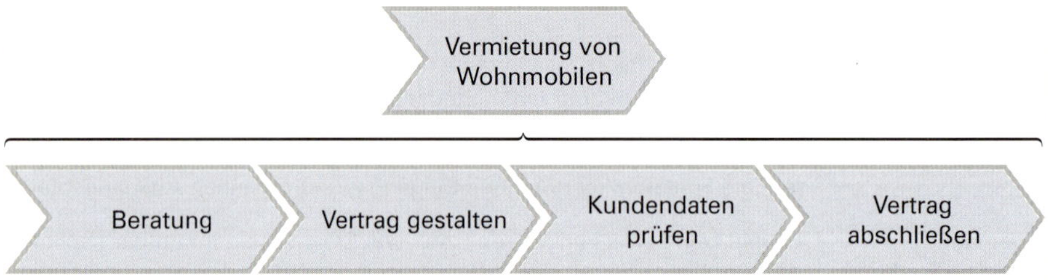

Aufgrund mehrerer Interviews mit den Mitarbeitern hat sich für den Teilprozess „Beratung" ein Ablauf ergeben, den er in der nachfolgenden Beschreibung wiedergibt:

„Hat ein Kunde Interesse, ein Wohnmobil zu mieten, dann notiert sich der Berater die Wünsche des Kunden in Bezug auf Termin, Größe des Fahrzeuges, gewünschte Ausstattung usw. auf einem Erfassungsformular. Anhand der Termindatei prüft der Berater, ob im gewünschten Zeitraum ein oder mehrere Wohnmobile mit der entsprechenden Ausstattung zur Verfügung stehen. Ist dies der Fall, geht der Ablauf über in den Teilprozess 2 ‚Vertrag gestalten'.

Andernfalls überprüft der Berater zusammen mit dem Kunden Alternativmöglichkeiten in Bezug auf Termin und/oder Fahrzeug. Gibt es hierfür eine Lösung, dann wird der Ablauf mit Teilprozess 2 ‚Vertrag gestalten' fortgesetzt. Andernfalls ist der Prozess erfolglos beendet."

Aufgabe:

Modellieren Sie den Teilprozess 1 „Beratung" in Form einer ereignisgesteuerten Prozesskette (EPK).

Lösung:

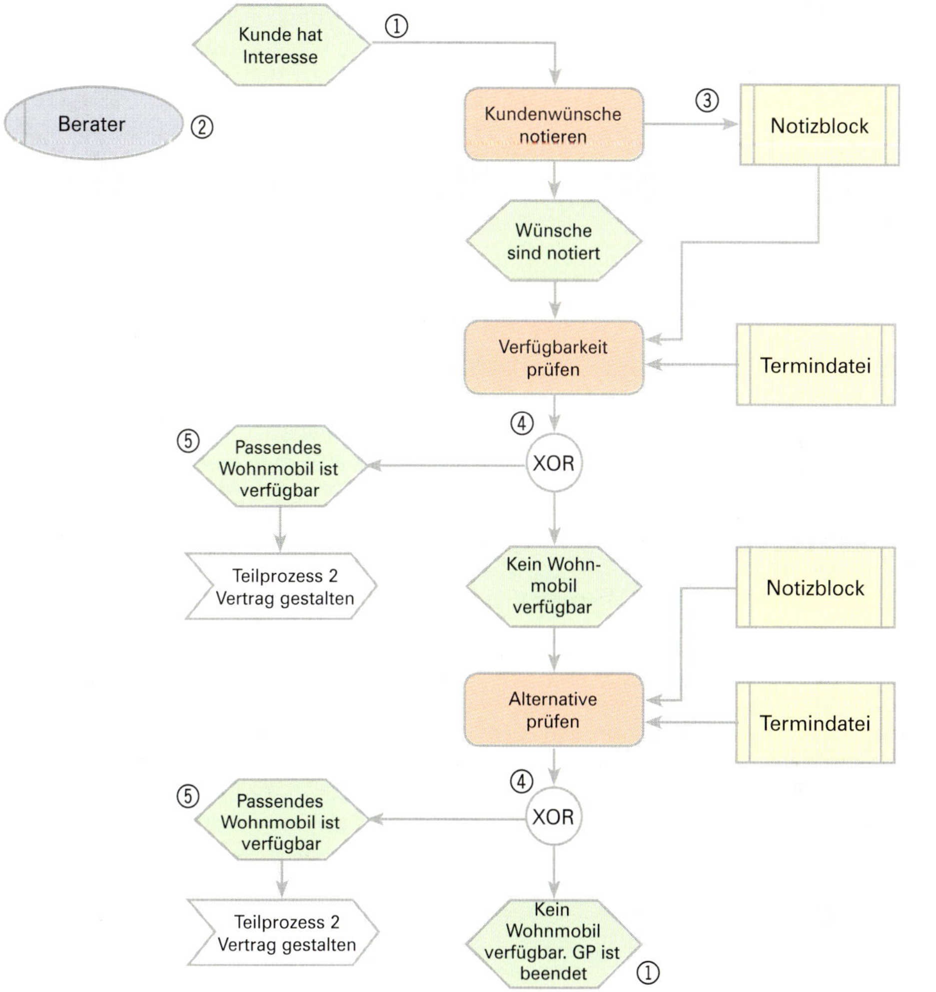

Erläuterungen:

① Der Prozess beginnt und endet mit einem Ereignis.

② Die Organisationseinheit „Berater" ist der betreffenden Funktion in gleicher Höhe zugeordnet. Da dieser nicht wechselt, braucht er nicht zu jeder Funktion wiederholt zu werden.

③ In jeder Funktion werden Informationen verarbeitet. Die Pfeilrichtung gibt an, dass auf den Notizblock geschrieben wird.

④ Als Ergebnis der Verfügbarkeitsprüfung bzw. der Alternativprüfung gibt es ein strenges „Entweder – Oder", also ein XOR. Da jede Funktion und jedes Ereignis nur einen Eingangs- und einen Ausgangspfeil besitzen, muss nach dem Ausgang mithilfe eines Operators verzweigt werden, hier in Form einer Alternative.

⑤ Ist aufgrund der Erstprüfung oder erst aufgrund der Alternativprüfung ein passendes Wohnmobil verfügbar, dann führen beide Ergebnisse zum Teilprozess 2.

Eine andere, kompaktere Darstellung ist möglich.

4.3 Schwachstellen in Geschäftsprozessen identifizieren

Sind die Ist-Prozesse dargestellt, müssen die darin enthaltenen Schwachstellen identifiziert werden, damit sie im Rahmen einer kontinuierlichen Weiterentwicklung beseitigt werden können. Die Identifizierung und Beseitigung der Schwachstellen wird erleichtert durch ein systematisches und schrittweises Vorgehen.

4.3.1 Prozessmängel feststellen

(1) Überblick

In der Regel ergeben sich bereits im Rahmen der Datenerhebung sehr deutliche Hinweise darauf, wo Mängel vorhanden sind. Auch Reklamationen von Kunden und Äußerungen unzufriedener oder demotivierter Mitarbeiter sind mögliche Informationsquellen.

Beispiele für Prozessmängel im Rahmen der Auftragsbearbeitung:

- **Lange Bearbeitungszeit,** z.B. von der Anfrage bis zur Abgabe eines Angebotes oder vom Auftragseingang bis zur Auslieferung an den Kunden.
- **Fehler in der Ausführung,** z.B. Artikelposition vergessen, falsche Auftragsmenge geliefert, falschen Artikel geliefert, Kundenwunschtermin nicht berücksichtigt.
- **Schlechte Qualität der Erzeugnisse.**

(2) Quantifizierung der Mängel

Dieser Schritt dient dazu, eine Vorstellung darüber zu gewinnen, in welcher Größenordnung bzw. Häufigkeit dieser Mangel überhaupt auftritt. Daraus lassen sich Aussagen über die Dringlichkeit der Schwachstellenbeseitigung gewinnen. Als Darstellung eignet sich hierfür eine einfache Tabelle. Das nachfolgende Beispiel veranschaulicht dies anhand möglicher Mängel im Rahmen der Auftragsbearbeitung.

Beispiel:

Art des Mangels	Häufigkeit des Auftretens	Zugrunde liegende Bezugsgröße	Häufigkeit in %
Lange Bearbeitungszeit von Kundenanfragen	473	1735 Kundenanfragen	27,3 %
Lange Bearbeitungszeit der Auftragsbearbeitung	249	1430 Kundenaufträge	17,4 %
Artikelposition vergessen	30	7635 Artikelpositionen	0,4 %
Falsche Auftragsmenge geliefert	77	7635 Artikelpositionen	1,0 %
Falschen Artikel geliefert	12	7635 Artikelpositionen	0,2 %

Als dominierende Mängel sind hier in erster Linie die langen Bearbeitungszeiten zu nennen.

(3) Suche nach der verursachenden Schwachstelle im Prozess

Mögliche Ursachen, die Schwächen in einem Prozess zur Folge haben, sind:

- Zu **viele Stufen in der Unternehmenshierarchie.** Dadurch entstehen lange Kommunikationswege.
- **Schleichender Schlendrian,** indem nach und nach die tatsächliche Ausführung eines Prozesses anders gehandhabt wird, als es die Prozessdokumentation vorsieht. Dadurch entstehen Abweichungen zwischen Soll-Vorgaben und Ist-Ausführung. Neue Mitarbeiter sind verunsichert, häufige Rückfragen bei Vorgesetzten sind erforderlich.

- **Keine klare Zuordnung von Ausführungsverantwortung und Funktion** eines Prozesses („Wer macht was?“)
- **Keine klare Regelung für Vertretungen.**
- **Häufige Systembrüche.**

Beispiel:

Außendienst erfasst die Kundenaufträge auf Papier. Die Weitergabe der Auftragsdaten erfolgt per Telefon. Im Betrieb werden die empfangenen Daten in der integrierten Unternehmenssoftware erfasst. Damit besteht die Gefahr von Erfassungs-, Lese- und Übermittlungsfehlern.

- **Kein klares Konzept im übergeordneten Managementprozess zur Steuerung der Geschäftsprozesse,** so z. B.
  - keine hinreichende Formulierung der Ziele, die durch den Prozess erreicht werden sollen,
  - keine Festlegungen darauf, **wie** die Erreichung der Prozessziele **kontrolliert wird,**
  - keine Festlegungen darauf, **wer** die Erreichung der Prozessziele kontrolliert,
  - keine Festlegungen darauf, **welche Konsequenzen** zu ziehen sind, wenn die formulierten Ziele nicht erreicht werden.

Beispiel: typische Ursachen für lange Bearbeitungszeiten

- Die Anzahl der einzelnen Prozessschritte (Funktionen) ist sehr umfangreich.
- Die Prozessschritte erfolgen überwiegend streng nacheinander. Es erfolgt wenig Parallelausführung.
- Die Prozessschritte werden von unterschiedlichen Stellen bearbeitet.
- Die Arbeitsausführung wird jeweils auf Spezialisten übertragen, deren Arbeitsumfang – gemessen am gesamten Prozess – relativ gering ist.
- Zwischen den (wertschöpfenden) Prozessschritten liegen ineffektive Zeiten, z. B. für das Warten nach der Bearbeitung, den Transport, das Warten vor der nächsten Bearbeitung.

(4) Folgen dauerhaft bestehender Schwachstellen in betrieblichen Prozessen

- Es bleibt dem einzelnen Mitarbeiter überlassen, wie er seine Tätigkeit ausführt. Dadurch macht sich der Betrieb abhängig von der Leistungsfähigkeit und der Leistungsbereitschaft einzelner Mitarbeiter.
- Wichtiges wird nicht von Unwichtigem getrennt. Die falschen Dinge (z.B. was am schnellsten erledigt wird, was am leichtesten ist, was man schon oft gemacht hat und daher gut kann) werden zuerst erledigt.
- Fehler werden nicht nur nicht vermieden, sondern erst erkannt, wenn es zu spät ist, der Auftrag also fehlerhaft beim Kunden angekommen ist.
- Nachbesserungen und Fehlerbeseitigungen führen zu steigenden Prozesskosten.
- Leistungsfähige und leistungsbereite Mitarbeiter werden demotiviert und verlassen im schlimmsten Fall den Betrieb.
- Kunden sind unzufrieden, Aufträge gehen verloren, das schlechte Image verbreitet sich im Markt.

4.3.2 Maßnahmen zur Behebung der Schwächen

Schwächen lassen sich dadurch beseitigen, dass Alternativen zum bisherigen Prozessablauf entwickelt werden. Dies geschieht z.B. durch direkte Befragung der Mitarbeiter über ihre Funktionsausführung und deren mögliche Verbesserung an jenen Stellen, an denen die Mängel aufgedeckt wurden. Hilfreich sind z.B. Fragestellungen wie:

- Kann die Funktion zerlegt werden, sodass eine zeitlich parallele Ausführung möglich ist und sich damit die gesamte Bearbeitungszeit des Prozesses verkürzt?
- Kann diese Funktion mit vor- und/oder nachgelagerten Funktionen zu einer größeren Einheit zusammengeführt werden, damit Übergangszeiten eingespart werden können?
- Wiederholen sich einzelne Funktionen, sodass sie ausgelagert und als eigenständige Funktion einem anderen Funktionsträger zugewiesen werden können?
- Ist die bestehende Reihenfolge der Funktionen zweckmäßig?

Auf der Basis der gewonnenen Ergebnisse müssen anschließend die Prozesse weiterentwickelt werden.

Kompetenztraining

78 1. Geben Sie den nachfolgend dargestellten Leitungssystemen die richtige Bezeichnung!

1.1

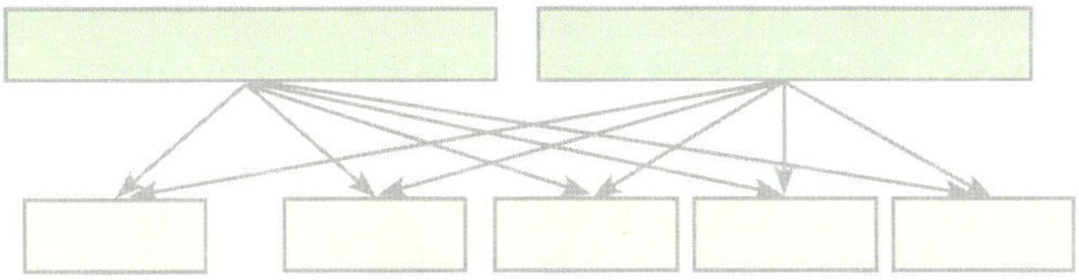

1.2

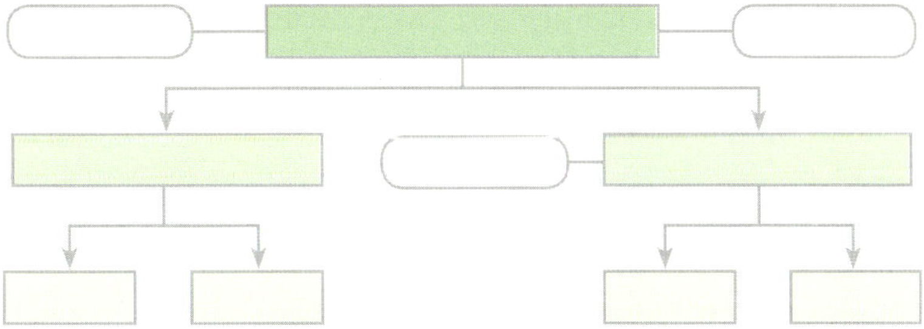

1.3

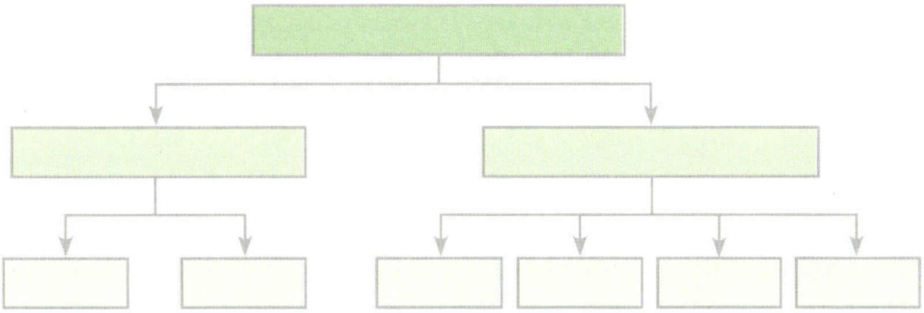

2. Beschreiben Sie die charakteristischen Merkmale dieser Leitungssysteme und stellen Sie deren Vor- und Nachteile einander gegenüber!

3. In der Magdeburger Werkzeuge AG soll der Ist-Zustand der Unternehmensstruktur aufgenommen werden. In der hierfür eingerichteten Steuerungsgruppe entsteht eine Diskussion darüber, welches Verfahren hierfür angewandt werden soll.

   Herr Kromberger schlägt vor, zunächst mit einer Dokumentenanalyse zu beginnen und erst nach deren Auswertung darüber zu entscheiden, wie weiter verfahren werden soll. Frau Seltmann plädiert für ein Interview und Herr Schwörer rät zu einer Erhebung mittels Fragebogen.

   Aufgaben:

   3.1 Beschreiben Sie kurz die erwähnten drei Erhebungsmethoden!

   3.2 Unterbreiten Sie einen begründeten Vorschlag, wie nach Ihrer Meinung vorgegangen werden soll!

4. In Kapitel 4.2.3.1, S. 217, ist ein Prozess der Versandverpackung in Form eines Arbeitsablaufdiagramms dargestellt. Um die Schwachstellen des Ablaufs zu beseitigen, führte der Organisator mit dem Mitarbeiter am Verpackungsstand ein Interview. Dabei notierte er sich folgende Aussagen der Arbeitskraft:

„Eigentlich ginge das schon ein bisschen schneller. Es fängt damit an, wie die Waren zum Verpackungsstand gelangen. Bis jetzt erfolgt die Beförderung mit Handkarren. Würde man die Fertigwaren auf Rollen befördern, könnten gut 1,5 Minuten eingespart werden. Auch das Verpacken selbst ließe sich rationalisieren. Bisher verwenden wir Packpapier. Das ist umständlich in der Handhabung und kostet daher Zeit. Mit festen Kartons geht das rascher. Ich schätze, das dauert dann nur noch 3 Minuten. Die Wartezeit nach dem Aufkleben der Versandpapiere kann entfallen, wenn zum Transport zur Versandstelle ebenfalls Rollen verwendet würden."

Aufgabe:

Erstellen Sie für den verbesserten Prozess das Arbeitsablaufdiagramm!

79
1. Überprüfen Sie den nachfolgenden, vereinfachten Geschäftsprozess (Organisationseinheiten und Informationseinheiten sind nicht vorhanden) auf Verletzung der Notationsregeln!
2. Modellieren Sie eine verbesserte Version des Ablaufes als EPK!

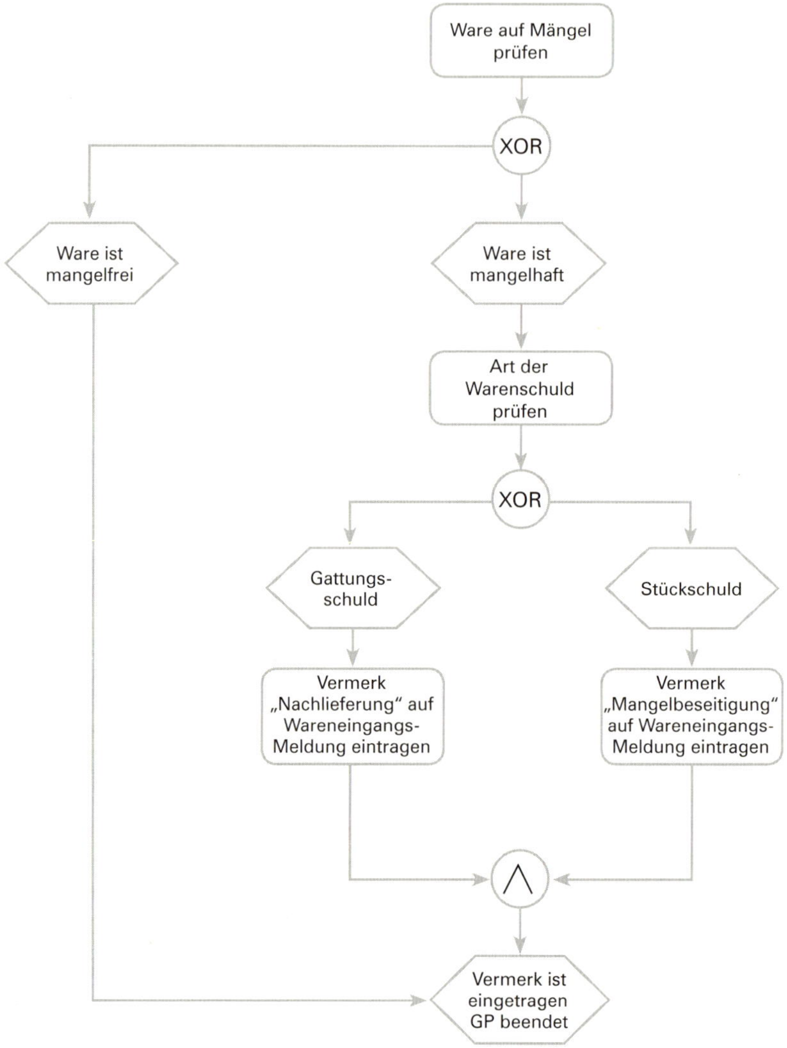

3. Bei der Rent-a-Camper GmbH hat der Teilprozess 3 „Kundendaten prüfen" des Kernprozesses „Vermietung von Wohnmobilen" folgenden Ablauf:

   „Sind alle Vertragsbestandteile (Termin, Art des Fahrzeugs, Zusatzwünsche wie z. B. Sonnensegel, Campingstühle) geklärt, dann schaut der Berater in der Kundendatei nach, ob es sich um einen Neukunden oder um einen Altkunden handelt. Bei einem Altkunden prüft er dabei, ob die Adressdaten noch stimmen. Stimmen sie nicht, korrigiert er die Daten in der Kundendatei. Handelt es sich um einen Neukunden, muss er alle Daten in der Kundendatei neu erfassen."

   Aufgabe:

   Modellieren Sie den Teilprozess 3 in Form einer ereignisgesteuerten Prozesskette!

80 Die Weber Metallbau GmbH ist ein größerer, mittelständischer Handwerksbetrieb. Gegenstand des Unternehmens ist die Fertigung und Montage von Brandschutztüren, Fassadenbau aus Stahl und Glas, Geländer- und Treppenbau, Wintergärten, Gewächshäusern sowie Arbeitstischen.

Kundenaufträge, die sich auf eine Sonderanfertigung bezogen, wurden bisher auf der Basis der langjährigen Erfahrung des Inhabers Hans-Jörg Weber angenommen oder abgelehnt. In Zukunft soll diese Entscheidung jedoch im Rahmen eines wohlüberlegten Prozesses gefällt werden. Im Rahmen eines Interviews mit Herrn Weber wurde hierfür folgender Ablauf festgelegt:

„Trifft eine Kundenanfrage nach einem Erzeugnis ein, das nicht in das bisherige Produktionsprogramm gehört, dann prüft zunächst die Konstruktionsabteilung, ob das Erzeugnis für uns konstruktionstechnisch machbar ist. Ist dies nicht der Fall, erhält der Kunde durch den Verkauf einen Absagebrief. Andernfalls erfolgt in der Produktionsplanung die Überprüfung auf fertigungstechnische Machbarkeit. Dazu müssen die Maschinendaten aus der Produktion herangezogen werden (z. B. Traglast der Portalkrane). Geht die Prüfung negativ aus, erhält der Kunde ebenfalls einen Absagebrief vom Verkauf. Bei positiver Entscheidung überprüft die Produktionsplanung anschließend, ob das Erzeugnis zum Kundenwunschtermin fertiggestellt werden kann. Hierzu benötigt sie den Maschinenbelegungsplan. Bei negativem Ergebnis erhält der Kunde den Absagebrief, im positiven Fall ermittelt die Vorkalkulation anhand der Stücklisten und Kalkulationswerte einen Angebotspreis, den der Verkauf im Rahmen der Angebotserstellung verwendet."

Aufgaben:

1. Erstellen Sie zu dem oben angegebenen Entscheidungsprozess eine ereignisgesteuerte Prozesskette.
2. Im obigen Prozess „Angebotsbearbeitung" sollen die Schwachstellen analysiert und beseitigt werden. Anlass hierfür sind die Rückmeldungen der Außendienstmitarbeiter. Bei ihnen hatten sich schon wiederholt Kunden darüber beklagt, dass die Zeit zwischen dem Absenden einer Anfrage und dem Erhalt eines spezifizierten Angebotes zu lange dauere. Daraufhin wurde ein Team gebildet aus Mitgliedern der Prozesssteuerung und je einem Vertreter der betroffenen Abteilungen. Im Rahmen eines Workshops wurden als Ursachen für die lange Prozessdauer festgestellt:
   - Es sind zu viele kleine Prozessschritte.
   - Es sind zu viele Stellen mit der Bearbeitung betraut. Die vielen Übergangszeiten verlängern die Prozessdauer.
   - Die Funktionen sind alle streng nacheinander angeordnet. Die Möglichkeit zur Parallelbearbeitung wird nicht genutzt.

Im Rahmen einer anschließenden Brainstormingphase wurden folgende Maßnahmen zur Behebung der Schwächen entwickelt:

- Für die Angebotsprüfung von Sonderanfertigungen wird ein Team „Technische Vorprüfung" gebildet. Die bisherigen Funktionen „Konstruktionstechnische Machbarkeit prüfen" und „Fertigungstechnische Machbarkeit prüfen" werden zu einer Funktion „Technische Machbarkeit prüfen" zusammengeführt und von diesem Team erledigt.
- Diese neue Funktion wird zeitlich parallel ausgeführt mit der bisherigen Funktion „Termineinhaltung prüfen".
- Die Funktion „Angebotspreis kalkulieren" wird der Funktion „Angebot erstellen und versenden" hinzugefügt. Ein Mitarbeiter des Verkaufs erhält eine betriebsinterne Schulung, die ihn dazu befähigt, Angebotspreise selbstständig zu kalkulieren.

Erstellen Sie für den weiterentwickelten Prozess die ereignisgesteuerte Prozesskette!

5 Bestehende Prozesse optimieren[1]

5.1 Ansatzpunkte der Optimierung

Zeit, Kosten und **Qualität** sind die wesentlichen Größen, die über die **Leistungsfähigkeit eines Prozesses** entscheiden.[2]

(1) Kriterium Zeit

Die Durchlaufzeit eines Prozesses wird bestimmt durch die Komponenten

- Bearbeitungszeit
- Transportzeit (Zeit für die Weitergabe)
- Wartezeit.

Das Verhältnis zwischen Bearbeitungszeit einerseits zu Transport- und Wartezeit sagt etwas aus über die Prozessgüte. Dieses Verhältnis liegt häufig in der ungünstigen Größenordnung von 1 : 30.

Eine Prozessoptimierung in Bezug auf Zeit bedeutet in erster Linie, dass die Bemühungen sich nicht auf die Verringerung der Bearbeitungszeit, sondern auf die Verringerung der Transport- und der Wartezeiten konzentriert.

(2) Kriterium Qualität

Schlechte Qualität bedeutet, dass die Erwartung des Kunden enttäuscht wird. Und Fehler kosten Geld. Die externen Kunden sind unzufrieden. Dadurch entfallen mögliche Folgeaufträge und das schlechte Image verbreitet sich im Markt. Potenzielle Neukunden tauchen als Nachfrager gar nicht erst auf. Bei internen Kunden müssen die Leistungen nachgebessert werden. Die Durchlaufzeit des Prozesses erhöht sich und damit auch die Prozesskosten.

Eine Prozessoptimierung in Bezug auf Qualität zielt darauf ab, aufgetretene Fehler zu verringern.

1 Vgl. *http://www.freidinger.de/Skript/Bericht/Gesch%E4ftsprozesse%20optimieren.pdf* [09.09.2014] und Gaitanides, Scholz, Vrohlings, Raster, Prozessmanagement – Konzepte, Umsetzungen und Erfahrungen des Reengineering, München 1994.

2 Siehe hierzu auch Kapitel 2.3.

(3) Kriterium Kosten

Ziel ist es, die nicht-wertschöpfungsintensiven Tätigkeiten, die gleichwohl Kosten verursachen, aus dem Prozessablauf zu entfernen oder wenigstens zu verringern.

Ursache hierfür ist häufig, dass in traditionellen, hierarchischen Strukturen ein hohes Maß an Spezialisierung besteht. Der Prozessdurchlauf berührt daher viele Stellen, wie die nachfolgende Abbildung zeigt.

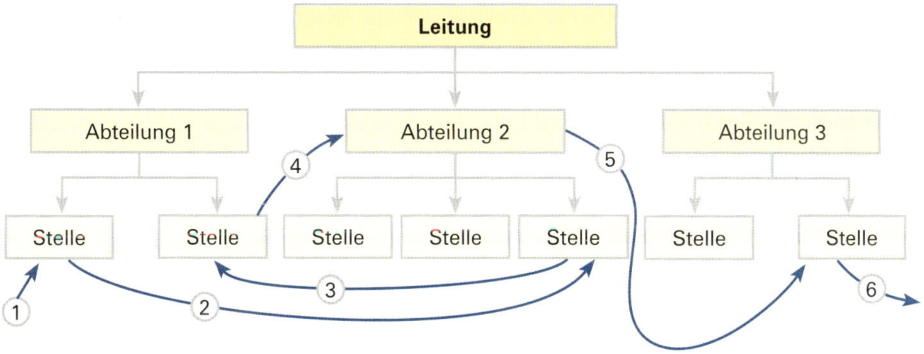

Die Folge davon sind viele Transport- und Wartezeiten. Wertschöpfende Tätigkeiten und nicht-wertschöpfende Tätigkeiten geraten in ein ungünstiges Verhältnis. Ein hohes Maß an Abstimmung und Koordination ist notwendig.

Eine Prozessoptimierung in Bezug auf Kosten zielt darauf ab, durch die Prozessgestaltung dieses Missverhältnis von wertschöpfenden zu nicht-wertschöpfenden Tätigkeiten zu verbessern.

5.2 Managementprozess der kontinuierlichen Verbesserung (Verbesserung der Effizienz der Geschäftsprozesse)

5.2.1 Grundlagen des Konzepts

(1) Überblick

Auch nachdem eine prozessorientierte Unternehmensführung eingerichtet ist, müssen die installierten Geschäftsprozesse ständig weiterentwickelt werden.

Das Konzept der kontinuierlichen Verbesserung greift nicht allzu tief in die bestehenden Aufbau- und Ablaufstrukturen ein. Die **bestehende Aufbauorganisation** bleibt weitestgehend erhalten. Die Stelleninhaber werden an der Prozessoptimierung beteiligt. Das in den Köpfen der Mitarbeiter gespeicherte Wissen ist eine wichtige Informationsquelle und wird in die Verbesserung der Prozesse eingebracht. Auf diese Weise werden die Betroffenen zu Beteiligten. Sie identifizieren sich mit der Weiterentwicklung und unterstützen damit deren Erfolg. Die Mitarbeiter sind also Teil der Lösung. Externe Berater treten häufig nur in der Rolle des Moderators auf.

Die notwendigen Tätigkeiten sind vergleichbar mit jenen Maßnahmen, wie sie bei der erstmaligen Modellierung von Geschäftsprozessen notwendig waren und in Kapitel 4.2 beschrieben wurden.

(2) Begriff

- Unter dem Begriff **kontinuierlicher Verbesserungsprozess** (KVP) versteht man ein Bündel von Maßnahmen mit dem Ziel, **Erzeugnisse** und **betriebliche Prozesse** weiterzuentwickeln und zu verbessern.
- Die Weiterentwicklung erfolgt nicht in einem Schritt oder wenigen großen Schritten, sondern in einer Vielzahl von **beständigen (kontinuierlichen) kleinen Verbesserungsschritten,** die erst in ihrer Gesamtheit zum erwünschten Erfolg führen.[1]

(3) Erläuterung des KVP-Konzepts

Es gibt Industrienationen, in denen das Denken in Innovationssprüngen vorherrscht, während in anderen Industrienationen die kleinen alltäglichen Verbesserungen im Vordergrund stehen.

Die nachfolgende Tabelle zeigt eine Gegenüberstellung des KVP-Konzepts[2] zum Konzept der Innovation mit seinen sprunghaften Veränderungen durch neue Technologien, neue Produktionstechniken, Organisationsmodelle und Managementkonzepte.

	KVP-Konzept	**Innovation**
Zeitlicher Rahmen	stetig und ununterbrochen	kurzfristig und sprunghaft
Ziel	Streben nach detaillierter Verbesserung von Produkt und Prozess	Streben nach großen Fortschritten in kurzer Zeit
Basis	auf bestehenden Systemen und Technologien aufbauend	ständige Suche nach Entwicklung von neuen Technologien
Personaleinsatz	jeder Mitarbeiter und jede Führungskraft	Spezialisten, Konstrukteure
Erforderliche Eigenschaften	■ Anpassungsfähigkeit ■ Kollektivgeist ■ Leistungsbereitschaft	■ Kreativität ■ Individualität ■ individuelle Leistung
Devise (Leitlinie)	Erhaltung und Verbesserung	Abbruch und Neuaufbau
Investitionsmittel	geringer Kapitalbedarf	hoher Kapitalbedarf
Erfolgschance	gleichbleibend hoch	abrupt und unbeständig
Tendenzieller Einsatz	in langsam wachsenden Branchen	in schnell wachsenden Branchen

1 Diese Vorgehensweise geht auf die insbesondere aus Japan stammende Kaizen-Philosophie (Verbesserung in kleinen Schritten [KAIZEN]) zurück.

2 Vgl. „Lean Production", Institut für angewandte Arbeitswissenschaft, Köln 1992.

(4) PDCA-Kreislauf (Deming-Kreislauf)[1]

Der Aufbau des immer wiederkehrenden Prozesses der kontinuierlichen Verbesserung ist unbedingt notwendig, um die bestehende Qualität auf ein höheres Niveau zu bringen. Dieser Prozess läuft in vier Schritten ab: Planen – Ausführen – Prüfen – Handeln. Dieses „Immer-besser-Modell" lässt sich ganz allgemein wie folgt darstellen:

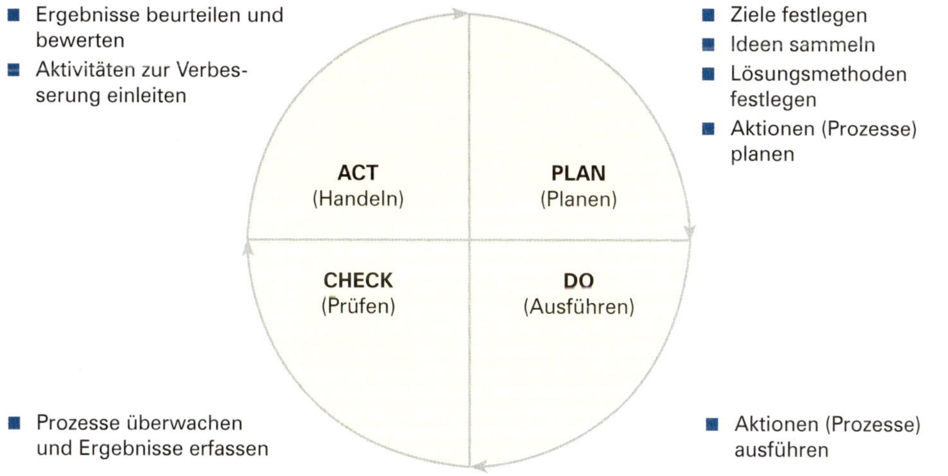

Mit jedem Durchlauf werden die bestehenden Strukturen, Prozesse und Regelungen dahingehend hinterfragt, ob sie geeignet sind, die festgelegten Ziele aus der Planungsphase zu erreichen. Wenn nicht, dann werden im Rahmen der ACT-Phase die Ursachen identifiziert und Maßnahmen zur Verbesserung eingeleitet. Das Rad dreht sich weiter und überall da, wo dieses Verfahren der kontinuierlichen Verbesserung auf diese Weise fest installiert ist, wird im Laufe der Zeit ein nach und nach höheres Qualitätsniveau erreicht.

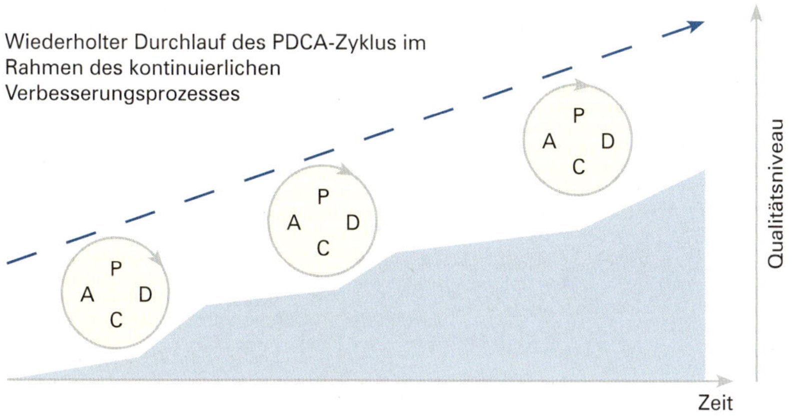

1 Der PDCA-Kreislauf wurde bereits im Lernfeld 5, Kapitel 6.3.1 behandelt, allerdings spezialisiert auf den Prozess der **kontinuierlichen Verbesserung der Wettbewerbsstrategie und des Marketing-Mix.** Um die kontinuierliche Verbesserung über den PDCA-Kreislauf im Rahmen des Qualitätsmanagements in seiner Gesamtheit darzustellen, werden die wesentlichen Inhalte nochmals verkürzt wiederholt und auf die **Weiterentwicklung des Qualitätsmanagements** abgestimmt.

5.2.2 Der PDCA-Zyklus im Rahmen der Geschäftsprozessoptimierung

Der Fokus dieses Managementprozesses ist darauf gerichtet, die operativen Geschäftsprozesse ständig zu verbessern[1] („doing the things right"). Anlässe für ein erneutes Durchlaufen dieses Verbesserungsprozesses können sein:

- konkrete Beschwerden von Kunden,
- schlechte Ergebnisse bei Kundenbefragungen,
- deutliche Abweichungen von den selbst gesetzten, prozessbezogenen Kennzahlen.[2]

5.2.2.1 Phasen des PDCA-Zyklus (Deming-Kreislauf)

Das Konzept der kontinuierlichen Verbesserung vollzieht sich in der stetigen Wiederholung des PDCA-Zyklus.

Die Grafik auf S. 233 zeigt die Phasen des PDCA-Zyklus, wie sie im Rahmen der kontinuierlichen Verbesserung von Geschäftsprozessen durchlaufen werden.

5.2.2.2 Erläuterungen der einzelnen Phasen

(1) PLAN-Phase

Um die Wirksamkeit von Geschäftsprozessen in der späteren Check-Phase prüfen zu können, ist es unbedingt notwendig, im Rahmen des fortlaufenden PDCA-Zyklus in der PLAN-Phase Ziele formuliert zu haben. Dies geschieht durch **prozessbezogene Kennzahlen.**

Beispiele für prozessorientierte Kennzahlen aus dem Bereich der Auftragsbearbeitung:

Kennzahl	Formel zur Berechnung
Auftragseingangsquote	$\frac{\text{Auftragseingang}_{\text{Ist}} \cdot 100}{\text{Auftragseingang}_{\text{Plan}}}$
Auftragsreichweite	$\frac{\text{Auftragsbestand} \cdot 100}{\text{Jahresumsatz}}$
Umwandlungsrate	$\frac{\text{Anzahl der ausgeführten Aufträge} \cdot 100}{\text{Anzahl der abgegebenen Angebote}}$
Neukundenanteil	$\frac{\text{Neukunden} \cdot 100}{\text{Gesamtkunden}}$
Umsatz je Außendienstmitarbeiter	$\frac{\text{Umsatz}}{\text{Anzahl der Außendienstmitarbeiter}}$
Werbeaufwandssatz vom Umsatz	$\frac{\text{Werbeaufwand je Periode} \cdot 100}{\text{Umsatz je Periode}}$

1 Siehe Kapitel 1.1.

2 Siehe hierzu Kapitel 5.2.2.2.

Kennzahl	Formel zur Berechnung
Servicegrad	$\frac{\text{Anzahl der termingerecht ausgeführten Aufträge} \cdot 100}{\text{Anzahl aller zu erfüllenden Aufträge}}$
Vertriebskostenquote	$\frac{\text{Vertriebskosten} \cdot 100}{\text{Umsatz}}$
Aufwand Außendienst	$\frac{\text{Aufwand Außendienst} \cdot 100}{\text{Umsatz}}$

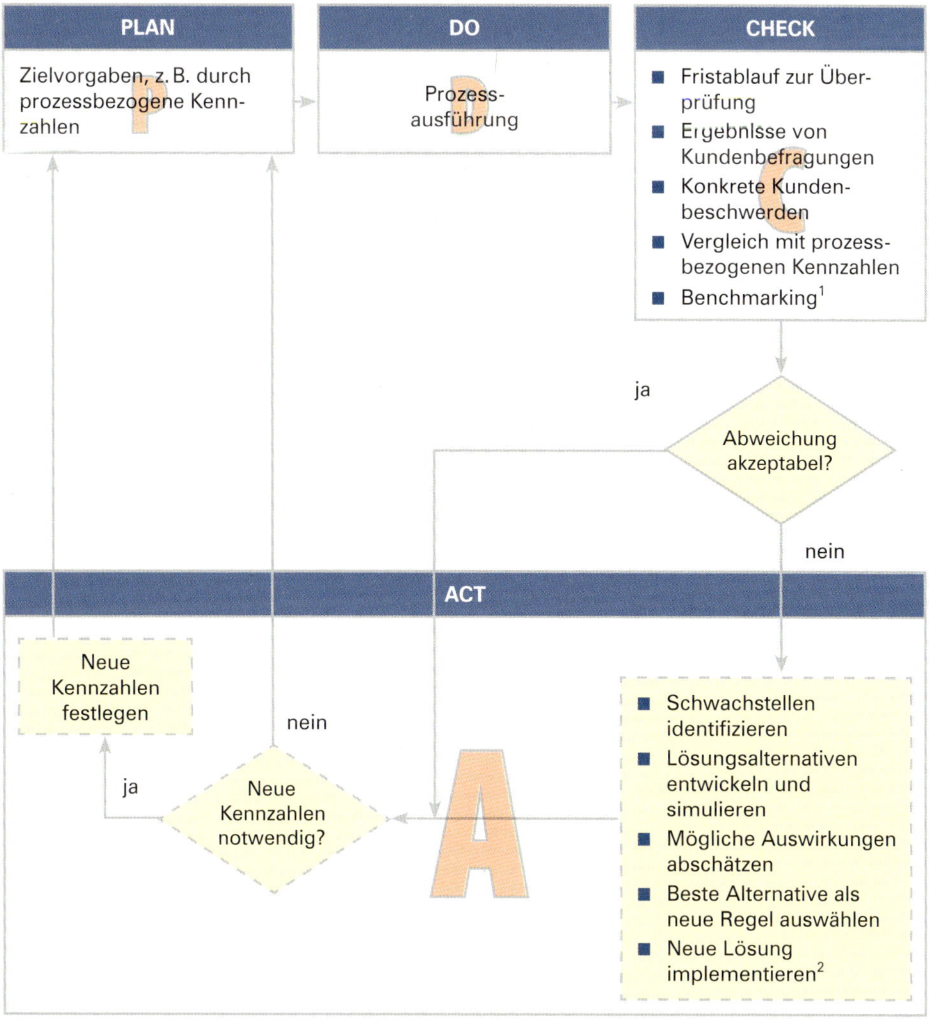

1 Siehe hierzu Ausführungen S. 234.

2 Implementieren: in das bestehende System einbauen.

(2) DO-Phase

Innerhalb der DO-Phase werden die betrieblichen Abläufe entsprechend der Prozessvorgaben ausgeführt.

(3) CHECK-Phase

Innerhalb dieser Phase werden die aktiven Geschäftsprozesse auf ihre Qualität überprüft. **Anlässe** hierfür sind z. B.:

- Die im Rahmen der PLAN-Phase vorgesehene Frist zur Überprüfung ist abgelaufen.
- Externe Informationen wie Ergebnisse von Kundenbefragungen oder konkrete Beschwerden von Kunden liegen vor.

Will man daraufhin die Prozessleistung beurteilen, können die aktuell erreichten Kennzahlen der Prozesse mit den Zielvorgaben aus der PLAN-Phase verglichen werden.

Möglich und deutlich anspruchsvoller ist dagegen eine Standortbestimmung über ein **Benchmarking.**[1] Hierbei vergleicht man die Leistungsfähigkeit der eigenen Prozesse mit denen der besten Unternehmen. Dieser Kennzahlenvergleich offenbart den Abstand zum **Best-practice-Unternehmen** und macht die sogenannte „Leistungslücke" sichtbar.

Benchmarking ist ein Planungsinstrument und dient dazu, das eigene Unternehmen mit dem besten Mitbewerber (Best-practice-Unternehmen) zu vergleichen.

Benchmarking eignet sich zum Vergleich von Produkten, Dienstleistungen, Produktionsverfahren und Prozessen. Ziel des Benchmarking ist es, von den „Klassenbesten" zu lernen und deren Leistungen für das eigene Unternehmen nutzbar zu machen, um so selbst zum besten Unternehmen aufzusteigen. Durch die ständigen und systematischen Vergleiche soll im Unternehmen eine dauerhaft kreative Unruhe geschaffen werden, die zu Fortschritten in der Prozessqualität führt.

(4) ACT-Phase

Ein häufiger Fehler im Zyklusdurchlauf der kontinuierlichen Weiterentwicklung besteht darin, dass der Zyklus nur bis zur CHECK-Phase durchgeführt wird. Die ACT-Phase wird dabei in ihrer besonderen Bedeutung und Notwendigkeit unterschätzt.

Sind die Abweichungen in der CHECK-Phase als nicht mehr akzeptabel erkannt, müssen im Rahmen der ACT-Phase die Maßnahmen zur Verbesserung geplant und eingeleitet werden.

Auch hier sind die notwendigen Tätigkeiten vergleichbar mit den Ausführungen wie sie bereits in **Kapitel 4.3 Schwachstellen in Geschäftsprozessen identifizieren** beschrieben wurden.

1 Benchmarking bedeutet ursprünglich die Markierung eines trigonometrischen Punktes im Vermessungswesen.

Die Tätigkeiten in der ACT-Phase laufen in folgenden Schritten ab:

Schritt 1	**Feststellung der Prozessmängel und deren Quantifizierung** durch Vergleich mit den Zielvorgaben aus der PLAN-Phase oder – beim Benchmarking – im Vergleich zum Best-practice-Unternehmen (z.B. Höhe der Gesamtkosten je Auftragsbearbeitung, Dauer der Durchlaufzeit je Kundenauftrag, Anzahl der Falschlieferungen je 1000 Auslieferungen o.Ä.)
Schritt 2	**Qualitative Analyse** zur Aufdeckung der Hintergründe, warum die festgestellten Prozessmängel entstanden sind.
Schritt 3	Entwicklung von **Lösungsalternativen,** um die Prozessmängel zu beseitigen.
Schritt 4	**Abschätzung der Auswirkungen,** welche die einzelnen Lösungsalternativen in Bezug auf die Beseitigung der Prozessmängel haben werden.
Schritt 5	**Auswahl der besten Alternative als Regel.**
Schritt 6	**Implementierung dieser Regel als weiterentwickelten Prozess.**
Schritt 7	Um eine kontinuierliche Verbesserung zu erreichen, ist es in der Regel erforderlich, dass die **bisherigen prozessbezogenen Kennzahlen neu, und zwar strenger definiert** werden. Würde dies nicht geschehen, wäre ab einer bestimmten Prozessqualität kein weiterer Fortschritt mehr erforderlich. Die Weiterentwicklung käme zum Stillstand.

6 Prozess des radikalen Neuaufbaus (Redesign, Reengineering)[1]

Die Maßnahmen innerhalb dieses Managementprozesses sind – gemessen an der kontinuierlichen Verbesserung durch den PDCA-Zyklus – erheblich radikaler. Das Redesign **behält die bisher bestehenden Prozesse nicht bei,** vielmehr werden diese abgeschafft. Das ganze bisherige Konzept wird infrage gestellt. Die **Neuorganisation** umfasst **nicht nur die betrieblichen Prozesse,** sondern auch den **strukturellen Aufbau des Unternehmens.**

Die Methode könnte man charakterisieren mit **„Abriss und Neuaufbau auf der grünen Wiese".** Dieser Managementprozess wird vorangetrieben durch die Unternehmensleitung. Häufig werden externe Unternehmensberater hinzugezogen, welche die neuen Aufbau- und Ablaufstrukturen erarbeiten. Die Mitarbeiter sind eher in der Rolle des Betroffenen und damit Teil des Problems und weniger Beteiligte.

1 Der Managementprozess Redesign ist nicht Gegenstand des Bildungsplans und wird daher nur kurz behandelt.

Kompetenztraining

81 1. Nachfolgend finden Sie einige prozessbezogene Zielgrößen (zu den Formeln siehe S. 232f., PLAN-Phase). Kreuzen Sie an, welche der drei Größen (Zeit, Qualität oder Kosten) durch diese Zielgröße in besonderem Maße berücksichtigt werden!

Prozessbezogene Kennzahl	Vorrangig berücksichtigte Größe		
	Zeit	(Prozess-)Qualität	Kosten
Anzahl der Falschlieferungen je 1000 Auslieferungen			
Servicegrad			
Werbeaufwandssatz vom Umsatz			
Umwandlungsrate			
Anzahl der bearbeiteten Kundenaufträge je Sachbearbeiter und Arbeitstag			

2. Geben Sie kurz die signifikanten Unterschiede an zwischen einer Optimierung durch kontinuierliche Verbesserung und dem radikalen Neuaufbau!

3. Der Prozess der kontinuierlichen Verbesserung vollzieht sich im wiederkehrenden PDCA-Zyklus. Beschreiben Sie die Inhalte dieser vier Phasen im Rahmen der Prozessoptimierung!

4. Bei der Werdenfelser Möbelfabrik GmbH sind die Geschäftsprozesse aus dem Bereich Kundenakquisition und -bindung auf ihre Qualität zu überprüfen. Im Rahmen der PLAN-Phase wurden für folgende Kennzahlen die Zielwerte festgelegt:

Kennzahl	**Zielwert**
Auftragseingangsquote	90 %
Auftragsreichweite	15 %
Umwandlungsrate	70 %
Neukundenanteil	3 %
Vertriebskostenquote	10 %
Aufwand Außendienst	4 %
Servicegrad	98 %

Um die Prozessqualität zu beurteilen, stehen folgende aktuelle Daten des Berichtsjahres für die Kennziffernermittlung zur Verfügung:

Jahresumsatz des Unternehmens	8670000,00 EUR
Auftragsbestand	1257150,00 EUR
$\text{Auftragseingang}_{\text{Plan}}$	9408000,00 EUR
$\text{Auftragseingang}_{\text{Ist}}$	7774560,00 EUR
Werbeaufwand/Jahr	450840,00 EUR
Vertriebskosten	971040,00 EUR
Aufwand Außendienst	234090,00 EUR
Anzahl der abgegebenen Angebote	12050
Anzahl der erhaltenen und ausgeführten Aufträge	8315
Anzahl der termingerecht ausgeführten Aufträge	8190
Anzahl aller Kunden	3690
Anzahl Neukunden	66

Aufgaben:

4.1 Berechnen Sie aus den Daten des Berichtsjahres die oben angegebenen Kennziffern!

4.2 Vergleichen Sie die ermittelten Werte mit den Zielwerten, stellen Sie die Abweichungen fest und beurteilen Sie diese!

4.3 Erläutern Sie, in welche Richtung die Verantwortlichen für eine Prozessoptimierung weiterdenken müssten!

Lernfeld **12**

Veranstaltungen und Geschäftsreisen organisieren

1 Veranstaltungen planen

LS 1

Die Planung und Organisation von internen und externen Veranstaltungen bietet Chancen, sich selbst und andere neu kennen- und schätzen zu lernen. Häufig offenbaren sich bei Teammitgliedern organisatorische Stärken und kreative Fähigkeiten auf Gebieten außerhalb der beruflichen Routine. Vielfältige Herausforderungen können dazu führen, neue Interessensgebiete zu entdecken, Kompetenzen zu entwickeln und für den weiteren Berufsweg zu nutzen.

1.1 Sich über Anlässe, Zielsetzungen und Arten von Veranstaltungen informieren

(1) Anlässe und Zielsetzungen

Anlässe einer Veranstaltung können beispielsweise sein:

- neue Zielgruppen für den Absatz zu erschließen,
- ein neues Produkt an den Markt zu bringen,
- innerbetriebliches Kommunikationstraining zu fördern,
- neue Formen der Informationstechnik zu schulen.

Aus dem jeweiligen Anlass können die **Zielsetzungen** für die Veranstaltungen formuliert werden, z. B. Verbesserung der Marktposition oder Entwicklung der fachlichen und sozialen Kompetenzen der Mitarbeiter.

Sind **Anlass** und **Zielsetzung** geklärt, wird erkennbar, welche Bedeutung eine Veranstaltung für das Unternehmen hat und die Veranstaltungsart kann bestimmt werden.

(2) Veranstaltungsarten

Um die Ziele zu erreichen, bieten sich unterschiedliche Veranstaltungsarten an, die sich hinsichtlich Größe der Teilnehmerzahl, Veranstaltungsort, Zeitdauer sowie Medien- und Personaleinsatz unterscheiden. Je nach Zielsetzung werden diese Veranstaltungen in kleinerem oder größerem Rahmen organisiert.

Arten von Veranstaltungen (Auswahl)		
Veranstaltung	**Merkmale**	**Dauer**
Internes Meeting/ Besprechung	Zusammenkunft von (optimal) weniger als 10 Personen, die vom Thema betroffen sind und Beiträge leisten können.	In der Regel 30 Minuten bis höchstens 90 Minuten (empfohlen).

Arten von Veranstaltungen (Auswahl)		
Veranstaltung	**Merkmale**	**Dauer**
Sitzung	Formale Informations- und Diskussionsveranstaltung unter Gremienmitgliedern, die rechtlich wirksame Beschlüsse fassen können, z. B. Vorstand, Ausschuss, Aufsichtsrat oder gesetzgebende Versammlungen (Parlament).	Je nach Anzahl der Tagesordnungspunkte an einem Tag.
Konferenz	1. Gleichbedeutende Begriffe: Besprechung, Meeting, Sitzung; 2. Informationsveranstaltung, z. B. Pressekonferenz; 3. Eine Zusammenkunft von Fachleuten, die Vorträge und Präsentationen zu einem bestimmten Thema abhalten (z. B. wissenschaftliche Konferenzen).	1. siehe Meeting, Sitzung; 2. je nach Anlass, Dauer wie 1.; 3. siehe Kongress.
Video-/ Webkonferenz	Virtuelle Konferenz über das Internet.	Zeitintervalle je nach Bedarf.
Seminar	Lehrveranstaltung zu bestimmten Inhalten, Teilnehmerkreis begrenzt, je nach zu vermittelnden Inhalten und Art des Medieneinsatzes.	Bis zu mehreren Tagen.
Workshop	Praxisbezogene Instruktion und Training, Anwendung der Kenntnisse und Fertigkeiten durch die Teilnehmer. Teilnehmerzahl begrenzt.	Ein bis mehrere Tage.
Webinar	Internetbasiertes Seminar. Die interaktiven Programme ermöglichen die aktive Mitarbeit der Teilnehmer an der Onlineveranstaltung.	Oft Einheiten von ca. 30–90 Minuten.
Kongress	Veranstaltung einer großen Anzahl von Fachleuten eines Themengebiets, in der Regel mit gesellschaftlichen Rahmenveranstaltungen verbunden.	Mehrere Tage.
Tagung	Treffen von Fachleuten, die sich über ein Thema austauschen (ähnlich wie Kongress).	Ein- bis mehrtägig.
Messe	Veranstaltung von Herstellern und Dienstleistern, um ihre Produkte und Leistungen dem Fachpublikum und/oder der Öffentlichkeit vorzustellen. Schwerpunkte können auf verschiedenen Bereichen liegen, z. B. Konsumgüter, Bildung, Technik, Umweltschutz.	Mehrere Tage.
Betriebsfest/-feier	Unternehmensfeier, die anlassbezogen (z. B. Jubiläum) oder turnusmäßig (im Regelfall jährlich) stattfindet. Hauptziel ist die Förderung der Mitarbeitermotivation.	Je nach inhaltlicher Ausrichtung (Tagesausflug, Abendveranstaltung), max. ein Tag.

In der Fachsprache der Veranstaltungsorganisation werden sehr häufig **englische Bezeichnungen** verwendet. Es ist wichtig, die Bedeutung häufig verwendeter Begriffe zu kennen, um die Sprache interner und externer Serviceleister zu verstehen. Bei unbekannten Bezeichnungen sollten Auftraggeber unbedingt nachfragen und sich das Angebot erläutern lassen: Niemand sollte etwas bestellen und bezahlen, das er nicht versteht!

Beispiel: Veranstaltung oder Event?

Events sind Veranstaltungen, bei denen der Unterhaltungs- und Erlebnisfaktor eine wichtige Rolle spielen *(event – something that happens: Ereignis).* Im beruflichen Sektor geht es dabei nicht nur um Unterhaltung.

Eventmarketing verfolgt wichtige Kommunikationsziele des Unternehmens (z. B. Kundenbindung, Vertrauensstärkung innerhalb des Teams).

Bei **Veranstaltungen**, die nicht als Event bezeichnet werden, steht der fachliche **Informationsaustausch** im Vordergrund (z. B. Seminar, Workshop, Meeting). Das bedeutet nicht, dass diese Veranstaltungen die sozialen Faktoren, wie Unterhaltung, Kontakte knüpfen (Networking) und Bewirtung, ignorieren dürfen. Die Bedürfnisse der Zielgruppe zu ermitteln, steht jedoch im Vordergrund der Planung jeder Veranstaltung.

Quelle: TÜV SÜD

1.2 Rahmenbedingungen prüfen

Die unterschiedlichen Arten von Veranstaltungen müssen dahingehend geprüft werden, inwieweit sie der Zielsetzung dienen.

Beispiel:

In der Weber Metallbau GmbH führen die Ergebnisse einer Unternehmensberatung u. a. zu Personalrestrukturierungen **(Anlass)**. Um die sozialen Beziehungen zu festigen, wird eine Unternehmensveranstaltung in Erwägung gezogen. Hier bietet sich ein Betriebsfest **(Veranstaltungsart)** an, da Vertrauen und Festigung von sozialen Beziehungen am besten in einer geselligen Atmosphäre aufgebaut werden können.

Die Bedeutung dieser Veranstaltung liegt in der Förderung der wichtigsten Ressource des Unternehmens, den Mitarbeitern. Die **Ziele** der Veranstaltung sind die Verbesserung des Betriebsklimas und die Bindung von Fachkräften an das Unternehmen.

Für die Planung und Durchführung von Veranstaltungen sind die **unternehmensinternen Richtlinien** zu beachten. Es ist notwendig festzustellen, wer im Unternehmen für die **Genehmigung** der Veranstaltung entscheidungsbefugt ist und die **Verantwortung** trägt. Diese Stelle wird über die Rahmenbedingungen der Veranstaltung informiert und entscheidet über die Genehmigungen von unternehmens- und sicherheitsrelevanten Faktoren.

Zudem müssen die genaue Zahl der eingeladenen **Teilnehmer** festgestellt sowie deren persönliche Merkmale (z. B. Alter, Geschlecht, Interessen, Erwartungen, Bedürfnisse, kulturelle Besonderheiten, gesundheitliche Einschränkungen) in Erfahrung gebracht werden.

Die Verwirklichung der Ideen hängt von den Grundfaktoren ab, die sich gegenseitig beeinflussen: Zeit, Teilnehmer, Veranstaltungsort und Know-how der Akteure (Organisatoren, Fachkräfte, Referenten). Jede Änderung zieht Folgen für die gesamte Organisation nach sich.

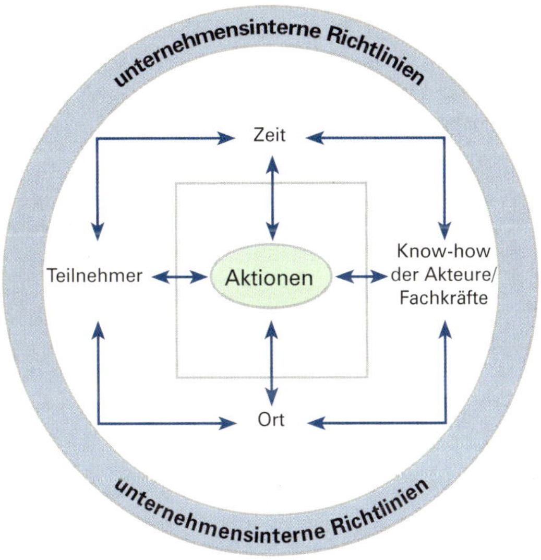

Welche Fragen müssen im Rahmen der ersten organisatorischen Vorbereitungen geklärt werden?

- ☑ Welche unternehmensinternen Richtlinien sind zu berücksichtigen?
- ☑ Welche Art der Veranstaltung eignet sich?
- ☑ Handelt es sich um eine unternehmensinterne Veranstaltung oder werden auch externe Besucher erwartet?
- ☑ Welche Rolle spielen die externen Besucher?
- ☑ Werden auch Begleitpersonen (einschließlich Kinder) eingeladen?
- ☑ Sind Presse- und Medienvertreter zu erwarten?
- ☑ Welche Gesamt-Teilnehmerzahl einschließlich Organisatoren der Veranstaltung ist vorgesehen?

1.3 Ökonomische, ökologische und soziale Grundlagen berücksichtigen

1.3.1 Ökonomische Grundlagen: Mittel planen

Folgende Grundfragen müssen zu Beginn der Planung beantwortet werden:

- Welche finanziellen, personellen und sachlichen Ressourcen stehen zur Verfügung?
- Welche Kosten werden für die Veranstaltung veranschlagt?

Die **Kosten** werden **beeinflusst** durch:

- Größe der Teilnehmerzahl,
- Ort und Dauer der Veranstaltung,
- Bewirtung und Betreuung der Gäste,

- Rahmenprogramm,
- Mobilität (Personen- und Gütertransporte),
- Interne und externe Organisation (Planung, Durchführung und Nachbereitung).

In der Regel wird zunächst ein **Organisationsteam** einberufen und die Frage geklärt, welche **Möglichkeiten und Kompetenzen intern** zur Verfügung stehen und welche **Leistungen extern** vergeben werden sollen. Ein detailliertes **Konzept** über die Organisation der Veranstaltung, ein genauer **Ablaufplan** und eine **Checkliste** über alle zu erledigenden Aufgaben sind Hilfsmittel, um einzuschätzen, was intern geleistet werden kann und was extern als Auftrag vergeben wird. So können **„Make-or-buy-Entscheidungen"** getroffen werden.

Interne Leistungen	■ Es kann Vorteile bieten, möglichst viele Leistungen intern auszuführen. In erster Linie ist der **Kostenaspekt** zu berücksichtigen. Es gilt, die internen Kosten den Kosten externer Dienstleistungen gegenüberzustellen. ■ Ein weiterer Vorteil der internen Organisation kann darin liegen, dass Betriebsangehörige die Zielgruppe gut kennen. Zudem können die Kreativität und Gestaltungsfreude der eigenen Mitarbeiter eine ganz persönliche und **individuelle Atmosphäre** schaffen – ein wichtiges Ziel einer Veranstaltung. Diese Gestaltungsmöglichkeiten sollten aber mit der nötigen Selbstkritik im Vorfeld genau untersucht werden. ■ Bestimmte Organisationstrukturen verlangen fundierte professionelle Erfahrungen. Fehlentscheidungen können ein hohes **Risiko** bedeuten und den Erfolg der Veranstaltung gefährden. Ab einer bestimmten Größenordnung der Veranstaltung gilt es, kritisch zu prüfen, ob die Verantwortung für Ablauf, Sicherheit und die Erfüllung aller gesetzlichen Vorgaben intern übernommen werden kann.
Externe Leistungen	■ Je nach Art und Größe der geplanten Veranstaltung kann es ratsam sein, Angebote von externen Stellen einzuholen. Viele Dienstleistungsunternehmen bieten ein breites **Know-how** auf dem Gebiet des Eventmanagements an. Dies umfasst z.B. Fachkenntnisse, welche gesetzlichen Vorgaben (besonders Sicherheitsvorgaben) einzuhalten sind und welche Versicherungen abzuschließen sind. ■ **Kontakte** zu Reise- und Transportunternehmen, Hotelketten und Tagungsstätten können sich günstig auf die Preisstellung auswirken. Professionelle Erfahrungen zur Gestaltung verschiedener Events ermöglichen besondere Erlebnisangebote.

Vor einer Entscheidung, interne oder externe Leistungen zu nutzen, sind die Vor- und Nachteile einander gegenüberzustellen sowie Aufwand und Ziel in ein angemessenes Verhältnis zu setzen.

1.3.2 Ökologische und soziale Grundlagen – Ressourcen nachhaltig nutzen

Oberstes Ziel einer zeitgemäßen Organisation ist die **nachhaltige Nutzung** der zur Verfügung stehenden Mittel. Das bedeutet, dass außer den ökonomischen auch ökologische und soziale Aspekte in die Entscheidungen einzubeziehen sind.

Die Belange des **Umweltschutzes** erhalten hierbei eine besondere Gewichtung. Dies betrifft insbesondere die folgenden Bereiche:

Erläuterungen:

- **Verkehrs- und Transportmittel (Mobilität):** Es ist darauf zu achten, dass
  - der Reiseweg zum Veranstaltungsort für die meisten Teilnehmer **nicht zu weit** und auch mit **öffentlichen Verkehrsmitteln** gut erreichbar ist.
  - zur Personenbeförderung möglichst Verkehrsmittel mit **geringer Umweltbelastung** benutzt werden können.
  - die **Wege am Veranstaltungsort kurz** sind, sodass sie zu Fuß, mit Fahrrädern oder durch den Einsatz eines Shuttle-Services bewältigt werden können.
  - beim Fahrzeugeinsatz besonders **emissionsarme Ausführungen** vorgezogen werden.
- **Veranstaltungsort:** Bestimmte Hotelbetreiber und Tagungsstätten weisen durch anerkannte Kennzeichnungen auf die Einhaltung festgelegter Umweltstandards hin. Beispiele für diese Umwelt-Kennzeichnungen sind das EMAS-Zeichen (Eco-Management and Audit Scheme), ein freiwilliges europäisches Umweltmanagementsystem, das Europäische Umweltzeichen sowie das Umweltzertifikat Viabono.

  EMAS | EU Ecolabel www.ecolabel.eu | Viabono® Auszeichnung umwelt- und klimafreundlich Reisen

  Bei der Wahl des Veranstaltungsortes ist auf umweltbezogenes Management zu achten. Dazu gehören auch der Energieverbrauch und das Abfallmanagement.
- **Bewirtung (Catering):** Auf diesem Gebiet bestehen große Möglichkeiten zur Schonung der Umwelt. Durch den Gebrauch ökologisch vertretbarer Mehrwegverpackungen werden Abfallmengen reduziert bzw. vermieden. Das Gleiche gilt für die Verwendung von Mehrweggeschirr, Gläsern und Bestecken. Bei der Auswahl der Speisen und Getränke sind regionale Produkte zu bevorzugen, weil sie keine langen Transportwege erforderlich machen. Die Herkunft der Produkte sollte unter dem Gesichtspunkt des ökologischen Handelns beachtet werden.
- **Gastgeschenke:** Wegwerfartikel eignen sich schlecht als Gast- bzw. Werbegeschenke. Bei der Beschaffung dieser Artikel ist auf umweltfreundliche Herstellungsverfahren und kurze Transportwege zu achten.

- **Verbrauch von Papier bei dem Druck von Dokumentationen:** Überquellende Papierkörbe am Veranstaltungsort sollten vermieden werden. Das kann erreicht werden, indem die Papierflut bereits bei der Erstellung der Informationsmappen eingedämmt wird. Größere Schriftstücke sollten beidseitig bedruckt werden. Durch Hinweise auf Links zu Download-Möglichkeiten können umfangreiche Ausdrucke von Papierseiten eingespart werden. Wenn Papier verwendet wird, so sollte es möglichst Recyclingpapier sein.
- **Energieverbrauch der Informationstechnik:** Moderne Informationstechnik sollte geräuscharm und energiesparend sein und das Raumklima nicht belasten.

Darüber hinaus müssen auch die **sozialen Anforderungen** der Organisation erfüllt werden. Das bedeutet, die Bedürfnisse der Gäste und aller Mitwirkenden sind besonders im Hinblick auf das Angebot an Speisen und Getränken, die geplanten Aktivitäten (vgl. Kapitel 1.5), die Zeitdauer (vgl. Kapitel 1.6), die Unterbringung und den Ort der Veranstaltung (vgl. Kapitel 1.7) zu respektieren.

1.4 Gesetzliche Vorschriften einhalten und sich über Versicherungen und Gebühren informieren

(1) Grundlegendes

Die Organisation einer Veranstaltung ist mit einer großen sozialen Verantwortung und mit rechtlichen Konsequenzen verbunden. Das **Veranstaltungsrecht** umfasst Gesetze und Verordnungen, die bei der Planung und Durchführung eingehalten werden müssen. Dazu kommen **Versicherungen** und **Gebühren (GEMA),** die gegebenenfalls zu berücksichtigen sind.

Zunächst ist zu prüfen, welche Stelle des Hauses bereits bei früheren Gelegenheiten ähnliche Veranstaltungen geplant und durchgeführt hat. Hier können wertvolle Informationen zur Verfügung gestellt werden. Weiterhin stehen externe Ansprechpartner, z. B. in kommunalen Behörden (u. a. Ordnungsamt) oder private Dienstleister (Juristen im Fachgebiet Veranstaltungsrecht, Touristikmanager oder Eventmanager) zur Verfügung.

(2) Rechtliche Rahmenbedingungen

Beratungsbedarf kann es zu Themen wie Versammlungsstätte, Lärmschutz, Unfallverhütung, Haftpflicht und zu Versicherungen geben. Hinzu kommen z. B. weitere rechtliche Fragen des Arbeitsschutzes (Arbeitszeit, Arbeitssicherheit), des Jugendarbeitsschutzes und des Jugendschutzes, des Steuerrechts, der Sozialversicherung (Künstlersozialkasse), des Wettbewerbsrechts (UWG), des Urheberrechts und des Persönlichkeitsrechts.

Versammlungsstättenverordnung [VStättV]

Bei der Planung einer Veranstaltung ist die Versammlungsstättenverordnung des betreffenden Bundeslandes zu beachten. Veranstaltungen in Gebäuden oder auf sonstigen Flächen dürfen nur in Orten stattfinden, die dazu baurechtlich genehmigt sind. Ab einer bestimmten Größe einer Veranstaltung sind diese Verordnungen relevant.

Arbeitsschutz und Jugendschutz

Zum Schutz der Mitarbeiter bei Veranstaltungen gelten die Bestimmungen des Arbeitsschutzes, sowohl hinsichtlich der Arbeitssicherheit (Arbeitsschutzgesetz) als auch der Arbeitszeit (Arbeitszeitgesetz). Bei Beschäftigung von Kindern und Jugendlichen ist das Jugendarbeitsschutzgesetz einzuhalten. Bei öffentlichen Veranstaltungen gilt zudem das Jugendschutzgesetz.

Lärmschutz

Rechtliche Vorgaben zum Lärmschutz sind in Landesverordnungen zum Immissionsschutz geregelt. Da Lärm gesundheitsschädigende Folgen haben kann, gehören diese Verordnungen zu den einzuhaltenden Sicherheitsmaßnahmen.

Steuern und Sozialversicherung

Bei Betriebsfeiern sind bestimmte steuerliche Richtwerte für Aufwendungen und Geschenke an die Mitarbeiter zu berücksichtigen. Werte, die diese Richtlinien überschreiten, gelten als geldwerte Vorteile und sind zu versteuern.

Die **Künstlersozialkasse** ist ein Teil der gesetzlichen Sozialversicherung für freischaffende Künstler und Publizisten. Auf vielen Veranstaltungen finden Darbietungen statt, die von Künstlern gestaltet werden, z. B. Musikern in Live-Bands, Schauspielern, Kabarettisten. Oft wirken auch freiberufliche Publizisten, z. B. Journalisten, mit. Für diese Leistungen sind Beiträge an die Künstlersozialkasse zu zahlen, die anteilmäßig durch die Unternehmen getragen werden, die diese Leistungen nutzen (www.kuenstlersozialkasse.de).

Verwertungsrechte, Urheberschutz, Persönlichkeits- und Wettbewerbsrecht

Bei der Gestaltung einer Veranstaltung wird meist auch für musikalische Unterhaltung gesorgt. Eine öffentliche Nutzung von urheberrechtlich geschützten Musikstücken – ob live oder durch Mediennutzung – muss bei der **GEMA** (Gesellschaft für musikalische Aufführungs- und mechanische Vervielfältigungsrechte) angemeldet und von dieser Gesellschaft genehmigt werden. Wann eine Veranstaltung als „öffentlich" zu gelten hat, kann durch die GEMA geklärt werden.[1]

Werden Texte oder Abbildungen veröffentlicht oder in Kopien vervielfältigt, sind ebenfalls **Urheberrechte** zu klären. Gegebenenfalls kann durch Lizenzen vom Urheber ein Nutzungsrecht erworben werden.

Bei Abbildungen von Personen (z. B. Fotos von Veranstaltungsbesuchern) ist das **Recht am eigenen Bild** zu berücksichtigen. Dieses Recht besagt, dass jeder Mensch das Recht hat zu entscheiden, ob Fotos oder sonstige Abbildungen (z. B. Zeichnungen) von ihm veröffentlicht werden.

1 Siehe hierzu auch www.gema.de.

Vor der Veröffentlichung von Fotos u. Ä. ist die Zustimmung der betreffenden Personen einzuholen. Das Gleiche gilt für Tonaufnahmen.

Bei bestimmten Aktionen, die auf Veranstaltungen durchgeführt werden, sind die Bestimmungen des Wettbewerbsrechts einzuhalten. Das **Gesetz gegen den unlauteren Wettbewerb (UWG)** sieht z. B. Regelungen für Preisausschreiben und Gewinnspiele mit Werbecharakter vor.

(3) Versicherungen

Der Bedarf an **Versicherungen** ist zu prüfen. Je nach Veranstaltungsart kann z. B. der Abschluss folgender Versicherungen sinnvoll sein:

Veranstaltungshaftpflichtversicherung	Sie versichert gegen die Folgen von Schäden und Unfällen, die im Rahmen der Veranstaltung entstehen.
Veranstaltungstechnikversicherung	Sie wird zum Schutz vor Schäden der technischen Ausrüstung abgeschlossen, z. B. Licht-, Ton- und Videoanlage, Zelte, Bühnentechnik.
Veranstaltungsausfallversicherung	Sie schützt den Veranstalter vor den materiellen Folgen (Gewinnausfall, Verbindlichkeiten usw.), die entstehen, wenn eine Großveranstaltung ausfällt, abgebrochen oder verschoben werden muss, z. B. wegen Unwetters.

1.5 Programmgestaltung ausarbeiten

Die Bedürfnisse der Zielgruppe sind bei der Planung des Programmablaufs maßgeblich. Erst das Gefühl, in einer angenehmen Umgebung gut aufgehoben zu sein, schafft die Bereitschaft sich neuen Herausforderungen zu stellen, soziale Kontakte zu vertiefen und sich an Aktivitäten zu beteiligen. Am Anfang der Planung für die Programmgestaltung steht daher eine genaue Untersuchung der Zielgruppe.

1.5.1 Art der Bewirtung festlegen

Das Bewirtungsangebot ist davon abhängig, welchen Stellenwert die Mahlzeiten im Gesamtprogramm der Veranstaltung einnehmen, welcher Zeitrahmen besteht und welche finanziellen Mittel aufgewendet werden sollen. Auch der Ort der Veranstaltung setzt Rahmenbedingungen für die Bewirtung.

Das Angebot an Speisen und Getränken sollte klar beschriftet sein. Nur so können die Gäste sicher entscheiden, was sie bevorzugen. Das betrifft vor allem Angehörige bestimmter Kulturkreise ebenso wie Vegetarier, Allergiker oder Personen, die keinen Alkohol zu sich nehmen möchten. Unabhängig vom materiellen Aufwand ist auf ein professionelles Auftreten des Bedienungspersonals zu achten, auf ein freundliches Klima ohne Hektik und auf einen reibungslosen Ablauf. Das Bedienungspersonal sollte als Ansprechpartner für die Gäste äußerlich klar erkennbar sein. Ein bestimmter Dresscode für das Personal ist daher gegebenenfalls vorher abzusprechen.

1.5.2 Aktivitäten planen

Das Organisationsteam plant in mehreren Meetings den Programmablauf und die Aktionen. Rechtzeitiger Planungsbeginn und professionelles Zeitmanagement entscheiden über den Erfolg.

Zunächst verschafft sich das Team Klarheit darüber, welche Aktivitäten für die Veranstaltung organisiert werden könnten und zu welcher Zeit diese zu erfolgen haben. Um möglichst viele kreative Vorschläge zu bekommen, eignet sich die **Methode des Brainstormings.** Eine **Mindmap** hält die Ideen fest.

Beispiel einer Mindmap (Auszug):

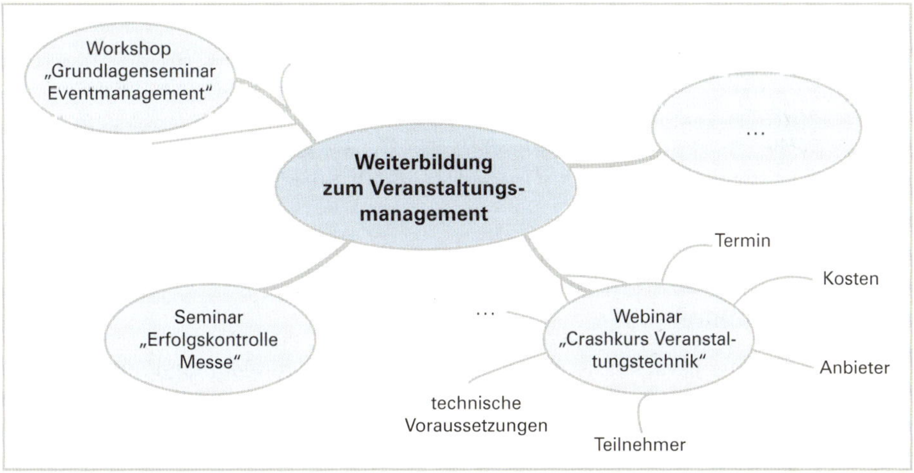

Bei Informations- oder Lehrveranstaltungen bestimmen die Inhalte und Methoden der Darbietung den zeitlichen Ablauf. Bei Veranstaltungen mit einem geselligen Schwerpunkt bietet die Planung eines Unterhaltungsprogramms kreative Chancen, Akzente zu setzen. Dies erfordert viel Einfühlungsvermögen in die Interessen und Voraussetzungen der Teilnehmer. Es eröffnen sich vielfältige Möglichkeiten, je nach Art der Veranstaltung und den zur Verfügung stehenden Mitteln. Auch der Veranstaltungsort und der gegebene Zeitrahmen sind bei der Planung von Aktivitäten zu berücksichtigen.

Beispiele:

- Betriebsbesichtigung
- Unterhaltungsprogramm mit künstlerischen Darbietungen, z. B. Kabarett oder Live-Band
- Theater- oder Konzertbesuch
- ein Mittag- oder Abendessen in einem besonderen Ambiente, z. B. in rustikaler oder historischer Umgebung
- Flussfahrten oder Rundfahrten verschiedener Art
- Spiele und Aktivitäten, die die sozialen Beziehungen der Teilnehmer untereinander stärken (auch als Outdoor Event)

Diese Angebote eignen sich auch bei mehrtägigen Veranstaltungen (Tagungen, Kongressen) als **Rahmenprogramm** für die Teilnehmer und ihre Begleitpersonen.

Damit die Gäste genügend **Zeit und Gelegenheit** bekommen, **sich näher kennenzulernen und sich auszutauschen,** sollte das offizielle Programm nicht überladen werden. Zu viel an Informationen und Aktivitäten kann die Teilnehmer ermüden, ein zu geringes Angebot kann zu Langeweile führen. Ein **ausgewogenes Verhältnis an Spannung und kreativen Pausen** – das ist die Herausforderung, der sich Planer von Veranstaltungen gegenübersehen. Passende Themen, Referenten, Moderatoren oder Künstler machen die Veranstaltung zu einem positiven Erlebnis.

Um den Stand der Vorbereitungen zu klären und die optimalen Lösungen zu finden, werden regelmäßig **Meetings der Organisatoren** abgehalten. Dabei sind die **Kommunikationsregeln im Team** zu beachten. Wenn alle Teammitglieder sich akzeptiert fühlen, werden die unterschiedlichen Begabungen und Stärken sichtbar und die Aufgaben können entsprechend verteilt werden.

Im **Protokoll** wird festgehalten, wer bis zu welchem Zeitpunkt eine klar umrissene Aufgabe zu erledigen hat. Der Entscheidungsrahmen und die Befugnisse der einzelnen Teammitglieder müssen festgelegt sein. Der Teamleiter ist für Rückfragen erreichbar, die Zeiten dafür werden vereinbart.

1.6 Zeit bestimmen

Die Terminierung der Veranstaltung verlangt die Klärung folgender Fragen:

- **Wie lange** soll die Veranstaltung dauern? (Zeitraum, Dauer)
- **Wann** soll die Veranstaltung beginnen und wann soll sie enden? (Datum, Uhrzeiten)
- **Wo** soll die Veranstaltung stattfinden? (siehe Kapitel 1.7)

Nach den ersten Planungsschritten lässt sich die **Dauer** der Veranstaltung bestimmen. Ein Plan mit Einzelheiten des Programmablaufs dient als Hilfsmittel zur Bestimmung der benötigten Zeit.

Der Anlass und die Art der Veranstaltung sowie die vorgesehenen Aktivitäten der Teilnehmer bestimmen maßgeblich den geeigneten Termin. Um festzulegen, **wann** die Veranstaltung stattfinden soll, sind genaue zeitliche Abstimmungen zwischen dem vorgesehenen Termin der Veranstaltung und bereits bestehenden inner- und außerbetrieblichen fixen und variablen Terminen erforderlich. Der Kalender ist zurate zu ziehen, um sich über Feiertage, Schulferien, Betriebsferien, Messetermine und besondere Großveranstaltungen (z. B. Sportereignisse) zu informieren. Im Ausschlussverfahren wird der günstigste Termin für die Veranstaltung ermittelt. Die Personen, die eine Schlüsselrolle bei der Veranstaltung spielen, werden als Erste gebeten, zu dem Terminvorschlag Stellung zu nehmen.

Für die Organisatoren der Veranstaltung bedeutet dies eine Phase des strengen **Zeitmanagements** für die Erledigung aller Planungsschritte sowie für die Durchführung und Nachbereitung der Veranstaltung. Als Hilfsmittel eignen sich Checklisten, Ablaufpläne und Organisationsmittel zur Terminüberwachung.

1.7 Veranstaltungsort wählen

Eine Planung des **Veranstaltungsorts (Location)** ist notwendig, um Anreisezeiten, Transporte, Unterkunftsmöglichkeiten, externe Serviceleistungen und dergleichen einzuplanen. Die Räumlichkeiten müssen so ausgewählt werden, dass sie die Zielsetzung der Veranstaltung unterstützen.

Erst wenn der Zeitraum der Veranstaltung bestimmt ist, der Termin festliegt und der Veranstaltungsort ausgewählt ist, können die weiteren Buchungen (Veranstaltungsräume, Leistungen des Tagungshotels, Bewirtung, Referenten, Künstler usw.) erfolgen.

Folgende Fragen sind grundlegend zu klären:

(1) Soll die Veranstaltung intern oder extern stattfinden?

Meetings mit geringer Teilnehmerzahl und kleinere Teamveranstaltungen finden in der Regel in den Geschäftsräumen des Unternehmens statt **(interner Veranstaltungsort)**.

Vorteile	■ **Kostensparend:** Es brauchen keine zusätzlichen Raumlichkeiten angemietet zu werden. Transport- und Reisekosten werden eingespart. ■ **Zeitsparend:** Wege zum externen Veranstaltungsort können zeitintensiv sein. Diese Zeit kann bei einer internen Veranstaltung eingespart werden. ■ **Vertrautheit der Umgebung:** Das Personal und die Teilnehmer, die das Unternehmen kennen, sind mit der Umgebung vertraut und fühlen sich dadurch sicherer. Unsicherheiten über An- und Abreisemöglichkeiten sind geringer. ■ **Erleichterung für die Organisation:** Vor- und Nachteile des Ortes sind bekannt und können bei der Organisation berücksichtigt werden.
Nachteile	■ **Keine Impulse durch neue Umgebung:** Ambiente erinnert zu sehr an die tägliche Routine. Kreativität wird weniger gefördert. ■ **Einschränkungen in der Programmplanung:** Innovative Gestaltung in einer genau passenden Umgebung entfällt: z. B. Möglichkeiten für bestimmte Outdoor-Aktivitäten. ■ **Kein Eventcharakter:** Der Erlebnisfaktor ist durch die alltägliche Umgebung geringer. Somit sind positive Überraschungseffekte nicht so leicht zu erzielen.

Die angeführten Vor- und Nachteile gelten für die **externen Veranstaltungsorte** in umgekehrter Weise. Externe Veranstaltungsräume sollten möglichst vorher persönlich besichtigt werden. Virtuelle Präsentationen des Tagungsortes im Internet können eine Besichtigung vor Ort nicht ersetzen.

(2) Soll das Programm innerhalb des Gebäudes oder im Freien durchgeführt werden?

Bei einer Freiluftveranstaltung (Outdoor) ist zu prüfen, ob Möglichkeiten bestehen, die Veranstaltung je nach Witterungsverhältnissen sowohl im Freien als auch innerhalb des Gebäudes durchzuführen.

(3) Sind Größe, Lage, räumliche Verhältnisse und Veranstaltungstechnik angemessen?

Neben der **Größe des Raumes** bestimmen noch weitere Faktoren die Eignung für eine Veranstaltung, wie **Lage** (mögliche Störungen durch Lage am Fahrstuhl, Straßenlage usw.), **Lichtverhältnisse, Akustik** oder **Veranstaltungstechnik**. Zudem sollten die räumlichen Verhältnisse Möglichkeiten der professionellen **Bewirtung** und **Medienausstattung** bieten. Der Medienbedarf und die technischen Anforderungen sind mit den Personen abzuklären, die die mediengestützten Programmpunkte gestalten.

Je nach Art der Veranstaltung können folgende Medien den Programmablauf auditiv bzw. visuell stützen:

- Mikrofon und Lautsprecher,
- Flipchart,
- Großbildschirm,
- Visualizer,
- interaktives Whiteboard,
- Beamer,
- Laserpointer.

Für Kleingruppengespräche sollten **Rückzugsmöglichkeiten** geboten werden. Bei größeren Veranstaltungen ist eine **Infotheke (Hospitality Desk)** als Anlaufstelle für die Teilnehmer, die Hilfe und Auskünfte benötigen, vorzusehen.

In die **Raumgestaltung** ist die Thematik der Veranstaltung sowie das **Corporate Design**[1] zu integrieren. Entscheidend ist, dass die Räumlichkeiten eine entsprechende Atmosphäre ausstrahlen. Eine gut gewählte Dekoration kann hier unterstützend wirken.

(4) Ist Barrierefreiheit gewährleistet?

Bei der **Auswahl des Veranstaltungsortes und des Unterbringungsortes** der Gäste ist auf Personen mit Behinderungen zu achten.

Barrierefreiheit bei Veranstaltungsorten und Unterkünften muss bei der Auswahl bestimmter Anbieter gewährleistet sein. Im Hotel- und Gaststättengewerbe wurden Standardleistungen für behinderte Gäste definiert, die in den angeschlossenen Verbänden gelten. Diese Leistungen werden durch Piktogramme gekennzeichnet.

	Barrierefreie Beherbergungs- und Gastronomiebetriebe für Gäste mit einer Gehbehinderung, die zeitweise auch auf einen nichtmotorisierten Rollstuhl oder eine Gehhilfe angewiesen sein können (Kategorie A).
	Barrierefreie Beherbergungs- und Gastronomiebetriebe für Rollstuhlnutzer, die gehunfähig und ständig auf einen Rollstuhl angewiesen sind (Kategorie B).
	Barrierefreie Beherbergungs- und Gastronomiebetriebe für sehbehinderte und blinde Gäste (Kategorie C).

1 **Corporate Design:** das einheitliche Erscheinungsbild des Unternehmens in Bezug auf Unternehmensfarben, Logo, Schriftzüge.

	Barrierefreie Beherbergungs- und Gastronomiebetriebe für gehörlose und schwerhörige Gäste (Kategorie D).
	Barrierefreie Beherbergungs- und Gastronomiebetriebe für alle Gäste mit körperlichen oder sensorischen Einschränkungen (Kategorie E).

Quelle: www.hotellerie.de/go/barrierefreie_hotels [27.04.2015].

(5) Ist die Sicherheit des Veranstaltungsortes gewährleistet?

Der Veranstaltungsort muss für die Teilnehmerzahl und die geplanten Aktionen die nötigen Sicherheitsvoraussetzungen bieten (vgl. Versammlungsstättenverordnung, Kapitel 1.4). Ein Grundrissplan des Veranstaltungsortes, in dem alle **Flucht- und Rettungswege** eingezeichnet sind, dient als Planungsgrundlage. Flucht und Rettungswege dürfen nicht verstellt werden. **Standorte für Feuerlöscher** müssen bekannt sein.

Der Grundrissplan dient als Aushang und zur **Aushändigung an die Teilnehmer** in den Tagungsmappen. Bei der Einrichtung des Raumes, der Aufstellung des Equipments und des Mobiliars sind die Zugänge zur Strom- und Wasserversorgung zu beachten. Ebenso ist dafür zu sorgen, dass die **Schließbefugnis** für abschließbare Räume übertragen wird und **Wertgegenstände unter Verschluss** gehalten werden können. Ein Telefon für Notrufe muss immer erreichbar sein.

(6) Welche Sitzordnung ist am besten geeignet?

Die Raumkapazität ist anhand eines Bestuhlungsplans mit unterschiedlichen Formen der Sitzordnung zu beurteilen.

Die Sitzordnung hat **großen Einfluss auf die Kommunikation und Arbeitsweise.**

Beispiel:

Arbeitskreise, in denen Teilnehmer miteinander kommunizieren, wählen eine U-Form oder Karree-Form. Sitzordnungen, bei denen man nur den Rücken des Vordermanns sieht, sind hier nicht angebracht.

Die Sitzordnung hängt ab von der Zahl der Teilnehmer, der Größe und Form des Raumes sowie der Arbeitsform, die vorgesehen ist (z. B. eine Rede, ein Vortrag, eine Präsentation mit wenig Interaktion oder eine Arbeitsform, bei denen die Teilnehmer aktiv in den Prozess einbezogen werden).

Beispiele für Sitzordnungen:

Parlamentarisch

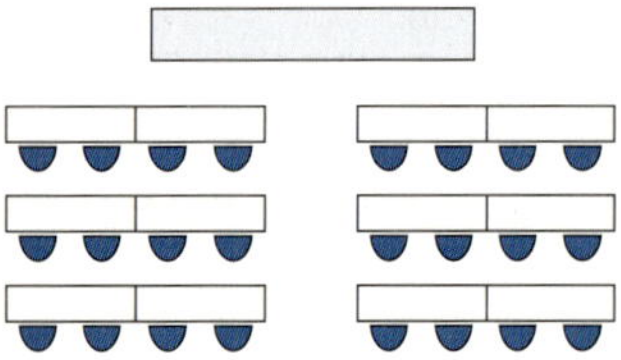

Bankett

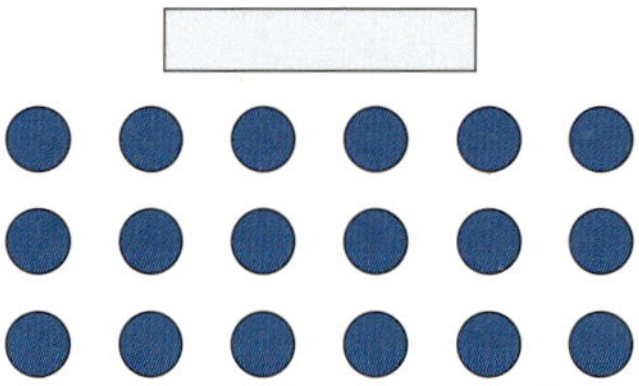

U-Form

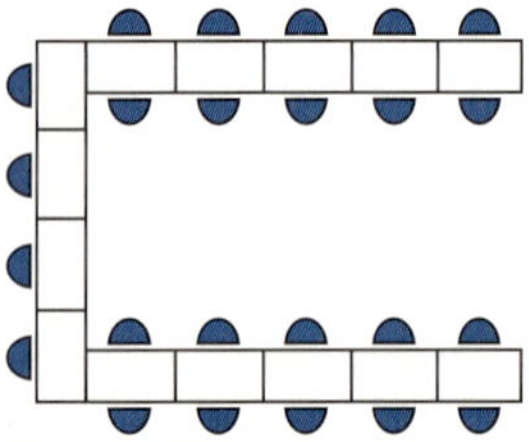

T-Form

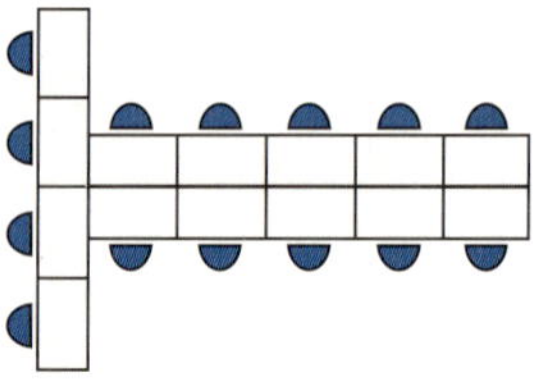

Karree-Form

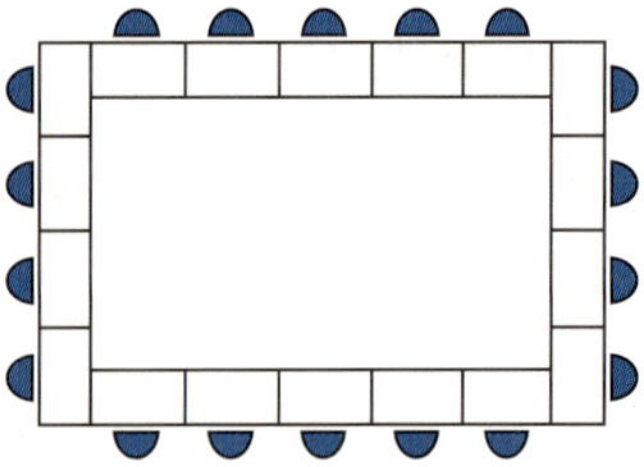

Karree-Form, abgerundet

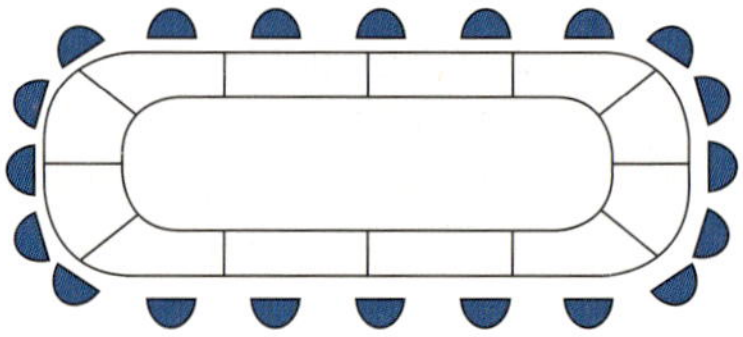

Fischgrätenform

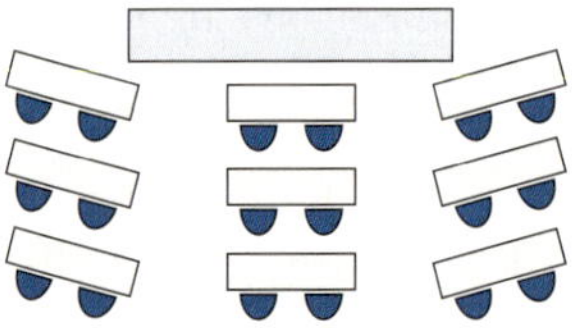

Blocktafel

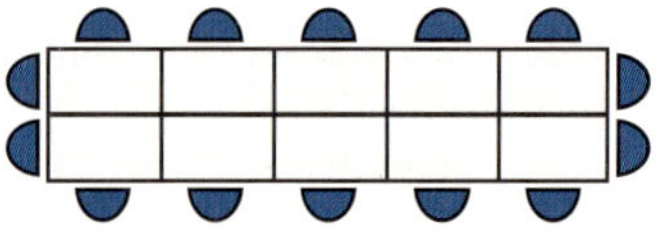

Theaterreihen

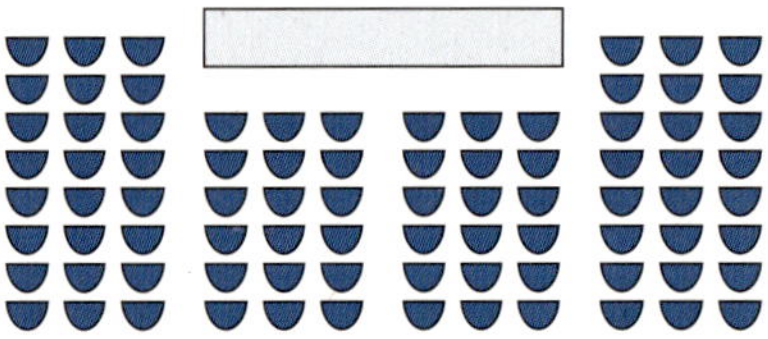

E-Form

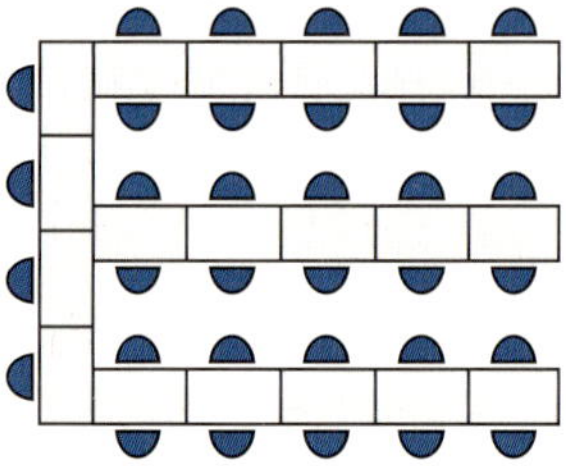

Kompetenztraining

82 1. Erstellen Sie eine Tabelle mit einer Übersicht über fünf Arten von Veranstaltungen! Die tabellarische Übersicht soll die wesentlichen Merkmale der aufgeführten Veranstaltungen enthalten. Verwenden Sie eine Software Ihrer Wahl.

2. Erläutern Sie drei wesentliche Rahmenbedingungen, die bei der Planung einer Veranstaltung zu berücksichtigen sind! Begründen Sie die Bedeutung dieser Faktoren.

3. Planen Sie in Ihrer Klasse eine Veranstaltung Ihrer Wahl (es kann auch eine Schulveranstaltung sein, z.B. eine Abschlussveranstaltung zum Ausbildungsende Ihrer Klasse). Einigen Sie sich auf die Art der Veranstaltung, das Ziel und die Zielgruppe sowie auf die Zahl der Teilnehmer (Größe der Veranstaltung). Wählen Sie eine Veranstaltung, deren Kostenrahmen Sie realistisch festlegen können.

   Übernehmen Sie in sechs verschiedenen Arbeitsgruppen jeweils **eines der folgenden Themen** zur Vorbereitung der Veranstaltung. Präsentieren Sie Ihre Lösungen mit Medien Ihrer Wahl.

   Aufgaben:

   3.1 **Make or buy? Gegenüberstellung der Vorteile einer internen und einer externen Veranstaltungsorganisation**

   Listen Sie Argumente auf, die für eine interne Organisation sprechen, und solche, die für eine externe Organisation sprechen. Diskutieren Sie die Vor- und Nachteile in Ihrer Gruppe und schlagen Sie eine Lösung für die geplante Veranstaltung vor. Tragen Sie Ihre Lösung der Klasse vor und begründen Sie Ihren Vorschlag!

   3.2 **Umweltschutz**

   Recherchieren Sie Möglichkeiten, wie die Veranstaltung umweltgerecht durchgeführt werden kann!

   Berücksichtigen Sie Kriterien des Umweltschutzes bei

   - An- und Abreise, Transporten,
   - Geschirr, Besteck, Abfallmanagement,
   - Unterhaltung und Information.

   3.3 **Bewirtung**

   Erläutern Sie, welche Gesichtspunkte bei der Gästebewirtung zu berücksichtigen sind! Machen Sie Vorschläge für die Durchführung der Bewirtung!

   3.4 **Gesetzliche Vorschriften, Versicherungen und Gebühren**

   Prüfen Sie, welche gesetzlichen Vorschriften für die geplante Veranstaltung gelten! Begründen Sie, welche Maßnahmen ergriffen werden müssen, um die gesetzlichen Vorschriften zu erfüllen! Schlagen Sie die wichtigsten Versicherungen vor, die vor den Risiken schützen sollen.

   Recherchieren Sie, unter welchen Bedingungen Richtlinien der Steuergesetzgebung und Sozialversicherung zu erfüllen sind!

   3.5 **Programmgestaltung vorschlagen**

   Entwerfen Sie Vorschläge für Aktivitäten, die Sie bei der Veranstaltung den Teilnehmern anbieten. Berücksichtigen Sie den Zeitrahmen und die Zielgruppe. Begründen Sie Ihre Vorschläge!

   3.6 **Veranstaltungsort auswählen**

   Schlagen Sie einen geeigneten Veranstaltungsort vor und begründen Sie Ihren Vorschlag. Berücksichtigen Sie zeitliche, ökologische, ökonomische und soziale Gesichtspunkte bei Ihrer Wahl!

1.8 Dienstleistungsverträge abschließen

Damit eine Veranstaltung ein Erfolg wird, sind zahlreiche zuverlässige Dienstleister nötig. Deren Leistungen werden mit einem Dienstleistungsvertrag abgesichert.

Es sind beispielsweise Verträge abzuschließen mit

- Event- und Cateringagenturen,
- Mietwagenunternehmen,
- Busunternehmen,
- Öffentlichem Nahverkehr,
- Touristikunternehmen (z. B. Fluglinien, Schifffahrtsunternehmen),
- Hotels,
- Kongresszentren,
- Messeveranstaltern,
- Banken und Kreditinstituten,
- Versicherungen.

Zunächst sind **Anfragen** mit den genauen Spezifikationen der gewünschten Dienstleistung zu verschicken.

Beispiel: Tagungshotel

Die Anfrage enthält genaue Angaben über die gewünschten Tagungsräume (Zeit der Veranstaltung, Teilnehmerzahl, Sitzplatzkapazität, technische Ausstattung, Gruppenarbeitsräume, Wünsche für das Catering, Freizeitangebot) und sofern erforderlich über die Hotelzimmerkategorie.

Die Angebote werden anhand einer **Checkliste** verglichen. In die Checkliste werden alle wichtigen Punkte der Absprachen eingetragen (z. B. Teilnehmerzahl, Standards der Unterkunft, Bewirtung, Tagungsräume, Zeitplan und Tagungspauschalen).

Diese Checkliste des Angebotsvergleichs eröffnet Spielräume für Verhandlungen um Sonderkonditionen und Zusatzleistungen. Nach erfolgten Preisverhandlungen wird das optimale Angebotsergebnis mit einem Auftrag beantwortet. Es wird um eine Auftragsbestätigung gebeten und diese genau mit dem Auftrag verglichen.

Für alle Aufträge über Dienstleistungen sollten schriftliche Auftragsbestätigungen verlangt werden (auch für die der Transportunternehmen, Cateringprovider, Gestalter der Dekoration, Referenten und Künstler). Die Preise und Leistungsbeschreibungen sind dahingehend genau zu überprüfen, ob sie mit den getroffenen Vereinbarungen übereinstimmen. Vor allem Haftungsbeschränkungen sind sorgfältig zu prüfen. Bei größeren Veranstaltungen mit hohen Verbindlichkeiten ist juristische Beratung notwendig, um Risiken auszuschließen.

Kompetenztraining

83 In Kompetenztraining Nr. 82, Aufgabe 3, haben Sie in Gruppenarbeit in Ihrer Klasse eine Veranstaltung geplant.

1. Erstellen Sie eine Liste, welche Dienstleistungsangebote Sie für diese Veranstaltung einholen müssen!
2. Recherchieren Sie im Internet Angebote für die geplante Veranstaltung und beschreiben Sie Leistungen und Preise (z. B. für Fahrten, Catering, Aktivitäten)!
3. Erfassen Sie die Leistungen und Preise in einer tabellarischen Übersicht. Ermitteln Sie die günstigsten Angebote und stellen Sie diese Ihrer Klasse zur Stellungnahme vor!

1.9 Alternativen bereithalten

Zu einem bestimmten Zeitpunkt der Vorbereitungen ist alles bis ins letzte Detail geplant. Der Programmablauf scheint gesichert. Bestimmte Risiken können einkalkuliert werden (z.B. Witterungsbedingungen, Verspätungen durch Verkehrsstaus oder Ausfall öffentlicher Verkehrsmittel, Erkrankungen von Personen, die eine wichtige Rolle in der Veranstaltung spielen, Absagen von Teilnehmern aus unterschiedlichen Gründen). Und doch können unvorhergesehene Ereignisse den ausgearbeiteten Plan ins Wanken bringen.

Es gilt also, flexibel zu reagieren und strategisch angemessen zu handeln, wenn Situationen sich anders entwickeln, als zunächst geplant. Das gelingt am besten, wenn vorher eine **Risikoanalyse** durchgeführt wurde und Alternativen eingeplant wurden.

Ein **Plan B** wird bereitgehalten unter dem **Motto: „Was tun wir, wenn Fall X eintritt?“.**

Beispiel: Plan B entwickeln

Was könnte passieren?	Maßnahmen für Plan B
Schlechtes Wetter bei einer Outdoor-Aktivität	■ Zelte vorsehen ■ Programmpunkte in witterungsgeschützte Bereiche verlegen ■ Alternativprogramm entwickeln
Ausfall von Verkehrsmitteln (Bus- oder Bahnlinien)	■ Alternative Verkehrslösungen planen
Kurzfristige Absagen von Hauptdarstellern des Programms	■ Ersatzprogramm bzw. Vertretungsplan bereithalten
Verzögerungen beim Catering, Warten hungriger Gäste auf Bewirtung	■ Getränke und Snacks, die schnell serviert werden können, als Ersatz bereitstellen ■ Unterhaltungs- und Beschäftigungsprogramm bieten

Bei der Ausfertigung der **Dienstleistungsverträge** sind entsprechende Klauseln zu vereinbaren, die die Risiken und Kosten für den Auftraggeber verringern. Beispielsweise sind bei der Buchung von Räumlichkeiten und Serviceleistungen in Tagungshotels die Stornobedingungen zu prüfen und zu verhandeln.

Eine große Rolle spielt das **Kommunikationsverhalten** der Verantwortlichen in den Teams. Ein freundliches und souveränes Auftreten hat absolute Priorität. Wer bei unerwarteten Änderungen der Tagesordnung gelassen bleibt und kreative Lösungen anbieten kann, beweist Führungsstärke. Menschenkenntnis und Humor können manche schwierige Situation retten.

Bei Pannen, die durch menschliches Versagen verursacht wurden, sollte keine Zeit mit Schuldzuweisungen verschwendet werden, sondern es gilt, die Sachlage zu prüfen und **Lösungsmöglichkeiten** zu **entwickeln.** Wichtig ist dabei, die richtigen Fragen zu stellen, um umfassende Informationen zu bekommen. Die Fragen sind so zu stellen, dass nicht das Problem im Mittelpunkt steht, sondern die Suche nach Lösungen.

Gemeinsam sollte im Team besprochen werden, welche Alternativen es gibt, wie die Situation verbessert werden kann, welche Mittel benötigt werden und welche Personen um Unterstützung gebeten werden könnten. Es ist Aufgabe des Teamleiters daraus Schlüsse zu ziehen und klare Anweisungen zu geben.

> Die Fähigkeit, **negative Gefühle** zu **kontrollieren,** in schwierigen Situationen **kommunikative Stärke** zu **beweisen** und die **Atmosphäre** zu **entspannen,** gehört zu den wichtigsten Kompetenzen bei der Organisation von Veranstaltungen.

Kompetenztraining

84

1. Erstellen Sie für die Veranstaltung, die Sie in Kompetenztraining Nr. 82, Aufgabe 3, in Ihrer Klasse geplant haben, eine Risikoanalyse! Welche Ereignisse können eintreten, die eine Änderung der Planung notwendig machen? Listen Sie mögliche Faktoren auf, die einen Änderungsbedarf hervorrufen könnten!
2. Schlagen Sie Lösungsmöglichkeiten für die oben genannten möglichen Ereignisse vor! Entwickeln Sie in Ihrer Gruppe einen Plan B und stellen Sie diesen Ihrer Klasse vor!

1.10 Kommunikations- und Organisationsmaßnahmen treffen

(1) Ablaufpläne

Ablaufpläne dienen dazu, die einzelnen Schritte des sachlichen und zeitlichen Ablaufs des Projekts festzuhalten. Dabei werden die Faktoren, die voneinander abhängen, deutlich. Auch Engpässe und Schwachstellen der Organisation werden erkennbar.

Die einzelnen Szenarien des Ablaufs sollten in Projektbesprechungen der Teams genau untersucht und möglichst realistisch geprobt werden. Zum Ablaufplan gehören Auf- und Abbau des Equipments (Medien, Plakate, Ständer usw.) sowie alle einzelnen Schritte der Veranstaltungsorganisation (des Projektmanagements). Die Aufgabenverteilung (z.B. Protokollführung, Moderation, Präsentationen) wird ebenfalls im Ablaufplan dokumentiert.

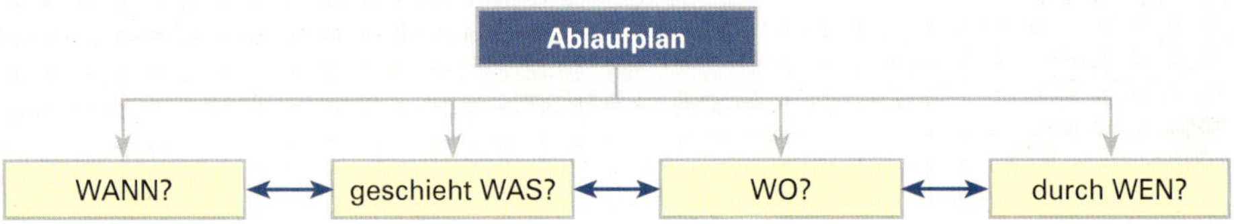

Externe Veranstaltungsorte sollten aufgesucht und die wesentlichen Abläufe mit den Verantwortlichen besprochen werden. Über die Vereinbarungen der Details (das „Briefing") werden Notizen verfasst mit Ort, Datum und Ansprechpartner. Die Gesprächspartner vor Ort erhalten eine Kopie dieser Notizen in schriftlicher Form zur Information.

(2) Checklisten

Um zu kontrollieren, welche Arbeitsschritte erledigt sind und welche noch zur Erledigung anstehen, werden **Checklisten** eingesetzt. Checklisten können z. B. dazu dienen, zu überprüfen, ob die Medienausstattung eines Konferenzraums vollständig und funktionsfähig ist, ob die Zeit- und Aufgabenplanung einer Messevorbereitung eingehalten wurde oder der Abbau eines Messe- oder Ausstellungsstands ordnungsgemäß erfolgte.

(3) Einladungsschreiben

Die Auswahl der Teilnehmer beeinflusst maßgeblich alle anderen Bedingungen. Das Ziel der Veranstaltung kann nur erreicht werden, wenn die Teilnehmer sich angesprochen fühlen. Diese Ansprache beginnt mit dem Einladungsschreiben. Es sollte in Inhalt und Form den Erwartungen der Empfänger entsprechen.

Wichtige inhaltliche Angaben bilden **Anlass, Zeit** (Datum, Beginn, voraussichtliche Dauer), **Ort** (Adresse, gegebenenfalls die genaue Bezeichnung des Gebäudes und des Tagungsraums) und **Tagesordnung** bzw. **Programm** der Veranstaltung. Eine **Wegbeschreibung** sowie Angaben über **geeignete Verkehrsmittel** und **Möglichkeiten der Unterbringung** sollten ebenfalls enthalten sein. Schließlich müssen in der Einladung auch eventuelle **Kostenfragen** (z. B. Teilnahmegebühren, Kostenübernahme durch den Veranstalter) beantwortet werden.

Eine leicht zu versendende **Rückantwort** wird als Dokument beigefügt, z. B. in Form eines Vordrucks (Anmeldeformular). Eine deutliche Terminangabe für die Rückantwort (Anmeldeschluss) ermöglicht es, rechtzeitig eine verbindliche Teilnehmerliste aufzustellen.

(4) Weitere Maßnahmen

Anhand der Teilnehmerliste können die nötigen **Hotelunterkünfte** gebucht und das **Catering** bestellt werden. Ebenso können **Beförderungsmittel** (Busse, Firmenfahrzeuge usw.) für den Personentransport organisiert werden. Alle Maßnahmen, die die genaue Teilnehmerzahl zur Voraussetzung haben, werden anhand des letzten Standes der Teilnehmerliste überprüft.

Namensschilder sowie weitere Materialien (Tagungsmappen, Schreibmaterial, Tischkarten, Informationsbroschüren, Geschenkartikel, Hinweisschilder im Veranstaltungsbereich) gehören je nach Bedarf zur Ausstattung, die in Form einer Checkliste zu kontrollieren ist.

Zur Auswertung des Erfolgs der Veranstaltung sind Rückmeldungen der Teilnehmer von besonderer Bedeutung. Damit die Teilnehmer gezielt ihre Stel-

Kommunikations- und Organisationsmaßnahmen

- ☑ einen Ablaufplan erstellen
- ☑ Checklisten anfertigen
- ☑ Einladungen schreiben
- ☑ Hotelunterkünfte buchen
- ☑ Catering bestellen
- ☑ Beförderungsmittel bereitstellen
- ☑ Namensschilder und weitere Materialien erstellen
- ☑ Feedback-Bogen ausarbeiten

lungnahmen abgeben können, wird ein **Feedback-Bogen** eingesetzt (als Papiervordruck oder digital auf einer entsprechenden Website). Dieser Feedback-Bogen ist vor der Veranstaltung zu entwickeln. Die Fragen sollten so gestellt werden, dass daraus Schlüsse über den Erfolg der Veranstaltung gezogen werden können und Hinweise für zukünftige Veranstaltungen (im Hinblick auf Fehlervermeidung und Verbesserung) zu entnehmen sind.

Kompetenztraining

85

1. Entwickeln Sie in einer Arbeitsgruppe einen Ablaufplan für die in Kompetenztraining Nr. 82, Aufgabe 3, von Ihrer Klasse geplante Veranstaltung! Erfassen Sie diesen Ablaufplan mit der Software Ihrer eigenen Wahl.
2. Erstellen Sie aufgrund des Ablaufplans mit Ihrem Textverarbeitungsprogramm eine Checkliste für die wichtigsten Aufgaben, die zu erledigen sind!
3. Die Heinrich KG plant in diesem Jahr ein Betriebsfest. Das Fest soll am 2. September 20.. im Gasthof Ostseebrise in 23626 Ratekau stattfinden. Die Hin- und Rückfahrt erfolgt in Reisebussen, Abfahrt vom Firmenparkplatz um 10:30 Uhr, Rückfahrt ab Ratekau um 21:00 Uhr.

   Aufgaben:

   3.1 Verfassen Sie ein Einladungsschreiben zu diesem Betriebsfest, das allen Betriebsangehörigen als E-Mail-Anhang im Internet zugestellt werden soll und außerdem am Schwarzen Brett aushängen wird! Gestalten Sie das Dokument auf einer Blankoseite in A4-Größe. Fügen Sie eine passende Grafik in dieses Dokument ein. Gestalten Sie das Einladungsschreiben übersichtlich und ansprechend. Nennen Sie einzelne Veranstaltungspunkte Ihrer eigenen Wahl!

   3.2 Entwerfen Sie ein Anmeldeformular für diese Veranstaltung. Das Formular soll zu einem von Ihnen genannten Termin an die Personalabteilung zurückgegeben oder per Fax an die Personalabteilung geschickt werden!

2 Veranstaltungen durchführen

2.1 Organisatorische, kommunikative und kreative Herausforderungen

(1) Organisatorische Herausforderungen

Während der gesamten Veranstaltung ist auf die **Sicherheit aller Teilnehmer** besonders zu achten. **Teilnehmer mit Behinderungen,** und alle, die in irgendeiner Form Hilfe benötigen, müssen schnellstens unterstützt werden.

Raumtemperatur und **Frischluftzufuhr** müssen regelmäßig kontrolliert werden. Auf Rückmeldungen der Gäste ist in dieser Hinsicht zu achten.

Während der Veranstaltung sollte das **Beschwerdemanagement** optimal organisiert sein. Beschwerden von Teilnehmern sind ernst zu nehmen und zu beheben. Auf Kritik ist mit Verständnis und Entgegenkommen zu reagieren. Kreativität und Entscheidungsfreude sind in diesen Fällen gefragt. Sind Leistungsmängel die Gründe für die Beschwerden, werden diese für die Nachbereitungsphase notiert. Dies ist von Bedeutung, um in Zukunft Verbesserungen zu erzielen. Es ist festzuhalten, was, wo und in welchem Personenkreis vorgefallen ist, welcher Schaden entstand, wie Abhilfe geschaffen wurde und welche Ursachen zugrunde lagen.

Ein sorgfältiges **Zeitmanagement** macht eine ständige Beobachtung des Ablaufs notwendig. Die Tagesordnung gibt den Rahmen vor. Dieser Zeitrahmen ist zu respektieren, um die Erwartungen der Gäste nicht zu enttäuschen. Die Regie für den Einsatz der einzelnen Programmpunkte wird unter den Organisatoren abgestimmt.

Ein ständiges Augenmerk sollte auf die **Veranstaltungstechnik** gerichtet werden. Mikrofone, die ausfallen, oder eine Lautstärke, die als zu laut oder zu leise empfunden wird, können die Stimmung einer Veranstaltung stark beeinträchtigen. Die technische Funktionsfähigkeit der Medien muss einwandfrei gegeben bleiben.

(2) Kommunikative und kreative Herausforderungen

■ Positive Ausstrahlung durch professionelles verbales und nonverbales Verhalten

- Jedes Teammitglied muss zu Beginn der Veranstaltung mit seinen Aufgaben ausreichend vertraut sein.
- Für Notfälle und unvorhergesehene Ereignisse wird eine Kommunikationskette gebildet, sodass jeder weiß, wen er bei Bedarf um Hilfe bitten kann.

Die positive Atmosphäre wird von der **freundlichen und selbstsicheren Ausstrahlung** der Gastgeber geprägt. Sie senden nicht nur durch ihre Worte, sondern auch durch Tonfall, Mimik, Gestik, Blickkontakt und Körperhaltung den Gästen die Botschaft, dass sie herzlich willkommen sind.

Das **äußere Erscheinungsbild (der Dresscode)** des Organisationsteams sollte untereinander abgestimmt sein und zum Rahmen der Veranstaltung bzw. dem Thema des Events passen.

Gäste, die unter den Teilnehmern eine **herausragende Rolle** spielen, sollten dem Servicepersonal bekannt sein. Sie müssen vom Servicepersonal mit besonderer Umsicht betreut werden.

Im Rahmen kleinerer Veranstaltungen ist es möglich, dass sich alle Teilnehmer in einer **Vorstellungsrunde** kurz bekannt machen. Den Namen des Gegenübers sollte man sich unbedingt merken. Es zeugt von **Wertschätzung,** den anderen mit seinem Namen korrekt anzusprechen. Ein Irrtum in der Namensnennung kann unhöflich und achtlos wirken.

Das **Kennenlernen und die Kommunikation der Teilnehmer untereinander** zu fördern, ist eine wichtige Aufgabe der Organisatoren. Eine Veranstaltung lebt von den **Interaktionen der Gäste.** Ein wesentlicher Teil des Erfolgs einer Veranstaltung liegt darin, in welchem Maße die Besucher das Gefühl haben, Kontakte knüpfen zu können.

Kulturelle Besonderheiten beachten

Besuchern mit kulturellen Besonderheiten wird mit Verständnis begegnet. Es sollten Mitarbeiter zur Verfügung stehen, die Gäste bei Bedarf möglichst in deren Muttersprache oder in Englisch ansprechen können. In jedem Fall sollten alle in der Lage sein, bei Verständigungsschwierigkeiten Mimik und Gestik einzusetzen. Der gute Wille zur Verständigung zählt mehr als die grammatisch richtige Wortwahl.

Den Überblick über das Veranstaltungsgeschehen kann nur ein **gut funktionierendes Team** behalten. Die **Kommunikationsfähigkeit** und **Flexibilität,** die alle Teammitglieder auszeichnet, kann bei zukünftigen Projekten zu einem noch besseren Zusammenhalt führen.

2.2 Veranstaltungsprogramm begleiten

Vor der Durchführung des Veranstaltungsprogramms ist ein prüfender Blick auf **Ordnung und Sauberkeit** der Aktionsfläche zu werfen sowie auf die Aufenthaltsorte und Sitzplätze der Teilnehmer. Die **technische Ausrüstung** ist auf Vollständigkeit und Funktionsfähigkeit zu kontrollieren und die Auslage von Schreibmaterial und Dokumenten an jedem Sitzplatz zu überprüfen, sofern Unterlagen bereitgestellt werden sollen. Die Versorgung mit Getränken, Snacks und dem passenden Geschirr ist sicherzustellen. Die Rücksprache mit den Moderatoren und Referenten garantiert, dass alle Aktionen startbereit sind.

Während der Durchführung des Programms stehen die Organisatoren zur **Unterstützung** zur Verfügung. In welchem Maße sie aktiv mitwirken, richtet sich nach der vorherigen Absprache. Bei unerwartetem Verlauf des Programms sind im Einvernehmen mit den übrigen Teammitgliedern kreative Lösungen zu bieten, die als **Plan B** bereitstehen. Die Atmosphäre der Veranstaltung und die weitere Durchführung des Programms dürfen davon nicht beeinträchtigt werden.

Jede Veranstaltung ist nach einem bestimmten rhythmischen Verlauf gegliedert:

Auftakt

Zum Auftakt wird der Spannungsbogen aufgebaut, der die Teilnehmer in die Stimmung versetzt, sich aktiv an der Veranstaltung zu beteiligen.

Hauptteil

Der Hauptteil vermittelt die Botschaft, die die Zielgruppe besonders interessiert, z. B. Unterhaltung, Training, Informationsaustausch. Sie muss dem Bedürfnis entgegenkommen, das die Teilnehmer veranlasst hat, die Veranstaltung zu besuchen.

Schluss

Der Schluss einer Veranstaltung ist von besonderer Bedeutung: Der letzte Ton bleibt im Gedächtnis. Ein positiv betontes Finale führt gekonnt zu einem stimmungsvollen Ausklang.

2.3 Veranstaltungen beenden

Ein freundlicher Dank an die Anwesenden für ihre aktive Beteiligung und für ihr reges Interesse beendet die Veranstaltung. Die Teilnehmer werden bei dieser Gelegenheit gebeten, ausgehändigte **Feedback-Bogen** ausgefüllt abzugeben.

Bei einem von den Teilnehmern gewünschten **Austausch von Adressenlisten** (E-Mail-Adressen etc.) ist darauf zu achten, dass dies aus Datenschutzgründen nur mit dem Einverständnis aller Personen erfolgen kann, die sich auf den Listen eingetragen haben. Das Networking sollte deutlich als eigenverantwortliche Maßnahme der Teilnehmer gekennzeichnet sein.

Die Teilnehmer möchten auch wissen, wann sie das **Protokoll** mit allen Dokumentationen bekommen können (Texte, Fotos, Abbildungen usw.) und in welcher Form dies verteilt wird (ob als Printmaterial und/oder auf einer Website).

Aus Gründen des Umweltschutzes sollte nach der Veranstaltung möglichst eine digitale Version zum Download zur Verfügung gestellt werden, die bei Bedarf selbst ausgedruckt werden kann.

Die Organisatoren drücken die Hoffnung aus, dass es allen Gästen gefallen hat und wünschen eine angenehme Heimreise. Gegebenenfalls erfolgt ein **Hinweis auf Beförderungsmittel,** die zur Verfügung stehen. Die Betreuung der Gäste umfasst alle Hilfeleistungen – auch die Organisation an der Garderobe oder den Schließfächern – bis die Gäste den Veranstaltungsort sicher und ohne Hektik verlassen haben.

Anschließend erfolgt anhand einer Checkliste die **Übergabe der genutzten Räume,** der **Elemente der Veranstaltungstechnik** sowie **sonstiger Ausrüstungsgegenstände** in vertragsgemäßem Zustand. Schäden, die eventuell entstanden sind, müssen dokumentiert werden.

Der verantwortliche Teamleiter des Organisationsteams achtet darauf, dass alle Teammitglieder sich untereinander bei den **Aufräumarbeiten** unterstützen. Es werden genaue Anweisungen gegeben, welche Schlüssel, Chipkarten, Namensschilder, Dokumente, informationstechnische Geräte usw. zu einem festgelegten Termin bei dem Teamleiter abzugeben sind.

Kompetenztraining

86

1. Sie sind als Mitarbeiter der Heinrich KG maßgeblich an der Organisation des Betriebsfestes beteiligt (siehe Kompetenztraining Nr. 85, Aufgabe 3). Sie haben ein Einladungsschreiben mit einem Anmeldeformular verfasst, das Sie an die Teilnehmer verschickt haben.

   Aufgaben:

   1.1 Beschreiben Sie die wichtigsten organisatorischen Maßnahmen, die Sie nach Rückgabe der Anmeldeformulare durchführen!

   1.2 Erläutern Sie vier Aufgabenbereiche, die das Organisationsteam während des Betriebsfestes erfüllen muss, um einen erfolgreichen Ablauf des Betriebsfestes sicherzustellen!

2. Für das Betriebsfest der Heinrich KG (siehe vorige Aufgabe) erhalten Sie die Aufgabe, einen Feedback-Bogen zu erstellen, der während des Betriebsfestes an die Teilnehmer verteilt werden soll. Aus dem Feedback-Bogen möchten Sie ersehen, wie es den Teilnehmern auf dem Betriebsfest im Einzelnen gefallen hat.

Aufgaben:

2.1 Verfassen Sie in Gruppenarbeit eine Themenliste über Inhalte, die der Feedback-Bogen enthalten soll!

2.2 Entscheiden Sie in der Gruppe, in welcher Form der Feedback-Bogen erstellt werden soll! Recherchieren Sie hierzu Beispiele zu Feedback-Bogen, z. B. im Internet.

Hinweis: Es gibt die Möglichkeit von
- offenen und geschlossenen Fragen,
- Aussagen, die in einer Bewertungsskala anzukreuzen sind,
- Kombination aus mehreren Formen.[1]

2.3 Verfassen Sie einen Entwurf über die Darstellung von Inhalt und Form (das Layout)!

2.4 Erstellen Sie den von Ihnen entwickelten Feedback-Bogen mit einem Textverarbeitungsprogramm!

2.5 Stellen Sie Ihren Feedback-Bogen in der Klasse vor und begründen Sie Inhalt und Form!

87

Situation:

Für die Region Australien und Neuseeland möchte die Heinrich KG einen bekannten Händler als Vertriebspartner gewinnen, die OFFICE & STYLE Ltd. aus Auckland, Neuseeland. Heute ist eine Besuchergruppe dieses Unternehmens bei der Heinrich KG zu Gast. Es handelt sich um Charlotte Brown, Managing Director, Olivia Kelly, Sales Director, Thomas Taylor, Interior Designer und Noah McCain, Assistant Manager.

Ben Kaya, Auszubildender im Beruf Kaufmann für Büromanagement bei der Heinrich KG, spricht gut Englisch und soll daher die sprachliche Verständigung zwischen den ausländischen Besuchern und Mitarbeitern der Heinrich KG unterstützen.

Aufgaben:

1. Complete the following dialogue in English:

Ben Kaya: [heißt die Gäste im Namen der Heinrich KG willkommen. Er stellt sich vor und bietet seine Hilfe an, den Besuchern mit grundlegenden Informationen über die Heinrich KG zur Verfügung zu stehen.]

Charlotte Brown: *Nice to meet you. We appreciate your help. I'm afraid none of us speaks German. May we just introduce ourselves: This is Olivia Kelly, our Sales Director, Thomas Taylor our leading Interior Designer and Noah McCain, our Assistant Manager. I'm Charlotte Brown, Managing Director of OFFICE & STYLE.*

Ben Kaya: [bedankt sich und fragt, ob die Gäste einen angenehmen Flug hatten.]

Charlotte Brown: *Yes, it was quite comfortable, but it was a very long flight, of course.*

Ben Kaya: [stellt Herrn Obert vor, den Leiter der Fertigung – Production Manager – und bietet den Gästen unter dessen Leitung eine Betriebsbesichtigung der Produktionsstätten an.]

Charlotte Brown: *Nice to meet you, Mr Obert. Thank you for offering us this wonderful opportunity to see your factory.*

Ben Kaya: [sagt, dass Herr Obert sich freue, für Fragen zur Verfügung zu stehen. Er fordert die Gäste auf, den Rundgang durch die Betriebsgebäude jetzt zu beginnen, der etwa eine Stunde dauere.]

1 Siehe hierzu auch Lernfeld 5, Kapitel 2.7.

2. Die Besucher der OFFICE & STYLE Ltd. haben während der Betriebsbesichtigung einige Fragen, die Ben Kaya und Herr Obert beantworten möchten.

   Formulieren Sie in Partner- oder Gruppenarbeit Fragen und die darauf folgenden Antworten, die sich bei der Betriebsbesichtigung entwickeln könnten.

Useful phrases for your questions:	Useful phrases for your answers:
■ *How many people …* ■ *What is …* ■ *What kind of products …* ■ *I wonder if you could tell me …* ■ *I'd be interested to know …*	■ *We are specializing in …* ■ *a privately held family business* ■ *products of excellent quality* ■ *one of Germany's leading manufacturers of office furniture* ■ *collaborating with outstanding international designers*

Heinrich KG – Some information for your answers:

Company category	Annual turnover	Product line
200 employees medium-sized enterprise	150 million euro	office furniture ■ office desks ■ office chairs office accessories ■ desk lamps ■ desk accessories ■ magnetic boards ■ …

3. Präsentieren Sie Ihrer Klasse wichtige Informationen über Ihr Ausbildungsunternehmen in englischer Sprache. Verwenden Sie dazu als Richtlinien die Fragen, die von einer Besuchergruppe gestellt werden könnten!

3 Veranstaltungen nachbereiten und auswerten

3.1 Dokumentationen erstellen, Ergebnisse beurteilen

(1) Bestandsliste überprüfen und aktualisieren

Kurz nach der Veranstaltung müssen alle verwendeten Materialien, technischen Geräte, Datenträger und Arbeitsunterlagen zurückgegeben und registriert werden, wie z.B. Schlüssel, Chipkarten, Namensschilder, Computer und Listen auf Papier oder in digitaler Form. Fehlende Positionen werden vermerkt und die Gründe für das Fehlen nachverfolgt. Beschädigungen von Gegenständen werden ebenfalls dokumentiert.

Die Bestandsliste der Veranstaltung wird aktualisiert und steht so mit aktuellen Daten für die nächste Veranstaltung zur Verfügung. Alle Arbeiten zur Nachbereitung dienen gleichzeitig zur Vorbereitung der nächsten Veranstaltung.

(2) Feedback auswerten

Während der Veranstaltung wurde ein Feedback-Formular von allen Beteiligten ausgefüllt und eingesammelt. Diese Daten sollten so schnell wie möglich ausgewertet werden. Sie dienen als Grundlage für die „Manöverkritik", die in einem Meeting der Organisatoren nach der Veranstaltung erfolgt. In diesem Meeting geht es um die wichtige Frage:

„Was können wir beim nächsten Mal besser machen?".

Es geht nicht um Schuldzuweisungen, sondern darum, Fehler zu vermeiden und die Planung und Durchführung von Veranstaltungen in Zukunft zu verbessern. Der Teamleiter der Organisation dankt allen Beteiligten für ihren Einsatz und bittet um Meinungsäußerungen, wie der Ablauf empfunden wurde und welche Verbesserungsmöglichkeiten sich in Zukunft ergeben. Ziel dieses Meetings ist es, **Klarheit darüber zu erlangen, ob die wichtigsten Ziele erreicht wurden** und ob der Ablauf erfolgreich war.

Beispiele:

- Wie professionell wurden die einzelnen Programmpunkte behandelt?
- Wie konnte die Stimmung der Zielgruppe beurteilt werden? Wurden deren Erwartungen erfüllt? Woraus lässt sich das schließen?
- Wie war die Stimmung der Organisatoren? Begründungen sammeln.
- Wurde der Zeitplan eingehalten?
- Traten Schwierigkeiten auf? Welcher Art waren diese und wie hätten sie vermieden werden können?
- Wie wurde mit unvorhergesehenen Planabweichungen umgegangen? Waren die Lösungen zielgerecht?
- Wie werden die Vorbereitungsarbeiten beurteilt? Waren diese hilfreich und ausreichend?
- Wurde das Ziel der Veranstaltung erreicht?

Zum Abschluss dieses Meetings werden alle Beteiligten gebeten, für das Protokoll kurz zusammenzufassen, welche **Verbesserungsvorschläge** sie für eine ähnliche Veranstaltung unterbreiten möchten.

(3) Dokumentation erstellen

Die Teilnehmer der Veranstaltung erwarten in angemessener Zeit eine Dokumentation über die Veranstaltung.

Bei Sitzungen, Konferenzen und Meetings wird ein **Protokoll** erstellt. Während der Veranstaltung hat sich der Protokollführer Aufzeichnungen gemacht. Diese Notizen werden zu einem Protokoll ausgearbeitet. Die Protokollform richtet sich nach der Art der Veranstaltung.

- Bei Meetings wird in der Regel ein **Kurz- oder Ergebnisprotokoll** erstellt,
- bei längeren Sitzungen mit wichtigen Beschlüssen werden oft ausführliche Protokolle in Form von **Verlaufsprotokollen** verlangt (siehe dazu Lernfeld 2, Kapitel 3.3).

Dem Protokollführer bzw. dem Verantwortlichen für die Dokumentationserstellung dienen die Tagesordnung und das Tagungsprogramm als wichtige Hilfe für die inhaltliche Darstellung.

Einer Sitzung, einer Konferenz oder einem Meeting liegt eine **Tagesordnung (Agenda)** zugrunde. Eine Tagesordnung nennt die einzelnen inhaltlichen Schwerpunkte (Tagesordnungspunkte, kurz: TOP) einer Sitzung, Konferenz oder Besprechung. Ein Protokoll gibt in unterschiedlicher Form wieder, was bei einzelnen Tagesordnungspunkten besprochen wurde. Auch Abweichungen von der Tagesordnung müssen vermerkt werden.

Beispiel:

TOP 1: Aktuelle Situation der Weber Metallbau GmbH

TOP 2: Bericht über den Stand der Beteiligungsabsichten
- Vorstellung der möglichen Unternehmen
- Gewinnvergleich durch Analyse der Ergebnistabellen

TOP 3: ...

Das **Tagungsprogramm** einer Veranstaltung nennt den gesamten Verlauf der Veranstaltung mit allen zeitlichen Abschnitten (einschließlich Begrüßung, Bewirtung, Rahmenprogramm usw.). Das Tagungsprogramm dient bei der Erstellung der gesamten Dokumentation als wichtige Informationsgrundlage. Ergänzend kommen Informationen hinzu, die sich aus den **Unterlagen der Referenten, Präsentationen, Fotos** und **Videos** ergeben.

Die **Veröffentlichungsrechte** für Bilder – auch bei Fotos von Personen – müssen vorher in schriftlicher Form vorliegen. Bei Veröffentlichung von vorliegenden Texten ist auf die Urheberrechte zu achten. Die Aufbereitung und Veröffentlichung geschieht gegebenenfalls über die Abteilung Public Relations.

(4) Termine über den Versand der Dokumentationen überwachen

Alle zur Veröffentlichung bestimmten Dokumentationen werden so schnell wie möglich an die Teilnehmer versendet. Es wird ein Termin für die Veröffentlichung der Dokumentation an die Nutzergruppe festgesetzt und die Einhaltung wird überwacht. Darüber hinaus werden alle Termine, die sich aus dem Protokoll und weiteren Dokumentationen ergeben, in die Terminüberwachung aufgenommen, insbesondere Beschlüsse und Aufgaben.

(5) Dankschreiben formulieren

Weiterhin sind Dankschreiben an Referenten und Moderatoren zu formulieren. Die Dankschreiben sollten klar die Wertschätzung ausdrücken und die Ansprechpartner dazu motivieren, für weitere Veranstaltungen zur Verfügung zu stehen. Kontakte zu hervorragenden Referenten und Moderatoren zu halten, trägt wesentlich zum Gelingen von Veranstaltungen bei.

(6) Pflege neuer Kontaktdaten

Auch die Nachbereitung aller weiteren geschäftlichen Kontakte ist ein wichtiger Teil der Erfolgssicherung.

- Welche neuen Kontakte wurden geknüpft?
- Welche Vereinbarungen wurden getroffen?

Alle Daten werden sorgfältig in der entsprechenden Software erfasst. Bei Verkaufsveranstaltungen, Messen, Produktpräsentationen u. Ä. sind eine genaue Erfassung der Aufträge und deren termingerechte Erledigung für den Erfolg entscheidend.

Eine **Kontaktaufnahme zu neuen Geschäftspartnern** sollte möglichst kurz nach der Veranstaltung erfolgen, um die Beziehungen zu festigen. Die positiven Erwartungen, die bei den Teilnehmern aufgebaut wurden, müssen durch eine zuverlässige Nachbereitung erfüllt werden, damit die Veranstaltung ihr Ziel erreicht.

3.2 Abrechnungen und Kostenanalyse durchführen

(1) Rechnungen überprüfen und Zahlungen anweisen

Die **Rechnungen aller Dienstleister** (Hotelübernachtungen, Tagungsstätten, Bewirtungsleistungen, Fahrt- und Transportkosten, externe Referenten, Künstler usw.) sind zu **überprüfen.** Bei der Überprüfung werden die Leistungen sorgfältig mit den Bestellungen, Buchungen und Bestellungsannahmen verglichen. Nachdem die Rechnungen überprüft wurden, werden sie nach internen Vorschriften abgezeichnet und zur Begleichung an die Abteilung Rechnungswesen weitergeleitet.

Die **Reisekosten** (Verpflegungs-, Übernachtungs- und Fahrtkosten) werden nach den steuerlichen und unternehmensinternen Richtlinien abgerechnet. Viele Unternehmen stellen dazu Reiserichtlinien und eine Abrechnungssoftware zur Verfügung. Darüber hinaus sind Abrechnungen über Auslagen zu prüfen und zu erledigen, die während der Veranstaltung getätigt wurden.

(2) Kostenanalyse durchführen

Um einen Überblick über die Kosten zu erhalten, werden diese in der dafür vorgesehenen Software erfasst. So kann eine genaue **Kostenanalyse** vorgenommen und die Gesamtkosten können ermittelt werden. Bei dieser Gelegenheit können auch Kostenfallen identifiziert werden, die beim nächsten Mal vermieden werden sollten. Es kann beispielsweise bei Warentransporten zu Mehrkosten kommen, wenn die Zeitplanung nicht optimal war (z. B. durch Express-Zuschläge, Mehrfahrten und dergleichen).

3.3 Zielerreichung bewerten

Um den wirtschaftlichen Erfolg zu ermitteln, wird die Zielsetzung der Veranstaltung (z. B. der erreichte Umsatz bei einer Verkaufsveranstaltung) ins Verhältnis zum eingesetzten Kapital (dem Aufwand) gesetzt. Bei Messeveranstaltungen werden Aktivitäten, wie die Zahl der Interessenten und die Höhe der Verkaufsabschlüsse gemessen.

Bei Veranstaltungen, die vorrangig der **Öffentlichkeitsarbeit** oder der **Verbesserung des Betriebsklimas** dienen, zeigt sich der Erfolg erst langfristig, z. B. durch einen höheren Bekanntheitsgrad, ein besseres Image oder eine höhere Attraktivität als Arbeitgeber oder Ausbilder.

3.4 Stärken-Schwächen-Analyse erstellen

Es lässt sich aufgrund der Kostenabrechnung und der dokumentierten Abläufe eine genaue Stärken-Schwächen-Analyse bei Planung, Durchführung und Dokumentation der Veranstaltung ermitteln. Als wichtiges Arbeitsmittel dienen Checklisten, die mithilfe von Software ausgewertet werden können.

Aus den einzelnen Punkten der Checklisten sollte ersichtlich sein, welche Ziele erreicht wurden und wo zukünftig noch weitere Anstrengungen notwendig sind. Die Schwächen, die sich in der Analyse zeigen, bieten Chancen für zukünftige Verbesserungen. Auch die Planung der Veranstaltung sollte genau analysiert werden: Welche Planungsschritte waren hilfreich, welche sollten zukünftig verbessert werden?

Das **Ergebnis der Auswertung (Erfolgsanalyse)** sollte eine klare Beurteilung erlauben, inwieweit das Ziel der Veranstaltung erreicht wurde.

3.5 Abschlussbericht verfassen

Die Erfolgsanalyse und die Kostenaufstellungen bilden Bestandteile des ausführlichen internen Abschlussberichtes. Dieses Dokument dient den verantwortlichen Stellen zur Information. Außerdem sollte es für zukünftige Planungen Hilfestellung bieten, z. B.

- Welche Kontakte bieten organisatorisches und gesetzliches Know-how?
- Welche zündenden Ideen wurden in den Nachbesprechungen geäußert?
- Welche Kostenfallen sollten vermieden werden?

Jeder, der eine Veranstaltung zu organisieren hat, wird eine gute Nachbereitung der vergangenen Veranstaltung zu schätzen wissen, um diese Erfahrungen zu nutzen.

Der Abschlussbericht und die Dokumentation wird an den Vorgesetzten weitergeleitet. Anschließend wird er archiviert und steht dann für weitere Veranstaltungen zur Verfügung.

Kompetenztraining

88

Situation:

Ihr Ausbildungsunternehmen hat soeben eine jährliche Vertreterversammlung aller in- und ausländischen Handelsvertreter abgehalten. Die Veranstaltung wurde am Vortag beendet. Die Räumlichkeiten wurden vertragsgemäß übergeben und die eigene Veranstaltungstechnik wieder abgebaut.

Die Veranstaltung umfasste insgesamt 50 Personen, die in einem Tagungshotel untergebracht waren. Das Tagungsprogramm wurde in den Tagungsräumen dieses Hotels durchgeführt.

Während der Veranstaltung wurden Marktanteile und Umsatzzahlen vorgestellt sowie Produktinnovationen präsentiert. Auch ein abendliches Rahmenprogramm gehörte zu der Veranstaltung. Es wurden Fotos und Videos produziert, die mit Einverständnis der betreffenden Personen allen Teilnehmern zukommen sollen. Allen Teilnehmern wurden während der Veranstaltung Feedback-Bogen ausgehändigt, die ausgefüllt wieder eingesammelt wurden.

Aufgaben:

1. Sie gehören zu dem Organisationsteam, das für die Nachbereitung der Veranstaltung verantwortlich ist. Nennen Sie fünf Aufgaben, die dieses Team nach der Veranstaltung zu erledigen hat!

2. Ihr Team trifft sich einige Tage nach der Veranstaltung zu einem Meeting, bei dem der Verlauf dieser Veranstaltung besprochen werden soll.

   2.1 Erläutern Sie fünf wichtige Besprechungspunkte dieses Meetings und begründen Sie diese!

   2.2 Der Auszubildende Mirko Svoboda beschwert sich, dass die ganze Abbauarbeit der Veranstaltungstechnik allein ihm überlassen worden sei und er auch sonst immer die meiste Arbeit gehabt habe. Der Auszubildende Daniel Radau habe immer alles auf ihn abgewälzt, nur weil Daniel ein Ausbildungsjahr weiter sei als er.

   Schlagen Sie anhand von Beispielantworten vor, wie Sie mit solchen Beschwerden in dem Meeting umgehen würden!

3. Die Assistentin der Vertriebsleiterin hat sich Aufzeichnungen für das Protokoll gemacht und bittet Sie, ihr bei der Fertigstellung zu helfen.

   Nennen Sie zwei wichtige Dokumentationshilfen, die außer den eigenen Notizen noch zur Protokollerstellung dienen können! Begründen Sie, warum Sie diese Informationsquellen nutzen würden!

4. Nennen Sie fünf Aufgaben, die für die Nachbereitung der Veranstaltung in die Hilfsmittel zur Terminüberwachung eingetragen werden müssen! Erläutern Sie, welche technischen Möglichkeiten Sie dafür einsetzen würden!

5. Für die Kostenaufstellung benötigt der Leiter Ihres Organisationsteams alle Rechnungen und Belege. Nennen Sie fünf Beispiele von Kosten, die bei der Veranstaltung angefallen sein können!

6. 6.1 Erläutern Sie, welche Funktion das abendliche Rahmenprogramm dieser Veranstaltung hatte!

   6.2 Nennen Sie drei Beispiele für die Gestaltung eines solchen Rahmenprogramms!

   6.3 Beurteilen Sie, welche Kriterien für die Auswahl des Rahmenprogramms entscheidend sind!

LS 2

4 Geschäftsreisen planen

4.1 Rahmenbedingungen bestimmen

(1) Bedeutung des Reisemanagements in einem Unternehmen

Die Bedeutung des Aufgabengebietes **Reiseorganisation** (Reisemanagement) ist in der globalen Arbeitswelt sehr stark gestiegen. Es erfordert vielfältige fachliche und kommunikative Fähigkeiten.

Im Mittelpunkt stehen die **Bedürfnisse des Reisenden** nach Sicherheit und Komfort ebenso wie die **Ziele des Unternehmens** nach einem effizienten Verhältnis von Aufwand und Ertrag.

Dazu gehören eine **professionelle Kostenkontrolle** und **Einhaltung der vorgegebenen Reiserichtlinien.**

Um diese Ziele zu erreichen, ist eine strategische Planung jeder beruflich veranlassten Reise unverzichtbar. Als wichtige Hilfsmittel für diese Planung dienen Checklisten; darin sollten die nachfolgenden Inhalte erfasst werden. Einen Überblick über die Teilprozesse des Reisemanagements gibt die Übersicht auf S. 270.

(2) Begriff Geschäftsreise

Eine **Geschäftsreise** liegt vor, wenn ein Arbeitnehmer aus beruflichen Gründen vorübergehend seine Tätigkeit außerhalb des Betriebes ausübt, in dem er grundsätzlich tätig ist.

Die Begriffe Geschäftsreise und Dienstreise werden gleichbedeutend verwendet. Im **Steuerrecht** wird von einer **beruflich veranlassten Auswärtstätigkeit** gesprochen.

(3) Anlässe für eine Geschäfts- oder Dienstreise

Anlässe für beruflich bedingte Reisen können z. B. sein:

- Reisen zu Kunden und Lieferanten,
- berufliche Besuche von Tagungen oder Kongressen als Teilnehmer oder Referent,
- berufliche Fortbildungsmaßnahmen, wie z. B. Seminare, Vorträge, Workshops,
- Dienstreisen von Beamten oder Angestellten im öffentlichen Dienst,
- Außendiensttätigkeiten von Technikern oder Beratern,
- betrieblich bedingte Reisen zu Filialen oder dem Hauptsitz eines Unternehmens.

Private Anlässe werden steuerrechtlich nicht als Geschäfts- oder Dienstreisen anerkannt. Es ist wichtig, schon im Vorfeld genau den beruflichen Anlass der Reise zu definieren.

Abfolge des Reisemanagements

1. Planung der Reise

Phase 1:

Erstellung des Reiseantrags, Beantragung von Vorschüssen

↓

Prüfung des Reiseantrags

bei Genehmigung

↓

Phase 2:

Organisieren der Reisedokumente
- Identifikationspapiere (Pass, Personalausweis, Visa)
- Sicherheitsdokumente, z. B. Gesundheitszertifikate, Impfbescheinigungen
- Versicherungen, z. B. Krankenversicherung, Unfallversicherung, Gepäckversicherung

↓

Bestimmen und Buchen von
- Verkehrsverbindungen
- Unterkünften

↓

Zahlungsmittel bereitstellen
- Bargeld
- Girocard
- Kreditkarte (Firmenkreditkarte)

↓

- Reisedokumentation erstellen:
  - Reiseplan
  - Reisemappe mit Reisedokumenten
- technische Geräte
- Arbeitsunterlagen
- berufliche Reisegegenstände

2. Durchführung der Reise

- Im Team organisieren
  - Kontakt zum Reisemanager
  - Unterstützung durch Reisemanager
  - Kommunikation mit Mitarbeitern für Zwischenberichte
- Erfolgreiche Kommunikation mit dem Geschäftspartner

3. Nachbereitung der Reise

Phase 1:

- Controlling: Reisekostenabrechnung
- Auswertung: Reiseberichte, Dokumentationen und Erfolgsbewertung

↓

Phase 2:

- Terminkontrolle der Reiseergebnisse
- Kommunikationsprozesse mit internen und externen Geschäftspartnern

(4) Internen Reiseantrag stellen (Genehmigung einholen)

Arbeitnehmer und Beamte haben in der Regel für eine Dienstreise eine Genehmigung ihres Unternehmens bzw. ihrer Dienstbehörde zu beantragen. In diesem Antrag haben sie Auskunft zu geben über den Anlass der Dienstreise sowie über Termine, Verkehrsmittel, Unterkünfte, Zielorte (d. h. den gesamten Verlauf).

In vielen Unternehmen sind **Reiserichtlinien** einzuhalten. In hinterlegten Vorlagen eines Softwareprogramms sind auf dieser Grundlage genaue Angaben über die geplante Dienstreise zu machen. Im öffentlichen Dienst bestehen entsprechende Regelungen für einen **Antrag auf Genehmigung** einer Dienstreise.

(5) Reisebedingungen klären und die Abwicklung der Reise planen

Reisebedingungen klären

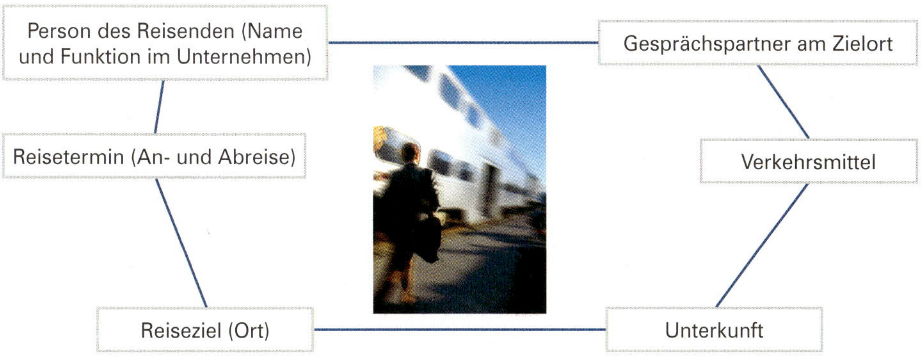

Die in der Grafik angegebenen Reisebedingungen beeinflussen sich gegenseitig, d. h., sie stehen in Abhängigkeit zueinander.

- Der **Reisetermin** kann je nach Anlass ein **fixer** Termin sein, der nicht verschoben werden kann, oder ein **variabler** Termin, d. h. ein Termin, der einen zeitlichen Spielraum bietet.
- Das **Reiseziel** und die Termine sind entscheidend für die Wahl der Verkehrsmittel.
- Kriterien für die **Buchung der Unterkunft** sind vor allem die verkehrsgünstige Lage und das Preis-Leistungs-Verhältnis.[1]

Abwicklung der Reise planen

Planung, Beratung und Buchung werden in der Regel über **Dienstleistungsunternehmen** organisiert, z. B.

- Verkehrsträger wie öffentlicher Nahverkehr, Bahn- und Busgesellschaften und Fluglinien,
- Dienstleister für Unterkünfte und Gastronomie wie Hotels und Gaststättenbetriebe,
- Transferservice mit Chauffeur und Mietwagenunternehmen.

1 Auf diese Bedingungen wird in den folgenden Kapiteln näher eingegangen.

Falls ein externer Dienstleister für das Reisemanagement (eine Reiseagentur) die gesamte Reiseorganisation übernimmt, sollte darauf geachtet werden, dass dieses Unternehmen von den jeweiligen Leistungsanbietern (Verkehrsträgern, Hotels usw.) wirtschaftlich unabhängig ist. Nur so kann eine **neutrale Beratung** gewährleistet werden. Preisverhandlungen sind ein bedeutender Bestandteil des Prozesses, denn das Kostenmanagement spielt eine zunehmend wichtige Rolle bei der Organisation von Geschäftsreisen.

(6) Interne Arbeitsabläufe organisieren

Für die Zeit der Abwesenheit des Reisenden sind die internen Arbeitsabläufe zu organisieren. Mithilfe einer **Checkliste** sollte zum Beispiel überprüft werden:

- Wurden Termine vereinbart, die in die Zeit der Abwesenheit fallen?
- Sollen diese Termine verschoben werden?
- Können Termine von anderen Mitarbeitern wahrgenommen werden?
- Sind die Aufgabengebiete an die Mitarbeiter delegiert worden, die den Abwesenden vertreten?
- Sind Unterschriftsbefugnisse geklärt?
- Ist die telefonische Erreichbarkeit des Abwesenden gesichert?
- Wurde eine interne Rufumleitung veranlasst?
- Wurde der Text für eine Abwesenheitsmeldung im E-Mail-Server hinterlegt?
- Werden die E-Mails an interne Stellen weitergeleitet?

(7) Workflow-Managementsysteme

Workflow-Managementsysteme können zur Steuerung einer Vielzahl von Prozessen im Unternehmen eingesetzt werden. Das **Modul Reisemanagement** kann in der Software Personalwirtschaft integriert sein und den gesamten **Prozessablauf vom ersten Planungsschritt bis zur Auswertung der Reiseaktivitäten** umfassen.

Das elektronische Antragsformular enthält die Felder für die wiederkehrenden Daten und für neue, variable Eintragungen. Der Antrag auf Genehmigung der Reise wird in definierter Reihenfolge ausgefüllt und weitergeleitet. Das Programm gleicht die Angaben mit den Reiserichtlinien ab. Nach erteilter Genehmigung folgt das Recherchieren geeigneter Verkehrsverbindungen und von Unterkünften über Informationssysteme der Dienstleister.

Die **Verlinkung zu Online-Buchungsportalen** ermöglicht es, bequem Verkehrsverbindungen und Unterbringungsmöglichkeiten zu finden sowie Buchungen vorzunehmen. Die Reisekostenabrechnung nach der Reise erfolgt unter Abgleich der Daten aus dem Reiseantrag und der Reiserichtlinien. Einen weiteren Bestandteil bildet das Berichtswesen (Reiseberichte). Außerdem kann die Häufigkeit von Dienstreisen nachverfolgt werden.

Workflow-Managementsysteme erleichtern die Organisation der Reisevorbereitung, Durchführung und Nachbereitung.

4.2 Reisedokumente organisieren

Nach der Genehmigung des Reiseantrags ist zu ermitteln, welche Reisedokumente nötig sind. Dazu leisten wiederum Checklisten gute Dienste.

Die **Reisedokumente** betreffen vor allem die Bereiche

- Identifikation (Personalausweis, Pass, Visum),
- Mobilität (Tickets, Führerschein und Fahrzeugpapiere, Buchungsbestätigungen von Mietwagen),
- Sicherheit (Versicherungsdokumente),
- Unterkunft (Hotelreservierung).

(1) Identifikationspapiere

Zunächst ist zu entscheiden, ob ein **Personalausweis,** ein **Pass** oder zusätzlich ein **Visum** benötigt werden. Die Antwort darauf gibt der Blick auf das Reiseziel.

Inland

Deutsche Staatsangehörige müssen zwar ab dem 16. Lebensjahr einen **Personalausweis** besitzen (diese Ausweispflicht kann auch durch einen Pass erfüllt werden), eine Mitführungspflicht besteht aber im Allgemeinen nicht. Es besteht also kein Grund zur Beunruhigung, wenn man bei einer Inlandsreise seinen Personalausweis vergessen hat. Aus praktischen Gründen sollte man ihn aber dabei haben, um sich in Zweifelsfällen ausweisen zu können, z.B. gegenüber einer Behörde.

Länder der Europäischen Union und des Schengener Abkommens

Viele EU-Länder und einige Länder außerhalb der EU, z.B. die Schweiz, haben das **Schengener Abkommen** unterzeichnet. Bei Reisen in diese Länder wird für Bürger aus Schengen-Mitgliedsländern auf Pass- oder Personalausweiskontrolle in der Regel verzichtet. Diese Regelung kann sich ändern. Ein **Pass oder** ein **Personalausweis** muss auf jeden Fall mitgeführt werden. In Ausnahmefällen können vorübergehend Grenzkontrollen wieder eingeführt werden.

Möglicherweise sind **Sonderregelungen** zu beachten, über die sich alle Betroffenen rechtzeitig informieren sollten. Informationen darüber finden sich auf der **Internetseite des Auswärtigen Amtes.**

Informationen zum Schengener Abkommen:

- zu den Unterzeichner-Staaten:
  http://www.auswaertiges- amt.de/DE/EinreiseUndAufenthalt/Schengen_node.html
- zu den Sonderregelungen:
  http://www.auswaertiges-amt.de/DE/Laenderinformationen/LaenderReiseinformationenA-Z_node.html

Nationalität des Reisenden

Ob für eine Reise ein Pass oder ein Personalausweis benötigt werden, hängt von der **Nationalität des Reisenden** ab und von dem **Einreiseland.**

18 Hug, Knauer, Lennartz, Speth - ISBN 978-3-8120-0673-6

In jedem Fall sollte vor Antritt geprüft werden:

- In welches Land reist die Person?
- Welche Identifikationspapiere (Pass oder Personalausweis) hat der Reisende?
- Wie lange ist das Identifikationspapier noch gültig?
- Besteht eine Visumspflicht für den Reisenden?

Zielorte außerhalb der EU und der Länder des Schengener Abkommens

In der Regel ist ein **Reisepass** notwendig. Die Einreisebestimmungen können sich für die einzelnen Länder ändern, daher ist es wichtig, bei der Reiseplanung aktuell zu recherchieren, ob ein Reisepass notwendig ist und wie lange dieser bei der Einreise noch gültig sein muss. Außerdem ist zu prüfen, ob ein **Visum** zu beantragen ist. Ein Visum ist ein (Sicht-) Vermerk, mit dem ein fremder Staat bestätigt, dass die Einreise, Durchreise und/oder der Aufenthalt innerhalb dieses fremden Staates erlaubt ist.[1]

Auch hier können die genauen Einreisebestimmungen über das **Auswärtige Amt** in Erfahrung gebracht werden. Das Auswärtige Amt hält außerdem noch weitere **wichtige Reiseinformationen** bereit, z. B. über landesspezifische Sicherheitshinweise, medizinische Hinweise und straf- und zollrechtliche Besonderheiten.

(2) Mobilität

Die **Tickets** und **Ausweise** für Bahn, Bus oder Flugzeug sichern die reibungslose Mobilität. Falls der Reisende selbst einen Pkw fahren möchte, ist auch die Mitnahme des **Führerscheins** und der **Fahrzeugpapiere** erforderlich. Für einige Länder außerhalb der Europäischen Union wird zusätzlich ein **Internationaler Führerschein** benötigt. Bei Mietwagenbuchung sind die Regelungen für die Entgegennahme eines Mietwagens zu beachten.

(3) Sicherheitsdokumente

Das Reisemanagement muss insbesondere die Sicherheit des Reisenden gewährleisten. Dazu werden entsprechende Versicherungen abgeschlossen. Wichtige **Versicherungsdokumente** für die Reise sind z. B. Bescheinigungen über Krankenversicherung, Auslandsreiseversicherung, Kfz-Versicherung, Gepäckversicherung.

Bei Auslandsreisen ist zu bedenken, dass jedes Land eigene Sicherheitskriterien besitzt, die von den gewohnten abweichen können. Für manche Länder bestehen bestimmte Impfvorschriften oder Impfempfehlungen. Der **Impfpass** ist in diesen Fällen auf Aktualität hin zu überprüfen und mitzunehmen. Auch über die Zusammenstellung einer **Reiseapotheke** sollten Erkundigungen eingeholt werden.

Außerdem gehört eine Liste mit **Notfall-Rufnummern** zu der Reisedokumentation, z. B. von Versicherungen, Banken, wichtigen Kontaktadressen, konsularischen Vertretungen.

(4) Unterkunft

Die **Buchungsbestätigung über die Hotelreservierung** ist mitzunehmen, um beim Einchecken im Hotel unangenehme Überraschungen zu vermeiden.

1 Der Regelfall ist das **Einreisevisum**, einige Staaten verlangen jedoch zusätzlich ein Ausreisevisum und/oder ein Visum für Reisen innerhalb des Landes.

4.3 Verkehrsmittel und Unterkunft bestimmen und buchen

4.3.1 Verkehrsmittel bestimmen

Der Reisende möchte schnell, bequem und sicher vom Start zum Zielort gelangen. Außerdem müssen die Kosten in einem angemessenen Verhältnis zum Anlass und Ziel der Reise stehen. Immer wichtiger werden in den Reiserichtlinien auch ökologische Gesichtspunkte. Viele Unternehmen fördern besonders Entscheidungen für umweltfreundliche Mobilität durch Nutzung von

- öffentlichen Verkehrsmitteln (durch BahnCard oder Firmenkundenangebote der öffentlichen Verkehrsträger),
- ressourcenschonenden Dienstwagen,
- Dienstfahrrädern.

Die Entscheidung, welches Verkehrsmittel genutzt wird, hängt letztlich von den Umständen und dem Zielort ab.

Beispiele:

Flugzeug	Für weitere Strecken werden für Geschäftsreisen in der Regel Flugverbindungen der internationalen Fluglinien genutzt. Durch günstige Tarife, vor allem bei häufigem Fliegen, und die verhältnismäßig schnelle Beförderung fällt die Wahl sehr oft auf das Flugzeug. Je früher gebucht wird, desto günstiger kann der Flugtarif sein. Bei der Entscheidung für eine Flugverbindung ist zusätzlich noch der Transfer zum Abflugflughafen und vom Zielflughafen zur Zieladresse zu organisieren. 
Auto	Das Auto ist vor allem dann das geeignete Beförderungsmittel, wenn viel Gepäck oder größere Gegenstände zu transportieren sind. Unter wirtschaftlichen und ökologischen Gesichtspunkten kann sich die Fahrt mit dem Auto vor allem lohnen, wenn mehrere Reisende zum gleichen Zielort fahren. Bei Nutzung eines Autos sollte die empfohlene Reiseroute ausgedruckt werden. 
Bahn	Die Nutzung der Bahn kann durch schnelle und günstige Zugverbindungen Vorteile bieten. Besonders im Hinblick auf Sonderkonditionen für Geschäftskunden und Nutzung der BahnCard können wirtschaftliche Aspekte hinzukommen. Außerdem ist es eine sehr umweltfreundliche Art zu reisen. 

Die **Planungsunterlagen einer Reise** müssen alle zu nutzenden Verkehrsmittel von A nach B (vom Start bis zur Zieladresse) **zeitlich abgestimmt auflisten**. Auch Fußwege sind bei den Zeitangaben zu berücksichtigen. Internetportale der Verkehrsträger helfen dabei, die optimale Lösung zu finden.

Bei der Entscheidung für ein Verkehrsmittel ist eine genaue Analyse des Aufwands durchzuführen. Ein **Kostenvergleich** sollte außer den Kosten für die Tickets oder für den Einsatz des Firmenfahrzeugs (Kilometerpauschale) weitere Faktoren berücksichtigen, z. B.

- Arbeitszeit im Verhältnis zur Reisezeit,
- Sicherheit und Komfort (niedriger Stressfaktor),
- ökologische Aspekte.

Je nach Reisetermin sind auch äußere Umstände zu beachten, die den Reiseverlauf beeinträchtigen können, z. B. **Streiks** oder **Verkehrsstaus.** Bei der Reiseplanung sollten sicherheitshalber Alternativen (ein Notfallplan) vorgesehen werden, wenn es zu Hindernissen in der Durchführung des ursprünglichen Reiseplans kommen sollte.

Kompetenztraining

89

Situation:

Sie erhalten den Auftrag für Ihren Ausbildungsleiter eine Dienstreise nach Zürich vorzubereiten. Die Geschäftsreise dauert insgesamt zwei Tage. Ihr Ausbildungsleiter wird sich dabei im Stadtzentrum von Zürich aufhalten und am Abend des zweiten Tages wieder zum Geschäftssitz Ihres Ausbildungsunternehmens in Deutschland zurückkehren. Er ist noch unschlüssig, welches Verkehrsmittel er nehmen soll – Auto, Bahn oder Flugzeug. Er wird mit dem üblichen Reisegepäck als Einzelperson reisen.

Aufgaben:

1. Entwerfen Sie mit Ihrem Textverarbeitungsprogramm eine Checkliste zur Reisevorbereitung, die sicherstellt, dass nichts vergessen wird! Die Felder für die Antworten (d. h. die noch festzulegenden Angaben zur jeweiligen Reise) lassen Sie frei.
2. 2.1 Nennen Sie für die Verkehrsmittel Auto, Bahn und Flugzeug jeweils drei Gesichtspunkte, die eine Entscheidung beeinflussen können!

   2.2 Begründen Sie Ihre Entscheidung für eines dieser Verkehrsmittel! Berücksichtigen Sie dabei die Entfernung von Ihrem Ausbildungsbetrieb nach Zürich und die passenden Verkehrsverbindungen (auch Autobahnverbindungen)!

   2.3 Erstellen Sie für jedes Verkehrsmittel (Auto, Bahn und Flugzeug) eine Liste mit jeweils drei Informationsquellen für die Reisevorbereitung!
3. Ihr Vorgesetzter hat die deutsche Staatsangehörigkeit. Beraten Sie ihn, welches Einreisedokument er für diese Reise benötigt! Begründen Sie Ihre Antwort.

4.3.2 Unterkunft ermitteln

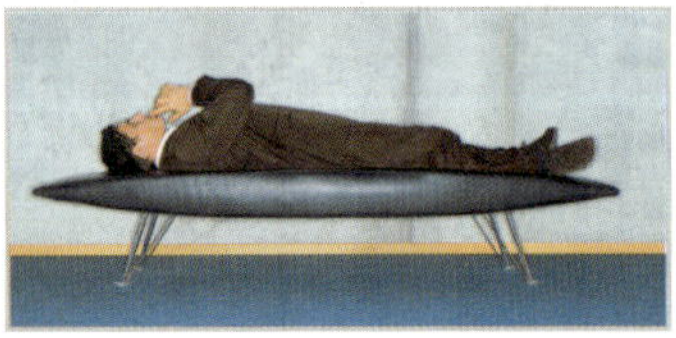

Ein Geschäftsreisender, der zufrieden und ausgeruht an den Besprechungen mit seinen Geschäftspartnern teilnimmt, genießt einen sehr großen Vorteil. Er überträgt diese Stimmung auf seine Geschäftspartner und bereitet damit den Weg für einen erfolgreichen Abschluss des Geschäftsbesuchs.

Aus diesem Grunde ist die Wahl einer geeigneten Unterkunft, die dem Reisestress vorbeugt, eine wichtige Entscheidung. Die Wünsche des Reisenden sollten so weit wie möglich berücksichtigt werden.

(1) Kostenrahmen

Der Preis spielt für die Auswahl eine entscheidende Rolle. In der Regel wird in Unternehmen durch interne Reiserichtlinien ein Kostenrahmen vorgegeben. Oft können Unternehmen auf günstige Angebote von Hotels oder Hotelketten zurückgreifen, wenn sie regelmäßig Unterkünfte dort buchen.

Bei der Ermittlung der Kosten ist zu prüfen, ob zusätzlich zu den **Übernachtungskosten** noch **weitere Kosten** anfallen.

Um den Aufwand in einem angemessenen Verhältnis zu halten, sind ferner die steuerlichen Regelungen für Geschäfts- und Dienstreisen zu berücksichtigen (vgl. dazu Kapitel 6).

Beispiele für weitere Kosten:

- Parkplatz
- Internet
- Fitness- und Wellnesseinrichtungen
- Frühstück

(2) Qualitätsstandards

Zu den Qualitätsstandards gehören die **Umweltfreundlichkeit** eines Hotels sowie die **Eignung im Hinblick auf die persönlichen Voraussetzungen des Gastes** (z. B. Barrierefreiheit bei einer körperlichen **Behinderung oder kulturelle Besonderheiten mit Bevorzugung internationaler Küche**).

Zum Preis-Leistungs-Verhältnis gehören ebenso die Größe des Zimmers, die sanitären Einrichtungen sowie die technische **Ausstattung** (z. B. WLAN). Je nachdem, welche geschäftlichen Besprechungen im Hotel stattfinden sollen, ist zu prüfen, ob für diese Meetings Besprechungs- oder Tagungsräume vorhanden sind.

Ein wichtiger Entscheidungsfaktor ist die **Lage** der Unterkunft. Bei einer Geschäftsreise spielt die Reisezeit eine bedeutende Rolle für die Kostenrechnung.

Zeitaufwand für die Fahrt vom Flughafen, vom Bahnhof oder von der Autobahnabfahrt zum Hotel sollten möglichst gering gehalten werden. Auch die Straßen- und Verkehrsverbindungen vom Hotel zu der Zieladresse, d. h. dem Besprechungsort mit den Geschäftspartnern, sollten bequem und leicht zu erreichen sein. Routenplaner und Navigationssysteme sowie Informationen der Hotels über Anfahrtswege sind wichtige Hilfsmittel, um sich im Vorfeld zu orientieren.

Die Erfahrungen, die der Gast oder andere Geschäftsreisende des Unternehmens bei früheren Hotelaufenthalten gesammelt haben, bilden eine wichtige Grundlage für die Auswahlentscheidung.

Kompetenztraining

90 1. Erläutern Sie, nach welchen Kriterien eine Unterkunft für eine Geschäftsreise ausgewählt wird!

2. Formulieren Sie eine Anfrage per E-Mail für eine Unterkunft an das Hotel Helvetic Best in Zürich für die Geschäftsreise, die in Kompetenztraining Nr. 89 näher beschrieben ist!

Hinweis:

- Die E-Mail-Adresse des Hotels lautet: info@helveticbest.ch.
- Beachten Sie die Regeln DIN 5008 für E-Mails.
- Daten und Namen nach eigener Wahl. Bitten Sie um Informationen zu Sonderkonditionen für Business-Gäste.
- Fügen Sie eine E-Mail-Signatur nach eigenen Angaben hinzu.

4.3.3 Buchungssysteme für Hotel- und Reisebuchungen nutzen

Die Kostenkontrolle spielt im Reisemanagement für Geschäftsreisen eine wichtige Rolle. Den Überblick über Angebote von Verkehrsträgern, Autovermietungen und Hotels zu gewinnen, ist eine Aufgabe für interne und externe Reisemanager geworden.

Für die Recherche wird hauptsächlich das Internet verwendet. Dabei können Informationen und Buchungen direkt über das Reiseportal der Bahn, der Fluglinie oder eines Reisedienstleisters ermittelt werden. Oft stehen besondere Buchungsportale für Geschäftsreisende zur Verfügung. Für Smartphones und Tablets sind entsprechende Apps verfügbar, sodass auch unterwegs jederzeit Informations- und Buchungsmöglichkeiten bestehen und Tickets geladen werden können. Dies unterliegt den Sicherheitsregeln, die von den Unternehmen vorgegeben werden sollten.

Hotelunterkünfte und Mietwagen können ebenfalls auf diese Weise ermittelt und gebucht werden – entweder über Buchungsportale für Hotelvermittlung oder direkt bei dem Dienstleister selbst. Preisvergleiche sind online schnell möglich.

Unternehmensdienstleister und Reiseagenturen bieten einen Rundum-Service in Form von Software-Modulen an, die das Reisemanagement erleichtern. Diese Software kann möglicherweise in die Unternehmenssoftware integriert werden, um den Workflow zu optimieren. Unternehmen können den gesamten Prozess des Reisemanagements softwaregestützt organisieren (siehe S. 272).

Beispiel:

Quelle: http://www.bahn.de/p/view/index.shtml [27.04.2015]

Kompetenztraining

91

1. Recherchieren Sie insgesamt fünf geeignete Buchungssysteme von
   - Verkehrsträgern (Anbietern von Verkehrsmitteln),
   - Hotels,
   - Beratungsunternehmen für Reisemanagement

   und geben Sie einen kurzen Überblick darüber, welche Möglichkeiten diese Buchungssysteme bieten!
2. Beschreiben Sie Online-Buchungssysteme, die Sie in Ihrem Ausbildungsbetrieb oder privat nutzen und bewerten Sie Ihre Erfahrungen!

4.4 Zahlungsmittel bereitstellen

4.4.1 Bargeldlose Zahlungsmittel für Geschäftsreisen

Die gebräuchlichsten Zahlungsmittel für Geschäftsreisen sind die Girocard[1] und die Kreditkarte.

(1) Girocard

Girocard-Zahlung ist eine bargeld- und beleglose Zahlungsart, bei der die Zahlung an einer automatisierten Ladenkasse unter Verwendung einer Girocard direkt am Verkaufsort **(Point of Sale: POS)**[2] vorgenommen wird.

Die elektronischen Zahlungen mithilfe der maschinell lesbaren Karten sind möglich, weil Hotels, Geschäfte, Tankstellen, Restaurants u. Ä. in Verbindung mit den Banken elektronische Kassen (Girocard-Terminals) eingerichtet haben. Werden die Karten bei der Zahlung vertragsgemäß verwendet, garantieren die Banken die Einlösung der Kartenzahlung. Die Girocard-Zahlung kann online oder offline abgewickelt werden.

Symbole wie **V-PAY** und **MAESTRO** zeigen an, dass mit der entsprechenden Girocard europa- bzw. weltweit bezahlt werden kann – sofern die ausländischen Händler dies akzeptieren.

Gleiches gilt für die Möglichkeit, das internationale Geldautomatennetz zu nutzen.

(2) Kreditkarte

Bei der **Zahlung mit Kreditkarte** werden im Unterschied zur Girocard die Beträge dem Girokonto des Karteninhabers in der Regel nicht sofort belastet, sondern bei der Kreditkartengesellschaft gesammelt und monatlich vom Girokonto abgebucht. Der Kunde erhält einen zeitlichen Kreditrahmen (daher: Kreditkarte, Credit Card).

---

1 Die **Girocard** bezeichnet man auch als **Debitkarte**. Debit (engl.): Schulden, Belastung (des Kontos). Zu den **Grundlagen des Zahlungsverkehrs** siehe auch Band 1, Lernfeld 4, Kapitel 7.2.

2 **Point of Sale (POS)**: „Punkt des Verkaufs"; Verkaufsort.

Die Kreditkarte ist ein Ausweis. Legt der Inhaber diesen vor, erhält er Waren oder Dienstleistungen, ohne diese sofort bezahlen zu müssen.

Kreditkarten sind wichtige Dokumente auf Auslandsreisen. Bei Flugreisen werden sie bereits zum automatischen Check-in eingesetzt. In Verbindung mit den elektronischen Tickets und der Kreditkarte erfolgt das Check-in an Automaten, die an Flughäfen zur Verfügung stehen.

Mit einer Kreditkarte kann in Geschäften, Hotels, Restaurants, bei Autovermietungen usw. bargeldlos bezahlt werden, sofern der Anbieter der Leistung dem jeweiligen Kartensystem angeschlossen ist.

Welche Vorteile bieten Firmenkreditkarten?

- ☑ keine Reisevorschüsse
- ☑ klare Trennung zwischen Geschäfts- und Privatausgaben
- ☑ vereinfachte Reisekostenabrechnung
- ☑ umfangreiche Versicherungsleistungen
- ☑ Sonderkonditionen im Geschäftsverkehr mit Partnerunternehmen
- ☑ hohe Sicherheit der Transaktionen
- ☑ elektronische Rechnungsstellung genau nach Vorgaben

Für viele Unternehmen ist es kostensparend, **Firmenkreditkarten (Corporate Card)** als Reisezahlungsmittel zur Verfügung zu stellen.

Vor allem die Reisekostenabrechnungen vereinfachen sich und das Controlling wird erleichtert. Die Datenerfassung der getätigten Ausgaben erfolgt in statistischen Reports, die eine genaue Kostenanalyse erlauben. Die Übereinstimmung mit den Reiserichtlinien kann detailliert überprüft werden.

4.4.2 Bargeld

Trotz aller bargeldlosen Zahlungsmöglichkeiten wird bei vielen Gelegenheiten Bargeld verwendet, z. B. für Trinkgelder oder Taxifahrten. Für die Bezahlung mit Bargeld wurden allerdings in einigen Ländern bestimmte Höchstgrenzen eingeführt, die beachtet werden müssen. Davon abgesehen ist innerhalb Europas die Barzahlung relativ problemlos.

In den Ländern des **Euroraums** sind die Euro-Banknoten und Euro-Münzen gesetzliches Zahlungsmittel.

Bei Reisen in **Länder, die nicht den Euro als Währung haben,** wird der Euro in die nationale Währung umgetauscht. Dabei

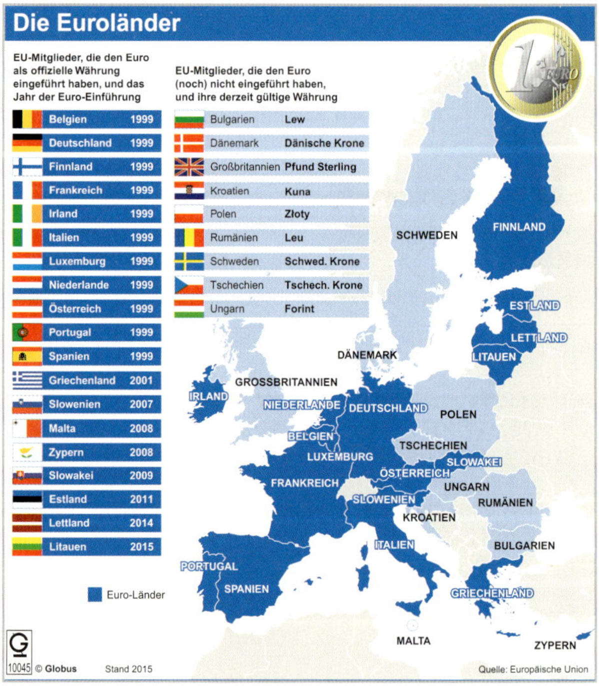

ist der **Wechselkurs** interessant: Ausländisches Bargeld (Sorten) wird zu einem Sortenkurs gehandelt. Die Abrechnung zum Sortenkurs ist teurer als zum Devisenkurs, da die Vorhaltung der Sorten für die Bank höhere Kosten verursacht als die bargeldlose Zahlung in Fremdwährung. In der Regel ist der Währungsumtausch im Zielland günstiger als der Umtausch vor der Abreise im Inland. Falls der Währungsumtausch vor der Reise im Inland vorgenommen wird, sollte die ausländische Währung – je nach Reiseland – rechtzeitig bei der Bank bestellt werden. Wichtig: Vor der Reise sind die Bestimmungen eines Landes für die Ein- und Ausfuhr von Währungen zu prüfen.

KOMPETENZTRAINING

92

Hinweis:
Die folgenden Arbeitsaufträge knüpfen an die Situation in Kompetenztraining Nr. 89 an.

1. Ihr Ausbildungsleiter möchte auf seiner Reise in die Schweiz für den Notfall Bargeld im Wert von 300,00 EUR zur Verfügung haben. Erläutern Sie, wie Sie ihn in diesem Fall beraten!

2. Ihr Ausbildungsunternehmen hat neuerdings eine Firmenkreditkarte für Geschäftsreisen eingeführt. Ihr Ausbildungsleiter ist skeptisch und möchte wissen, welche Vorteile diese Karte hat. Beschreiben Sie die Merkmale einer Firmenkreditkarte (Corporate Card)!

3. Ihr Ausbildungsleiter möchte gern in Zürich für seine Frau ein Geschenk kaufen. Er fragt Sie, ob er dort mit seiner privaten Girocard mit Maestro-Zeichen zahlen kann. Begründen Sie die Antwort, die Sie ihm geben!

LS 3

4.5 Reisedokumentation erstellen

4.5.1 Reiseplan erstellen

Der **Reiseplan** enthält Informationen über
- sämtliche Termine,
- die Abfahrt/die Zwischenstationen/die Ankunft/den Veranstaltungsort,
- alle notwendigen Kontaktadressen,
- weitere Hinweise (z. B. auf zusätzliche Reiseunterlagen).

Der Reiseplan sollte als oberstes Dokument in die Reisemappe gelegt werden und auch den Mitarbeitern zur Verfügung stehen, die befugt sind, Einzelheiten zu kennen und diese Informationen während der Abwesenheit des Reisenden benötigen.

Für den Notfall (z. B. bei Streiks, Staus, Verspätungen) sollte ein **Plan B** bereitgehalten werden. Im Fall des Verlusts von wichtigen Reisedokumenten ist schnell Ersatz zu beschaffen, dafür sollten Kopien der Originaldokumente an sicherer Stelle hinterlegt werden.

Beispiel eines Reiseplans:

Reiseplan – Reise von: Herrn Dr. Julius Lombardo, Leiter Abteilung Aus- und Weiterbildung			
Datum	**Uhrzeit**	**Aktivitäten**	**Infos**
14.04.20..	08:40 Uhr 12:00 Uhr	Abfahrt Mannheim Hbf Ankunft Zürich HB	ICE 73, siehe Ticket
	12:30 Uhr	Check-in Helvetia Towers Hotel	Helvetia Towers Hotel Wilhelm-Tell-Str. 1 8700 Zürich Internet: tohelvet.ch (siehe App. Terminplaner)
	13:00 Uhr – 14:00 Uhr	Treffen mit Herrn Matthias Wehrli und Herrn Justus Schneebeli, Swiss Edutainment Co., Zürich	Restaurant Seeblick, Helvetia Towers Hotel (siehe App. Terminplaner) Swiss Edutainment Co. Schweizer Bergblick 6 8700 Zürich Internet: eduswiss.ch
	15:00 Uhr – 18:00 Uhr	Besprechung mit Herrn Prof. Dr. Leon Weber und Frau Prof. Dr. Nina Kern, Zurich School of Economics – Master of Business Studies	Zurich School of Economics – Master of Business Studies Zieglergasse 11 8090 Zürich Internet: zuschoec.ch (siehe App. Terminplaner)
	ab 18:00 Uhr	Abendprogramm mit den Gesprächspartnern der Zurich School of Economics	Planung: Herr Prof. Dr. Leon Weber (Tel. siehe App. Terminplaner)
15.04.20..	09:00 Uhr – 16:00 Uhr	Messebesuch: Swiss Professional Learning	Messezentrum Zürich Wallisellenstr. 49 8050 Zürich (siehe Messe App)
	17:00 Uhr 20:25 Uhr	Abfahrt Zürich HB Ankunft Mannheim Hbf	ICE 84 siehe Ticket

4.5.2 Reisemappe zusammenstellen

Es sollten zwei übersichtliche und handliche Folder[1] erstellt werden, getrennt für die Reiseunterlagen und die geschäftlichen Unterlagen.

Reiseunterlagen	■ Reiseplan und Checkliste ■ Tickets ■ Reservierungsbestätigungen ■ Identifikationspapiere (diese Dokumente werden von dem Reisenden persönlich beigefügt)

1 **Folder**: Dokumententaschen, Hefter, Mappen.

geschäftliche Unterlagen	■ Dokumente, die in Zusammenhang mit dem Anlass der Reise stehen ■ Kontaktadressen, Notfallrufnummern ■ Terminplan ■ Informationen über Besonderheiten des Zielortes

Dokumente in Papierform sollten sich auf die unbedingt notwendigen Unterlagen beschränken. Gerade bei Reisen mit Bahn oder Flugzeug ist es wichtig, Gewicht und Umfang des Gepäcks so gering wie möglich zu halten. Ein Verlust von Reisegepäck mit Unterlagen kann zu großem Schaden führen, daher gehören Geschäftsunterlagen nur ins Handgepäck, das unter Kontrolle des Reisenden steht. Die Sicherheit vertraulicher Geschäftsdaten ist besonders zu beachten.

4.5.3 Technische Geräte auswählen

Unter Einhaltung strenger Regeln des Datenschutzes und der Datensicherheit kann mit dem Reisenden über gesicherte Datenleitungen kommuniziert werden. Die persönlichen informationstechnischen Geräte müssen unter ständiger Aufsicht des Reisenden sein. Fremde Datenträger sollten auf keinen Fall verwendet werden.

Es sollten nur die unbedingt notwendigen Geräte mitgeführt werden, die besonderen Sicherheitskriterien entsprechen, z. B. ein Mobiltelefon (Smartphone) und gegebenenfalls ein Laptop.

4.5.4 Sonstige Arbeitsunterlagen und berufliche Reisegegenstände bereitstellen

Ein Schreibblock und Schreibgerät, kleine Aufmerksamkeiten in Form von Gastgeschenken und ein Behälter mit Visitenkarten komplettieren den Inhalt des Aktenkoffers. Wenn Gastgeschenke mitgeführt werden, sind bei Auslandsreisen die Zoll- und Einfuhrbestimmungen des Ziellandes zu berücksichtigen. Außerdem sind die kulturellen Gepflogenheiten und die Interessen des Gastgebers maßgebliche Auswahlkriterien. Die Gegenstände sollten sich für das Reisegepäck eignen, d. h. leicht, klein und problemlos mitzunehmen sein. Sie sollten bei Flugreisen auch den Bestimmungen für Handgepäck entsprechen.

Kompetenztraining

93

1. Sie haben in Kompetenztraining Nr. 89, Aufgabe 1, eine Checkliste erstellt. Vervollständigen Sie dieses Formular mit sinnvollen Angaben nach eigener Wahl!
2. Sammeln Sie fünf Beispiele für Aufgaben, die für die Zeit der Abwesenheit organisiert werden müssen, damit der Geschäftsablauf reibungslos funktioniert!
3. Sie möchten Ihrem Ausbildungsleiter beim Packen seines Aktenkoffers behilflich sein. Beschreiben Sie, wie Sie die Unterlagen zusammenstellen und um welche Unterlagen und Gegenstände es sich dabei handelt!
4. Nennen Sie technische Geräte, die zur Kommunikation mitgenommen werden sollten. Begründen Sie Ihre Auswahl!
5. 5.1 Erläutern Sie drei Merkmale, die bei der Auswahl eines Gastgeschenkes zu beachten sind!
   5.2 Diskutieren Sie in Ihrer Lerngruppe Beispiele von Werbe- oder Gastgeschenken, die Sie kennengelernt haben und beurteilen Sie diese!
   5.3 Nennen Sie drei Beispiele von Gastgeschenken, die Sie zur Mitnahme auf eine Geschäftsreise empfehlen würden und begründen Sie Ihre Auswahl!

5 Geschäftsreisen durchführen

5.1 Im Team organisieren

(1) Voraussetzungen

Oft können Abweichungen vom Reiseplan eintreten. Meetings verschieben sich, Verkehrsverbindungen müssen aus verschiedenen Gründen umgebucht werden. Für diese organisatorischen Aufgaben ist ein **Ansprechpartner** wichtig, der auch während der Reise zur Verfügung steht und das Reisemanagement übernimmt. Er trägt zu einer entspannten und erfolgreichen Geschäftsreise bei.

Der **Reisemanager** sollte sich vor allem in die Lage des Geschäftsreisenden versetzen können, der meist einem besonderen Aufgaben- und Zeitdruck ausgesetzt ist.

Bei Auslandsreisen ist gegebenenfalls auf unterschiedliche Zeitzonen zu achten. Es gilt festzustellen: Wie viel Uhr ist es bei dem Gesprächspartner?

Der Organisator der Reise (der Reisemanager) und der Geschäftsreisende sollten ein Team bilden und über gemeinsame Fähigkeiten und Kompetenzen verfügen:

Teamfähigkeit

effektives Zeitmanagement

Kommunikationsfähigkeit

technische Kompetenz im Umgang mit Kommunikationsgeräten

Bei der Durchführung einer Geschäftsreise spielen **Reisemanagementsysteme für mobile Geräte** eine zunehmend wichtige Rolle. Diese dienen zur

- Kommunikation mit internen und externen Reisemanagern,
- Information über Verkehrsverbindungen,
- Umbuchung von Hotel- und Verkehrsverbindungen,
- Terminverwaltung,
- Aktualisierung von Kontaktadressen,
- Reisekostenabrechnung,
- Reiseberichtserstellung.

Die Kommunikation mit Mitarbeitern des eigenen Unternehmens über sichere und schnelle Datenleitungen ist entscheidend, um Aufträge abzugeben, wichtige Informationen auszutauschen und Bestellannahmen weiterzuleiten.

(2) Unterstützung in Notfällen

Für den Notfall wurde der Geschäftsreisende mit den erforderlichen Kontaktadressen ausgestattet:

Notfall	Kontaktadresse (Organisation)
Krankheitsfall	Krankenversicherungen
Kreditkartenverlust	Banken und Serviceunternehmen zum Sperren der Karte und zur Information des kontoführenden Kreditinstitutes
Passverlust	amtliche Stellen (im Ausland: Konsulate, Generalkonsulate, Botschaften)
Verlust der Kfz-Papiere, des Führerscheins oder des Personalausweises	die amtlichen Stellen der Heimatbehörde

Wenn der Pass verlorengeht oder gestohlen wird, muss im Ausland sofort die zuständige **berufskonsularische Vertretung** (Generalkonsulate, Konsulate, Botschaften) kontaktiert werden, um ein Ersatzpapier zu bekommen (einen „Reiseausweis als Passersatz zur Rückkehr in die Bundesrepublik Deutschland").

Es ist sinnvoll, vorher **Kopien der Ausweispapiere** anzufertigen, da bei Verlust damit schneller Ersatzpapiere ausgestellt werden können. Bei Verlust wichtiger Papiere (Pass, Personalausweis, Bankkarte) und einem Verdacht auf Diebstahl ist außerdem eine Verlustanzeige an die Polizei zu veranlassen.

Wenn der verloren oder gestohlen geglaubte Pass oder Ausweis wiedergefunden wird, sind die betreffenden Behörden sofort zu informieren. Sollte der Reisende zu einem späteren Zeitpunkt mit seinem als gestohlen oder verloren gemeldeten Pass versuchen einzureisen, kann dies zu erheblichen Schwierigkeiten bis hin zum Einzug des Passes führen.

5.2 Erfolgreich kommunizieren

(1) Den Geschäftspartner verstehen

Geschäftsreisen werden auch in Zukunft aktuell sein, weil sie Geschäftspartnern die beste Möglichkeit bieten, sich persönlich kennenzulernen. Diese Chancen sind bei Videokonferenzen oder Telefongesprächen nicht mit gleicher Wirkung gegeben.

Die charakteristischen Anforderungen einer Geschäftsreise liegen darin, neue Geschäftsbeziehungen aufzubauen, Konflikte zu beheben und positive Veränderungen in der Zusammenarbeit mit Geschäftspartnern anzuregen. Dafür werden ausgeprägte soziale Fähigkeiten verlangt. Es ist wichtig, die Bedürfnisse der Gesprächspartner – ob Mitarbeiter, Kunden, Klienten oder Dienstleister – zu erkennen und darauf einzugehen.

Der Erfolg einer Geschäftsreise hängt weitgehend von dem emotionalen Klima ab, in dem die Gespräche stattfinden. Voraussetzung für gegenseitiges Verständnis ist eine **kritische Selbstwahrnehmung** und **Achtsamkeit auf die Signale des anderen**. Vor allem dessen nonverbale Reaktionen, wie Mimik, Gestik und Körperhaltung geben Aufschluss darüber, ob eine erfolgreiche Beziehung hergestellt wurde.

Gerade im Umgang mit Gesprächspartnern aus **verschiedenen Kulturkreisen** kann es leicht zu Missverständnissen kommen, sowohl sprachlich als auch durch Fehldeutungen der Körpersprache.

Eine ausgeprägte **Empathie,** d. h. das Vermögen, sich in die Sichtweise des Gesprächspartners zu versetzen, ist notwendig, um Menschen aus verschiedenen Ländern und mit unterschiedlichem sozialen Hintergrund, zu verstehen und von ihnen verstanden zu werden.

(2) Eine gemeinsame Sprache sprechen

Im globalen Geschäftsleben gehören zur interkulturellen Kompetenz auch die **Bereitschaft und Fähigkeit, in angemessener Form in einer Fremdsprache zu kommunizieren**. Der Gesprächspartner wird das Bemühen um gegenseitiges Verstehen anerkennen. Je öfter die Fremdsprache praktiziert wird, desto erfolgreicher und selbstverständlicher wird deren Anwendung.

Für eine Geschäftsreise ist es von praktischer Bedeutung, für die wichtigsten Situationen der gesprochenen Sprache gut vorbereitet zu sein, z. B.

Meetings durchführen:	**Taking part in meetings:**
■ motivieren, ermutigen ■ Informationen einholen, Vorschläge machen, Präsentationen durchführen ■ aktives Zuhören ■ Verhandlungen führen, zu einer Einigung kommen	■ motivating and supporting someone ■ gathering information, making suggestions, presenting facts and figures ■ listening, showing empathy ■ negotiating, reaching an agreement
Telefongespräche führen	**Making phone calls**

Sprachliche Trainingsmöglichkeiten finden sich überall, ob online, offline oder im realen Geschäftsleben!

Kompetenztraining

94 1. Zahlreiche Reise-Apps können auf mobilen Geräten genutzt werden und dazu dienen, Bahnreisen, Flüge oder Hotelunterkünfte zu buchen.

Aufgaben:

1.1 Recherchieren Sie im Internet nach Reise-Apps und erläutern Sie Vorteile und Risiken!

1.2 Schlagen Sie Lösungen vor, wie die Risiken vermieden werden können!

2. Ein Geschäftsreisender, dessen Reise Sie betreuen, teilt Ihnen mit, dass er seinen Reisepass vermisst. Der Reisende hat die deutsche Staatsangehörigkeit und befindet sich zurzeit in den USA.

Aufgaben:

2.1 Erläutern Sie, welche Empfehlungen Sie ihm für diesen Fall geben!

2.2 Nennen Sie eine Maßnahme, die der Geschäftsreisende vorher für diesen Fall getroffen haben sollte!

95 1. Entscheiden Sie, welche **Äußerungen (A)** Sie mit den unten angeführten **Situationen (B)** verbinden. Tragen Sie hinter jeder Äußerung die entsprechende Ziffer der Situation ein, in der sie angewendet werden kann.

(A) You may say …

a) *That's a great idea!*	☐
b) *Why don't we try it this way?*	☐
c) *How many people are employed by your company?*	☐
d) *As you can see from these charts our market shares are increasing.*	☐
e) *May I just ask a question?*	☐
f) *Let's try to find a solution which is acceptable for both of us.*	☐
g) *I think you are quite right.*	☐
h) *Don't you think it might be possible to …?*	☐
i) *That's all I can do for you, I'm afraid. Please let me know by tomorrow morning, if this is acceptable for you.*	☐
j) *I see that you are really well informed.*	☐

(B) … in the following situations

① motivating and supporting someone
② gathering information, making suggestions
③ presenting facts and figures
④ negotiating, reaching an agreement

2. Finden Sie weitere Beispiele für Äußerungen in Geschäftssituationen, z. B. jemanden um Hilfe bitten, einen Vorschlag ablehnen, Flüge buchen!

6 Geschäftsreisen nachbereiten

LS 4

Nachdem der Geschäftsreisende wieder von seiner Reise zurückgekehrt ist, beginnen die Nacharbeiten:

- Reisekosten abrechnen
- Ergebnisse der Geschäftsverhandlungen auswerten
- Kontakt mit den besuchten Gesprächspartnern aufnehmen
- Reisebericht verfassen
- Reiseablauf (Organisation) auswerten

6.1 Reisekostenabrechnung erstellen

Geschäftsreisen sind ein großer Kostenfaktor für ein Unternehmen. Daher werden die entstandenen Kosten genau analysiert. Für zukünftige Planungen werden folgende Fragen geprüft:

- Sind Einsparmöglichkeiten vorhanden?
- Stehen Aufwand und Ergebnis der Reise in einem angemessenen Verhältnis?
- Gibt es effizientere Möglichkeiten für die Reisegestaltung?
- Durch welche anderen Maßnahmen können die angestrebten Ziele zukünftig erreicht werden? (Können Geschäftsreisen z. B. eingeschränkt werden?)

Die Grundlage dieser Analyse bildet die Reisekostenabrechnung.

6.1.1 Rechtliche Grundlagen

(1) Rechtsquellen

Die rechtlichen Grundlagen der Reisekostenabrechnung bilden **arbeitsrechtliche und steuerrechtliche Regelungen.** Demgemäß unterteilen sich die Reisekosten in Positionen, die unterschiedlich einzuordnen sind.

Bestimmte Reisekosten übernimmt der Arbeitgeber, andere entfallen auf den Arbeitnehmer. Die Regelungen dafür finden sich z. B. in

- Betriebsvereinbarungen,
- innerbetrieblichen Reiserichtlinien,
- Tarifverträgen,
- Arbeitsverträgen und
- den Grundlagen des Arbeitsrechts.

Die selbst zu tragenden Kosten kann der Arbeitnehmer in seiner Einkommensteuererklärung als Werbungskosten geltend machen.

Die **steuerlichen Richtlinien** geben vor, welche Kosten in welcher Höhe als angemessen berücksichtigt werden. Über den aktuellen Stand des Reisekostenrechts sollte sich der Geschäftsreisende vor der Reise informieren, z.B. im Intranet seines Unternehmens, im Internet (unter www.bundesfinanzministerium.de u.a.), durch Steuerberater, Berufsverbände.

(2) Dokumentation durch Belege

Über die Kosten lässt sich der Geschäftsreisende **Belege** ausstellen. Diese Belege werden für die Reiseabrechnung benötigt. Wenn in Sonderfällen keine Belege vorgelegt werden können (z.B. bei Garderobengebühren oder Benutzung von Schließfächern), kann ein Eigenbeleg ausgestellt werden.

Dieser **Eigenbeleg** muss bestimmte Mindestangaben aufweisen:

- Name des Empfängers der Zahlung
- Gegenstand oder Dienstleistung, die erworben wurden
- Grund, warum ein Eigenbeleg ausgestellt wurde
- Datum der Dienstleistung oder des Kaufs
- Gesamtkosten, die dabei entstanden sind
- Datum und Unterschrift des Ausstellers des Eigenbelegs

6.1.2 Reisekosten

(1) Begriff Reisekosten

Reisekosten sind Kosten, die ein Geschäftsreisender im Rahmen seiner beruflich veranlassten Auswärtstätigkeit aufwendet.

Zu den Reisekosten gehören

- **Fahrtkosten**
- **Übernachtungskosten**
- **Verpflegungskosten** (Verpflegungsmehraufwendungen, Spesen)
- **Reisenebenkosten** (sonstige Aufwendungen)

(2) Fahrtkosten im Rahmen einer Geschäftsreise

Als **Fahrtkosten** gelten die Kosten für die Nutzung von Nah- und Fernverkehrsmitteln (Bahnen, Bussen, Straßen- und U-Bahnen, Taxis, Fluglinien), privater Kraftfahrzeuge und Dienstfahrzeugen.

Fahrtkosten für eine Geschäftsreise werden in der Regel vom Arbeitgeber übernommen und können dann vom Arbeitnehmer nicht mehr als Werbungskosten geltend gemacht werden. Andernfalls sind sie in voller Höhe steuerlich absetzbar.

19 Hug, Knauer, Lennartz, Speth - ISBN 978-3-8120-0673-6

Der Geschäftsreisende muss die **Tickets** für seine Reiseabrechnung aufbewahren, um die Kosten nachzuweisen. Sie werden in der Abrechnung unter den Belegen aufgeführt. Bei Pkw-Nutzung können die gefahrenen Kilometer als **Kilometerpauschale** abgerechnet werden.

(3) Übernachtungskosten

Übernachtungskosten können entweder in ihrer tatsächlichen Höhe gegen **Einzelnachweis oder** aber – nur wenn der Arbeitgeber die Kosten erstattet[1] – mit einer **Übernachtungspauschale** abgerechnet werden.

Die **Übernachtungspauschale in Deutschland** beträgt 20,00 EUR.[2] Wenn die Hotelkosten in ihrer tatsächlichen Höhe abgerechnet werden und im Übernachtungspreis das Frühstück enthalten ist, sind für das Frühstück 20 % der Pauschale für Verpflegungsmehraufwand (in Höhe von 24,00 EUR), d. h. 4,80 EUR abzuziehen. Eine Abrechnung der Übernachtungskosten in der tatsächlichen Höhe nach Einzelnachweis ist in der Regel bei Inlandsreisen für den Geschäftsreisenden günstiger.

Beachte:

Bei den zurzeit in Deutschland geltenden **Umsatzsteuersätzen** ist zu berücksichtigen, dass die Kosten für Übernachtung mit 7 % USt und die Verpflegung (z. B. Frühstück) und andere Leistungen mit 19 % USt belegt werden. Diese unterschiedlichen Sätze müssen auf der Rechnung getrennt ausgewiesen werden.

Bei **Geschäftsreisen ins Ausland** gelten andere Regelungen. Im Ausland sind die Pauschalen je nach den besuchten Ländern unterschiedlich.[3]

(4) Verpflegungsmehraufwendungen (Spesen)

Auf einer Geschäftsreise entstehen Mehrkosten für die Verpflegung, weil der Reisende sich üblicherweise nicht so günstig wie zu Hause oder an seiner Arbeitsstelle verpflegen kann. Diese Mehrkosten werden als **Verpflegungsmehraufwand** bezeichnet.

Für den Verpflegungsmehraufwand gelten steuerrechtlich bestimmte Pauschalen, die von der Abwesenheitsdauer abhängig sind und davon, ob es sich um eine Inlands- oder um eine Auslandsreise handelt. Bei **Auslandsreisen** richten sich die Pauschalen für den Verpflegungsmehraufwand nach den Ländern, in denen die Geschäftsreise stattfindet. Die Tabellen mit diesen Auslands-Pauschbeträgen enthalten auch die Übernachtungspauschalen.

1 Erstattet der Arbeitgber dem geschäftsreisenden Arbeitnehmer die Übernachtungskosten nicht, kann der Arbeitnehmer die **nachgewiesenen tatsächlichen Übernachtungskosten** in seiner Einkommensteuererklärung **als Werbungskosten** geltend machen.

2 Stand: 1. Dezember 2015.

3 Die Tabellen mit den Pauschbeträgen für die einzelnen Länder sind im Internet veröffentlicht, siehe z. B. die Informationen des Bundesfinanzministeriums unter bundesfinanzministerium.de/Content/DE/Downloads/BMF_Schreiben/Steuerarten/Lohnsteuer/2014-12-19-Steuerliche-Behandlung-Reisekosten-Reisekostenverguetungen-2015.html.

Kosten für Verpflegungsmehraufwand können in der Reisekostenabrechnung nur als Pauschale abgerechnet werden. Diese steuerlichen Sätze werden jedes Jahr neu angepasst.

Beispiele:

Innerhalb Deutschlands gelten folgende Verpflegungspauschalen:[1]

An- und Abreisetag und Abwesenheit von 8–24 Stunden	12,00 EUR
Ganztätige Abwesenheit von 24 Stunden	24,00 EUR

Kosten für die **Bewirtung von Geschäftsfreunden** müssen getrennt abgerechnet werden. Sie gehören nicht zur Reisekostenabrechnung.

(5) Reisenebenkosten (sonstige Aufwendungen)

Während einer Reise entstehen häufig noch weitere Kosten, die nicht unter die vorher genannten Rubriken fallen: die Reisenebenkosten. Sie sind in tatsächlicher Höhe abzugsfähig und mit Belegen nachzuweisen.

Beispiele:

- Parkgebühren
- Trinkgelder
- Gepäckkosten
- Bankautomatengebühren
- dienstliche Telefongespräche
- Straßenbenutzungsgebühren (Mautgebühren)

Reisekostenvorschüsse, die gewährt wurden, sind bei der Reisekostenabrechnung zu berücksichtigen.

6.1.3 Reisekostenabrechnungen mithilfe einer Software

Reisekostenabrechnungen können mit Standard-Computerprogrammen erstellt werden, wie z. B. Excel.[2]

Beim Erstellen einer Reisekostenabrechnung gibt es zahlreiche Fehlerquellen, die Kosten verursachen können. Vor allem ist es schwierig, den Überblick über die **„Zettelwirtschaft"** der Belege zu behalten.

Als Lösung werden spezielle Computerprogramme für die Reiseabrechnung angeboten **(Reisemanagementsysteme),** die zu einer Arbeitserleichterung und zu einer Verringerung der Fehlerquote führen sollen. Die Systeme können **web- oder cloud-basiert** sein (und damit auch auf mobilen Geräten zu nutzen) oder Basis-Lösungen für den Arbeitsplatzcomputer darstellen. Insbesondere bei den web- und cloud-basierten Lösungen ist auf die Datensicherheit und den Datenschutz zu achten.

Bei einer Vielzahl von Geschäftsreisen besteht die Möglichkeit, dass das Unternehmen, die Reisekostenabrechnung komplett einem **externen Dienstleister** übergibt. Dieser übernimmt von der Kontrolle der Belege bis hin zur Archivierung der Dateien und Unterlagen die Abwicklung des gesamten Prozesses.

---

1 Stand: 1. Dezember 2015.

2 Ein Muster finden Sie z. B. in Zimmermann: „Erfolgreiches Büromanagement mit EXCEL 2010 – Kaufmann/-frau für Büromanagement", Merkur Verlag Rinteln, S. 142 (Merkurbuch 0791) bzw. in der Ausgabe für EXCEL 2013, S. 151 (Merkurbuch 0811).

Kompetenztraining

96 Herr Dr. Julius Lombardo, Leiter der Abteilung Aus- und Weiterbildung eines mittelständischen Unternehmens in Mannheim, bei dem Sie ausgebildet werden, ist von einer Geschäftsreise nach Zürich zurückgekehrt (siehe Reiseplan zu Kapitel 4.5.1).

Ihnen liegt die folgende, noch unvollständige Reisekostenabrechnung vor:

Reisekostenabrechnung			
Name, Vorname	Dr. Lombardo, Julius		
Personal-Nr.	1246		
Beginn der Reise	**Datum** 14.04.20..	**Uhrzeit** 08:20 Uhr	**Ort** Mannheim, Privatadresse
Ende der Reise	**Datum** 15.04.20..	**Uhrzeit** 20:45 Uhr	**Ort** Mannheim, Privatadresse
Ziel der Reise	Zürich, Schweiz		
Letzter Tätigkeitsort im Ausland	Zürich, Schweiz		
A Fahrtkosten			
Verkehrsmittel	**Beleg-Nr.**	**Betrag in EUR nach Beleg**	**Summe in EUR**
*Privater Pkw ☐ *Dienstwagen ☐ Taxi ☒ Deutsche Bahn ☒ Flugzeug ☐ Sonstige ☐	(*gefahrene km · km-Pauschale) Beleg 1 und 4 Taxi Beleg 2 Bahnticket	Beleg 1 11,00 Beleg 4 11,00 Beleg 2 133,80	**155,80**
B Verpflegungs- und Übernachtungskosten			
Verpflegungs-mehraufwendungen (Pauschale, ohne Beleg)	**Berechnung**		**Summe in EUR**
Übernachtungskosten (Pauschale, ohne Beleg)	**Berechnung**		**Summe in EUR**
C Reisenebenkosten	**Beleg-Nr. 5–8**		**Summe in EUR** **36,00**
Summe A–C			**Summe in EUR**
D Abzüglich Vorschuss	**Datum/Beleg-Nr./Betrag** –		**Summe in EUR** –
E Vom Arbeitgeber vor Reiseantritt über-nommene Kosten	Fahrtkosten Bahnticket Beleg 2 – 133,80 EUR Das Ticket wurde dem Reisenden zur Verfügung gestellt.		**Summe in EUR** 133,80

Reisekostenabrechnung		
F Saldo Mehrkosten/ Rückerstattung	**Bemerkungen:**	**Summe in EUR**
Ort, Datum:		
Unterschrift:		

Aufgaben:

1. Ermitteln Sie unter Berücksichtigung der unten stehenden Informationen
   1.1 die Summe der Verpflegungsmehraufwendungen und die Übernachtungspauschale,
   1.2 den Betrag der Gesamtreisekosten,
   1.3 den Betrag, der dem Geschäftsreisenden ausbezahlt wird!

   Information: Maßgeblich für die Ermittlung der Pauschbeträge ist der letzte Tätigkeitsort im Ausland.

Land	Pauschbeträge für Verpflegungsmehraufwendungen		Pauschbetrag für Übernachtungskosten
Schweiz	bei einer Abwesenheitsdauer von mindestens 24 Stunden je Kalendertag	für den An- und Abreisetag sowie bei einer Abwesenheitsdauer von mehr als 8 Stunden je Kalendertag	Pauschbetrag für Übernachtungskosten
■ Genf	62,00 EUR	41,00 EUR	174,00 EUR
■ im Übrigen	48,00 EUR	32,00 EUR	139,00 EUR

Quelle: Bundesministerium der Finanzen: Steuerliche Behandlung von Reisekosten und Reisekostenvergütungen bei betrieblich und beruflich veranlassten Auslandsreisen ab 1. Januar 2015.

2. Nennen Sie fünf Beispiele für Reisenebenkosten!
3. Angenommen, der Geschäftsreisende kann für die Nutzung eines Gepäckschließfaches keine Quittung vorlegen. Entscheiden Sie, wie Sie bei der Reisekostenabrechnung vorgehen!

6.2 Ergebnisse der Reise auswerten

6.2.1 Dokumente auswerten

Je nach Dauer der Geschäftsreise werden die wichtigsten Ergebnisse (z. B. Vertragsentwürfe, Verbesserungsvorschläge zur Optimierung der Zusammenarbeit) schon während der Reise in Form von Aktennotizen und Protokollen formuliert oder als Voice-Mail direkt an die Mitarbeiter übermittelt. Die Dateien werden den Mitarbeitern des eigenen Unternehmens auf dem E-Mail-Server abgestellt. Die Geschäftspartner erhalten Besprechungsprotokolle.

Bei kürzeren Reisen erfolgt die Erstellung dieser Dokumente nach der Reise.[1] Eine Zusammenfassung der Ergebnisse erfolgt nach der Reise in Form eines Reiseberichts.

6.2.2 Terminvereinbarung überwachen

> Die sorgfältige Überwachung der vereinbarten Termine hat obersten Stellenwert zur Sicherung der Ergebnisse.

Zunächst wird eine **Prioritätenliste** aufgestellt und daraus eine **Terminplanung** entwickelt. Alle Termine, die mit internen und externen Gesprächspartnern vereinbart wurden, werden in die Planungsinstrumente aufgenommen, d. h. in die Software, auf Papierdatenträger und in Plantafeln. Das Ergebnis der Aufgaben wird dokumentiert.

6.2.3 Kontakt mit besuchten Geschäftspartnern aufnehmen

Zu den wichtigsten Aufgaben, die nicht hinausgeschoben werden dürfen, gehört es, sich telefonisch und/oder schriftlich bei den Geschäftspartnern für die freundliche Aufnahme zu bedanken und sie über den neuesten Stand der Vereinbarungen und die Terminsituation zu informieren.

Diese Gespräche und schriftlichen Mitteilungen dienen der Festigung der Geschäftsbeziehungen. Es wird dabei bekräftigt, dass die Geschäftspartner selbstverständlich über die weitere Entwicklung der gemeinsamen Aufgaben auf dem Laufenden gehalten werden.

> Die gute kommunikative Beziehung auch nach Abschluss der Reise zu stärken, gehört zu den wesentlichen Aufgaben der Nachbereitung einer Geschäftsreise.

6.2.4 Reisebericht verfassen

(1) Leitfragen

Wie bei allen Informationen stellen sich die Fragen:

- **An wen** richtet sich der Bericht (Empfänger)?
- **Welche inhaltliche Bedeutung** kommt den einzelnen Abschnitten im Hinblick auf das Ziel der Reise zu?
- **Wie ausführlich** müssen die einzelnen Punkte behandelt werden, um Klarheit zu erbringen?

Nach den Antworten auf diese Fragen richten sich Inhalt und Gestaltung des Berichts.

(2) Inhalt

Die inhaltliche Gliederung erfolgt in der Regel chronologisch (in zeitlicher Reihenfolge) und sachlogisch (nach Thema).

Die Inhalte werden thematisch – unter einer Überschrift – dargestellt, mit Angabe der Orte, der Gesprächspartner und der Ergebnisse der Besprechungen. Wichtig ist, dass aus dem Reisebericht für die Verantwortlichen ersichtlich wird, auf welchem Stand eine Ver-

1 Zur Form von Protokollen und Aktennotizen siehe Band 1, Lernfeld 2, Kapitel 3.3 und Kapitel 4.2.2.8.

handlung sich befindet, welche Fragen noch zu klären sind und welcher Zeitraum hierfür zur Verfügung steht. Es müssen klare Terminvorgaben und Verantwortlichkeiten benannt werden. Letztlich handelt es sich um ein Protokoll der Reiseergebnisse.

(3) Formale Gestaltung

Den Kopf des Dokumentes bilden der Name des Verfassers, Orte und Daten des Geschäftsbesuches. Der Hauptteil wird nach Themen gegliedert (s.o.). Bei ausführlichen Sachinformationen (z.B. über Produktneuheiten oder Grafiken, die Entwicklungen darstellen) sollten diese in einem Dateianhang angefügt werden. Ein Reisebericht kann umfangreich sein und aus mehreren Dateianhängen bestehen: z.B. Textdateien, Tabellenkalkulationen, Grafikdateien, Dateien mit ausführlichen Bild- und Textinformationen.

Aufbau eines Reiseberichts	
Dokumentenkopf:	Verfasser, Ort, Daten zum Geschäftsbesuch
Hauptteil:	Sachinformationen (z.B. Gesprächspartner, Besprechungsergebnisse)
Schlussteil:	Ort, Datum, Unterschrift (Datei-)Anlage Verteiler

Der Bericht wird mit Ort, Datum und Unterschrift des Geschäftsreisenden abgeschlossen. Darunter erscheinen die Anlagen und Verteilvermerke. Im Verteiler sollten alle Personen genannt werden, die mit den Themen befasst sind. Das bedeutet auch, dass der Empfängerkreis auf die betroffenen Personen zu beschränken ist. Die Empfänger erhalten den Bericht mit einem kurzen Anschreiben, verbunden mit der Bitte um Feedback.

(4) Verteilen des Reiseberichts

Umfangreiche Dokumentationen sollten digital über das interne Firmennetz den Empfängern zur Verfügung gestellt werden. Damit werden der Arbeitsaufwand für das Drucken und Vervielfältigen, Papierverbrauch und Archivierungsraum eingespart.

Nachdem der Reisebericht an die Empfänger verteilt wurde, werden die Termine und Aufgaben, die sich aus dem Bericht ergeben, mit den üblichen Planungswerkzeugen der Aufgabenverwaltung überwacht.

6.2.5 Reiseorganisation beurteilen

Zur Erfolgsbewertung der Reise gehört auch, die Organisation des Reiseablaufs zu beurteilen. Anhand des Reiseplans können **Abweichungen** festgestellt und Gründe dafür benannt werden. Das Feedback des Reisenden über den Verlauf der Reise ist für den Reisemanager (den Mitarbeiter, der die Reise organisiert hat) sehr wertvoll, um zukünftige Geschäftsreisen besser zu organisieren.

Während des **Gesprächs mit dem Geschäftsreisenden** sollte sich der Reisemanager Notizen machen, z.B. zu den folgenden Leitfragen:

- Gab es Beschwerden über Verkehrsmittel, Hotelunterkünfte, Serviceleistungen?
- Sind Reklamationsfälle zu bearbeiten mit Folgen für die Rechnungsbegleichung?

- Sind Versicherungsfälle zu regeln (z. B. Gepäckversicherung bei verloren gegangenem oder beschädigtem Reisegepäck)?
- Waren die Terminvorgaben realistisch geplant?
- Hielten sich die Kosten im Rahmen der Reiserichtlinien?

Aus diesen Notizen werden **Schlüsse für zukünftige Planungen** gezogen: Was war gut, was kann zukünftig verbessert werden? Die Ergebnisse der Bewertungen werden für spätere Reiseplanungen auf Termin gelegt. Checklisten werden aktualisiert und Reisemappen auf den neuesten Stand gebracht.

Ein **Fazit** über den Reiseerfolg kann anhand des Reiseberichts (geschäftlicher Erfolg) und der Auswertung der Reiseorganisation (organisatorischer Erfolg) gezogen werden. Die Aufwendungen für die Reise werden mit dem Erfolg verglichen.

Der **Erfolg für das Unternehmen** lässt sich allerdings nicht nur an den Geschäftsabschlüssen und Vertragsvereinbarungen ablesen. Die verbesserten menschlichen Beziehungen, die während der Reise entstanden sind, lassen sich erst **langfristig bewerten** und können entscheidend zum Geschäftserfolg beitragen.

Kompetenztraining

97

1. Erläutern Sie vier Aufgaben, die Sie – außer der Reisekostenabrechnung – nach der Geschäftsreise erledigen sollten!

2. Der folgende Arbeitsauftrag bezieht sich auf die Ausgangssituation in Kompetenztraining Nr. 89 und den Reiseplan auf S. 282.

   Der Geschäftsreisende, Herr Lombardo, bedankt sich nach der Reise bei seinen Gastgebern. Die US-Amerikanerin Frau Prof. Dr. Nina Kern, kann er telefonisch nicht erreichen, daher möchte er ihr eine E-Mail schicken. Der Text soll in Englisch verfasst werden.

   Aufgabe:

   Formulieren Sie unter Berücksichtigung der im Folgenden genannten inhaltlichen Vorgaben den E-Mail-Text!

   Inhalt:

   - Empfänger: nina.kern@zuschoec.ch
   - Anrede: Dear Professor Kern
   - Bedanken Sie sich für die freundliche Aufnahme an der Zurich School of Economics am 14. April.
   - Die Präsentation der Lernprogramme hat Sie sehr beeindruckt.
   - Danken Sie für die interessanten Diskussionen und die ausgezeichneten Ideen.
   - Wählen Sie ein zeitnahes Datum für die E-Mail nach Ende der Geschäftsreise.

6.3 Reiserichtlinien erstellen

LS 5 Die Organisation von Dienstreisen ist untrennbar mit dienstlichen und steuerrechtlichen Vorgaben verbunden. In vielen Unternehmen werden zur organisatorischen Erleichterung innerbetriebliche Reiserichtlinien erlassen. Diese gelten für alle Mitarbeiter des Unternehmens. Die Richtlinien müssen regelmäßig auf Aktualität hin überprüft werden und dem geltenden Steuerrecht für Reisekosten und dem Arbeitsrecht angepasst werden.

Welche Vorteile bieten Reiserichtlinien?

- ☑ Reiserichtlinien geben **klare Anweisungen** für die Planung, Durchführung und Nachbereitung von Dienstreisen.
- ☑ Die einheitliche Handhabung **erleichtert Buchungs- und Abrechnungsmodalitäten** sowie **das Controlling**.
- ☑ Ökonomisch und ökologisch ausgerichtete Reiserichtlinien (die wiederum an dem Leitbild des Unternehmens ausgerichtet sind) **erleichtern und unterstützen** die **Entscheidungen bei der Wahl von Verkehrsmitteln und Unterkünften.**
- ☑ **Fehlervermeidung und Effizienz durch Standardisierung**: Bei Unternehmen mit einem hohen Reisevolumen sind die Reiserichtlinien meist im Workflow des Reisemanagementsystems integriert. Alle Dateneingaben in das System werden automatisch auf ihre Übereinstimmung mit den Reiserichtlinien überprüft.

Beispiele für den Inhalt von Reiserichtlinien:

- Genehmigungsverfahren für Dienstreisen
- Vorgabe, nur über ein bestimmtes Buchungssystem zu buchen
- Befugnisse für die organisatorische Abwicklung von Geschäftsreisen
- Anforderungen, die an die Belege gestellt werden
- bevorzugte Leistungsanbieter (Hotels, Autovermietungen, Verkehrsmittel)
- Leistungskategorien für Unterkünfte
- aktuelle Übernachtungs- und Verpflegungspauschalen
- Regelungen zur Datensicherung und zum Datenschutz
- Anweisungen über Verwendung von Hard- und Software während einer Dienstreise
- Notfallrufnummern
- Sanktionen, die bei Nichtbeachtung der Richtlinien erfolgen

Für die rechtssichere **Erstellung von Reiserichtlinien** sind umfangreiche Fachkenntnisse im gesamten Reisemanagement erforderlich. Um die Einhaltung der Reiserichtlinien softwarebasiert zu unterstützen, kooperieren Fachkräfte für Reisemanagement und Systementwickler. Dienstleister für Reisemanagement bieten entsprechende Programme zur Integration in Unternehmenssoftware an.

KOMPETENZTRAINING

98

1. Erläutern Sie, welchem Zweck Reiserichtlinien in einem Unternehmen dienen!
2. Nennen Sie fünf Punkte, die in Reiserichtlinien geregelt werden können!
3. Informieren Sie sich, welche Vorgaben über Reiseorganisation in Ihrem Ausbildungsbetrieb gemacht werden!
4. Beschreiben Sie, wie die Reiseorganisation in Ihrem Ausbildungsbetrieb durchgeführt wird!

Lernfeld **13**

Ein Projekt planen und durchführen[1]

LS 1

1 Einen Überblick über die Projektwirtschaft[2] gewinnen

(1) Begriff Projekt

„Es ist Spätherbst, schon seit Tagen folgen sie bei eisigen Temperaturen den Mammutherden auf ihrem alljährlichen Marsch in den Süden. Von der heutigen Jagd hängt es ab, ob ihre Familie den folgenden harten Winter überstehen wird. Im Kampf gegen die Mammuts setzen sie auf ihre Geheimwaffe – eine zweieinhalb Meter lange Stoßlanze, die sie dem Riesen mitten ins Herz stoßen werden. Bei Nacht werden sie versuchen, einen der Giganten zu erlegen, um genügend Fleisch und Felle für den Winter zu haben. Doch sie sind nicht der einzige Jäger, der heute im Lonetal[3] nach Beute sucht. Der mächtige Höhlenlöwe steht an der Spitze der Nahrungskette und auf seinem Speiseplan steht auch der Mensch…

Vergleichbare Szenen dürften sich im Lonetal vor 30 000 Jahren abgespielt haben. Ein kaltes eiszeitliches Klima und eine nur schwach bewaldete Tundren- und Steppenlandschaft prägten damals das Erscheinungsbild des Lonetals. Große Tierherden zogen auf ihrem alljährlichen Marsch von den grasreichen Steppen im

Norden in die wärmeren Alpenregionen durchs Lonetal. Und schon lange bevor der moderne Mensch auf der Bildfläche erschien, lebten Neandertaler rund um die Höhlen im Lonetal."[4]

Projekte sind nichts Neues. Sie sind eine besondere Form der Arbeitsorganisation und es gibt sie, seit es Menschen gibt. Obige Beschreibung zeigt, dass bereits eine Mammutjagd vor 30 000 Jahren alle Merkmale in sich vereinigte, die nach der Norm DIN 69901 ein Projekt definieren.

1 Die Ausführungen dieses Lernfeldes lehnen sich an folgende Literatur an:
Drews, Hillebrand, Kärner, Peipe, Rohrschneider: Praxishandbuch Projektmanagement, 1. Auflage, Freiburg, 2014.
Kraus, Becker-Kolle, Fischer: Change-Management, 2. Auflage, Berlin 2006.

2 **Projektwirtschaft**: Oberbegriff für alle Einrichtungen und Maßnahmen, die zur Realisierung des Projektes dienen.

3 Das Lonetal liegt zwischen Stuttgart und München, unweit des Autobahnkreuzes Elchingen. Dort ist der Fundort von einigen der ältesten Zeugnisse menschlicher Kultur (z. B. Löwenmensch).

4 Quelle: http://www.lonetal.net/barrierefrei/mammutjaeger.html [02. 10. 2014].

Definition nach DIN 69901	Parallelen hierzu in der Mammutjagd
„**Vorhaben,** das im Wesentlichen durch die **Einmaligkeit ... der Bedingungen** in ihrer Gesamtheit gekennzeichnet ist, wie z. B. ...	*In jedem Jahr ist die Jagd durch einmalige Bedingungen gekennzeichnet, z. B. in Bezug auf Wetter, Windrichtung, verfügbare Jäger in der Sippe mit jeweils unterschiedlichen Erfahrungen und Fähigkeiten, Zeit der Wanderung der Tiere, Beginn und Ende der Jagd.*
■ **Zielvorgabe** (messbar),	*Zwei Mammuts erlegen, um genügend Fleisch und Felle für den bevorstehenden Winter zu haben.*
■ **zeitliche,** ■ **finanzielle,** ■ **personelle und** ■ **andere Begrenzungen,**	■ *Der jährliche Durchzug der Mammuts ist auf den Spätherbst begrenzt.* ■ *Es steht nur eine begrenzte Anzahl an Jägern (erwachsene Männer der Sippe) zur Verfügung.* ■ *Die Art und Zahl der Jagdwaffen ist beschränkt.*
■ **Abgrenzung gegenüber anderen Vorhaben;**	*Das Vorhaben konzentriert sich darauf, Mammuts zu jagen. Andere Tätigkeiten, wie z. B. Beeren sammeln, werden zurückgestellt.*
■ **projektspezifische Organisation.**"	■ *Arbeitspaket:[1] Stoßlanzen rechtzeitig und in ausreichender Menge herstellen.* ■ *Arbeitspaket: Abtransport des Fleisches, quasi die Logistik, durchführen.* ■ *Aufgaben unter den Gruppenmitgliedern verteilen und die Reihenfolge ihrer Ausführung planen (Wer treibt wann die Mammutherde nachts mithilfe von Fackeln in die Sümpfe? Wer tötet die Mammuts? usw.)* ■ *Risiken, hier der Höhlenlöwe, rechtzeitig erkennen, um Krisen (Angriff des Löwen) zu vermeiden.* ■ *Die aktuelle Situation muss ständig mit dem geplanten Ablauf verglichen und gegebenenfalls korrigiert werden (Führt die Fluchtrichtung der Mammuts in die Sümpfe?). Nachträglich ist vielleicht zu prüfen, ob nicht ein anderes Tal oder die Auswahl anderer Tiere (junge, unerfahrene statt ausgewachsene Giganten) erfolgversprechender ist (Projektcontrolling).*

Heutige Projekte haben zudem häufig die folgenden charakteristischen Merkmale:

- Sie sind **komplex**[2] in ihren Zusammenhängen und können daher nicht durch ein einfaches **„Wenn-dann-Denken"** bewältigt werden. Die Komplexität kann darin liegen, dass
  - zunächst ein wesentlicher Teil der Anforderungen und damit das **Projektziel selbst** und auch der **Lösungsweg** dorthin unklar sind,
  - es **nicht nur eine Lösung** gibt, sondern mehrere, und dass deren Erfolgsaussichten nicht exakt vorhergesagt werden können,
  - die Teilziele des Projektes einander widersprechen und damit **Zielkonflikte** vorhanden sind.

1 Arbeitspaket: Siehe Kapitel 3.3.3, S. 325 ff.

2 **Komplex**: vielseitig verflochten.

- Bedingt durch die Komplexität bedarf es der **fachübergreifenden Zusammenarbeit** von Mitarbeitern unterschiedlicher Disziplinen bzw. Abteilungen.
- Ein reger Informationsaustausch und die Aktivierung der **„Gruppenintelligenz"**[1] werden gefördert durch die Arbeit im Rahmen einer **Teamorganisation.**

(2) Abgrenzung zwischen betrieblichem Projekt und Geschäftsprozess

Häufig werden die Begriffe Projekt und Geschäftsprozess nicht trennscharf auseinander gehalten und dadurch missbräuchlich verwendet. Nachdem beide Begriffe bereits eingeführt sind,[2] sollen sie einander gegenübergestellt werden.

Begriffe	Erläuterung	Beispiele
Betriebliches Projekt	Ein betriebliches Vorhaben, das sich auszeichnet durch die Einmaligkeit der geltenden Bedingungen. Daher wird es in seiner Gesamtheit zu diesen aktuellen Bedingungen nur **einmal ausgeführt.**	■ Durchführung eines „Tages der offenen Tür", ■ erstmalige Installation eines Intranets, ■ Neubau einer Lagerhalle, ■ Errichtung einer Filiale, ■ Fusion zweier Unternehmen
Geschäftsprozess	Folge von zusammenhängenden, betrieblichen Tätigkeiten, die sich **wiederholen.**	■ Abwicklung eines Kundenauftrages, ■ Durchführung der Inventur, ■ Vergleich von Angeboten

Kompetenztraining

99 1. Nennen Sie Beispiele für bekannte „Projekte" in der Menschheitsgeschichte!

2. Recherchieren Sie im Internet nach dem NASA-Weltraumspiel und führen Sie in der Klasse das Spiel durch. Analysieren Sie das Ergebnis insbesondere daraufhin, wie die Gruppenlösungen im Vergleich zu den Individuallösungen abschneiden! Geben Sie an, welche Konsequenzen Sie für Ihre eigene Arbeitsorganisation hieraus ableiten!

3. Sie sollen für einen Fußballverein ein regionales Jugendturnier als Projekt organisieren. Nennen Sie Teilaufgaben, die bewältigt werden müssen und geben Sie hierzu an, welche besonderen fachlichen Qualifikationen zur Bearbeitung dieser Aufgabe erforderlich sind!

4. Erklären Sie den Unterschied zwischen einem betrieblichen Projekt und einem Geschäftsprozess und bilden Sie hierzu je zwei Beispiele!

---

1 Die **Gruppenintelligenz** trägt dazu bei, dass Teamlösungen von durchschnittlich qualifizierten Mitarbeitern in aller Regel besser sind als die Einzellösung des besten. Ein anschaulicher Nachweis hierfür lässt sich erbringen mit der Durchführung des **NASA-Weltraumspiels,** siehe hierzu viele Quellen im Internet, z. B. http://de.wikipedia.org/wiki/NASA-Weltraumspiel.

2 Zum Begriff Geschäftsprozess siehe Lernfeld 11, Kapitel 5.2.2.

2 Projektmanagementprozess

2.1 Notwendigkeit, Projekte als standardisierten Prozess durchzuführen

Es hat sich bewährt, Projekte nach einem bestimmten, standardisieren Verfahren und damit als Prozess durchzuführen. Daraus ergeben sich folgende Vorteile:

- Die Standardisierung[1] **stellt sicher, dass die Tätigkeiten innerhalb der Projektabwicklung systematisch, professionell und auf stets dieselbe, bewährte Weise durchgeführt** werden.
- Wird das Projektmanagement als Prozess geführt, dann unterliegt auch dieser einer **kontinuierlichen Weiterentwicklung** (siehe hierzu auch Lernfeld 11). Die **Projektergebnisse** werden dadurch **auf immer effizientere Weise** erreicht.
- Aufgrund der internationalen Verflechtung der Betriebe überschreiten deren Projekte auch die örtlichen Betriebsgrenzen, die Komplexität erhöht sich. **Standards erleichtern es** den betriebsübergreifenden Projektteams, **miteinander zu kommunizieren und den Projektablauf aufeinander abzustimmen.**

2.2 Begriff Projektmanagement

Nach DIN 69901-5:2009 versteht man unter **Projektmanagement** die Gesamtheit von Führungsaufgaben, -organisation, -techniken und -mitteln für die Initiierung[2], die Definition, die Planung, die Steuerung und den Abschluss von Projekten.

Das Projektmanagement ist somit über den gesamten Lebenszyklus des Projektes – beginnend von der Initiierung bis zum Abschluss – mit diesem befasst.

Einen Überblick zu den Phasen (Teilprozessen) des Projektmanagementprozesses gibt die Darstellung auf S. 302.

2.3 Rollen, Aufgaben und Phasen im Projektmanagementprozess

Der zunehmende Umfang und die Komplexität von Projekten führen dazu, dass im Rahmen der Projektabwicklung viele Rollen zu besetzen und Aufgaben zu erledigen sind. Dies verlangt die **fachübergreifende Zusammenarbeit von Mitarbeitern unterschiedlicher Disziplinen.**

Die **Rollen- und Aufgabenverteilung** unter allen Projektteilnehmern muss **zu Beginn des Projektes klar festgelegt** werden. Ist dies geschehen und akzeptiert, dann kennt jeder seine Aufgabe und Verantwortlichkeit sowie die Regelungen in Bezug auf die Informationsbeziehungen und -kanäle. Die Mitglieder können sich auf die Bewältigung der Sachaufgabe konzentrieren. Andernfalls sind Konflikte und Missverständnisse nahezu unvermeidlich – mit negativen Konsequenzen für den Projekterfolg. Die angesprochenen Tätigkeiten werden umfasst mit dem Begriff **Projektorganisation.**

1 Unter **Standards** versteht man hier eine einheitliche, anerkannte Art und Weise, ein Projekt zu managen. Betriebe schreiben diese Standards fest in einem **Projektmanagement-Handbuch.**

2 Initiieren: den Anstoß geben.

Der Projektmanagementprozess lässt sich in seinen Phasen (Teilprozessen) wie folgt darstellen:

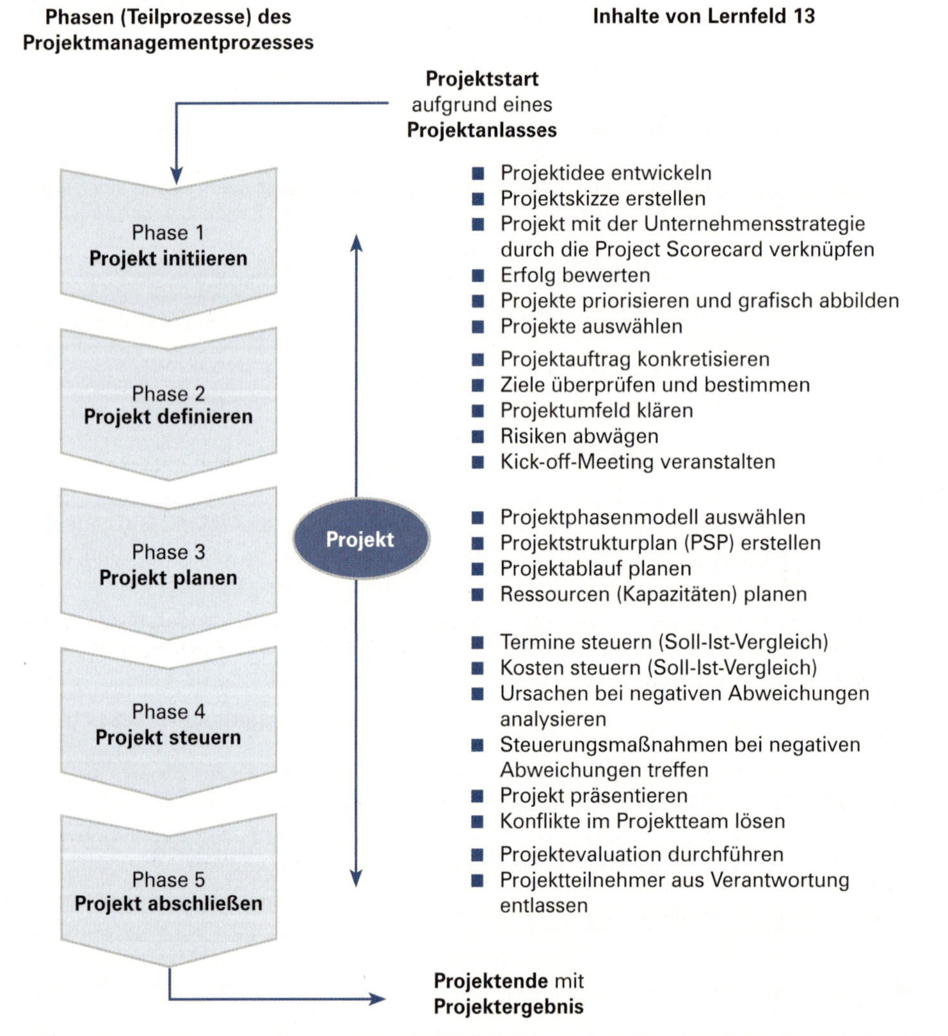

Die **wichtigsten Rollen** und die **zugehörigen Aufgaben** innerhalb des Projektmanagementprozesses sind:

(1) Projektleiter

Er ist die zentrale Anlaufstelle für alle Projektteilnehmer. Er muss über folgende Kompetenzen verfügen:

- **Fachkompetenz** (hohes fachliches Können auf dem betreffenden Gebiet, Grundkenntnisse in den damit verwandten Gebieten),

- **Führungskompetenz** (Kommunikation nach innen und nach außen, Motivation der Teammitglieder, Regelung von Konflikten),
- **Methodenkompetenz** (Beherrschung der Projektmanagementmethoden, Organisationsfähigkeit und Improvisationstalent) sowie über
- **Sozialkompetenz** (Teamfähigkeit, Kontaktfreudigkeit, Flexibilität und Lernbereitschaft).

Seine wichtigsten Aufgaben:

- Er **vereinbart messbare Projektziele** mit dem Auftraggeber, **kommuniziert diese gegenüber den Teammitgliedern** und ist **verantwortlich für die Zielerreichung.**
- Er **plant das Projekt** und **wählt die erforderlichen Methoden** aus.
- Er **bildet die Arbeitspakete** und **verteilt diese auf die Teammitglieder, überwacht den Projektfortschritt** und **leitet bei Abweichungen die gebotenen Maßnahmen** ein.
- Er **unterrichtet den Auftraggeber** mittels Zwischenberichten und Präsentationen über den aktuellen Projektstatus.
- Er **moderiert die Treffen der Teammitglieder.**
- Er holt **Entscheidungen beim Auftraggeber ein.**

Kurzum: Er sorgt dafür, dass der Projektverlauf vorankommt und jeder stets weiß, was er zu tun hat.

(2) Projektcontroller

Bei kleineren Projekten übernimmt der Projektleiter diese Rolle. Bei größeren wird diese Stelle innerhalb des Projektteams eingerichtet. Es ist Aufgabe des Projektcontrollers, den Projektleiter zu unterstützen.

Im Besonderen

- **überwacht er den Projektfortschritt** und **ermittelt die Abweichungen** durch einen Vergleich des aktuellen Projektstandes mit der Planung (Soll-Ist-Vergleich).
- Er **analysiert die Abweichungen,** leitet daraus eine **Vorhersage ab über den voraussichtlichen Projektverlauf** und **erstellt Handlungsempfehlungen,** über welche der Projektleiter oder auch der Auftraggeber entscheiden.
- Falls erforderlich **aktualisiert er den Projektplan.**

(3) Auftraggeber

Er ist der Initiator des Projektes und entweder ein interner oder ein externer Kunde.

- Er **entscheidet über die Zielsetzung** des Projektes und **stimmt diese mit dem Projektleiter ab.**
- Er stellt die **finanziellen Mittel** und die für das Projekt bedeutsamen **Informationen zur Verfügung.**
- Am Schluss **nimmt er das Projekt ab** und **entlastet den Projektleiter von der Verantwortung.**

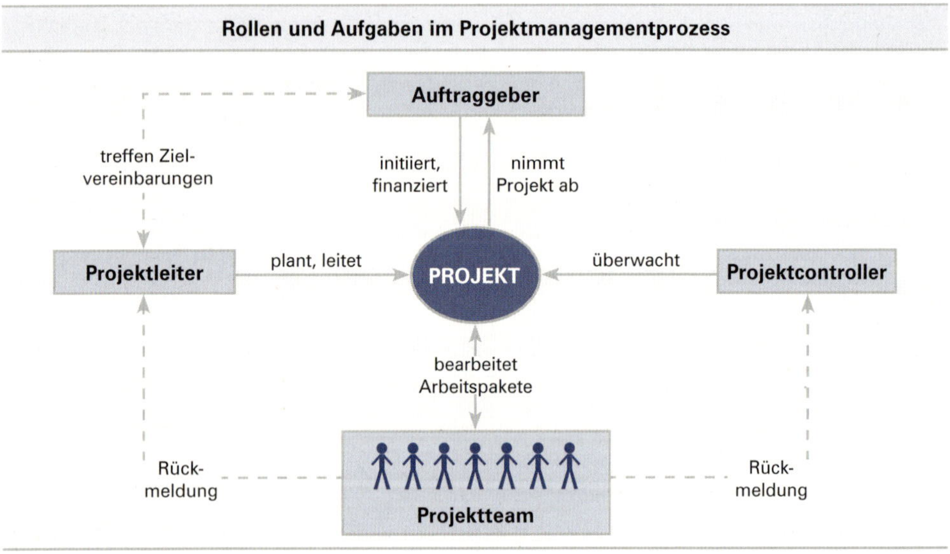

(4) Projektteam

Es ist Aufgabe der Teammitglieder,

- die **Arbeitspakete zu bearbeiten,**
- dem Projektleiter bzw. dem Projektcontroller **Rückmeldungen** zu **geben über den Stand der Projektarbeit, über Schwierigkeiten, Hindernisse oder Zeitverzögerungen,**
- die Projektleitung zu unterstützen, indem sie im Falle von Abweichungen **Korrekturmaßnahmen vorschlagen.**

(5) Steuerungsgruppe

Die Steuerungsgruppe hat wichtige Aufgaben über alle Projekte des Unternehmens hinweg. Sie

- **nimmt die Projektanträge entgegen** und **bewertet die Projekte** nach strategischer Ausrichtung, Dringlichkeit, Wirtschaftlichkeit und Kundennutzen.
- **entscheidet über die Projektauswahl,**
- **gibt ein Projekte frei, erteilt den Projektauftrag** und **benennt den Projektleiter,**

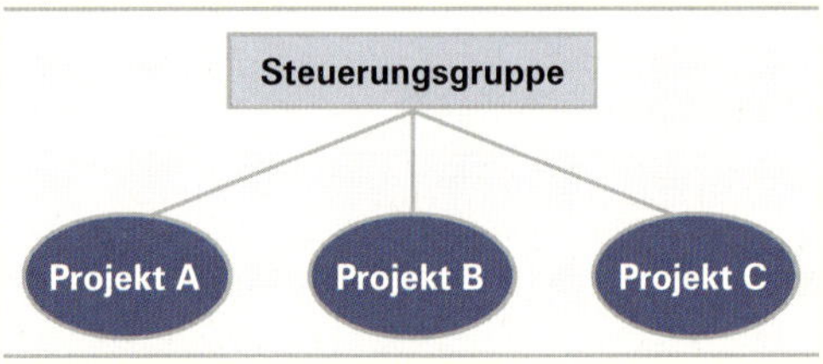

- **gibt** die erforderlichen **Finanzmittel** und die **personellen Ressourcen frei,**
- **gibt** die einzelnen **Projektphasen frei** und
- **entscheidet über** den weiteren **Fortgang eines Projektes,** falls das Projektziel oder das von anderen Projekten gefährdet erscheint.

Aufgrund ihrer unternehmensweiten Verantwortung setzt sich die Steuerungsgruppe beispielsweise zusammen aus

- **Mitgliedern der Geschäftsführung** und der **Managementebene der betroffenen Fachabteilungen**
- **allen Projektleitern** des Unternehmens.

Bei sehr umfangreichen Projekten oder solchen, bei denen Neuland betreten wird, können weitere Rollen notwendig sein, so z. B. eine **Expertengruppe,** die spezielles technisches Wissen zur Verfügung stellt.

KOMPETENZTRAINING

100
1. Begründen Sie die Notwendigkeit, Projekte in Form eines standardisierten Prozesses (Projektmanagementprozess) durchzuführen!
2. Nennen Sie die fünf Phasen des Projektmanagementprozesses nach DIN 69901-5:2009!
3. Das Management komplexerer betrieblicher Projekte verlangt die Besetzung verschiedener projektspezifischer Rollen. Nennen Sie drei Rollen und deren wichtigste Aufgaben!

3 Projektmanagementphasen unterscheiden

Die **Projektmanagementphasen beschreiben den idealen Verlauf im Lebenszyklus eines Projektes** und sind unabhängig von einem konkreten Einzelprojekt.

3.1 Phase 1: Projekt initiieren

3.1.1 Grundsätzliches

Die Phase der Projektinitiierung hat ihren Anfang in einer **Projektidee.** Diese kann auf gegebenen Anlässen (z. B. Kundenreklamation) oder Anregungen von Mitarbeitern beruhen. Über mehrere Schritte führt sie bis zum endgültigen Projektauftrag, dem offiziellen Startpunkt eines Projektes.

Sind mehrere Projekte zu bearbeiten, dann stellen sich die folgenden Fragen:

- Ist unser Pool an Projekten **am Zielsystem des Unternehmens ausgerichtet?** [1]
- **Welches der Projekte** aus dem Pool **bringt** für unser Unternehmen **die höhere Wertschöpfung** und ist bei beschränkten Ressourcen daher den anderen **vorzuziehen?**

Ein klar modellierter Prozess der Projektinitiierung stellt sicher, dass nur solche Projekte ausgewählt werden, die den Unternehmenserfolg wirkungsvoll unterstützen (die richtigen Dinge tun).

1 Im Rahmen von Lernfeld 11, dem Management von Geschäftsprozessen, haben wir uns in Kapitel 3.2 damit beschäftigt, die richtigen Dinge zu tun. Diese Aufgabenstellung begegnet uns auch im Rahmen des Projektmanagements.

Hierzu gehören:

- **Projektideen und -anträge** werden **an einer zentralen Stelle** im Unternehmen **gesammelt** (z. B. Büro des Projektmanagements).
- Ihre **Formulierung** hat sich **am Zielsystem des Unternehmens zu orientieren.**
- Die Projektauswahl und -priorisierung erfolgt nach einem **allseits akzeptierten Bewertungsprozess.**
- Das **Management steht hinter dem Verfahren.**

3.1.2 Projektidee entwickeln

Mit der Entwicklung der Projektidee wird zumindest ein Stück weit Neuland betreten, da über die Idee selbst, über mögliche Lösungswege und Ziele häufig nur diffuse Vorstellungen bestehen.

Für die **Ideengewinnung** gibt es zwei Möglichkeiten:

- die passive Ideenfindung und die
- aktive Ideensuche.

(1) Passive Ideenfindung

- Ideen kommen aus dem **eigenen Unternehmen,** z. B.
  - von den Mitarbeitern
  - aus dem betrieblichen Vorschlagswesen
  - aus der Forschungs- und Entwicklungsabteilung
  - aus Kundenbeschwerden dank eines eingerichteten Beschwerdemanagements
  - aus der kontinuierlichen Weiterentwicklung der bestehenden Geschäftsprozesse
  - aus erkannten Abweichungen zwischen der betrieblichen Realität und den Aussagen im Qualitätsleitbild

- Ideen kommen aus **externen Quellen,** z. B. durch
  - Befragung von Kunden
  - Publikationen
  - gesetzliche Vorschriften
  - Beobachtung der Konkurrenz

(2) Aktive Ideensuche durch Anwendung von Kreativitätstechniken

- **Brainstorming**

Um den Entwicklungsschritt der Ideengewinnung **aktiv** voranzutreiben, empfiehlt sich der Einsatz von Kreativitätstechniken.[1] Hierfür gibt es eine Reihe von Verfahren. Sie haben die Gemeinsamkeit, dass sie die Abwicklung **kreativer Prozesse** unterstützen.

1 **Kreativität:** schöpferische Fähigkeit, hier: Fähigkeit von Personen, neue Projektideen und Lösungsansätze hierfür zu entwickeln.

Das **Brainstorming-Verfahren** setzt in erster Linie auf die Spontaneität der Teammitglieder und hat das Ziel, möglichst viele neue Ideen in kurzer Zeit zu entwickeln. Hierbei trifft sich eine Gruppe von Experten unterschiedlicher Fachrichtungen (Techniker, Kaufleute usw.) zu einer Ideenkonferenz. Ein Moderator übernimmt die Leitung der Gruppe. Alle vorgebrachten Ideen und Vorschläge werden kritiklos akzeptiert, nach Möglichkeit aufgegriffen und weiterentwickelt.

	Brainstorming-Verfahren	
1. Phase	In dieser **ersten Phase** hat die **Menge der Ideen Vorrang vor deren Qualität**. Die Beiträge werden entweder schriftlich protokolliert oder der Ablauf wird elektronisch aufgezeichnet. Eine Bewertung der Ideen findet in dieser Phase nicht statt, sondern erst nach Ablauf der Konferenz. **Kritik ist nicht zugelassen.**	■ Intensiver Ideenfluss mit vielen, bereits bekannten naheliegenden Ideen, ■ wenig neue Vorschläge, ■ nachlassender Ideenfluss, ■ längere Pausen.
2. Phase	Erst in der folgenden **zweiten Phase ergeben sich Ideen mit innovativem Charakter,** mit denen dann auch Neuland betreten wird. Der Brainstorming-Prozess darf also nicht zu früh abgebrochen werden. Vielmehr muss er gezielt überzogen werden, da das kreative Potenzial erst „herausgepresst" werden muss und andernfalls verloren wäre.	■ Bereits vorgebrachte Gedanken werden jetzt verstärkt aufgegriffen und weiterentwickelt. ■ Dies ist die eigentlich kreative Phase mit höherem Anteil an innovativen Ideen.
	Im Anschluss an die Ideensammlung werden gleichartige Vorschläge zusammengefasst und auf ihre Umsetzbarkeit hin überprüft. Nicht brauchbare Vorschläge werden gestrichen.	

Interessant ist auch die **Ideengewinnung aus unerwarteten Fehlschlägen.**

Beispiel:

Ende der 60er-Jahre versuchte die 3M-Company einen neuen Klebstoff zu entwickeln. Heraus kam ein Kleber, der zwar überall haftete, aber sich rasch ablösen ließ. Jahre später erinnerte sich ein Arbeitskollege des Klebstoffentwicklers, der ein Lesezeichen für sein Gesangbuch benötigte, an diese Entwicklung. Das Lesezeichen haftete und ließ sich leicht entfernen, ohne dass die Seiten des Liederbuches beschädigt wurden. Die „Post-it"-Haftnotizen gehören heute zu den wichtigsten Erfindungen des 20. Jahrhunderts und verschaffen der 3M-Company jährlich Umsätze in dreistelliger Millionenhöhe.

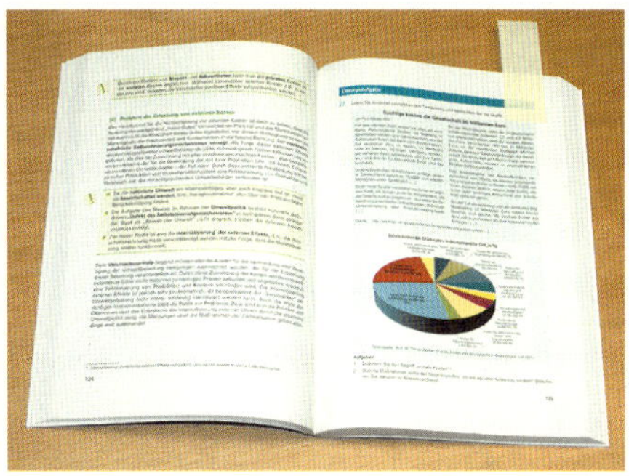

■ Weitere Kreativitätstechniken

<table>
<tr><th>Kreativitätstechnik</th><th>Kurzbeschreibung des Verfahrens</th></tr>
<tr><td>Brainwriting</td><td>Dieses Verfahren ist quasi die schriftliche Variante des Brainstormings. Gegenüber diesem bietet es folgende Vorteile:
■ Es kann über räumliche Distanz (via Internet) geführt werden.
■ Es ist auch einsetzbar, wenn die Gruppenmitglieder untereinander noch nicht über das notwendige Vertrauensverhältnis für direktes, mündliches Brainstorming verfügen.
■ Gruppendynamische Spannungen werden umgangen.
■ Brainwriting bietet mehr Anonymität und eignet sich daher besser für persönliche oder unternehmenspolitisch sensible Themen.
■ Da direkte Kritik (Körperhaltung, Gemurmel, Killerbemerkungen) vor versammelter Gruppe nicht möglich ist, kommen auch die Gedanken von eher zurückhaltenden Menschen zum Tragen.
■ (Vorlaute) Meinungsführer können das Verfahren nicht beeinflussen.</td></tr>
<tr><td>Methode 6-3-5</td><td>Grundlage hierfür bildet das Brainwriting. Von den 6 Teilnehmern einer Gruppe entwickelt jeder zunächst 3 Vorschläge und notiert diese auf einem Blatt. Nach maximal 5 Minuten wird das Blatt zum Nachbarn weitergereicht.
<table>
<tr><th>Person</th><th>Idee 1</th><th>Idee 2</th><th>Idee 3</th></tr>
<tr><td>1</td><td></td><td></td><td></td></tr>
<tr><td>2</td><td></td><td></td><td></td></tr>
<tr><td>3</td><td></td><td></td><td></td></tr>
<tr><td>4</td><td></td><td></td><td></td></tr>
<tr><td>5</td><td></td><td></td><td></td></tr>
<tr><td>6</td><td></td><td></td><td></td></tr>
</table>
Von diesem werden die Ideen ergänzt oder weiterentwickelt – bis alle 5 Nachfolger durchlaufen sind. Daraus erklärt sich der Name „Methode 6-3-5“: 6 Teilnehmer mit jeweils 3 Grundideen und 5 Nachfolgern.</td></tr>
<tr><td>Mindmapping (Gedanken-landkarte)</td><td>Das Verfahren eignet sich, um ein neues Themengebiet zu erschließen und zu strukturieren. Das Kernthema wird im Zentrum einer freien Fläche positioniert. Davon ausgehend verzweigen sich die Haupt- und von dort wieder die Unterthemen mit jeweils dünner auslaufenden Linien. Verbindungslinien kennzeichnen Zusammenhänge.
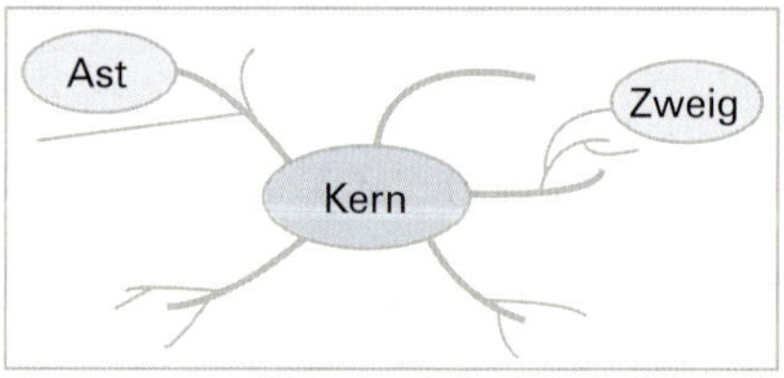</td></tr>
</table>

3.1.3 Projektskizze erstellen

Durch die Erstellung der anschließenden Projektskizze ist der Einreicher gezwungen, sich tiefer mit der Thematik auseinanderzusetzen. Die Projektidee gewinnt ihre ersten konkreten Umrisse, wird reicher an Substanz und Struktur. Deren Umfang beschränkt sich auf maximal drei Seiten.

Die Projektskizze ist das Dokument, mit dem das künftige Projekt gegenüber den **Stakeholdern**[1] vorgestellt und begründet wird. Sie müssen vom Projekt überzeugt werden, weil sie Einfluss haben auf dessen Bewilligung und die der Finanzmittel. Zu ihnen gehören z. B. Unternehmensleitung, Projektträger, Experten, Kunden, Fördereinrichtungen usw.

Eine Projektskizze lässt sich z. B. wie folgt gliedern:

1.	**Vorläufiger Arbeitstitel des Projektes**	
2.	**Einreicher, Ansprechpartner**	Name, Abteilung, Funktion, Kernkompetenz, Telefon, Mailadresse
3.	**Vorläufige Umschreibung des Projektziels**	■ Darstellung der Ausgangssituation. ■ Begründung für den Bedarf einer neuen Lösung. ■ Kurze Beschreibung des Problems, das durch dieses Projekt gelöst werden soll.
4.	**Verwertbarkeit**	Vorstellung des erwarteten Nutzens, z. B. ■ Stärkung der Wettbewerbsposition im Markt ■ intensivere Kundenbindung, häufigerer Kundenkontakt ■ Umsatzsteigerung, ■ Zeit- oder Kostenvorteile, ■ positive Effekte für den Arbeitsplatz oder das Betriebsklima.
5.	**Umsetzung**	Beschreibung der wesentlichen Schritte bis zur Erreichung des Projektziels, um dem Projekt die grundlegende Struktur zu geben.
6.	**Laufzeit**	Möglicher Starttermin und Abschätzung des Zeitraums für die Projektdurchführung.
7.	**Finanzierung**	Abschätzung der Kosten für Sachmittel, Reisen, Personal, Veranstaltungen, externe Beratung.

Gelingt es mithilfe der Projektskizze die Stakeholder zu überzeugen, wird die „Projektidee" übergeführt in den Status eines **„Projektvorhabens"**. Der Vorteil gegenüber der Projektidee liegt darin, dass der Aufwand für die ab jetzt anfallenden Arbeiten (Zielformulierung, Bewertung, Projektdefinition, Planung usw.) erfasst und dem Projekt zugerechnet werden kann.

3.1.4 Projekt mit der Unternehmensstrategie durch die Project Scorecard verknüpfen

(1) Grundkonzept der Project Scorecard

Die strategischen Ziele des Unternehmens geben den Denkrahmen vor, an dem sich das Projekt zu orientieren hat.

Die verbindende Brücke von den strategischen Unternehmenszielen zum Projekt kann über die **Project Scorecard** geschaffen werden.

1 **Stakeholder:** Alle Personen, die ein berechtigtes Interesse an der Durchführung und am Ergebnis des Projektes haben. Wer zu ihnen gehört, ergibt sich aus der Analyse des Projektumfeldes.

Die Project Scorecard ist durch folgende Kriterien charakterisiert:[1]

- Sie ist ein Instrumentarium zur Steuerung von Projekten.
- Sie dient dazu, das Projektvorhaben in konkreten Kennzahlen abzubilden, damit dies innerhalb des Projektteams und der Stakeholder kommuniziert und deren Zielerreichung kontrolliert werden kann.
- Sie kann das Erreichen der Projektziele zweifelsfrei beurteilen und ist zudem ein Frühwarnsystem, das rechtzeitig davor warnt, wenn im Laufe der Projektbearbeitung der Projekterfolg gefährdet scheint.
- Sie kann quantitative Zielgrößen (Kosten, Preise, Gewinn, Zeit) und qualitative Zielgrößen (Zugewinn an Erfahrung, Kundenzufriedenheit) in das Projekt einfließen lassen.
- Sie stärkt die Identifikation aller Beteiligten mit dem Projekt.

Gehören zum Unternehmensleitbild nicht nur ein CI-Leitbild[2], sondern auch ein Qualitätsleitbild[3], dann geben die dort formulierten Aussagen einen Rahmen **(Qualitätsplan)** vor, der Einfluss hat auf die Zielformulierung in der Project Scorecard.

(2) Schritte zur Erstellung eines vereinfachten Project-Scorecard-Modells

1. Ausgangspunkt ist das **Unternehmensleitbild.** Dieses ist ein realisierbares, wenn auch nur vage formuliertes oberstes Ziel, das die gemeinsamen Grundwerte, Überzeugungen, Verhaltensregeln und Standards zum Inhalt hat.
2. Aus dem Unternehmensleitbild werden anschließend die **strategischen Unternehmensziele** für die einzelnen Geschäftsbereiche abgeleitet.
3. Die **Stakeholder des Projektes** definieren gemeinsam im Rahmen eines Workshops ihre **Projektziele,** die sich an den übergeordneten strategischen Unternehmenszielen orientieren.
   Die Ableitung der Projektziele aus dem Zielsystem des Unternehmens lässt sich in Form der nachstehenden Pyramide darstellen.

1 Für das Konzept der Project Scorecard gibt es keine zwingende Vorschrift.

2 **CI-Leitbild**: Relativ abstrakte Aussagen zum Unternehmen als Ganzes. Adressaten sind Personen von außerhalb des Unternehmens. Das CI-Leitbild ist daher öffentlich. **„CI"** steht für **C**orporate **I**dentity.

3 **Qualitätsleitbild**: Relativ konkrete Aussagen zu den Qualitätsansprüchen in allen Unternehmensbereichen. Adressaten sind die Mitarbeiter innerhalb des Unternehmens. Das Qualitätsleitbild ist unternehmensintern.

4.	Die Projektziele werden in die Project Scorecard übernommen. Um sie zu strukturieren, werden sie verschiedenen Perspektiven[1] zugeordnet, z. B.
5.	Für jedes Projektziel wird eine maximal zu erreichende Punktzahl vorgegeben, die bei vollständiger Erfüllung erteilt wird. Erfolgskritische Ziele des Projektes werden mit einer höheren Punktzahl, weniger kritische Ziele mit einer geringeren Punktzahl bewertet.
6.	Um die Zielerreichung beurteilen zu können, müssen für jedes Ziel Messgrößen festgelegt werden.
7.	Jede Messgröße benötigt einen angestrebten Zielwert.
8.	Abzüge müssen festgelegt werden für den Fall, dass der angestrebte Zielwert nicht erreicht wird.
9.	Eine Gesamtbewertung der Zielerreichung ergibt sich dadurch, dass die erreichte Punktzahl mit dem Bewertungsschlüssel abgeglichen wird.

Perspektiven	Mögliche Ziele
Projektergebnisse	Diese Zielformulierungen beschreiben die verlangten Projektergebnisse, mit denen die strategischen Unternehmensziele gefördert werden.
Projektprozesse	Formulierung der Ziele für ein erfolgreiches Projektmanagement.
Zusammenarbeit, Lernen, Potenziale	Formulierung jener Ziele mit Auswirkungen auf die Projektmitarbeiter und die betriebliche Infrastruktur.

Beispiel für eine Project Scorecard:[2]

Projektziel	Erreichbare Punkte	Messgröße	Zielvorgabe	Abzüge	Erzielter Wert	Abzüge in Punkten	Erreichte Punkte
Projektergebnisse							
Qualität der erreichten Projektziele	30	Feedback durch Stakeholder im Rahmen der Statusberichte (Punkte 0–30)	30	Erfolgt aus Punktevergabe der Stakeholder			
Menge der erreichten Projektziele	10	Siehe Zielvorgaben im Projektstrukturplan (Punkte 1–10)	10	2 Punkte je nicht erreichtem Ziel			
Projektdurchführung							
Termineinhaltung	10	Schlusstermine der Meilensteine[3]	Siehe Meilensteintermine im Projektstrukturplan	2 Punkte je durchschnittl. Tag der Abweichung			

1 **Perspektive:** Sicht, Blickwinkel, Betrachtung von einem bestimmten Standpunkt aus.

2 Zur weiteren Verwendung dieser Project Scorecard im Rahmen des Projektabschlusses siehe Kompetenztraining Nr. 105, S. 342.

3 **Meilenstein:** Ein Ereignis von besonderer Bedeutung, siehe S. 330.

Projektziel	Erreichbare Punkte	Messgröße	Ziel-vorgabe	Abzüge	Erzielter Wert	Abzüge in Punkten	Erreichte Punkte
Mitarbeiter-einsatz	10	$\frac{\text{Iststunden} \cdot 100}{\text{Planstunden}}$	100 %	2 Punkte je 5 % Abweichung			
Zusammen-arbeit, Lernen, Potenziale							
Wissens-erweiterung	20	Feedback aus Befragung der Teammitglieder (Punkte 0–20)	20	Erfolgt aus Punktevergabe der Team-mitglieder			
Mitarbeiter-zufriedenheit	20	Feedback aus Befragung der Mitarbeiter (Punkte 0–20)	20	Erfolgt aus Punktevergabe der Mitarbeiter			
Summe	**100**						

Bewertungsschlüssel:

Erreichte Punkte	Bewertung
< 75	ungenügend
≧ 75 bis < 80	ausreichend
≧ 80 bis < 85	befriedigend

Erreichte Punkte	Bewertung
≧ 85 bis < 90	gut
≧ 90 bis < 95	sehr gut
≧ 95 bis ≦100	hervorragend

3.1.5 Erfolg bewerten

Um den Erfolg von Projekten zu beurteilen, kann die Rentabilitätsrechnung als Bewertungsverfahren verwendet werden.

Die Rentabilitätsrechnung setzt den erzielten Gewinn aus dem Projekt ins Verhältnis zum eingesetzten Kapital.

$$\text{Rentabilität} = \frac{\text{Jährlicher Gewinn} \cdot 100}{\text{Kapitaleinsatz}}$$

Entscheidungsregeln:

- Ein Projekt ist dann vorteilhaft, wenn dessen Rentabilität eine vorgegebene Mindestrentabilität erreicht.
- Erreichen mehrere alternative Projekte diese Vorgabe, erhält jenes mit der höchsten Rentabilität den Vorzug.

Beispiel:

Die nachfolgenden drei Projektalternativen der Westfälischen Metallwerke AG sind in Bezug auf ihren Erfolg zu bewerten. Die Unternehmensleitung bewilligt nur Projekte, die eine Mindestrendite von 7 % erwarten lassen.

	Projektalternative 1	**Projektalternative 2**	**Projektalternative 3**
Einmalige Projektentwicklungskosten (Kapitaleinsatz)	340 000,00 EUR	310 000,00 EUR	360 000,00 EUR
Laufende Kosten pro Jahr	220 000,00 EUR	240 000,00 EUR	230 000,00 EUR
Laufende Erlöse pro Jahr	250 000,00 EUR	250 000,00 EUR	250 000,00 EUR

Aufgaben:

1. Berechnen Sie jeweils den jährlichen Gewinn!
2. Berechnen Sie jeweils den durchschnittlichen Kapitaleinsatz!
3. Ermitteln Sie für die drei Projektalternativen die Rentabilität!
4. Treffen und begründen Sie die Entscheidung, welches Projekt aus wirtschaftlicher Sicht bevorzugt werden sollte!

Lösung:

Zu 1.: Die jährlichen Gewinne betragen:

Projektalternative 1	30 000,00 EUR
Projektalternative 2	10 000,00 EUR
Projektalternative 3	20 000,00 EUR

Zu 2.: Der durchschnittliche Kapitaleinsatz beträgt:

Projektalternative 1	170 000,00 EUR
Projektalternative 2	155 000,00 EUR
Projektalternative 3	180 000,00 EUR

Zu 3.: Die Rentabilitäten betragen:

$$\text{Rentabilität}_{P1} = \frac{30\,000{,}00 \cdot 100}{170\,000{,}00} = 17{,}6\,\%$$

$$\text{Rentabilität}_{P2} = \frac{10\,000{,}00 \cdot 100}{155\,000{,}00} = 6{,}5\,\%$$

$$\text{Rentabilität}_{P3} = \frac{20\,000{,}00 \cdot 100}{180\,000{,}00} = 11{,}1\,\%$$

Zu 4.: Die Projektalternative 2 scheidet völlig aus, weil sie die von der Unternehmensleitung geforderte Mindestrentabilität nicht erreicht.

Unter den verbleibenden Alternativen ist das Projekt 1 vorzuziehen, weil es die höhere Rentabilität erreicht.

3.1.6 Projekte priorisieren

Welchem Projektvorhaben bei der Umsetzung Vorrang eingeräumt wird, hängt nicht nur von dessen Erfolgsaussichten, sondern zumeist noch von weiteren Faktoren ab. Um eine qualifizierte Entscheidung unter Berücksichtigung aller Entscheidungskriterien zu fällen, bietet sich die Entscheidungsbewertungstabelle[1] an.

Beispiel:

Bei der Microtech GmbH in Hilden stehen die drei Projekte P1, P2 und P3 zur Auswahl. Als Entscheidungskriterien sind folgende Faktoren zu berücksichtigen: Beitrag zur Erreichung strategischer Unternehmensziele, Dringlichkeit, Kundennutzen, Rentabilität und die Verbesserung der Mitarbeiterqualifikation.

Die von der Unternehmensleitung vorgegebene Gewichtung der Entscheidungskriterien sind der Spalte ② zu entnehmen. Zur Beurteilung der Projekte können jeweils zwischen 0 und 10 Punkten vergeben werden (Spalten ③, ⑤ und ⑦).

Entscheidungsbewertungstabelle:

Entscheidungskriterien	**Gewichtung**	**Projekt 1**		**Projekt 2**		**Projekt 3**	
		Punkte P1	**Gewichtete Punkte P1**	**Punkte P2**	**Gewichtete Punkte P2**	**Punkte P3**	**Gewichtete Punkte P3**
①	②	③	④ = ② · ③	⑤	⑥ = ② · ⑤	⑦	⑧ = ② · ⑦
Bedeutung zur Erreichung strategischer Unternehmensziele	30	8	240	3	90	9	270
Dringlichkeit	10	3	30	8	80	9	90
Kundennutzen	30	8	240	7	210	7	210
Rentabilität	20	4	80	8	160	6	120
Verbesserung der Mitarbeiterqualifikation	10	7	70	6	60	7	70
Summe der Punkte	**100**		**660**		**600**		**760**

Aufgrund der vorliegenden Entscheidungsbewertungstabelle erhält das Projekt 3 die höchste Priorität.

3.1.7 Priorisierte Projekte im Projektportfolio grafisch abbilden

Sind die Projekte nach oben vorgestellten Verfahren priorisiert, dann erleichtert eine grafische Aufbereitung der ermittelten Werte im Rahmen eines Projektportfolios das Verständnis für die Zusammenhänge.

1 Die Entscheidungsbewertungstabelle wurde bereits verwendet bei der Bestimmung des optimalen Lieferanten, siehe hierzu Lernfeld 4, Kapitel 4.2.3.

Ein **Projektportfolio** ist eine Zusammenstellung der laufenden Projekte und der Projektvorhaben. Dabei wird der X- und Y-Achse der Darstellung jeweils ein Entscheidungskriterium zugeordnet.

Der Wert eines dritten Entscheidungskriteriums kann über den jeweiligen Durchmesser dargestellt werden. Da sich unterschiedliche Entscheidungskriterien in das Portfolio aufnehmen lassen, gibt es auch mehrere Portfolios, d.h., ein Projekt kann in mehreren Portfolios enthalten sein. Die grafische Darstellung unterstützt einprägsam die Aussagekraft der Priorisierung. Die Portfoliodarstellung sollte daher in einem Projektantrag nicht fehlen.

Beispiel:

Für die drei Projekte aus der Entscheidungsbewertungstabelle von S. 314 soll ein Projektportfolio erstellt werden. Der Y-Achse wird dabei das Kriterium „Strategische Bedeutung", der X-Achse die „Dringlichkeit" zugeordnet. Die Rentabilität wird dabei über den Durchmesser dargestellt.

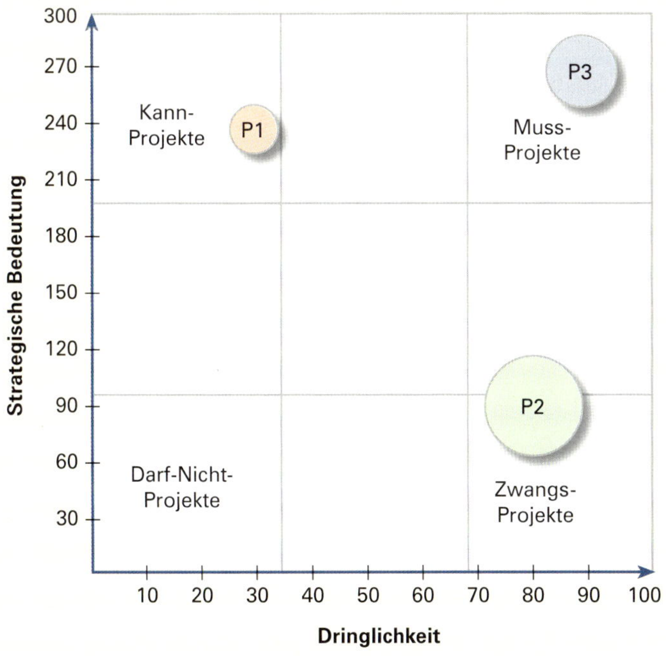

Anmerkung:

Das Kriterium „Strategische Bedeutung" erhält die Gewichtung 30 (siehe Entscheidungsbewertungstabelle, Spalte ②). Da für ein Projekt maximal 10 Punkte vergeben werden können, ergeben sich 300 Punkte als Maximalwert auf der Y-Achse. Entsprechend ergeben sich maximal 100 Punkte für das Kriterium „Dringlichkeit" auf der X-Achse.

Erläuterung:

Kann-Projekte	Sie haben hohe strategische Bedeutung, sind aber nicht dringend. Daher können sie – bei genügend freien Ressourcen – freigegeben werden. Ihre hohe strategische Bedeutung macht unter langfristiger Betrachtung die Umsetzung auf jeden Fall sinnvoll.
Muss-Projekte	Sie sind sowohl von hoher strategischer Bedeutung als auch dringend. Sie müssen daher rasch in Angriff genommen werden.

Zwangs-Projekte	Sie sind zwar dringend, aber von geringer strategischer Bedeutung. Trotzdem kann auf sie nicht verzichtet werden, da alle Projekte mit hoher Dringlichkeit eine kurzfristige Umsetzung verlangen.
Darf-Nicht-Projekte	Sie sind weder dringend noch von strategischer Bedeutung. Ihre Bearbeitung würde Ressourcen verbrauchen, die sinnvoller in andere Projekte investiert werden.

3.1.8 Projekte auswählen

Die Arbeitsergebnisse der Initiierungsphase mit

- der Projektskizze,
- der Darlegung der strategischen Ausrichtung anhand der Project Scorecard,
- der Erfolgsberechnung,
- der Priorisierung über die Entscheidungsbewertungstabelle und deren Abbildung im Projektportfolio

fließen ein in den **Projektantrag,** welcher der Steuerungsgruppe zur Entscheidung vorgelegt wird. Im Falle einer positiven Entscheidung wird von ihr ein **Projektauftrag** erteilt.

Kompetenztraining

101 1. Nennen Sie die Aufgaben, die im Rahmen der Projektinitiierung durchzuführen sind!

2. Zur Findung von Projektideen gibt es neben den passiven Verfahren aus den unternehmensinternen und -externen Quellen auch die aktive Ideensuche durch die Anwendung von Kreativitätstechniken.

   Aufgaben:

   2.1 Nennen Sie mindestens zwei dieser Verfahren und geben Sie davon jeweils eine Kurzbeschreibung!

   2.2 Erläutern Sie, warum es wichtig ist, den Brainstorming-Prozess gezielt zu überziehen!

3. Der Forschungs- und Entwicklungsabteilung der MicroTex Technologies GmbH, Hersteller von technischen Garnen, Alfred-Nobel-Straße 42, 59494 Soest, ist eine bahnbrechende Entwicklung gelungen. Sie entwickelte ein Garn, welches die UV-Strahlung der Sonne umwandelt in Wärme. Zudem hat das Garn die folgenden Eigenschaften:

   - Es kann beliebig durchgefärbt werden.
   - Es lässt sich zu großflächigen Bahnen weben.
   - Die Herstellung von ganz feinen als auch sehr festen Tuchen ist möglich.
   - Die Tuche können sowohl genäht als auch verklebt werden.

   Das Garn wurde patentrechtlich geschützt. Eine Konkurrenzanalyse ergab, dass man mit diesem Produkt eine völlige Marktneuheit entwickelt hat.

Die Geschäftsleitung der MicroTex Technologies GmbH erahnt eine große Marktchance zur wirtschaftlichen Verwertung dieses Patents. Allerdings bestehen noch keine konkreten Vorstellungen über folgende Fragestellungen:

- Für welche Einsatzmöglichkeiten soll dieses innovative Garn vorgesehen sein?
- Welche Kundengruppen sollen angesprochen werden?
- Mit welchem Nutzenversprechen kann das Produkt bei der Zielgruppe beworben werden?

Bevor endgültige Entscheidungen in Bezug auf die Produktentwicklung getroffen werden, sollen in einem Marketingprojekt die Marktchancen ausgelotet werden. Es ist Aufgabe einer Expertengruppe, in einem Findungsprozess Ideen zu entwickeln, welche die obigen Fragestellungen konkretisieren.

Aufgaben:

3.1 Entscheiden Sie sich für eine der Kreativitätstechniken!

3.2 Bilden Sie die für die von Ihnen gewählte Technik die erforderlichen Arbeitsgruppen und bestimmen Sie gegebenenfalls einen Moderator!

3.3 Entwickeln Sie auf der Basis der gewählten Kreativitätstechnik Ideen für den gewinnbringenden Einsatz des Garns. Beachten Sie hierbei die obigen Fragestellungen!

3.4 Bilden Sie durch einfache Abstimmung eine Reihenfolge für die TOP 5 der Ideen!

3.5 Präsentieren und begründen Sie Ihr Ergebnis!

3.6 Entwickeln Sie aus einer Ihrer Ideen eine Projektskizze! (**Hinweis**: Auf Festlegungen in Bezug auf Projektumsetzung, Laufzeit und Finanzierung können Sie verzichten.)

4. Skizzieren Sie den Weg, durch den die Projektziele von der Unternehmensvision abgeleitet werden und in die Project Scorecard übernommen werden.

5. Schlagen Sie je zwei Kennzahlen für eine Project Scorecard vor, mit denen die Zielerreichung von Projekten in den Perspektiven

   5.1 Projektergebnis,

   5.2 Projektprozess und

   5.3 Zusammenarbeit, Lernen, Potenzial

   beurteilt werden kann!

6. Die MicroTex Technologies GmbH hat drei alternative Marketingprojekte in Bezug auf ihren Erfolg zu bewerten. Die Geschäftsleitung gibt nur dann ihr OK zum Projektstart, wenn eine Mindestrendite von 10 % zu erwarten ist. Folgende projektbezogenen Daten sind bekannt:

	Alternative 1	**Alternative 2**	**Alternative 3**
Einmalige Projektentwicklungskosten (Kapitaleinsatz)	610 000,00 EUR	480 000,00 EUR	700 000,00 EUR
Laufende Kosten pro Jahr	390 000,00 EUR	260 000,00 EUR	310 000,00 EUR
Laufende Erlöse pro Jahr	430 000,00 EUR	280 000,00 EUR	370 000,00 EUR

Aufgaben:

6.1 Berechnen Sie den jährlichen Gewinn!

6.2 Berechnen Sie den durchschnittlichen Kapitaleinsatz!

6.3 Ermitteln Sie für die drei Projektalternativen die Rentabilität!

6.4 Treffen und begründen Sie die Entscheidung, welches Projekt aus rein wirtschaftlicher Sicht bevorzugt werden sollte!

6.5 Unter den verbleibenden beiden Projektalternativen P1 und P3 soll dasjenige Projekt herausgefiltert werden, das letztlich die höchste Priorität erhält.

Die Steuerungsgruppe hat die beiden Projekte mit Punkten bewertet und bereits in der nachfolgenden Entscheidungsbewertungstabelle eingetragen.

Entscheidungskriterien	Gewichtung	Projekt 1		Projekt 3	
		Punkte P1	Gewichtete Punkte P1	Punkte P3	Gewichtete Punkte P3
①	②	③	④ = ② · ③	⑤	⑥ = ② · ⑤
Bedeutung zur Erreichung strategischer Unternehmensziele	30	7		8	
Dringlichkeit	10	9		6	
Kundennutzen	30	9		6	
Wirtschaftlichkeit	20	7		9	
Verbesserung der Mitarbeiterqualifikation	10	8		8	
Summe der Punkte	**100**				

6.5.1 Führen Sie die erforderlichen Berechnungen durch und erstellen Sie eine Rangfolge der Prioritäten für die beiden Projekte!

6.5.2 Erstellen Sie für die beiden Projekte ein Projektportfolio, indem Sie der Y-Achse die strategische Bedeutung und der X-Achse den Kundennutzen zuordnen! Stellen Sie die Dringlichkeit über den Durchmesser dar!

3.2 Phase 2: Projekt definieren

3.2.1 Grundsätzliches

Wird der Projektantrag von der Steuerungsgruppe positiv entschieden, erteilt diese dem Projektleiter den **Projektauftrag.** Damit ist offiziell der Startschuss für das Projekt gefallen.

3.2.2 Projektauftrag konkretisieren

Auftraggeber und Stakeholder haben bei der Vergabe des Projektauftrages unter Umständen noch nicht den vollständigen Überblick über das angestrebte Fernziel. Die Versuchung ist daher groß, den Projektauftrag relativ vage zu formulieren. Damit besteht das Risiko, dass Auftraggeber und Projektleiter von unterschiedlichen Voraussetzungen und Zielen ausgehen *(„So war das nicht gemeint!“).*

Folgende Punkte sollten in einem Projektauftrag zwischen Auftraggeber und Projektleitung für beide Seiten eindeutig geregelt werden:

1.	**Projektauftrag**	Projektbezeichnung	Einprägsamer Name für das Projekt.
		Inhalt	Kurze Beschreibung des Projektes, dessen erwarteten Nutzen und dessen Ziele.
		Projektumfeld	Geschäftsfelder, Abteilungen, Filialen, die in das Projekt eingebunden oder von dessen Ergebnis betroffen sind.
2.	**Rahmendaten des Projektes**	Termine	Festlegungen von Projektbeginn und -ende sowie von festen Zwischenterminen (Präsentationen, Statusberichte).
		Projektressourcen	Grob geschätzter finanzieller, sachlicher und personeller Bedarf.
		Geplantes Budget	Finanzieller Rahmen, der für dieses Projekt freigestellt wird.
3.	**Beteiligte**	Projektleiter, Controller, Experten, Projektteam	Namen, Funktion und Abteilungszugehörigkeit, Telefonnummer und Mailadressen der Beteiligten.
4.	**Unterschriften**	Unterschriften von Projektleiter und Auftraggeber.	

3.2.3 Ziele überprüfen und bestimmen

3.2.3.1 Notwendigkeit der Zielformulierung

Der Aufwand zur präzisen Zielformulierung ist hoch, insbesondere wenn unterschiedliche Interessen der Stakeholder zu beachten sind. Dies führt häufig dazu, dass Ziele überhaupt nicht, schlecht oder unvollständig formuliert werden. Die möglichen Folgen:

- Die **Erwartungshaltungen** an das Projekt **gehen auseinander,** weil die Partner ihre jeweils eigenen Zielvorstellungen hineininterpretieren. Es **fehlt eine gemeinsame Vorstellung** über die Richtung, in der gedacht werden soll. Die **vorhandenen Energien werden nicht gebündelt** eingesetzt.
- Werden die Zielvorstellungen erst im Laufe der Projektabwicklung konkretisiert, dann steigt das **Risiko, korrigierend eingreifen zu müssen.** Die **Motivation der Teammitglieder sinkt,** weil möglicherweise ein erheblicher Teil der bisherigen Arbeit wieder verworfen wird.
- Der **Kontroll- und Kommunikationsaufwand** während der Projektabwicklung ist sehr **hoch.**
- Das **Misstrauen zwischen den Partnern wächst.**
- **Termine und Kosten werden überschritten.**

Um die Anspruchsqualität und die Vollständigkeit der Ziele sicherzustellen, müssen diese mit allen Beteiligten (Auftraggeber, Projektteam, betroffene Abteilungen) abgestimmt und in einem **Projektzielkatalog** formuliert werden.

Die Projektziele sind eingespannt in das Wirkungsdreieck aus Termin, Kosten, Qualität, dessen Ziele sich gegenseitig beeinflussen.

Beispiele:

- Sollen **Kosten** reduziert werden, weil das Budget an seine Grenzen stößt, dann hat dies Folgen auf die Qualität des Projektergebnisses.
- Ist die **Termineinhaltung** in Gefahr, dann müssen mehr Mitarbeiter in das Projekt eingespannt oder Überstunden geleistet werden, was wiederum zu höheren Kosten führt.
- Um die **Qualität** eines Projektes zu sichern, müssen zusätzliche Testreihen vorgenommen (höhere Kosten) und der Termin verschoben werden.

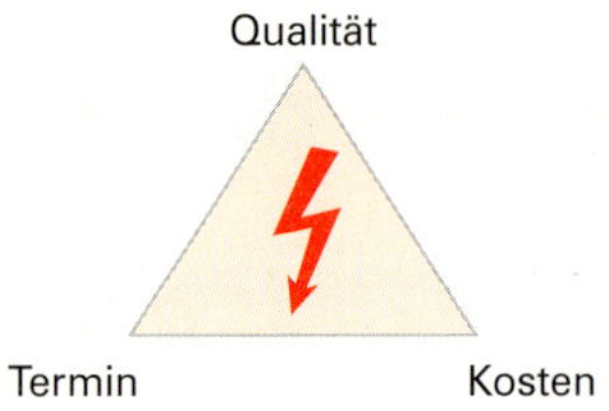

Um die sich daraus ergebenden Zielkonflikte[1] zu vermeiden, sollte unter den Projektzielen eine **Rangfolge** geklärt werden. Beispiel: Vorrang hat das Ziel der Termineinhaltung, auch dann, wenn das Budget erhöht werden muss.

Der erhebliche Aufwand zur Zielformulierung wird aufgewogen durch das deutlich verringerte Risiko für das vorzeitige Scheitern des Projektes.

3.2.3.2 Anforderungen an die Zielformulierung[2]

Die Zielformel **SMART** ist eine Gedankenstütze. Jeder einzelne Buchstabe steht für eine Eigenschaft.

S	spezifisch, simpel	Das Ziel soll genau beschrieben, einfach formuliert und für alle nachvollziehbar sein.
M	messbar	Festgelegte Kennzahlen müssen es erlauben, dass die Erreichung des Ziels gemessen werden kann.
A	akzeptiert	Das formulierte Ziel muss übereinstimmen mit den Wertvorstellungen des Unternehmensleitbildes.
R	realistisch	Das Ziel darf nicht utopisch und damit demotivierend sein. Vielmehr benötigen die Mitarbeiter das Gefühl, dass das Ziel erreichbar ist.
T	terminiert	Der Zeithorizont, in welchem das Ziel zu erreichen ist, muss festgelegt sein.

3.2.4 Projektumfeld klären

Ein Projekt ist zwar einmalig. Dies heißt aber nicht, dass innerhalb eines Unternehmens ein Projekt allein ist auf weiter Flur. In aller Regel sind mehrere Projekte gleichzeitig in Bearbeitung. Dies bedeutet, dass sie sich unter Umständen beeinflussen, indem

- Mitarbeiter an mehreren Projekten beteiligt sind,
- verschiedene Projekte dieselben Sachmittel beanspruchen (z. B. Räume),
- sich die Ergebnisse eines Projektes auf die Bearbeitung eines anderen Projektes auswirken.

1 **Zielkonflikt:** Maßnahmen zur Erreichung des einen Ziels beeinträchtigen zwangsläufig die Erreichung des anderen Ziels.
Zielharmonie: Maßnahmen zur Erreichung des einen Ziels unterstützen auch die Erreichung des anderen Ziels.
Zielindifferenz: Maßnahmen zur Erreichung des einen Ziels haben keinerlei Auswirkungen auf die Erreichung des anderen Ziels.

2 Bitte wiederholen Sie hierzu Lernfeld 1, Kapitel 2.5.2 und Lernfeld 5, Kapitel 3.2.

Daher müssen diese Vernetzungen aufgedeckt und für alle Beteiligten durchschaubar gemacht werden, z. B. in Form einer **Projektlandkarte.** Dies ist ein Verzeichnis aller Projektvorhaben und der laufenden Projekte mit folgenden Informationen:

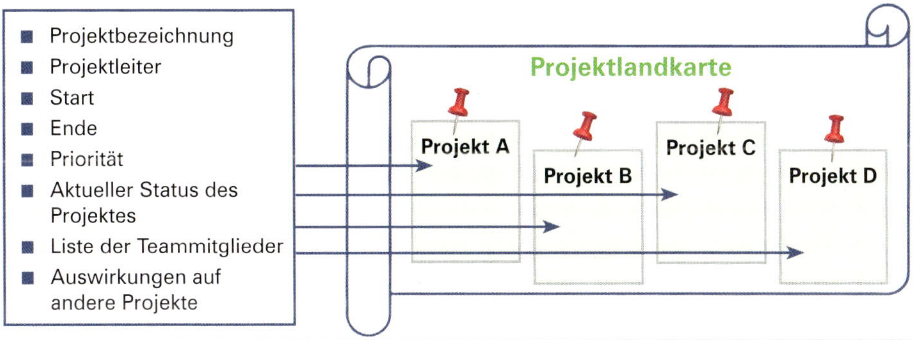

Darüber hinaus bedarf es Regelungen für den Fall, dass z. B. mehrere Projektteams zur gleichen Zeit dieselben Sachmittel beanspruchen oder die Arbeitsleistung eines Mitarbeiters von zwei Teams benötigt wird.

3.2.5 Risiken abwägen

Grundsätzlich ist jedes Projekt mit Risiken verbunden, die negative Folgen für die Projektabwicklung und/oder das -ergebnis haben können. Der Projektleiter darf dem möglichen Eintritt von Risiken oder gar Schäden nicht einfach nur passiv entgegenschauen. Vielmehr ist seine Weitsicht verlangt, damit Risiken rechtzeitig erkannt und Vorsichtsmaßnahmen zur Schadensvermeidung bzw. zur Schadensminderung getroffen werden.

3.2.6 Kick-off-Meeting veranstalten

Die Mitglieder eines neuen Projektes kennen sich häufig nicht – zumindest nicht in dieser Zusammensetzung. Sie kennen noch nicht ihre Rolle, die Projektziele, Termine, die Kommunikationswege. Daher ist es notwendig, dass sich alle am Projekt Beteiligten Zeit nehmen, um sich mit der neuen Aufgabe vertraut zu machen. Eine erste gemeinsame Sitzung des Projektteams, das **Kick-off-Meeting,** ist hierfür eine geeignete Methode.

1 Vage: unbestimmt, verschwommen.

Das Kick-off-Meeting ist ein wichtiger Baustein innerhalb der Projektmanagementphasen, weil es für alle Projektteilnehmer den Start erlebbar macht. Viele Projekte scheitern aufgrund eines schlechten Projektstarts.[1]

Mit einem Kick-off-Meeting verbinden sich folgende Ziele:

(1) Teammitglieder lernen sich untereinander kennen

Die Arbeitsbelastung innerhalb eines Projektes mit begrenzten Ressourcen kann für die einzelnen Mitarbeiter sehr hoch werden. Eine Zusammenarbeit, die von gegenseitigem Vertrauen, Respekt und Wohlwollen getragen wird, erleichtert die Überwindung kritischer Phasen.

Ein erster Schritt hierzu ist, dass die Mitarbeiter sich in ungezwungener Umgebung kennenlernen. Hierfür gibt es eine Vielzahl von Methoden, z. B. je zwei Mitarbeiter interviewen sich gegenseitig und stellen sich anschließend in der Gruppe gegenseitig vor.

(2) Vermittlung eines einheitlichen Informationsstandes

Der Projektleiter informiert die Mitglieder über

- das Projekt und dessen erwarteten Nutzen für das Unternehmen,
- die Projektziele,
- die Projektorganisation mit Verantwortungen und Kompetenzen,
- die vorläufig geplante Projektstruktur mit den Arbeitspaketen und den Meilensteinen.

(3) Teamregeln vereinbaren

Um möglichst rasch einen Teamgeist („Team-Spirit") unter den Teammitgliedern zu erreichen, ist die Vereinbarung von Teamregeln eine wertvolle Hilfe. Hierzu gehören:

- Die Verwendung von Ich-Botschaften, d. h., jeder der Teilnehmer spricht von „ich" und nicht von „man".
- Aktiv zuhören, d. h., niemand interpretiert die Aussagen von anderen, sondern gibt vielmehr – insbesondere bei Unklarheiten – ein Feedback, z. B. „Bei mir kommt an, dass …"
- Allen Teammitgliedern stehen die erforderlichen Informationen zur Verfügung. Es gibt kein Herrschaftswissen einzelner.
- Konflikte werden offen, vertrauensvoll und sachlich angesprochen und nicht unter den Teppich gekehrt.

Kompetenztraining

102
1. Nennen Sie die Aufgaben, die im Rahmen der Projektdefinition durchzuführen sind!
2. Geben Sie an, welche Inhalte in einem Projektauftrag genannt werden sollten!
3. Begründen Sie, warum auf eine präzise Zielformulierung in besonderem Maße zu achten ist!
4. Erläutern Sie, warum nicht nur die Ziele formuliert werden müssen, sondern unter ihnen auch eine Rangfolge festgelegt werden muss!

---
1 Siehe Kapitel 3.4.7, S. 338 f.

3.3 Phase 3: Projekt planen

3.3.1 Grundsätzliches

Innerhalb der Planungsphase werden die Ergebnisse der Vorprojektphase (Initiierung und Definition) weiter konkretisiert. Ziel ist ein **Projektplan,** der sich aus mehreren Einzelplänen zusammensetzt, z. B.

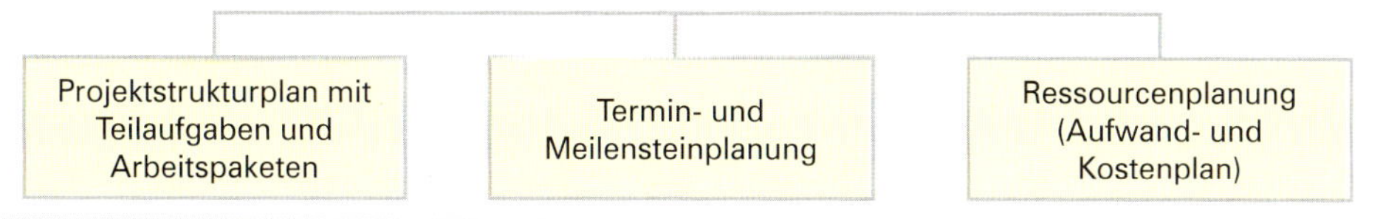

3.3.2 Projektphasenmodell auswählen

(1) Unterschied zwischen Projektmanagementphasen und Projektphasen

Projektmanagementphasen (Projektinitiierung, -definition, -planung, -steuerung und -abschluss) sind Phasen im Rahmen der Projektentwicklung, die den wachsenden Reifegrad eines Projektes kennzeichnen. Sie **gelten für alle Projekte** gleichermaßen.

Durch die **Projektphasen** wird der organisatorische **Ablauf** eines **bestimmten Projektes** in **überschaubare, zeitlich und inhaltlich festgelegte Abschnitte** gegliedert. **Meilensteine** markieren die Übergänge der einzelnen Projektphasen und bilden Entscheidungspunkte für die weitere Fortsetzung.

- Nach DIN 69901 ist eine **Projektphase** ein **zeitlicher Abschnitt eines Projektablaufs,** der **sachlich gegenüber anderen Abschnitten getrennt** ist.
- Projektphasen kennzeichnen den **individuellen Verlauf** eines Projektes.

Projektphasenmodelle unterstützen das Projektmanagement darin, die Projekte effizient und erfolgreich durchzuführen. Sie sind die **Grundlage für die anschließende Strukturierung, Ablaufplanung** und **Kontrolle** des Projektes.

(2) Beispiele für Projektphasenmodelle

Für Projekte gibt es unterschiedliche Phasenmodelle. Sie sind z. B. typisch für bestimmte Branchen (Modelle für IT-Projekte, Organisations- oder Investitionsprojekte) oder haben sich in der Projektentwicklung eines bestimmten Unternehmens besonders bewährt und werden daher bevorzugt.

Die Notwendigkeit zu unterschiedlichen Vorgehensmodellen liegt darin, dass die Projekte verschiedener Branchen auch mit besonderen Herausforderungen zu tun haben. Investitionsobjekte verlangen z. B. die Abstimmung mit Subunternehmen und bedürfen behördlicher Genehmigungsverfahren.

■ Wasserfall-Modell – viel Struktur, wenig Flexibilität

Dies ist der Klassiker unter den Phasenmodellen und wird bevorzugt in IT-Projekten eingesetzt. Der Ablauf ist streng linear und klar definiert. Die Ergebnisse der vorherigen Phase sind die zwingenden Vorgaben für die nächste Phase. Diese kann erst beginnen, wenn die vorherige beendet ist *(„Zuerst die Socken anziehen, dann die Schuhe.“)*.

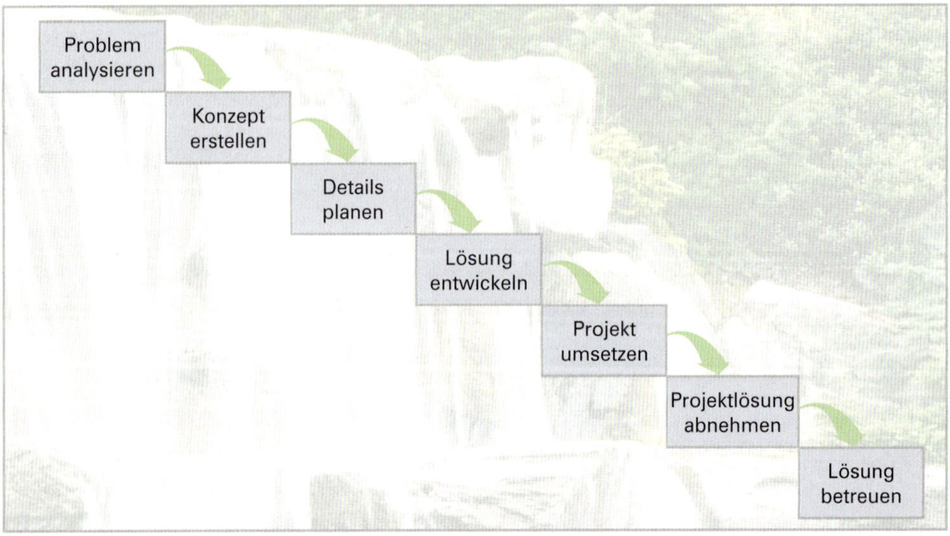

Vorteile	■ Leichte Steuerung und Kontrolle des Projektes. Es ist übersichtlich strukturiert, lässt sich präzise planen und im Projektfortschritt kontrollieren. ■ Die klare Strukturierung erleichtert eine Aufgabenteilung. ■ Besonders geeignet für einfache Projekte, bei denen die Projektanforderungen schon in frühen Projektphasen sehr genau beschrieben werden und Anforderungsänderungen (geänderte Wünsche des Auftraggebers) in späteren Phasen nicht zu erwarten sind. ■ Durch die frühzeitigen Festlegungen können die Arbeiten in den späteren Phasen leichter und schneller durchgeführt werden. ■ Die lineare Abfolge der Phasen erleichtert die Terminierung des Projektes und dessen Abbildung in einem Gantt-Diagramm.[1]
Nachteile	■ Werden im Rahmen einer späteren Phase fehlerhafte Festlegungen aus einer früheren Phase erkannt, dann ist dies umso verhängnisvoller (teurer und schwieriger), je später dieser Fehler erkannt wird. Häufig bleiben nur der völlige Neubeginn oder gar der Projektabbruch. ■ Im Grundmodell sind Rücksprünge nicht vorgesehen. Dies ist unrealistisch. Flexibilität in Bezug auf geänderte Anforderungen sind in der heutigen Zeit lebenswichtig und wesentliche Anforderungen an eine Projektorganisation. Es eignet sich daher nicht, wenn mit einem Projekt Neuland betreten wird, zu Beginn des Projektes über die Projektziele und die Vorgehensweise noch keine völlige Voraussicht besteht und deren Ausschärfung erst im Laufe der Projektentwicklung erfolgt. ■ Nicht immer lassen sich die einzelnen Projektphasen klar gegeneinander abgrenzen. So befinden sich unter Umständen Teile des Projektes noch in der Detailplanung, während für andere bereits Lösungen entwickelt werden.

1 Siehe Kapitel 3.3.4.1, S. 329.

Agiles Modell[1] – wenig Struktur, viel Flexibilität

Die Verwendung dieser Vorgehensweise beruht auf der Erkenntnis, dass Projekte in der heutigen Zeit immer komplexer werden. Die Komplexität liegt darin, dass sowohl die Aufgabenstellung selbst als auch die Vorgehensweise zur Erarbeitung der Lösung zu Beginn der Planungsphase unklar sind. Die Verwendung des Wasserfall-Modells ist daher nicht möglich.

Agile Modelle gehen so vor, dass sie nicht anhand eines langfristigen Plans durchgeführt werden. Vielmehr werden einzelne Bausteine herausgegriffen und in kurzen Bearbeitungsphasen, sogenannten Sprints, bearbeitet, getestet und abgeschlossen. Am Ende eines Sprints ist ein Teilergebnis erbracht. Auf dieser Basis fallen dann die Entscheidungen für die weitere Entwicklung des Projektes. Die in einem Projekt schlummernden Unsicherheiten werden also nicht als Risiko betrachtet, sondern als Chance, das Projekt voranzubringen.

Beispiel:

Im Rahmen eines Projektes soll für die Westfälische Metallbau GmbH ein hauseigenes Intranet entwickelt werden. Zur Vorgehensweise hat sich das Projektmanagement für ein agiles Modell entschieden. Danach könnte es als „Prototyp" für das Intranet den Baustein „Terminübersicht" herausgreifen und diese Komponente fertigstellen. Anhand dieses Teilergebnisses werden die künftigen Nutzer befragt, ob sie mit der Farbgebung, dem Layout, der Verteilung der Zugangsrechte und der Inhaltspflege zurechtkommen. Das Feedback dieser Befragung geht in die Planung der weiteren Vorgehensweise ein.

Vorteile	Sie liegen in der hohen Anpassungsfähigkeit, wodurch das Projektmanagement in der Lage ist, flexibel und angemessen auf Veränderungen in der Aufgabenstellung selbst und auf Zwischenergebnisse einzugehen.
Nachteile	■ Sie liegen zum einen in den Ansprüchen an die Qualifikation der Teammitglieder. Diese müssen die Zwischenergebnisse aufgreifen und bewerten, um gegebenenfalls ihre Aufgabenstellung und Arbeitsweise zu ändern. Sie benötigen ein hohes Maß an Selbstorganisation und die Bereitschaft zu eigenverantwortlichem, zielorientierten Handeln. ■ Zum anderen fehlt diesem Vorgehensmodell die Klarheit in der Vorgehensweise und damit die leichte Steuerbarkeit und Kontrolle.

Mischung aus beiden Modellen als Königsweg

Als effizienteste Variante hat sich eine Mischung aus beiden Modellen bewährt. Als Grundkonzept wird eine weniger starre Form des Wasserfall-Modells gewählt, die auch Parallelarbeiten und Rücksprünge zulässt. Die Phase „Lösung entwickeln" kann dabei durchzogen werden von einzelnen Sprints, mit denen zunächst stabile Kernbausteine entwickelt und geprüft werden. Erst danach wird das Projekt um weniger dringende, jedoch wünschenswerte und attraktive Bausteine ergänzt.

3.3.3 Projektstrukturplan (PSP) erstellen

(1) Teilaufgaben und Arbeitspakete entwickeln

- Ein **Projektstrukturplan** ist eine **vollständige, hierarchische Darstellung** aller Elemente (Teilprojekte, Arbeitspakete) der Projektstruktur als **Diagramm** oder **Liste** (DIN 69901-5:2009).

1 Hierzu gehört z.B. das **Scrum Framework**. **Scrum**: engl. Gedränge, **Framework**: engl. Rahmenstruktur. Aufgrund der Komplexität des Scrum Framework wird auf dessen Darstellung verzichtet und nur das grundlegende Konzept eines agilen Modells als Gegenentwurf zum Wasserfall-Modell dargestellt.

- Ein **Arbeitspaket** ist eine in sich geschlossene Aufgabenstellung innerhalb des Projekts, die bis zu einem festgelegten Zeitpunkt mit definiertem Ergebnis und Aufwand vollbracht werden kann (DIN 69901-5:2009).

Das Ziel besteht darin, das Projekt in überschaubare Teilaufgaben und Arbeitspakete zu zerlegen, die auf einzelne oder mehrere Mitglieder des Teams zur Bearbeitung übertragen werden können. Teilaufgaben sind Bausteine des Projektes, die wiederum in kleinere Elemente zerlegt werden können, während Arbeitspakete nicht mehr weiter aufgeteilt werden.

Die nachfolgende Darstellung zeigt den Projektstrukturplan in Form eines **Diagramms**.

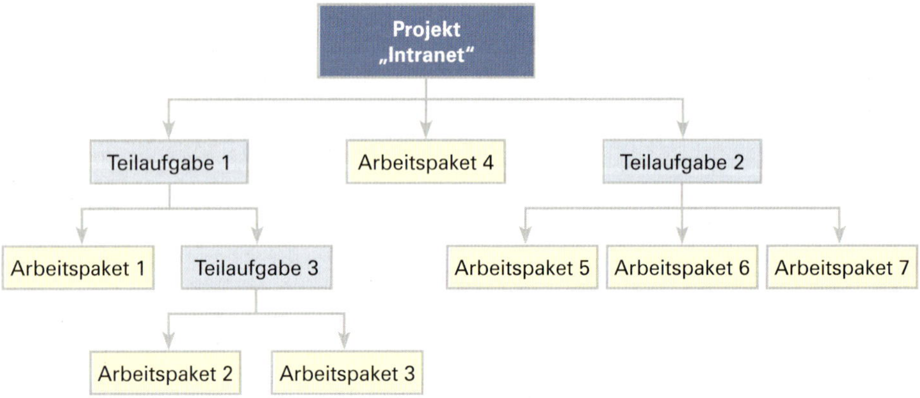

Derselbe Strukturplan in Form einer Liste hätte folgendes Aussehen:

Projektstrukturplan für das Projekt „Intranet“				
Strukturstufe				**Element der Projektstruktur**
1	**2**	**3**	**4**	
X				Teilaufgabe 1
	X			Teilaufgabe 3
		X		Arbeitspaket 2
		X		Arbeitspaket 3
	X			Arbeitspaket 1
X				Arbeitspaket 4
X				Teilaufgabe 2
	X			Arbeitspaket 5
	X			Arbeitspaket 6
	X			Arbeitspaket 7

Eine tiefere Strukturierung als vier Stufen ist wenig praktikabel. In diesem Fall empfiehlt sich die Auflösung des Projektes in weitere Teilprojekte.

Als methodisches Verfahren zur Entwicklung des Projektstrukturplans mit seinen Teilaufgaben und Arbeitspaketen hat sich das **Mindmapping**[1] bewährt.

(2) Arbeitspakete beschreiben

Die Arbeitspakete (AP) sind jene Elemente, die als Arbeitsauftrag an die Teammitglieder vergeben werden. Sie enthalten folgende Informationen:

- Name des Projektes, dem sie zugehören
- Kurzbezeichnung des Arbeitspaketes
- Beschreibung der Aufgabenstellung, die mit diesem Paket verbunden ist
- Erwartetes Ergebnis (Meilenstein)
- Name des Verantwortlichen
- Zeitrahmen für Start und Ende
- Aufwand für die Erstellung in Personenstunden[2]
- Voraussichtliche Kosten für Personal und Sachmittel
- Beziehungen zu anderen Arbeitspaketen
- Datum und Unterschrift des Projektleiters und des Verantwortlichen für das Arbeitspaket

3.3.4 Projektablauf planen

3.3.4.1 Logische Abhängigkeiten der Arbeitspakete klären

Der Projektstrukturplan ist lediglich eine **inhaltliche Strukturierung des Gesamtprojektes** in Teilprojekte, Teilaufgaben und Arbeitspakete. Er gibt noch keine Auskunft über

- die **logische Reihenfolge,** in der die Arbeitspakete zu bearbeiten sind;
- die genauen **zeitlichen Festlegungen** für deren Start, Dauer und Ende;
- die **Abhängigkeiten zu anderen Arbeitspaketen.**

(1) Anordnungsbeziehungen aufdecken

Die häufigste Anordnungsbeziehung zwischen einzelnen Aufgaben ist die **Normalfolge** (Ende-Anfang-Anordnung).[3]

Vorgang B kann beginnen, wenn Vorgang A beendet ist, z. B. das Dessert kann serviert werden, wenn der Hauptgang gegessen ist.

---

1 Siehe S. 308.

2 Personenstunden: Arbeitspensum, das eine Person in einer Stunde bewältigt.

3 Weitere Anordnungsbeziehungen sind: **Anfangsfolge** (Vorgang B beginnt, wenn auch Vorgang A begonnen hat. Deren Endzeitpunkte können unterschiedlich sein.), **Endfolge** (Vorgang B endet erst, wenn auch Vorgang A beendet ist. Die Startzeitpunkte können unterschiedlich sein.) und **Springfolge** (Vorgang B endet, wenn Vorgang A begonnen hat.). Auf die Verwendung dieser komplizierteren Anordnungsbeziehungen wird im Folgenden verzichtet.

(2) Abhängigkeiten grafisch darstellen

Um den Ablaufplan für ein Projekt darzustellen, gibt es drei Möglichkeiten: die **Vorgangsliste,** den **Netzplan** und das **Balkendiagramm (Gantt-Diagramm).**

Beispiel:

Die Herder Spiele GmbH will ein neues Brettspiel für die Familie auf den Markt bringen. Aus dem zugehörigen Projektstrukturplan ergaben sich folgende Arbeitspakete:

Arbeitspaket 1,	Entwurf des Brettspiels,	Dauer: 10 Tage,	Nachfolger: Arbeitspakete 2 und 3
Arbeitspaket 2,	Marktforschung,	Dauer: 20 Tage,	Nachfolger: Arbeitspaket 5
Arbeitspaket 3,	Grobplanung,	Dauer: 15 Tage,	Nachfolger: Arbeitspaket 4
Arbeitspaket 4,	Feinplanung,	Dauer: 20 Tage,	Nachfolger: Arbeitspaket 5
Arbeitspaket 5,	Werbekampagne,	Dauer: 10 Tage,	Nachfolger: –

Aufgaben:

Stellen Sie den Ablauf dieses Projektes dar, indem Sie die Abhängigkeiten als

1. **Vorgangsliste,**
2. **Netzplan** und
3. **Balkendiagramm**

darstellen.

Lösungen:

Zu 1.: Darstellung als Vorgangsliste

Nr. des Arbeitspaketes	Bezeichnung des Vorgangs	Dauer in Tagen	Vorgänger	Nachfolger
1	Entwurf des Brettspiels	10	–	2, 3
2	Marktforschung	20	1	5
3	Grobplanung	15	1	4
4	Feinplanung	20	3	5
5	Werbekampagne	10	2, 4	–

Die Vorgangsliste dient dem Durchdenken der Abhängigkeiten und unterstützt die Vollständigkeitsprüfung. Der Vorteil liegt in der **leichten Erweiterbarkeit** durch Einfügen weiterer Zeilen.

Zu 2.: Darstellung als Netzplan

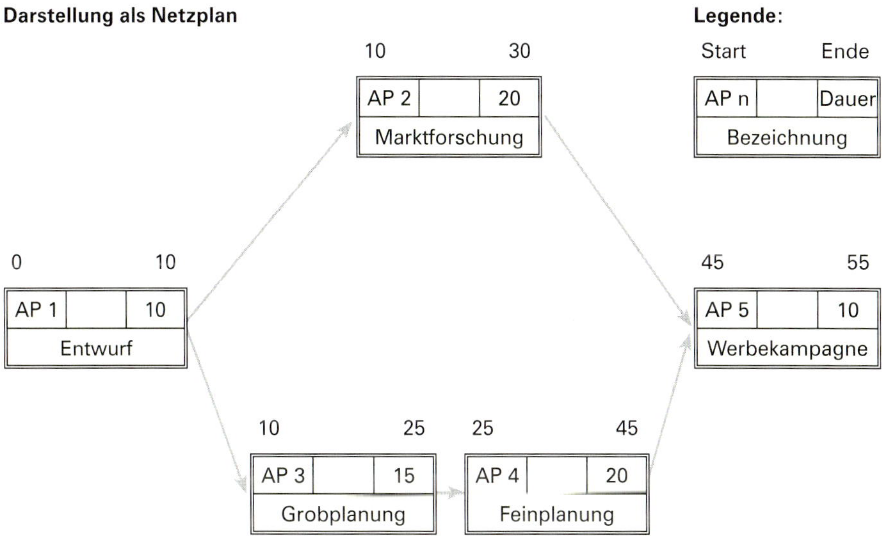

Der Netzplan eignet sich im Besonderen, um die **logischen Abhängigkeiten** unter den Vorgängen darzustellen. Dabei ist ersichtlich, welche Abläufe nacheinander und welche zeitlich parallel ausgeführt werden können. Eine zeitlich parallele Anordnung bringt in der Regel den Vorteil mit sich, dass die Dauer des Gesamtprojektes verkürzt wird.

Zu 3.: Darstellung als Balkendiagramm (Gantt-Diagramm)

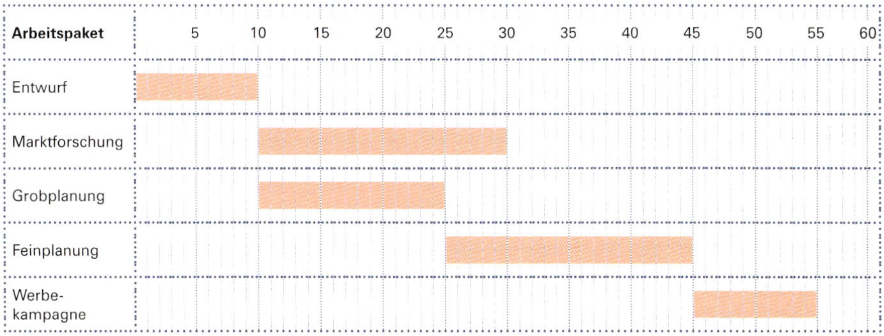

Die Darstellung als Balkendiagramm eignet sich insbesondere für die **Fortschrittskontrolle** des Projektes. Mit einem einfachen Hilfsmittel (senkrechter, roter Faden, täglich weitergeführt an einer waagrechten Leiste) lässt sich überprüfen, welche Arbeitspakete bereits begonnen, derzeit in Bearbeitung oder noch in der Zukunft liegen.

Als Ergebnis dieses Planungsschrittes lässt sich festhalten:

- Die Termine der Arbeitspakete sind grob geschätzt und zugeordnet.
- Die logische Abfolge der Arbeitspakete ist bekannt.
- Die Möglichkeit der zeitlich parallelen Ausführung ist überprüft und berücksichtigt.

3.3.4.2 Termine planen

(1) Einflussfaktoren bei der Terminplanung

In diesem Schritt wird die Terminplanung präzisiert. Dabei muss berücksichtigt werden, dass die Mitarbeiter nicht permanent einem Projekt zur Verfügung stehen. Einschränkungen ergeben sich durch

- Urlaubstage,
- unterschiedliche Arbeitsdauer an den Wochentagen (z. B. Freitag nur bis 14:00 Uhr),
- arbeitsfreie Tage (Sonn- und Feiertage, Fortbildungen),
- feste Arbeitszeiten der Teammitglieder in ihren Fachabteilungen,
- Einbindung der Teamarbeiter in andere Projekte,
- Arbeitspausen (z. B. Baugewerbe im Winter).

Aufgrund der Komplexität dieser Aufgabenstellung wird diese Arbeit häufig mit der Unterstützung einer Projektmanagement-Software durchgeführt. Mit dem Einsatz dieser Software verbinden sich folgende Vorteile:

- Termineinschränkungen (Urlaubstage, Samstag, Sonntag, Feiertage usw.) werden im Voraus für die gesamte Projektdauer festgelegt,
- „Was-wäre-wenn-Überlegungen" können leicht durchgeführt werden,
- Terminänderungen bei einem Vorgang, der mit Nachfolgern verkettet ist, werden automatisch durchgerechnet und in ihren Konsequenzen angezeigt.

(2) Meilensteine planen

Meilenstein ist ein Ereignis[1] von besonderer Bedeutung (DIN 69901-5:2009).

Ein Meilenstein kennzeichnet einen Zustand, der nach Abschluss eines oder mehrerer Arbeitspakete eingetreten ist (z. B. Planung ist durchgeführt). Da ein Zustand keine Zeit verbraucht, hat er die Dauer = 0. Weichen die Projektergebnisse zum Zeitpunkt des Meilensteins von den Vorgaben ab, kann dies Steuerungsmaßnahmen[2] erforderlich machen. Diese haben Auswirkungen für den weiteren Projektverlauf.

Typische Meilensteine sind z. B.

- Abschluss/Start einer Projektphase
- Präsentationstermine mit Statusberichten
- Übergabetermine für Projektleistungen an Auftraggeber
- Genehmigungstermine

Die Abbildung auf S. 331 zeigt das Balkendiagramm unter Verwendung einer Projektmanagement-Software[3] für das vorherige Projekt zur Entwicklung eines Brettspiels. Zwei Meilensteine (MS 1 und MS 2, Darstellung durch ◆ mit der Dauer = 0) wurden integriert.

1 Siehe Lernfeld 11, Kapitel 4.2.3.2.

2 Siehe Kapitel 3.4.5, S. 337.

3 Microsoft Project.

		Vorgangsname	Dauer	Anfang	Ende	Vorgänger
145						
146						
147						
148		Entwurf	10 Tage	Di 01.09...	Mo 14.09...	
149		Marktforschung	20 Tage	Di 15.09...	Mo 12.10...	148
150		MS 1: Marktforschung beendet	0 Tage	Mo 12.10...	Mo 12.10...	149
151		Grobplanung	15 Tage	Di 15.09...	Mo 05.10...	148
152		Feinplanung	20 Tage	Di 06.10...	Mo 02.11...	151
153		MS2: Planung beendet	0 Tage	Mo 02.11...	Mo 02.11...	152
154		Werbekampagne	10 Tage	Di 03.11...	Mo 16.11...	153

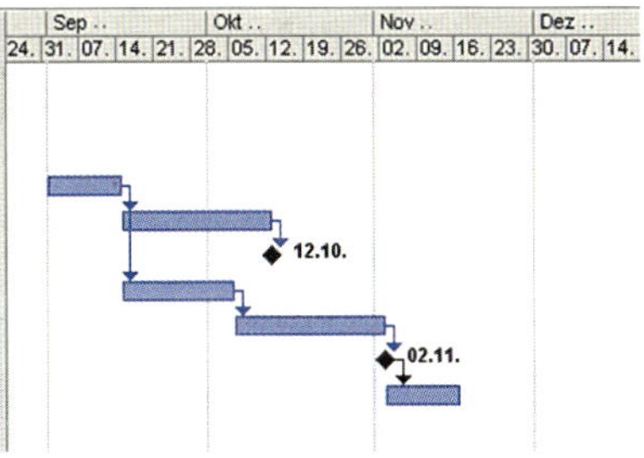

Der Starttermin für das Projekt wurde auf Dienstag, 01.09.20.. festgelegt. Das System ermittelt automatisch daraus den Endtermin mit Montag, 14.09.20.., weil es die Wochenenden vom 05./06.09.20.. und vom 12./13.09.20.. als arbeitsfreie Tage berücksichtigt.

3.3.5 Ressourcen (Kapazität) planen[1]

(1) Grundsätzliches

Dieser Planungsschritt bezieht seine Informationsgrundlagen ebenfalls aus dem Projektstrukturplan. Dabei muss über die Beanspruchung der eingesetzten Mitarbeiter und der erforderlichen Sachmittel entschieden werden. Hieraus leiten sich die Personal- und die Sachmittelkosten ab.

(2) Ressourcenbedarf ermitteln

Die Arbeitspakete sind auf ihren Ressourcenbedarf hin zu analysieren. Hilfreich sind folgende Fragestellungen:

- Welche Mitarbeiterqualifikation ist zur Bearbeitung des Vorgangs erforderlich?
- Welche Sachmittel sind erforderlich?
- Stehen die Mitarbeiter und die Sachmittel zum geplanten Zeitraum zur Verfügung?

Ressourcenbedarf ermitteln

- Mitarbeiter: Anzahl/Qualifikation/Verfügbarkeit
- Sachmittel
- Zeit

↓

Aufwand planen

- Projektvergleich
- Expertenwissen
- Schätzung

↓

Kosten berechnen

- Kosten pro Arbeitspaket
- kumulierte Kosten
- externe Kosten

(3) Aufwand planen

Um den Aufwand zur Bearbeitung eines Arbeitspaketes zu ermitteln, können z. B. die **Erfahrungswerte** aus der Bearbeitung ähnlicher Aufgabenstellungen in früheren Projekten herangezogen werden. Fehlen solche Angaben, kann auf die Beurteilung von **externen Experten** zurückgegriffen werden oder der Aufwand wird durch **Schätzen** ermittelt.

1 Ressourcenplanung und Kapazitätsplanung werden synonym verwendet.

(4) Kosten berechnen

Die Kosten der Arbeitspakete bzw. der Teilaufgaben werden jeweils für die übergeordnete Teilaufgabe kumuliert. Auf diese Weise lassen sich die Personal- und Sachkosten für das gesamte Projekt berechnen.

Beispiel:

Wir greifen zurück auf das Beispiel eines Projektstrukturplans auf S. 326. Wir nehmen an, für das Arbeitspaket 3 ergibt sich ein Arbeitsaufwand von 60 Stunden, die mit einem Verrechnungssatz von 120,00 EUR zu berücksichtigen sind. Daraus ergeben sich Personalkosten (PK) in Höhe von 7200,00 EUR.

Ferner unterstellen wir Kosten für Sachmittel (SK) in Höhe von 850,00 EUR. Diese beiden Kostenarten werden dem Arbeitspaket 3 zugeordnet. Entsprechend wird mit den übrigen Arbeitspaketen verfahren.

Unter Umständen müssen noch die Kosten für externe Leistungen (Unternehmensberater, Moderatoren usw.) zusätzlich berücksichtigt werden.

Die Kosten fallen nicht zu einem einzigen Zeitpunkt an. Aus dem Terminplan ergibt sich, wann die Arbeitspakete zur Bearbeitung fällig sind. Daraus leiten sich auch die Fälligkeitstermine für die Finanzierung der Kosten ab.

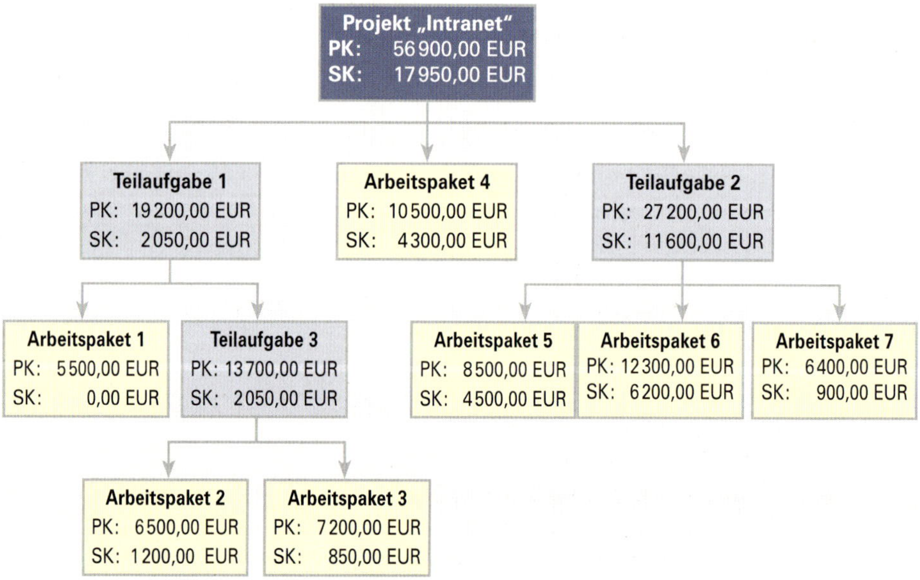

Kompetenztraining

103 1. Nennen Sie die Aufgaben, die im Rahmen der Projektplanung durchzuführen sind!

2. Erklären Sie den Unterschied zwischen Projektmanagementphasen und Projektphasen!

3. 3.1 Erklären Sie das „Wasserfall-Modell"!
   3.2 Nennen Sie je zwei Vor- und Nachteile, die mit diesem Vorgehensmodell verbunden sind!
   3.3 Erklären Sie, wodurch sich agile Modelle vom Wasserfall-Modell unterscheiden!

4. Erläutern Sie die Begriffe „Projektstrukturplan" und „Arbeitspaket"!

5. Das Holzzentrum Weckerle KG, Minden, plant ein neues Schulungszentrum einzurichten, in dem Holz verarbeitende Handwerksbetriebe im Hinblick auf die neuesten Bearbeitungstechniken und Werkstoffe im Bereich „Holz" geschult werden können. Es ist Ihre Aufgabe, den Projektleiter, Sven Winter, bei der Terminierung dieses Bauprojektes zu unterstützen. Sven Winter hat bereits aus dem Projektstrukturplan die Vorgangsliste erstellt.

Arbeitspaket Nr.	Bezeichnung	Dauer in Tagen	Nachfolger
AP 1	Planung, Auftragsvergabe	12	AP 2, AP 3
AP 2	Baustofflieferung	4	AP 4
AP 3	Einrichten der Baustelle	5	AP 4
AP 4	Erdaushub, Fundament	15	AP 5
AP 5	Montage des Schulungszentrums	18	AP 6, AP 7
AP 6	Installation	7	AP 8
AP 7	Einrichtung der Räume	5	AP 8
AP 8	Einweihung	1	-

Aufgaben:

5.1 Stellen Sie den Ablauf dieses Projektes dar, indem Sie diese Vorgangsliste
   5.1.1 als Netzplan
   5.1.2 als Balkendiagramm darstellen!

5.2 Geben Sie an, welche Folge sich für den Einweihungstermin ergeben, wenn
   5.2.1 das Arbeitspaket 6, Installation, einen Tag länger dauert!
   5.2.2 das Arbeitspaket 7, Räume einrichten, einen Tag länger dauert!

5.3 Stellen Sie dar, welche zusätzlichen Informationen berücksichtigt werden müssen, wenn hieraus eine exakte Feinplanung mit Angabe der Kalendertage erstellt werden soll!

6. 6.1 Erklären Sie, was man unter einem Meilenstein versteht!
   6.2 Erläutern Sie, wozu Meilensteine im Projektablauf gesetzt werden!

3.4 Phase 4: Projekt steuern

3.4.1 Grundsätzliches

In dieser Phase geht es darum, den Erfolg des Projektes sicherzustellen. Hierfür sind

die Termine	die Kosten	die Leistung	die Arbeitsqualität

zu überwachen. Abweichungen müssen frühzeitig erkannt werden. Liegen sie außerhalb des tolerierbaren Bereiches, dann sind steuernde Eingriffe notwendig. Diese können

- **in einem inneren Regelkreis innerhalb der Steuerungsphase** stattfinden. Dabei werden die **Zielvorgaben beibehalten.** Korrigierende Maßnahmen können ergriffen werden (z. B. Aufnahme weiterer Mitarbeiter in das Projektteam) oder
- innerhalb eines **äußeren Regelkreises.** Dabei werden durch tiefere Änderungen die **Vorgaben aus der Projektplanung überarbeitet** und eventuell **neue Sollvorgaben** erstellt.

Die nachfolgende Abbildung zeigt das Ineinandergreifen der beiden Regelkreise zur Projektsteuerung.

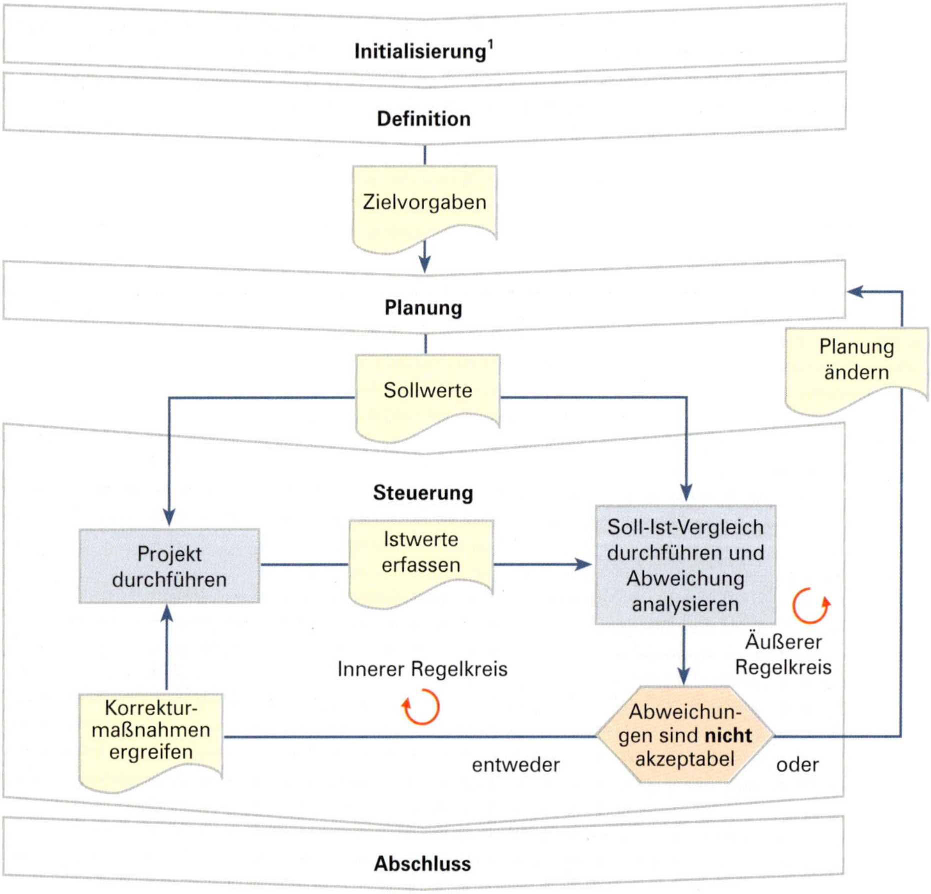

1 **Initialisierung**: das Herstellen eines bestimmten Anfangszustandes (z. B. Projektvorgaben), um ein gewünschtes Verhalten zu erzielen.

Folgende **Aufgaben** sind in dieser Phase durchzuführen:

- **Projektplan freigeben** und **Arbeitspakete** an Teammitglieder **verteilen,**
- **Istdaten erfassen** (Termine, Verbrauch an Ressourcen, Kosten),
- **Projektfortschritt kontrollieren** durch **Vergleich der Istwerte mit den Sollwerten,**
- **Abweichungen analysieren** und entweder
  - **Korrekturmaßnahmen ergreifen** (innerer Regelkreis) oder
  - **Projektplanung ändern einschließlich der Sollvorgaben** und den **überarbeiteten Projektplan verabschieden** (äußerer Regelkreis)
- an Auftraggeber, Steuerungsgruppe, Unternehmensleitung **berichten.**

3.4.2 Termine steuern (Soll-Ist-Vergleich)[1]

Die Steuerung der Termine ist von besonderer Bedeutung, da diese den Projekterfolg unmittelbar beeinflussen.

Überschreitet die Bearbeitung von Arbeitspaketen die vorkalkulierte Zeit, dann verschieben sich die Anfangszeiten der unmittelbaren Nachfolger. Sind im weiteren Projektverlauf keinerlei Pufferzeiten vorhanden, dann ist automatisch der Endtermin gefährdet. Korrekturmaßnahmen bedeuten in der Regel steigende Projektkosten.

Wird die vorkalkulierte **Zeit nicht ausgeschöpft,** dann entstehen Freiräume. Diese können z. B. genutzt werden, um aufgelaufene Verzögerungen auszugleichen.

Bei kleineren Projekten kann die Soll-Ist-Gegenüberstellung der Zeiten auf dem Balkendiagramm mit unterschiedlicher Farbgebung dargestellt werden.

Beispiel: Darstellung als Balkendiagramm (blau = Sollzeiten, rot = Istzeiten)

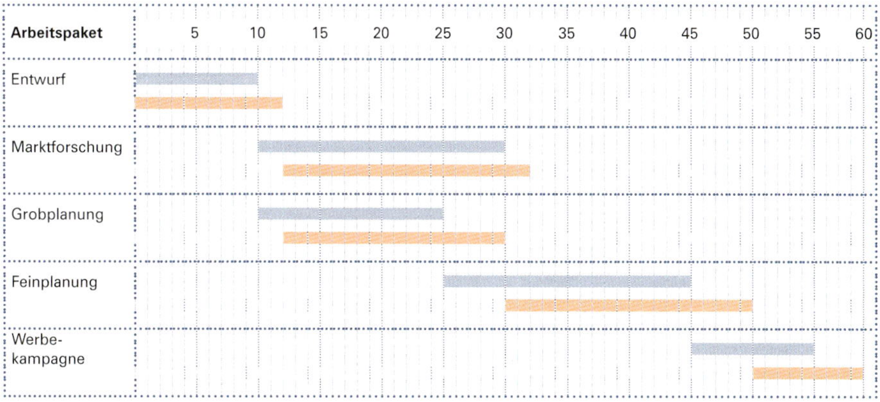

1 Siehe hierzu auch Lernfeld 2, Kapitel 2.3.

Erläuterung:

Marktforschung und Grobplanung setzen den Entwurf voraus. Da dieser zwei Tage länger dauert, können Marktforschung und Grobplanung erst um diese beiden Tage später beginnen. Die Grobplanung wiederum dauert drei Tage länger als geplant. Damit kann die Feinplanung erst mit 5 Tagen Verzögerung (2 Tage aus Entwurf + 3 Tage aus Grobplanung) gegenüber dem Solltermin beginnen. Dies hat wiederum entsprechende Konsequenzen für die Werbekampagne.

3.4.3 Kosten steuern (Soll-Ist-Vergleich)

Um einen Soll-Ist-Vergleich der Kosten durchzuführen, bietet sich der Einsatz der Tabellenkalkulation an. Eine Gegenüberstellung der Soll-Ist-Kosten des Projektes „Intranet"[1] könnte zu folgendem Ergebnis führen.

Soll-Ist-Vergleich der Kosten im Projekt "Intranet"

		Soll-Ist-Vergleich in EUR		Abweichung		Beurteilung
Arbeitspaket Nr.	Kostenart	Soll	Ist	EUR	%	
1	Personalkosten	5.500,00	6.500,00	- 1.000,00	-18,18	Überschreitung > 15 %
	Sachkosten	-	-	-	0,00	
2	Personalkosten	6.500,00	6.000,00	500,00	7,69	
	Sachkosten	1.200,00	1.300,00	- 100,00	-8,33	
3	Personalkosten	7.200,00	7.500,00	- 300,00	-4,17	
	Sachkosten	850,00	900,00	- 50,00	-5,88	
4	Personalkosten	10.500,00	12.000,00	- 1.500,00	-14,29	Überschreitung > 10 %
	Sachkosten	4.300,00	4.500,00	- 200,00	-4,65	
5	Personalkosten	8.500,00	8.000,00	500,00	5,88	
	Sachkosten	4.500,00	4.000,00	500,00	11,11	Erhebliche Einsparung in %
6	Personalkosten	12.300,00	14.500,00	- 2.200,00	-17,89	Überschreitung > 15 %
	Sachkosten	6.200,00	6.300,00	- 100,00	-1,61	
7	Personalkosten	6.400,00	6.000,00	400,00	6,25	
	Sachkosten	900,00	850,00	50,00	5,56	
	Summe	74.850,00	78.350,00	- 3.500,00	-4,68	Überschreitung der Gesamtkosten < 5 %

Eine Aufbereitung in Form einer Grafik unterstützt zusätzlich die Anschaulichkeit.

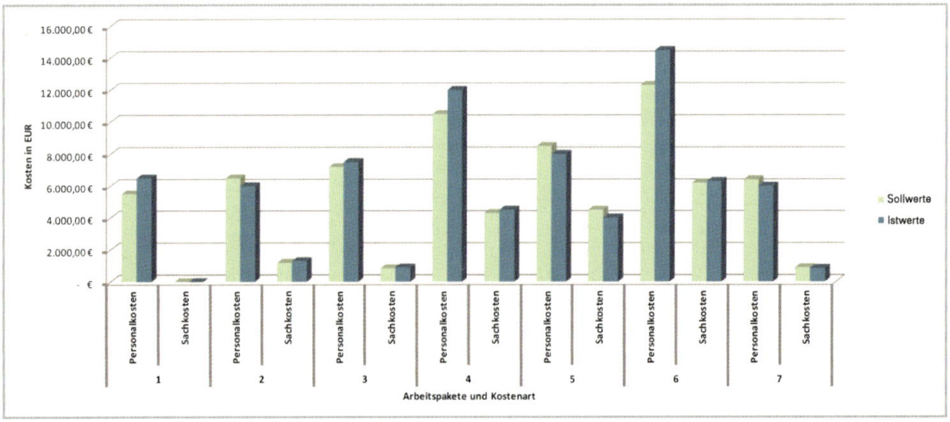

1 Siehe Kapitel 3.3.5, S. 332.

3.4.4 Ursachen bei negativen Abweichungen analysieren

Negative Abweichungen können vielfältige Ursachen haben, z. B.

- **Schlechte Zielformulierung.** In der Folge mussten ein Teil der geleisteten Arbeit verworfen und die Schwerpunkte neu gesetzt werden.
- **Unrealistische Planung** der Zeiten und der Kosten in der Absicht, das Projekt genehmigt zu bekommen.
- **Schlechte Arbeitsqualität,** daher Doppelarbeit notwendig.
- **Mangelhafte Qualifikation der Mitarbeiter.** Daher waren längere Einarbeitungszeiten erforderlich.
- **Persönliche Rivalitäten** unter den Teammitgliedern.
- **Zu viele Projekte** zur gleichen Zeit.
- **Mangelnde Unterstützung** durch Auftraggeber und/oder Steuerungsgruppe.

3.4.5 Steuerungsmaßnahmen bei negativen Abweichungen treffen

Symptome	Mögliche Steuerungsmaßnahmen	Mögliche Hindernisse
Zeitverzögerungen	Einstellung zusätzlicher Mitarbeiter	■ Projektkosten steigen. ■ Budget für Personalkosten ist begrenzt. ■ Einarbeitung ist notwendig.
	Leistung von Überstunden	■ Projektkosten steigen. ■ Budget für Personalkosten ist begrenzt. ■ Bereitschaft der Mitarbeiter ist notwendig.
	Fremdvergabe von Leistungen	■ Steuerungsaufwand wird erhöht. ■ Projektkosten steigen. ■ Budget ist begrenzt. ■ Leistungsergebnis ist unsicher.
	Verbesserung der Qualifikation der Mitarbeiter durch Schulung	■ Weitere Zeitverzögerung. ■ Steigende Projektkosten. ■ Keine kurzfristige Wirkung.
	Austausch von Mitarbeitern	■ Erneute Einarbeitungszeit ist notwendig. ■ Ausgetauschte Mitarbeiter fühlen sich diskriminiert.[1]
Kostenüberschreitung	Verzicht auf gesetzte Projektziele	■ Einverständnis des Auftraggebers ist erforderlich.
	Verringerung des Qualitätsanspruchs	■ Einverständnis des Auftraggebers ist erforderlich.

Insbesondere die letzten beiden Steuerungsmaßnahmen bedürfen einer Planungsänderung. Damit bewegen wir uns in dem äußeren Regelkreis (siehe S. 334). An ein sol-

1 **Diskriminieren:** benachteiligen, innerhalb einer Gruppe herabsetzen.

ches Vorgehen werden im Rahmen der Projektsteuerung größere Anforderungen gestellt. Hierfür ist notwendig:

- **Änderungsantrag stellen beim Auftraggeber** mit Begründung und Beschreibung der Auswirkungen auf das Projekt (Kosten, Termin, Leistung, Qualität).
- **Auftraggeber beurteilt den Antrag.**
- **Änderungsantrag** wird abgelehnt oder **genehmigt.**
- Im letzteren Fall werden die **Änderungen umgesetzt** und die **Planungsunterlagen aktualisiert.** Bei Ablehnung ist ggf. eine Wiedervorlage zu einem späteren Zeitpunkt zu prüfen.

3.4.6 Projekt präsentieren[1]

Die Stakeholder des Projektes haben ein Interesse daran, über den Projektfortschritt informiert zu werden.

Beispiele:

- Der **Auftraggeber** möchte über den Projektstatus informiert sein, weil er sich ein Bild machen will über die Einhaltung der **Termine,** des **Kostenrahmens** und des **Fertigstellungsgrades.**[2]
- Die Fachabteilung, die später mit diesem Projektergebnis leben soll, muss **vom Nutzen überzeugt** werden.

Es muss vorab geklärt sein, wer zur Zielgruppe der Präsentation gehört und was mit der Präsentation erreicht werden soll.

Folgende projektbezogenen Eigenheiten sind bei einer Präsentation zu berücksichtigen:

- **Soll-Ist-Abweichungen** im Rahmen der Projektdurchführung gegenüber den Mitarbeitern, der Geschäftsführung und den Auftraggebern **offenlegen** und in ihren **Ursachen nachvollziehbar begründen.**
- Bei negativen Abweichungen überlegt der **Projektleiter vorher Korrekturmaßnahmen** und schlägt diese im Rahmen der Präsentation vor. Es ist zu riskant, auf die Korrekturvorschläge aus der Zielgruppe zu warten.
- **Meilensteinergebnisse** und auch die **Präsentation mit Diskussionsergebnissen dokumentieren.**

3.4.7 Konflikte in Projektteams lösen[3]

(1) Grundsätzliches

Wir sind Menschen mit persönlichen Eigenheiten, Stärken und Schwächen. Dauerhafte Harmonie ist eine Illusion. Störungen, Konflikte und Widerstände sind unvermeidlich in sozialen Strukturen wie z. B. Projektteams. Erleben die Teammitglieder, dass es Konflikt-

1 Die Grundlagen der Präsentation wurden ausführlich dargestellt in Lernfeld 1, Kapitel 4. Auf eine Wiederholung wird verzichtet.

2 **Fertigstellungsgrad** (DIN 69901-5:2009): Verhältnis der zu einem Stichtag erbrachten Leistung zur Gesamtleistung eines Vorgangs, Arbeitspaketes oder Projektes.

3 Eine ausführliche Darstellung zum Konfliktmanagement finden Sie in Lernfeld 7, Kapitel 3.

lösungen nicht nur dadurch gibt, dass jeweils Sieger und Verlierer den Platz verlassen, sondern dass auch Win-Win-Ergebnisse für beide Seiten zustande kommen können, dann werden Konflikte auch als Chance wahrgenommen.

(2) Häufigste Ursache für Konflikte

Die häufigste Ursache für Konflikte in Projektteams ist in einem **missglückten Projektstart** begründet, z. B.:

- **Fehlende, schlecht formulierte oder unvollständige Zielsetzungen.**[1] Dies führt dazu, dass eine gemeinsame Vorstellung über die Denkrichtung fehlt. Der Kommunikations- und Kontrollaufwand steigt, Korrekturen sind nötig, die Motivation sinkt und das Misstrauen untereinander steigt.
- **Rollenverteilung[2] ist nicht hinreichend geklärt.** Dies führt zu Konkurrenzkämpfen und Kompetenzüberschreitungen.
- **Teamregeln[3] sind nicht festgelegt** oder werden nicht beachtet.

(3) Handlungsstrategie zur Lösung

Auf die ausführliche Darstellung hierzu in Lernfeld 7, insbesondere in Kapitel 3, wird verwiesen. Auf eine Wiederholung wird daher verzichtet.

Kompetenztraining

104 1. Nennen Sie die Aufgaben, die im Rahmen der Projektsteuerung durchzuführen sind!

2. Begründen Sie, warum auf die Steuerung der Termine besonders geachtet werden muss!

3. Die Kostenplanung für das Projekt „Schulungszentrum" der Weckerle KG ging von den Werten der Spalte 5 in der folgenden Tabelle aus. Nach Abschluss des Arbeitspaketes 5, Montage des Schulungszentrums, lagen folgende Istwerte für die Kosten vor (siehe Spalte 6).

Kostenplanung für das Projekt „Schulungszentrum" der Weckerle KG

Arbeitspaket Nr.	Bezeichnung	Dauer in Tagen	Kostenart	Soll-Ist-Vergleich in EUR		Abweichung		Beurteilung
				Soll	Ist	EUR	%	
AP 1	Planung, Auftragsvergabe	12	PK	25 000,00	26 000,00			
			SK	500,00	750,00			
AP 2	Baustofflieferung	4	PK	250,00	400,00			
			SK	50 000,00	53 000,00			
AP 3	Einrichten der Baustelle	5	PK	4 000,00	3 500,00			
			SK	2 000,00	3 000,00			

1 Siehe Kapitel 3.2.3.1, S. 319 f.

2 Siehe Kapitel 2.3, S. 301 ff.

3 Siehe Kapitel 3.2.6, S. 322.

Arbeits-paket Nr.	Bezeichnung	Dauer in Tagen	Kosten-art	Soll-Ist-Vergleich in EUR		Abweichung		Beurteilung
				Soll	Ist	EUR	%	
AP 4	Erdaushub, Fundament	15	PK	8000,00	9500,00			
			SK	5000,00	6000,00			
AP 5	Montage des Schulungszentrums	18	PK	17000,00	22000,00			
			SK	2500,00	3500,00			
AP 6	Installation	7	PK	8000,00				
			SK	22000,00				
AP 7	Einrichtung der Räume	5	PK	1500,00				
			SK	22000,00				
AP 8	Einweihung	1	PK	1800,00				
			SK	3500,00				

PK: Personalkosten
SK: Sachkosten

Aufgabe:

Berechnen Sie die Abweichungen in EUR und in Prozent und beurteilen Sie diese!

4. Es ist nicht ungewöhnlich, dass die Istwerte eines Projektes in Bezug auf Termineinhaltung, Kosten, Leistung und Qualität von den Sollwerten abweichen (denken Sie an den Extremfall des Berliner Flughafens!).

   Aufgabe:

   Nennen Sie mögliche Ursachen hierfür!

5. Die Projektsteuerung kennt zwei Regelkreise.

   Aufgaben:

   5.1 Erklären Sie die unterschiedliche Dimension des Eingriffs in den Projektablauf!

   5.2 Nennen Sie je zwei Beispiele für Korrekturmaßnahmen innerhalb des inneren und des äußeren Regelkreises!

6. Die von der Durchführung eines Projektes Betroffenen haben ein berechtigtes Interesse, regelmäßig über den Status des Projektes unterrichtet zu werden. Neben den grundlegenden Präsentationsregeln sind auch typische, projektbezogene Eigenheiten zu berücksichtigen. Nennen Sie diese!

3.5 Phase 5: Projekt abschließen

Ein systematischer Projektabschluss ist eine ausgezeichnete Gelegenheit, die Erfahrungen aus dem zurückliegenden Projekt zu sammeln und zu bewerten, damit sie als Handlungsempfehlung für künftige Projekte genutzt werden können.

3.5.1 Projektevaluation durchführen

Im Rahmen eines Abschluss-Workshops könnte unter den Teammitgliedern anhand folgender Checkliste eine **Projektevaluation durchgeführt** werden:

Nr.	Fragen	Notizen
1.	Wurden alle Projektziele erreicht? Falls nein: Was waren hierfür die Gründe?	
2.	Wurden die Projektziele hinsichtlich ihres Qualitätsanspruchs erreicht? Falls nein: Was waren hierfür die Gründe?	
3.	Was ist positiv gelaufen im Rahmen der Projektabwicklung?	
4.	Was ist negativ gelaufen im Rahmen der Projektabwicklung?	
5.	Wie beurteilen Sie das Arbeitsklima innerhalb des Projektteams?	
6.	Was sollte beim nächsten Projekt anders gemacht werden?	
7.	Hatten Sie stets und rechtzeitig alle Informationen, um Ihre Aufgabe zu erledigen? Wenn nein: Welche Informationen haben Ihnen gefehlt?	
8.	Wie beurteilen Sie die Unterstützung durch den Projektleiter?	
9.	Welche weiteren Anregungen, Wünsche, Kritik möchten Sie anbringen?	

Andere Checklisten mit entsprechenden, zielgruppenbezogenen Fragestellungen könnten der Evaluation der Auftraggeber, der Unternehmensleitung, der betroffenen Fachabteilungen und der Steuerungsgruppe dienen **(Fremdreflexion)**.[1]

In einem Abschlussbericht fasst der Projektleiter die Projektergebnisse, die gesammelten Erfahrungen und die Auswertungsergebnisse der Evaluation zusammen, z. B.:

- Die **geplanten Personenstunden, Termine und Kosten** den **tatsächlichen Werten gegenüberstellen,** die Abweichungen analysieren und begründen.
- Die **geplanten Projektziele** mit den **tatsächlich erreichten vergleichen,** deren Abweichungen analysieren und begründen.
- **Stolpersteine, Hindernisse, Schwierigkeiten und Störungen** im gesamten Projektablauf **dokumentieren** und **Handlungsempfehlungen für künftige Verbesserungen** ableiten.
- Noch offene **Restarbeiten benennen** und **Ansprechpartner hierfür angeben.**

1 **Fremdreflexion:** Hier zu verstehen als Unterstützung und Beratung durch die Stakeholder mit dem Ziel, das Prozessmanagement zu überprüfen und zu verbessern.

3.5.2 Projektteilnehmer aus Verantwortung entlassen

Alle Projektteilnehmer (Projektleiter, Controller, Mitglieder des Projektteams) werden **aus ihrer Verantwortung entlassen.** Die Verantwortung geht über an den, der die Projektlösung in Zukunft betreuen wird. War das Projektergebnis ein Geschäftsprozess, dann obliegt dies dem **Prozessverantwortlichen.**

Kompetenztraining

105 1. Begründen Sie, warum ein systematischer Projektabschluss notwendig ist!

2. Nennen Sie die Inhalte, die in einem Projektabschlussbericht festzuhalten sind!

3. Wir greifen zurück auf das Muster der Project Scorecard von S. 311f. Nehmen wir an, dass nach Projektabschluss die Erreichung der Unternehmensziele evaluiert wurde. Die durchgeführten Evaluationen ergaben folgende Ergebnisse:

Projektziel	Evaluationsergebnis über die Erreichung der Projektziele
Projektergebnis	
Qualität der erreichten Projektziele	Die Stakeholder waren mit der Qualität der erreichten Ziele nicht ganz zufrieden und vergaben 25 von 30 möglichen Punkten.
Menge der erreichten Projektziele	Ein Ziel wurde nicht erreicht.
Projektprozess	
Termineinhaltung	Der Soll-Ist-Vergleich für die Termine ergab eine durchschnittliche Abweichung von 1,5 Tagen.
Mitarbeitereinsatz	Planstunden: 800 Iststunden: 824
Zusammenarbeit, Lernen, Potenziale	
Wissenserweiterung	Die Teammitglieder waren mit ihrer persönlichen Wissenserweiterung sehr zufrieden und vergaben 18 von 20 Punkten.
Mitarbeiterzufriedenheit	Diese wurde bestens beurteilt und erhielt 19 von 20 Punkten.

Aufgabe:

Ergänzen Sie die Project Scorecard um die Ergebnisse aus der Evaluation und beurteilen Sie die Erreichung der Unternehmensziele!

106 Die Soester Büromöbel AG, Industriepark 5, 59494 Soest, hat ihre Projektmanagementprozesse bisher ziemlich unstrukturiert durchgeführt. Vor allem bei den prozessbegleitenden Dokumenten herrschte Wildwuchs. So wurden z. B. Projektskizzen von den Einreichern nach persönlichem Gutdünken und in der Regel in reinem Fließtext gestaltet mit der Folge, dass die

Steuerungsgruppe bei vielen eingereichten Projektskizzen die entscheidungswichtigen Informationen zusammensuchen musste oder gar über fehlende Informationen klagte. Eine qualifizierte Entscheidung machte daher zuerst zeitraubende Rückfragen notwendig.

Die Steuerungsgruppe empfahl im Frühjahr 20.. dringend, die prozessbegleitenden Dokumente zu standardisieren. Ziel war es, die Formulare so zu gestalten, dass der Ersteller gezwungen war, alle bedeutsamen Informationen einzutragen, die für den Empfänger des Formulars von Wichtigkeit waren.

Im Rahmen Ihrer Ausbildung werden Sie gebeten, für das Projektmanagement der Soester Büromöbel AG die notwendigen Formulare zu entwerfen. In einer gemeinsamen Sitzung mit allen Projektleitern wurde eine Liste jener Dokumente erstellt, die in den einzelnen Projektmanagementphasen am dringendsten gebraucht werden.

Projektmanagementphase	Gewünschtes prozessbegleitendes Dokument
Projektinitiierung	Projektskizze
Projektdefinition	Projektauftrag
Projektplanung	Arbeitspaket
Projektsteuerung	Checkliste für Präsentation
Projektabschluss	Checkliste für Projektabschlussbericht

Aufgabe:
Entwerfen Sie das Layout für die oben angegebenen fünf prozessbegleitenden Dokumente!

Stichwortverzeichnis

L

M

N

O

P

Q

R

S

T

U

V

W

X

Z